法治政府建设背景下
我国行政诉讼运行机制完善研究丛书
丛书总主编／林莉红

环境公益诉讼演进的
思路与架构研究

刘显鹏　著

武汉大学出版社

图书在版编目(CIP)数据

环境公益诉讼演进的思路与架构研究/刘显鹏著.—武汉：武汉大学
出版社,2024.6
法治政府建设背景下我国行政诉讼运行机制完善研究/林莉红总主编
ISBN 978-7-307-23854-1

Ⅰ.环…　Ⅱ.刘…　Ⅲ.环境保护法—行政诉讼—研究—中国　Ⅳ.
D925.304

中国国家版本馆 CIP 数据核字(2023)第 117400 号

责任编辑:张　欣　　　责任校对:汪欣怡　　　版式设计:马　佳

出版发行:武汉大学出版社　　(430072　武昌　珞珈山)
　　　　　(电子邮箱:cbs22@whu.edu.cn　网址:www.wdp.com.cn)
印刷:湖北金港彩印有限公司
开本:720×1000　1/16　　印张:23.5　　字数:380 千字　　插页:2
版次:2024 年 6 月第 1 版　　2024 年 6 月第 1 次印刷
ISBN 978-7-307-23854-1　　　定价:98.00 元

丛书总主编简介

林莉红，武汉大学法学院教授，博士生导师，中国法学会行政法学研究会常务理事，湖北省法学会行政法学研究会副会长。研究方向为行政法、行政诉讼法、行政救济基本理论等。著有《行政诉讼法学》（第五版，武汉大学出版社）、《行政法治的理想与现实——〈行政诉讼法〉实施状况实证研究报告》（北京大学出版社，主编）、《行政诉讼法问题专论》（武汉大学出版社，合著）、《社会救助法研究》（法律出版社，合著）等著作，在《中国法学》《法学研究》等刊物发表论文90余篇。

作者简介

刘显鹏，男，法学博士，中南民族大学法学院副教授，硕士生导师。本科、硕士、博士均就读于武汉大学法学院。现为中国法学会民事诉讼法学研究会理事，湖北省法学会诉讼法学研究会理事，主持包括教育部人文社会科学研究项目、司法部国家法治与法学理论研究项目以及中国法学会部级法学研究项目在内的省部级科研项目五项以及其他科研项目六项，参与科研项目二十余项。出版《证据法论》《电子证据认证规则研究》《环境民事公益诉讼证明责任分配研究》《民事诉讼当事人失权制度研究》《民事证明制度改革的架构与径路研究》以及《民事诉讼法》等法学专著和教材六部。在《法学评论》《法学论坛》等CSSCI或核心及省级以上刊物上公开发表法学论文五十余篇。

目　录
CONTENTS

法律文件缩略语

法律文件全称	缩 略 语
中华人民共和国宪法（1982 年 12 月 4 日通过，根据 1988 年 4 月 12 日《中华人民共和国宪法修正案》第一次修正，根据 1993 年 3 月 29 日《中华人民共和国宪法修正案》第二次修正，根据 1999 年 3 月 15 日《中华人民共和国宪法修正案》第三次修正，根据 2004 年 3 月 14 日《中华人民共和国宪法修正案》第四次修正）	《宪法》
中华人民共和国民事诉讼法（1991 年 4 月 9 日第七届全国人民代表大会第四次会议通过，根据 2007 年 10 月 28 日《关于修改〈中华人民共和国民事诉讼法〉的决定》第一次修正，根据 2012 年 8 月 31 日《关于修改〈中华人民共和国民事诉讼法〉的决定》第二次修正，根据 2017 年 6 月 27 日《关于修改〈中华人民共和国民事诉讼法〉和〈中华人民共和国行政诉讼法〉的决定》第三次修正，根据 2021 年 12 月 24 日《关于修改〈中华人民共和国民事诉讼法〉的决定》第四次修正）	《民事诉讼法》
中华人民共和国民事诉讼法（试行）（1982 年 3 月 8 日通过，1982 年 10 月 1 日起施行。已废止）	《民事诉讼法》（试行）
中华人民共和国行政诉讼法（1989 年 4 月 4 日通过，根据 2014 年 11 月 1 日《关于修改〈中华人民共和国行政诉讼法〉的决定》第一次修正，根据 2017 年 6 月 27 日《关于修改〈中华人民共和国民事诉讼法〉和〈中华人民共和国行政诉讼法〉的决定》第二次修正）	《行政诉讼法》

法律文件全称	缩 略 语
中华人民共和国海事诉讼特别程序法（1999 年 12 月 25 日通过，2000 年 7 月 1 日起施行）	《海事诉讼法》
中华人民共和国民法典（2020 年 5 月 28 日通过，2021 年 1 月 1 日起施行）	《民法典》
中华人民共和国民法总则（2017 年 3 月 15 日通过，2017 年 10 月 1 日起施行）	《民法总则》
中华人民共和国民法通则（1986 年 4 月 12 日通过，1987 年 1 月 1 日起施行，根据 2009 年 8 月 27 日《关于修改部分法律的决定》修正）	《民法通则》
中华人民共和国物权法（2007 年 3 月 16 日通过，2007 年 10 月 1 日起施行）	《物权法》
中华人民共和国合同法（1999 年 3 月 15 日通过，1999 年 10 月 1 日起施行）	《合同法》
中华人民共和国婚姻法（1980 年 9 月 10 日通过，2001 年 4 月 28 日修正，2001 年 4 月 28 日起施行）	《婚姻法》
中华人民共和国继承法（1985 年 4 月 10 日通过，1985 年 10 月 1 日起施行）	《继承法》
中华人民共和国公司法（1993 年 12 月 29 日通过，根据 1999 年 12 月 25 日《关于修改〈中华人民共和国公司法〉的决定》第一次修正，根据 2004 年 8 月 28 日《关于修改〈中华人民共和国公司法〉的决定》第二次修正，2005 年 10 月 27 日修正，根据 2013 年 12 月 28 日《关于修改〈中华人民共和国海洋环境保护法〉等七部法律的决定》修正）	《公司法》
中华人民共和国侵权责任法（2009 年 12 月 26 日通过，2010 年 7 月 1 日起施行）	《侵权责任法》
中华人民共和国环境保护法（1989 年 12 月 26 日通过，2014 年 4 月 24 日修正）	《环境保护法》

续表

法律文件全称	缩 略 语
中华人民共和国海洋环境保护法（1982 年 8 月 23 日通过，1999 年 12 月 25 日第一次修正，根据 2013 年 12 月 28 日《关于修改〈中华人民共和国海洋环境保护法〉等七部法律的决定》第二次修正，根据 2016 年 11 月 7 日《关于修改〈中华人民共和国海洋环境保护法〉的决定》第三次修正）	《海洋环境保护法》
中华人民共和国消费者权益保护法（1993 年 10 月 31 日通过，根据 2009 年 8 月 27 日《关于修改部分法律的决定》第一次修正，根据 2013 年 10 月 25 日《关于修改〈中华人民共和国消费者权益保护法〉的决定》第二次修正）	《消费者权益保护法》
中华人民共和国商标法（1982 年 8 月 23 日通过，根据 1993 年 2 月 22 日《关于修改〈中华人民共和国商标法〉的决定》第一次修正，根据 2001 年 10 月 27 日《关于修改〈中华人民共和国商标法〉的决定》第二次修正，根据 2013 年 8 月 30 日《关于修改〈中华人民共和国商标法〉的决定》第三次修正）	《商标法》
中华人民共和国专利法（1984 年 3 月 12 日通过，根据 1992 年 9 月 4 日，《关于修改〈中华人民共和国专利法〉的决定》第一次修正，根据 2000 年 8 月 25 日，《关于修改〈中华人民共和国专利法〉的决定》第二次修正，根据 2008 年 12 月 27 日，《关于修改〈中华人民共和国专利法〉的决定》第三次修正）	《专利法》
中华人民共和国著作权法（1990 年 9 月 7 日通过，根据 2001 年 10 月 27 日《关于修改〈中华人民共和国著作权法〉的决定》第一次修正，根据 2010 年 2 月 26 日《关于修改〈中华人民共和国著作权法〉的决定》第二次修正）	《著作权法》
中华人民共和国电子签名法（2004 年 8 月 28 日通过，2005 年 4 月 1 日起施行）	《电子签名法》
中华人民共和国公证法（2005 年 8 月 28 日通过，2006 年 3 月 1 日起施行）	《公证法》

法律文件全称	缩　略　语
全国人民代表大会常务委员会关于授权最高人民检察院在部分地区开展公益诉讼试点工作的决定（2015年7月1日通过，自公布之日起施行）	《授权决定》
中华人民共和国公证暂行条例（1982年4月13日通过，1982年4月13日起施行）	《公证暂行条例》
最高人民法院关于适用《中华人民共和国民事诉讼法》若干问题的意见（1992年7月14日通过，1992年7月14日起施行）	《民诉适用意见》
最高人民法院关于民事经济审判方式改革问题的若干规定（1998年7月6日通过，1998年7月11日起施行）	《民事审改规定》
最高人民法院关于民事诉讼证据的若干规定（2001年12月21日通过，2002年4月1日起施行；根据2019年10月14日《关于修改〈关于民事诉讼证据的若干规定〉的决定》修正）	《民事证据规定》
最高人民法院关于适用《中华人民共和国民事诉讼法》的解释（2014年12月18日通过，2015年2月4日起施行；根据2020年12月23日《最高人民法院关于修改〈最高人民法院关于人民法院民事调解工作若干问题的规定〉等十九件民事诉讼类司法解释的决定》第一次修正；根据2022年3月22日《最高人民法院关于修改〈最高人民法院关于适用《中华人民共和国民事诉讼法》的解释〉的决定》第二次修正）	《民诉法解释》
最高人民法院关于行政诉讼证据若干问题的规定（2002年6月4日通过，2002年10月1日起施行）	《行政证据规定》
最高人民法院关于执行《中华人民共和国行政诉讼法》若干问题的解释（1999年11月24日通过，2000年3月10日起施行）	《行诉法解释》
最高人民法院关于适用《中华人民共和国物权法》若干问题的解释（一）（2015年12月10日通过，2016年3月1日起施行）	《物权法解释（一）》

法律文件全称	缩　略　语
最高人民法院关于未经对方当事人同意私自录制其谈话取得的资料不能作为证据使用的批复（1995 年 3 月 6 日通过，1995 年 3 月 6 日起施行）	《关于未经对方当事人同意私自录制其谈话取得的资料不能作为证据使用的批复》
最高人民法院关于对诉前停止侵犯专利权行为适用法律问题的若干规定（2001 年 6 月 7 日通过，2001 年 7 月 1 日起施行）	《专利诉前禁令》
最高人民法院关于诉前停止侵犯注册商标专用权行为和保全证据适用法律问题的解释（2001 年 12 月 25 日通过，2002 年 1 月 22 日起施行）	《商标诉前禁令》
最高人民法院关于审理著作权民事纠纷案件适用法律若干问题的解释（2002 年 10 月 12 日通过，2002 年 10 月 15 日起施行）	《著作权解释》
最高人民法院关于审理涉及计算机网络著作权纠纷案件适用法律若干问题的解释（2006 年 11 月 20 日通过，2006 年 12 月 8 日起施行）	《计算机网络著作权解释》
最高人民法院关于适用《中华人民共和国海事诉讼特别程序法》若干问题的解释（2003 年 1 月 6 日通过，2003 年 2 月 1 日施行）	《海诉法解释》
最高人民法院关于审理民事案件适用诉讼时效制度若干问题的规定（2008 年 8 月 11 日通过，2008 年 9 月 1 日起施行）	《诉讼时效规定》
最高人民法院关于适用《关于民事诉讼证据的若干规定》中有关举证时限规定的通知（2008 年 12 月 11 日通过，2008 年 12 月 11 日起施行）	《举证时限通知》
人民检察院民事诉讼监督规则（试行）（2013 年 9 月 23 日通过，自发布之日起施行）	《检察院民事诉讼监督规则》（试行）
最高人民法院关于人民法院办理财产保全案件若干问题的规定（2016 年 10 月 17 日通过，2016 年 12 月 1 日起施行）	《财产保全规定》
最高人民法院关于审理消费民事公益诉讼案件适用法律若干问题的解释（2016 年 2 月 1 日通过，2016 年 5 月 1 日起施行）	《消费民事公益诉讼解释》

续表

法律文件全称	缩　略　语
最高人民法院关于审理环境民事公益诉讼案件适用法律若干问题的解释（2014 年 12 月 8 日通过，2015 年 1 月 7 日起施行）	《环境民事公益诉讼解释》
最高人民法院关于审理环境侵权责任纠纷案件适用法律若干问题的解释（2015 年 2 月 9 日通过，2015 年 6 月 3 日起施行）	《环境侵权责任纠纷解释》
最高人民法院关于审理涉及公证活动相关民事案件的若干规定（2014 年 4 月 28 日通过，2014 年 6 月 6 日起施行）	《涉及公证民事案件规定》
最高人民法院关于审理船舶油污损害赔偿纠纷案件若干问题的规定（2011 年 1 月 10 日通过，2011 年 7 月 1 日起施行）	《船舶油污损害赔偿纠纷规定》
检察机关提起公益诉讼改革试点方案（2015 年 7 月 2 日公布）	《试点方案》
人民检察院提起公益诉讼试点工作实施办法（2015 年 12 月 16 日通过，自公布之日起施行）	《试点办法》
人民法院审理人民检察院提起公益诉讼案件试点工作实施办法（2016 年 2 月 22 日通过，2016 年 3 月 1 日起施行）	《法院审理公益诉讼案件试点工作实施办法》
土壤污染防治行动计划（2016 年 5 月 28 日印发，2016 年 5 月 28 日起实施）	《土壤污染防治行动计划》
最高人民法院关于充分发挥审判职能作用为推进生态文明建设与绿色发展提供司法服务和保障的意见（2016 年 5 月 26 日公布）	《推进生态文明建设与绿色发展意见》

第一章　环境公益诉讼的基本理论

第一节　环境公益诉讼的内涵

一、环境公益诉讼的含义

（一）环境公益诉讼的概念

所谓公益诉讼，是指以保护社会公共利益为目的的诉讼。① 详言之，公益诉讼是非以维护原告民事权益为目的，由特定的机关、社会团体或个人提起的旨在维护社会公共利益的追究责任的诉讼。② 自 20 世纪中后期开始，随着公共利益保护思潮的日益彰显，两大法系主要国家和地区相继在程序法领域引入了以维护社会公共利益为宗旨的诉讼机制，如英美法系的公民诉讼、大陆法系的团体诉讼等。2012 年 8 月 31 日《民事诉讼法》的全面修改首次在我国民事诉讼领域确立了公益诉讼机制。③

---

① 参见江伟、肖建国主编：《民事诉讼法》，中国人民大学出版社 2013 年版，第 150 页。

② 参见张卫平：《民事诉讼法》，法律出版社 2013 年版，第 327 页。

③ 我国对公益诉讼的研究发端于 20 世纪末、21 世纪初。参见韩志红：《公益诉讼制度：公民参加国家事务管理的新途径——从重庆綦江"彩虹桥"倒塌案说开去》，载《中国律师》1999 年第 11 期；苏家成、明军：《公益诉讼制度初探》，载《法律适用》2000 年第 10 期；何乃刚：《试论我国建立民事行政公益诉讼制度的必要性和可行性》，载《华东政法学院学报》2002 年第 6 期；董伟威：《民事公益诉讼人的法律问题》，载《人民司法》2002 年第 12 期；张明华：《环境公益诉讼制度刍议》，载《法学论坛》2002 年第 6 期；冯敬尧：《环境公益诉讼的理论与实践探析》，载《湖北社会科学》2003 年第 10 期。对公益诉讼的研究在 2012 年《民事诉讼法》修改前后达到高峰。

1

公益诉讼是相对于私益诉讼而言的，所谓环境公益诉讼，其与一般环境侵权诉讼最大的区别就是诉讼目的的公益性，可以将其定义为：法定的组织和个人根据法律规定，为了保护社会公共环境权益，对违反环境法律、侵害公共环境权益者，向人民法院提起并要求其承担民事责任，由法院按照民事诉讼程序依法审判的诉讼。① 环境侵权的受害者可能是不特定、不具体、不确定的人群，构建环境公益诉讼制度能使处于弱势地位、缺乏举证能力的民众获得社会正义和对环境公益的司法救济。

（二）环境公益诉讼的调整对象

判断某一法律是否属于特定的法律部门，其关键在于认定作为法律部门构成要素的法律规范性质的同一性以及该法律部门自身是否具有独特的调整对象。作为民事诉讼法的调整对象，民事诉讼法律关系是民事诉讼法所调整的，发生在法院、当事人以及其他诉讼参与人之间的以诉讼权利与义务为内容的社会关系。一般认为，民事诉讼法律关系具体包括法院与当事人之间形成的审判法律关系和当事人与当事人之间形成的争讼法律关系两类。而参与民事诉讼的当事人必定是处于平等地位的民事主体，包括自然人、法人及其他组织等。而环境公益诉讼规则即是规范法院、当事人及其他诉讼参与人之间在环境公益案件审理过程中产生的诉讼活动及由这些诉讼活动所产生的诉讼关系的法律规范的总称。环境公益诉讼规则的调整对象是环境公益诉讼法律关系。环境公益诉讼法律关系的关键问题，便是其所涉及的权利和义务关系的基础是环境公共利益，这是民事诉讼法律关系所不具备的，亦是环境公益诉讼与民事诉讼的核心差异。

对于公共利益的界定，历来众说纷纭。就普遍的认识而言，是将公共利益视为不特定多数人的利益。但如若简单地将公共利益看做若干个体利益的机械相加，那么所谓的不特定多数主体的利益就会变成特定多数的个体利益之和，也就不存在所谓的公共利益。故对公共利益界定的关键在于对利益主体的正确把握。

在当今社会科学研究领域，学者普遍以方法论整体主义对社会及社会现象进

---

① 参见别涛主编：《环境公益诉讼》，法律出版社 2007 年版，第 52~53 页。

行研究。方法论整体主义认为，社会整体大于其部分之和，社会整体显著地影响和制约其部分的行为，对社会现象应按照其本身的独立性去进行整体性研究，社会整体并非仅是构成整体的诸个人的集合，而是真正的历史性的整体。① 马克思主义认为，社会是一个相互联系的有机整体。马克思社会有机体理论体现最为充分的是系统方法论，即社会的整体是大于社会各部分简单地相加的，社会是由要素与部分构成的一个相互联系、相互作用和相互影响的有机系统。② 社会法学派的代表人物孔德与斯宾塞亦认为，社会是一个超乎个人的、有机的、统一的，由各部分相互依存而组成的，发展进化的历史主体。③

基于以上观点，应当将公共社会视为一个独立存在的、由个体以及个体相互之间的关系构成的抽象的有机体。作为个体的人，虽然必须承认其作为自然属性的"人"的独立性，但更无法否认其具有社会构成要素意义上的"人"的社会性。即每个"社会人"的独立性都是相对的，都会处在公共社会的社会关系与联系之中，人的欲求亦要受到客观的社会环境所影响，是随着社会的发展而变化的。易言之，作为公共利益构成要素的个体利益亦是社会的、历史的，是由利益主体所处的客观社会环境所决定的。作为每一个个体的代表，构成公共利益的个体利益亦是按照人构成社会的联系方式而联系着。处于社会有机体内部的各个主体，其欲求都会被主体的主观偏好和公共社会的客观环境所主导，虽然人的主观偏好有很大的主观性与不确定性，但是社会属性的人处在共同的社会客观历史条件下以及相同的社会交往关系下，这就决定了在公共社会中，人的欲求会出现由客观条件决定的利益取向一致化。而这种利益取向一致化经过公共社会的一般化、抽象化以及价值化，便成为公共社会的一般利益，即公共利益。

有鉴于此，可以发现，作为环境公共利益的有机主体——公共社会具有独特的抽象人格，而处于民事纠纷中的个体利益其主体则是平等地位的自然人、法人或其他组织，这两种利益主体是整体与部分、有机体与功能个体的关系，前者绝

① 参见卢风：《西方社会科学方法论中的个人主义与整体主义之争》，载《哲学动态》1993年第8期。

② 参见《马克思恩格斯选集》，人民出版社1995年版，第142~143页。

③ 参见管斌、王全兴：《社会法在中国的界定与意义》，载《经济法论丛》2005年第2卷。

非后者利益的简单叠加。故由这两类主体参与的诉讼法律关系,即环境公益诉讼法律关系与民事诉讼法律关系有着本质的区别,环境公益诉讼规则存在自身独特的调整对象。

二、环境公益诉讼的权源

现行《民事诉讼法》第 3 条规定:"人民法院受理公民之间、法人之间、其他组织之间以及他们相互之间因财产关系和人身关系提起的民事诉讼,适用本法的规定。"据此,民事诉讼是对处于平等地位的当事人之间的私人利益进行救济的程序规范。而环境公益诉讼处理的则是因公民、法人或其他组织侵害环境公共利益或有侵害之虞所引起的纠纷,其与民事诉讼的性质截然不同。虽然依照现行《民事诉讼法》第 58 条第 1 款之规定,有权向法院提起环境公益诉讼的主体为法律规定的机关和有关组织,表面上看环境公益诉讼是处理平等主体之间的纠纷,但实质上该纠纷是发生在公共社会这个有机体与损害环境公共利益的主体之间的,提起环境公益诉讼的主体并非利益受到损害的直接主体。依照现行《民事诉讼法》第 122 条第 1 项之规定,民事诉讼中的原告必须是与本案有直接利害关系的公民、法人和其他组织。如若按照目前将环境公益诉讼放置在民事诉讼中的立法体例,无疑没有适格主体能够提起环境公益诉讼。从我国现行《民事诉讼法》第 122 条的规定来看,如何认定当事人的理论学说仍为利害关系人学说。该学说认为,"当事人是指因民事的权利和义务关系发生争议,以自己的名义进行诉讼,并受人民法院裁判约束的直接利害关系人"[1]。该观点对当事人的界定具体包含两项基本特征:其一,当事人须以自己的名义进行诉讼;其二,当事人与案件中的民事纠纷存在直接的利害关系。而公益诉讼原告的资格与现行《民事诉讼法》对当事人资格的认定存在明显的差异,这也说明了将公益诉讼规定于《民事诉讼法》中的现有立法体例不甚合理,实有必要来探究提起公益诉讼的主体的诉权来源。

诉权,是指当事人基于纠纷的发生(即权益受到侵犯或与他人发生争议),

---

[1] 齐树洁主编:《民事诉讼法》,厦门大学出版社 2012 年版,第 130 页。

请求法院行使审判权解决纠纷或保护权益的权利。① 易言之，"当将个人提起诉讼、接受裁判之关系视为个人权能时，这种权能被称为诉权"②。诉权的行使贯穿诉讼全过程，是连接当事人权利与审判权的桥梁，亦是由宪法规定的对公民各项基本权利进行救济的基本的程序性权利。理论上一般从实体和程序两个层面来认识诉权的具体内涵。从实体角度来说，诉权可被称为实体意义上的诉权，是指原告向法院提出的要求支持其实体请求并解决纠纷的权利；从程序角度来说，诉权可被称为程序意义上的诉权，是指原告向法院提出各项主张并要求法院行使审判权的权利。诉权并非民事诉讼机制特有的概念，在其他诉讼领域也同样存在诉权的问题，公益诉讼自然亦不例外。在构建公益诉讼规则时，其核心内容之一便是准确界定行使公益诉权的主体的资格。

当事人是行使诉权的主体，此乃当事人参加诉讼之根据。实体请求权是诉权的出发点，亦是诉权的归宿，诉权建立于实体权利基础之上，是当事人的实体请求权在诉讼程序中的转化。在民事诉讼中，民事诉讼当事人是基于其与对方当事人之间的民事权利义务关系而享有诉权。作为公共利益的主体，公共社会即是公益诉讼法律关系的适格主体，而作为一个抽象体，其没有行为能力通过司法途径来主张其权利。所以在其利益受到侵害时，相应的诉权应交由能够启动诉讼程序的具体实体来提起。不言而喻，作为抽象主体的公共社会当然地将其公益诉权交由代表公民意志的国家来行使，进而由国家通过相关法律之规定赋予特定主体以开启公益诉讼的权利。

这种权利绝非空穴来风。社会权利不仅是一项真实存在的权利，而且是一个对整个法学领域都非常必要的概念。这一概念第一次使社会整体利益成为一种思维方式并进入法学领域。③ 提起公益诉讼的主体并非基于其本身固有的实体权利，而是源于公共利益的抽象主体即公共社会通过国家赋予的启动公益诉讼程序的权利。从这一意义上说，公益诉权与国家赋予检察机关在刑事诉讼领域的公诉权具有一定相似之处。而作为可以提起环境公益诉讼的适格原告，该特定主体与

① 参见赵钢、占善刚、刘学在：《民事诉讼法》，武汉大学出版社 2010 年版，第 11 页。
② ［日］新堂幸司：《新民事诉讼法》，林剑锋译，法律出版社 2008 年版，第 175 页。
③ 参见刘茂林：《也谈宪法学体系的重构——评社会权利分析理论之争》，载《法学研究》1995 年第 5 期。

公共利益的损害可以并无直接利害关系，这与将"无利益即无诉权"规则以及"利害关系人"学说奉为圭臬的民事诉讼法领域截然不同，即：针对某一私人权益纠纷，有权提起民事诉讼的主体是特定的；而对于某一涉及环境公共利益的纷争，多个与该争议无利害关系的主体均有权提起环境公益诉讼。

三、环境公益诉讼规则的专设

（一）环境公益诉讼规则专设的依据

2012 年《民事诉讼法》的修改拉开了我国公益诉讼机制构建的帷幕，对污染环境、侵害众多环境者合法权益等损害社会公共利益的行为的诉讼法规制有了总括性的规定。随后，2014 年 4 月 24 日修改后的《环境保护法》第 58 条第 1 款"对污染环境、破坏生态，损害社会公共利益的行为，符合下列条件的社会组织可以向人民法院提起诉讼：（一）依法在设区的市级以上人民政府民政部门登记；（二）专门从事环境保护公益活动连续五年以上且无违法记录"之规定则界定了环境污染公益诉讼领域起诉主体的资格。2014 年 12 月 8 日，最高人民法院颁布了《关于审理环境民事公益诉讼案件适用法律若干问题的解释》（以下简称《环境公益诉讼解释》），就环境民事公益诉讼的开展制定了实施方案；2015 年 1 月 30 日最高人民法院《关于适用中华人民共和国民事诉讼法的解释》（以下简称《民诉法解释》）亦列专章对公益诉讼的适用设定了细则。

然而，在以化解私权纠纷为宗旨的民事诉讼法中设立以处理环境公益纠纷为目的的公益诉讼机制，其生硬与不谐显而易见。某一部法律的制定与完善均需与该法律所调整的特定领域及相应对象的特殊性相契合，同时，亦需符合规则制定者对该法律的定位和定性且应与一国法律体系的整体框架相协调。不同性质的程序在处理各自领域内问题的方式和方法上必定迥然相异，这在客观上就要求设立不同的规则从而来保证法律体系的科学性与合理性。

在当代社会化大生产趋势日益明显的背景下，重大食品安全事件频发、环境污染事故屡现、垄断与不正当竞争等扰乱市场秩序行为亦日渐增大。这类损害公共利益事件的频繁发生暴露出传统法律领域对于损害公益事件规制明显存在短板和不足。一方面，从传统手段来看，公共利益的维护主要依靠行政力量来实现。

行政手段虽然具有及时高效的优点，但从实际情况来看，仅依靠行政力量来保护公共利益的效果着实有限。实践中，部分案件虽然可以凭借行政主体通过行政处罚等手段来予以管制，但在相关主体违法所得远超出违法成本时，其自然可以罔顾行政规制而继续从事破坏公益的活动。另一方面，在某些案件中，破坏公共利益的行为并没有明显违反法律、法规的规定，也并未损害特定相对人的利益，这使得行政手段与传统司法手段均无法对其予以处治。此外，部分涉及公共利益的案件往往不同程度地涉及地方利益或部门利益，这就导致即便通过传统民事诉讼程序来予以处理，司法机关亦不得不考虑特定行政主体或其他相关主体的态度，从而使得审理之效果不尽如人意。这便要求在传统民事诉讼之外，应专设对公共利益予以救济的诉讼程序。民事纠纷是平等主体之间产生的以民事权利义务争议为内容的社会纠纷。作为处理民事私权纠纷的公力救济程序，民事诉讼机制的所有内容都应当为实现该职能而定，民事诉讼法中的每一项制度都应当围绕该宗旨而具体布设。作为解决因公共利益所引起的纠纷的程序，公益诉讼之本旨便是对公共利益进行保障和维护，其整个程序都应围绕公共利益的保护及其相关具体问题的处理来进行构建，这就决定了公益诉讼相关规则不仅在程序构造与诉讼机理上有别于民事诉讼法，在目的、性质以及法理等方面亦存在本质区别。故将环境公益诉讼相关规则纳入解决私益纠纷的民事诉讼程序中很难在相关问题的规制上符合理论及实践上的内在逻辑联系。

与民事争议的处理相比，环境公益诉讼不仅在所处理纠纷的性质上截然不同，在解决纠纷所依据的实体法上亦存在本质的区别。目前，我国法院裁判所适用的实体法主要是社会法与经济法部门中的《环境保护法》和《海洋环境保护法》等。从此类法律立法的出发点来看，是立足社会本位，即以社会公共利益的维护为重心，持整体主义社会观；而民事诉讼裁判的基础则是以个人本位为基石的民商法规范。可见，两者在所适用的实体规则上的差异亦决定了两种程序所处理纠纷性质的不同。

（二）环境公益诉讼规则专设的展开

正由于环境公益诉讼处理的是对环境公共利益的侵害，提起环境公益诉讼的主体并非环境公共利益的完全的实体的代表，而诉讼的效果则攸关环境公共利益之救济效果能否实现，此决定了环境公益诉讼程序构造亦有其特殊之处，此即彰显出其单独立法的必要性与合理性。而将其作为独立法律部门予以规设，当务之急不仅要处理其独立的内部构架问题，更需妥善处理其与民事诉讼规则的协调。

其一，需协调因同一事件同时提起的环境公益诉讼与民事诉讼的关系。譬如，依据我国现行《海洋环境保护法》第 90 条第 2 款之规定，对破坏海洋生态、海洋水产资源、海洋保护区，给国家造成重大损失的，由依照行使海洋环境监督管理权的部门（即海监部门）代表国家对责任者提出损害赔偿要求。据此，在某一破坏海洋生态或海洋水产资源事件中，可以由海监部门以破坏海洋生态或海洋水产资源的行为向损害主体提起公益诉讼要求赔偿；同时，当地从事海产养殖或捕捞的渔民亦可以损害渔区经济利益为由依据《侵权责任法》提起民事诉讼主张赔偿。在海监部门与渔民同时向同一法院提起公益诉讼与民事诉讼时，该如何去妥善协调两种诉讼程序的关系是不可回避的突出问题。依笔者拙见，可以建立"环境公益附带民事诉讼"的机制将两者合并处理，以环境公益诉讼的审理为主，由提起民事诉讼的当事人在环境公益诉讼法庭辩论终结前提出具体的民事主张。这种情况下的环境公益诉讼与民事诉讼都是基于同一事实、同一被告且向同一法院提起的诉讼，通过合并审理无疑可以提高审判效率，亦有利于实现裁判结果的一致性。

其二，需协调环境公益诉讼与民事诉讼中共同诉讼的关系。从外观上来看，环境公益诉讼与民事诉讼中共同诉讼的相同点在于，受侵害者人数众多且不少情况下非由全体受侵害者直接参与诉讼之中，同时，环境公益诉讼的提起者与民事诉讼中共同诉讼的代表人之诉权均会受到一定限制。但不可否认的是，两者之本质区别亦显而易见：环境公益诉讼是对环境公共利益进行的救济，其提起的主体一般与受损害的环境公益事件无直接利害关系；而民事诉讼中的共同诉讼虽然是救济多数人的利益，但究其本质仍是对多个私益的救济，直接参与诉讼的代表人与全体共同诉讼人均须与本案有直接的利害关系。虽然按照现有之规定，通过诉讼主体资格的限制可以在一定程度上区分环境公益诉讼与民事共同诉讼，但在实务中仍需注意对诉讼标的的甄别，从而厘清究竟该适用环境公益诉讼程序抑或民事诉讼程序。

其三，需处理环境公益诉讼判决效力的扩张。在判决效力体系中，既判力乃居于核心地位,其是指"确定判决之判断被赋予的共有性或拘束力"[1]。理论界一般认为,在传统民事诉讼中,判决的效力仅对诉讼的双方当事人产生既判力。[2] 而对环境公益诉讼而言,在环境公益诉讼审判完结后基于同一原因提起的民事诉讼案件中的事实认定,环境公益诉讼的判决对其具有当然的证明效力,提起民事诉讼的主体通过援引环境公益诉讼的判决即可证明损害行为存在且具有违法性。而对于环境公益诉讼判决的既判力是否及于与损害事实有关的第三人,有学者认为,"如果在对诉讼标的的权利关系具有利害关系的第三人与一方当事人之间不产生既判力,那么在当事人之间的诉讼解决就没有实际意义,或者为了保持在所有相关之间作出统一的处理,就要求将判决的既判力及于该相关的一般第三人"[3]。对此,笔者深以为然。对于环境公益诉讼而言,应当承认其判决的效力可以及于与损害事实有关的第三人,否则之前对环境公益纠纷的处理即无实质意义,其效果自然会大打折扣。

第二节　环境公益诉讼的价值

作为哲学领域的基本概念,价值是指客体对主体、客观对主观的某种需要或发展的满足程度。价值集中反映出主体的主观需求与客体的客观承载之间的互动关系。法律上的价值是哲学层面的价值概念在法律领域的延伸使用,主要用来指称法律的功用或效能。诉讼的价值是法律的价值在诉讼领域的具体体现,反映的是民事诉讼主体的主观需求与诉讼客体的客观承载之间的互动关系,是整个诉讼程序所追求的理想目标。从一般意义上讲,诉讼的基本价值主要包含公正和效率两个方面,所有诉讼制度的建构和运行均围绕该两者的协调和平衡展开,环境公益诉讼制度亦不例外。

---

① ［日］高桥宏志:《民事诉讼法——制度与理论的深层分析》,林剑锋译,法律出版社2003年版,第477页。

② 参见［德］奥特马·尧厄尼希:《民事诉讼法》,周翠译,法律出版社2003年版,第330页。

③ 张卫平:《民事公益诉讼原则的制度化及实施研究》,载《清华法学》2013年第4期。

一、公正与环境公益诉讼

(一) 公正的含义

在现代汉语中,公正一词含有公平、正直,没有偏私之义。① 法学上的公正,则是执法者所应具备的基本品质,其意味着平等地对待发生纠纷的双方当事人,不偏袒任何人,所有的人均平等、一致地适用法律。②

在西方法学思想中,学者多使用"正义"来指称上述公正的含义,且在具体内容的界定上存在不同的认识,即"正义具有着一张普洛透斯似的脸,变幻无常,随时可呈不同形状,并具有极不相同的面貌"③。柏拉图认为,正义有国家正义和个人正义之分,前者是指统治者依据每个人的特点安排其从事相应的工作,后者则是指每个人做好各自的工作。而法本身就代表正义,法与正义是等同的,"凡是对政府有利的对百姓就是正义的;谁不遵守,他就有违法之罪,又有不正义之名"④。亚里士多德认为,正义的实质在于平等的公正,是以"城邦整个利益以及全体公民的共同善业为依据"⑤。而正义可具体分为普遍的正义和个别的正义两种。普遍的正义规定了个人在团体中应尽的内容一致的义务;个别的正义又可分为分配的正义和平均的正义,前者是指不同社会地位的人理应享有不同的权利;后者则指权利在具体分配时应考虑适当的等差比例。⑥ 阿奎那认为,正义有自然与实在之分,自然正义来源于上帝统治人类的规则(即自然法),实在正义则来源于国家机关指定的法律(即人法),而后者来自前者。⑦ 英国学者

① 参见中国社会科学院语言研究所词典编辑室主编:《现代汉语词典》,商务印书馆1983年版,第386页。
② 参见〔英〕戴维·M. 沃克:《牛津法律大辞典》,邓正来等译,光明日报出版社1988年版,第433页。
③ 〔美〕E. 博登海默:《法理学——法哲学及其方法》,邓正来、姬敬武译,华夏出版社1987年版,第238页。
④ 柏拉图:《理想国》,郭斌和、张竹明译,商务印书馆1986年版,第19页。
⑤ 参见亚里士多德:《政治学》,吴寿彭译,商务印书馆1981年版,第153页。
⑥ 参见亚里士多德:《政治学》,吴寿彭译,商务印书馆1981年版,第234~235页。
⑦ 参见托马斯·阿奎那:《阿奎那政治著作选》,马清槐译,商务印书馆1982年版,第138页。

霍布斯认为，正义有交换正义与分配正义之分，前者是立法者的正义，后者是司法者的正义。① 法国学者卢梭认为，正义可分为自然正义和约定正义两种，前者从事物自然状态而来，后者则根据社会契约达成。② 美国学者庞德认为，应从三个层面对正义进行认识：在伦理上，正义是对人类需要的一种合理满足（即个人正义）；在政治与经济上，正义是一种确保人类利益得以实现的制度（即社会正义）；在法律上，正义是由国家司法机关运用规则来处理公民之间的利益（即执行正义），而执行正义是可以落到实处的。③ 德国学者拉德布鲁赫认为，正义是法律的首要理念，是一种用来衡量法律，而非由法律予以评价的绝对性价值。当然，正义只规定了法律的形式而未说明法律规则的具体内容，仅要求人人平等而未明确平等在主体之间的具体设置，即其不能涵盖法律的全部内容。④ 美国学者罗尔斯认为，如同真理是思想领域的首要价值一样，正义则是社会制度领域的至高价值。正义的首要问题是关注作为社会基本结构的社会制度对公民基本权利和义务的划分方法，而其所保障的各项权利应不受经济、政治等方面的影响。在特定情形下，人们对某种程度的非正义的容忍是为避免遭受更大的非正义的不利影响。罗尔斯进而将正义分为制度的正义和个人的正义，两者不能混为一谈。而正义主要指的是制度正义，即公民个体虽然对正义与否存在个人的不同认识，但在基本权利和义务的分配上则均明白特定制度已有一致的划分，即便发生矛盾和纠纷，制度本身的正义性亦可得到多数人的认同。⑤ 奥地利学者凯尔森则认为，说一个社会秩序是合乎正义的，意味着这种秩序把人们的行为调整得使所有人都感到满意，对于正义的期望是人们永恒的对于幸福的期望。可见，作为一种社会秩序，正义使人类对真理的追求得以加强，故正义即为自由的正义、和平的正义、

---

① 参见 [英] 霍布斯：《利维坦》，黎思复、黎延弼译，商务印书馆 1985 年版，第 114 页。

② 参见 [法] 卢梭：《社会契约论》，何兆武译，商务印书馆 1980 年版，第 49 页。

③ 参见 [美] 罗斯科·庞德：《通过法律的社会控制》，沈宗灵、董世忠译，商务印书馆 1984 年版，第 73 页。

④ 参见 [德] 拉德布鲁赫：《法律哲学概论》，徐苏中译，中国政法大学出版社 2007 年版，第 34 页。

⑤ 参见 [美] 约翰·罗尔斯：《正义论》，何怀宏、何包钢、廖申白译，中国社会科学出版社 1988 年版，第 75 页。

民主的正义、容忍的正义。①

总之，公正的功能是双重的：一方面，用以保持事物的原样，假定每一个人能够得益于社会的稳定，尽管社会秩序中存在着弊端；② 另一方面，尽力消除弊端，对权利进行再分配，使社会更加合理。

公正向来被认为是人类的美好愿望和崇高美德，是人类孜孜以求的终极目标，自然成为法律规范的制定和执行中的基本准则。

（二）　公正的分类

以不同的标准，可以对公正予以不同分类，而与环境公益诉讼相关的则是根据内容的不同将其分为实体公正、形式公正和程序公正。

最早从这一角度对公正（正义）进行划分的是美国学者罗尔斯。作为正义理论在当代的集大成者，罗尔斯将正义分为实体正义、形式正义和程序正义三种：实体正义是指关于社会实体目标和个人实体权利、义务的正义，即有关社会基本结构的正义；③ 形式正义则与法治相同，即严格依照法律的规定办事；④ 程序正义则介于前两者之间，是指在制定和适用规则的过程中应正当、合理，⑤ 从制度上保证法院必须由受过充分法律训练的法官组成、法官必须认真听取双方当事人各自的主张及辩论并仅依据事实和法律作出判断等均为其构成要件。⑥

该分类的内容在日后的发展中不断得到充实。时至今日，实质公正的含义主要指实体公正，即立法对实体权利义务进行调整时应贯彻公正的价值取向；形式

---

① 参见［奥］凯尔森：《法与国家的一般理论》，沈宗灵译，中国大百科全书出版社1996年版，第6~14页。

② 参见张文显：《二十世纪西方法哲学思潮研究》，法律出版社1996年版，第573页。

③ 参见［美］约翰·罗尔斯：《正义论》，何怀宏、何包钢、廖申白译，中国社会科学出版社1988年版，第80页。

④ 参见［美］约翰·罗尔斯：《正义论》，何怀宏、何包钢、廖申白译，中国社会科学出版社1988年版，第225页。

⑤ 参见［美］约翰·罗尔斯：《正义论》，何怀宏、何包钢、廖申白译，中国社会科学出版社1988年版，第532页。

⑥ 参见［日］谷口安平：《程序的正义与诉讼》（增补本），王亚新、刘荣军译，中国政法大学出版社2002年版，第91页。

公正即指"法律面前人人平等";而程序公正则指立法机关在制定规则以及司法机关在适用规则时亦应遵循公正的要求。从各自追求的目标来看,实体公正和形式公正(形式公正的内容逐渐融入其他两种公正的含义之中)较侧重于行为的结果,而程序公正则侧重于行为的过程。

(三) 公正与环境公益诉讼的关系

实体公正与程序公正一般是相辅相成、相互促进的。就诉讼而言,程序公正度越高,诉讼结果的公正度往往也越高。程序公正能从诉讼程序的透明、审理过程的科学和民主、监督机制的完善以及法官裁量行为的制约等多方面尽量确保诉讼结果的公正性。但实际亦并非完全如此,实体公正与程序公正有时不见得能够兼得。

从某种意义上来讲,环境公益诉讼在诉讼领域的确立便是从程序公正角度对在侵害环境公益类案件审理过程中双方当事人地位的实质性平衡。在环境公益诉讼中,双方当事人在知悉案件内容、把握案件关节以及获取案件资料的时间、条件以及能力等各方面的差异显而易见:与被诉的侵权方相比,代表环境公益一方的特定主体在整个侵害事件发生过程中是不了解案情的,其乃嗣后方通过各种间接的渠道知晓的案情,而制定诉讼策略、收集诉讼资料则更是"晚上加晚";加之环境损害的隐蔽性和持续性,证据的获取对其是一件困难度相当高的工作。此时,如果遵循诉讼的一般规则来划定环境公益诉讼中双方当事人的行为规则,则对于代表环境公益的一方当事人而言,则显然有失公正。从公正的本意来看,法官在对维护公益的行为和损害公益的行为效果的评判上理应有所区别:维护公益的行为因遵守了规则或社会的相关要求而应得到正面的评价,即应成为法官认定案件事实的基础;而损害公益的行为则因违背了规则或社会的相关要求而应得到负面的评价,即不能被纳入规则正面评价的范围。此种"赏善罚恶"的操作模式方与程序公正的基本理念相吻合。而倘若法院对一方当事人维护公益的行为和对他方当事人损害公益的行为的评价效果相同,则维护公益的当事人委屈、郁闷、不平的感觉便会油然而生,其自然会对诉讼过程的公正性产生怀疑,进而损及裁判的权威性和公信力。因此,程序公正的内涵与环境公益诉讼规则的布设明显相契合,自然成为该制度确立的价值基础。

但同时也应注意的是，环境公益诉讼具体规则的布设亦不应过于僵化和绝对，否则即有违实体公正的要求。在特定情况下，如果当事人因不可归责于自身的原因而损及环境公益时，或者当事人虽有一定过错，但情节轻微时，规则即不能绝对地对其进行否定的评价，否则未免失之过苛，在案件实体事实的发现上即可能出现重大瑕疵或明显错误，进而亦会损及裁判的权威性和公信力。

二、效率与环境公益诉讼

（一）效率的含义

与公正相比，效率在法学领域出现的时间则要晚得多，是人类进入资本主义社会以后，在社会化大生产背景之下，不断追究社会发展与经济增长之提速的要求在法律上的投射。

作为经济学上的基本概念之一，效率是指有效产出减去投入后的结果，即"表示使价值最大化的资源配置"①。易言之，效率是指一个生产过程以最少的投入总成本生产出既定水平的产出，或一个生产过程可使既定的投入组合得到的产出水平达到最大。② 从各国发展的一般规律来看，市场经济条件下，人类所从事的任何经济活动都必须遵守经济性的原则，即力求以最小的消耗取得最大的效果，③ 从而达到资源的最优化配置，易言之，即以最小的投入付出获得最大量的产出，创造最大的社会财富。

效率同样是当代西方法学家，尤其是当代西方经济分析法学派（兴起于20世纪60年代的美国）学者特别重视的法的价值。经济分析法学派通过将具体的法律问题数量化，运用微观经济学中平面几何或代数的方法，分析法院处理具体案件、解决具体法律问题对效率的影响进而预测法院对案件的处理结果对将来人

---

① ［美］理查德·A. 波斯纳：《法律的经济分析（上）》，蒋兆康译，中国大百科全书出版社1997年版，第343页。

② 参见［美］罗伯特·考特、托马斯·尤伦：《法和经济学》，张军等译，上海三联书店1994年版，第24页。

③ 参见赵钢、占善刚：《诉讼成本控制论》，载《法学评论》1997年第1期。

们行为的导向。① 可见，法的效率价值，即是指"法能够使社会或人们以较少或较小的投入以获得较多或较大的产出，以满足人们对效率的需要的意义"②。当交易成本存在时，法律在资源配置中的作用就不可能中立，其应该重视效率的价值追求。

（二）效率与诚信信用

总体来讲，市场经济的本质属性是将效率导入法律领域的根本原因。从各国发展的一般规律来看，市场经济条件下，"人类所从事的任何经济活动都必须遵守经济性的原则，即力求以最小的消耗取得最大的效果"③，从而达到资源的最优化配置，易言之，即以最小的投入付出，获得最大量的产出，创造最大的社会财富。而诚实信用原则则在实现资源优化配置方面发挥着难以替代的功效，进而言之，诚实信用原则是效率产生的前提和基础，对其切实贯彻是实现效率最大化的保障和推手。

基于体系化研究的考量，对诚实信用原则与效率之关系的探索可以从市场消极作用的角度来加以分析。市场经济条件下，作为单个利益体的市场主体为追求个人利益的最大化极易忽视或是回避交易相对人的利益，遑论社会公共利益；而且，若无以道德为基准的诚实信用原则加以约束，其即可能为达目的背德弃义。这种不择手段追求个人利益的行为显然是对诚实信用原则的违反。就个人来讲，虽然短期内资源会随其意志进行于其有利的配置，若"方法得当"，还能在极短的时间内迅速得以实现。从个人角度来看，这看似实现了效益，使个体的交易成本降至最低，但这种短视的、个别的虚假效益的取得是以牺牲长期的、整体的真正效益为代价的，从社会整体角度来看显然得不偿失，而其负面作用必然会最终

---

① 此种分析法律问题的方法得以成立需满足下列几个要求：其一，假设各种形态的物品是可以替代和交易的，并因此使个人状况发生变化；其二，假设个人将永不满足并竭力追求净收益的最大化或成本的最小化，并预测个人行为或集体行为将对未来预测的客观成本和收益的变化予以反映；其三，每一行为收益不仅要超过成本，其边际成本与边际收益亦应相当。参见［美］理查德·A. 波斯纳：《法律的经济分析（上）》，蒋兆康译，中国大百科全书出版社 1997 年版，第 14 页。

② 卓泽渊：《法的价值》，法律出版社 1999 年版，第 205 页。

③ 赵钢、占善刚：《诉讼成本控制论》，载《法学评论》1997 年第 1 期。

在个体身上产生影响。

　　与交易主体直接发生经济关系，并产生直接经济利益的便是交易活动中的相对人。交易主体双方互为交易相对人。一般来说，在以信用为基础的等价交换中，交易相对人的利益可以作为交易主体通过交易所获利益的最直接、最贴切的反映，双方利益虽在外在形态上有所不同，但其实质无疑是相同的，在抽象的可以一般等价物（金钱）衡量的量和质上应该相等。若一方交易主体违背诚实信用原则的要求，以非正当的手段寻求自身利益的最大化，则交易相对人的对等利益必会受到损耗，即出现以正常标准衡量的不相等。此种情形下就会损及效率的顺利实现，即本该由以诚实信用为基础的等价交换所达到的以双方利益之和为基准的最大化的效率却因一方的失信而遭受减损，使交易相对方产生不必要的非正常性成本支出。具体来讲，可以分为显性成本和隐性成本两类。所谓显性成本，是指因交易主体一方违背诚实信用原则而使交易相对方额外支出的、以较为明显的方式表现出来的成本。失信行为可能导致为促成交易的有效达成所支出的成本本身的增加。遵循诚实信用原则的行为乃出于对他方诈欺行为的恐惧。① 在一个缺乏信用的市场中进行交易，除正常交易成本外，为保证交易得以顺利进行，实现自己的应得利益，交易主体自然会增加部分额外成本来考察相对人的守信程度（即资信度）。而对相对人资信度的考察实非易事，需交易主体耗费相当的人力、财力、物力，且随调查的难易程度不断调整。而且随着市场全球化程度的不断加深，交易相对人之间的空间距离日益拉宽，此时为考察相对人资信度所耗成本更会相当可观。同时，在交易中也可能由于一方或双方交易主体的失信导致正常交易过程延长，造成交易延迟，增加一些无谓的支出。甚至在交易结束后也因要评估交易的后期影响而耗去相当成本。可见，在整个交易过程中，用于应对信用缺失而产生的额外支出对效率的负面影响显而易见。更有甚者，有时可能会因该项成本过高而使相关主体不得不放弃与某个相对人的交易，转而寻求其他相对人，此种情形下成本的支出显然更为可惜，毫无效率可言。相对于显性成本而言，隐性成本是指由于交易主体信用的缺失产生显性成本的同时，随之而来的一系列"发酵性"的边际成本。这些成本在显性成本支出时表现得不甚明显，但随时间

---

　　① 参见徐国栋：《民法基本原则解释》，中国政法大学出版社2001年版，第131页。

的推移会逐渐显现，并对效率的实现产生持久、广泛的负面作用。此项成本具体可以分为两类：（1）谨慎成本。当诚实守信的市场主体在与失信方交易后，因对方的失信行为所蒙受之损失足以使其在今后的交易中审慎地选择交易对象，谨慎地进行交易。这种"一朝被蛇咬，十年怕井绳"的防范心理极难在短期内消除，只会因某些因素的介入"久而弥坚"。在这种相互观望的氛围中进行交易，双方自然是瞻前顾后甚至"严防死守"，这当然会产生相当的额外支出，此时效率如何不言自明。（2）搜寻成本。一方交易主体的失信行为导致交易破裂后，受损方为生存和发展仍然会寻觅其他适格的交易相对人。除一定的谨慎成本外，对相对人的寻找、甄别、筛查和联系等一系列搜寻行为均需主体进行相应的投入；同时，搜寻的效果如何无疑存在不同程度上的不确定性，即存在一定的风险性，自然会产生一定的风险成本。这些成本当然亦会对效率的实现带来或多或少的消极影响。

社会公共利益，一般是指最大限度地利用有限的资源满足社会上人们日益增长的物质文化需求。所有市场主体的集合构成社会，所有交易活动的集合形成整个社会活动，因此，虽然市场交易活动直接在交易双方之间发生关系，并产生直接利益，但从根本上来说必会对整个社会公共利益间接发生作用，单个交易中交易主体违反诚实信用的行为自然也会对社会公共利益造成负面影响，显著地消耗社会成本。诚实信用则是以契约意识为精髓的现代市场经济赖以存在和发展的基石。对诚实信用原则的违背有一种扩散效应，由多个交易活动中的失信行为所造成的消极影响在社会中长期累积并沉淀到一定程度，结果必会动摇整个社会的信用根基，进而产生社会性的信用危机。

（三）效率与民事诉讼

不可否认，任何民事诉讼的开展和进行均与效率相挂钩，而其基础便是通过合理的配置与调动，诉讼成本和诉讼边际成本的投入与诉讼预期结果的达成之间形成一种最优化。

所谓诉讼成本，是指诉讼主体在实施诉讼行为时所耗费的时间、精力以及金钱等各项资源的总和。在经济交往过程中，交易主体双方彼此互为交易相对人。一般来说，在以信用为基础的等价交换中，双方利益虽在外在形态上有所不同，但其实质无疑是相同的，在抽象的可以通过一般等价物（金钱）衡量的量和质上应该相等。若一方交易主体违背交易基本准则，以非正当手段获取自身利益的最大化，则交易相对人的对等利益必会受到损耗，即出现以正常标准衡量的不相等。此种情形下就会损及预期效果的顺利实现，即本该由以正常等价交换所达到的以双方利益之和为基准的最大化的收益却因一方的异常行为而遭受减损。为此，交易中的受害方在通常救济途径均无效的情况下，可能会考虑诉诸法院，借助司法的力量进行公力救济。法国大革命宣告的"司法无偿"原则被视为大革命的历史功绩之一，① 即法官的费用不再由当事人支付而由国家支付，但某些法院成本以及其他经济负担仍然需由当事人承担。一般情况下，国家尤其不会无偿地耗费司法资源对交易主体的私人利益进行救济，② 故民事诉讼的过程自然亦成为当事人成本投入的过程。同时不能忽视的是，一旦进入民事诉讼程序，审理的进程往往非当事人可自主决定，随之产生的各项成本在诉讼前也是难以准确预期的。此情况下即可能违背主体进行交易的初衷。相对于正常交易来说，一方当事人的异常行为导入民事诉讼这一事实本身即意味着额外成本的支出。更为严重的是，某些"心怀叵测"的主体利用民事诉讼费时耗力的特点故意从事某些异常行为使对方难以进行追偿从而获取不当利益；或为达到使对方放弃向其追索损失的目的，故意将对方拖入诉讼，利用诉讼消耗或拖垮对方。可见，诉讼本身亦会因各项不确定因素的介入而导致当事人成本的增加。同时，此类诉讼的爆发使得本已十分有限的司法资源面临相当严峻的挑战。有限的司法资源被该类讼争无限使用，必会降低审理质量，影响审判效率，这有悖于司法资源合理、有效解决社会纠纷之初衷。从这个角度可以说对诚实信用原则的关注也能够使司法资源得到合理利用并提高利用的实际效率。

所谓诉讼边际成本，亦可称为诉讼衍生成本。其具体包含两个方面，一方面为"无形损失"成本。该项成本是指因失信行为引发的纠纷本身及为解决纷争而进入诉讼所可能遭受的负面评价等。一般来讲，受损方进入诉讼均是情非得已，

---

① 参见［意］莫诺·卡佩莱蒂等：《当事人基本程序保障权与未来的民事诉讼》，徐昕译，法律出版社 2000 年版，第 56 页。

② 参见赵钢、占善刚、刘学在：《民事诉讼法》（第二版），武汉大学出版社 2010 年版，第 273 页。

其参加诉讼的经历本身却多少会使其名誉受损，从而危及其资信度，进而对今后与其他主体的交易产生不同程度的负面影响。另一方面为"出气争气"成本。诉讼的开启与否通常是以理性为指导的，受损方在诉诸司法之前，多会将可能要投入的诉讼成本与可能获取的诉讼收益进行比较，从而评估开启诉讼的实际效果。一般来讲，诉讼成本与诉讼收益的比值与参与诉讼的几率成反比。但在特定主体固执于对相对人的失信行为"讨个说法"的特殊情况下，其可能不会去考虑诉讼的收益，而是纯粹为了"出气"或"争气"而开启诉讼①，实践中的"一元钱官司""一支笔纠纷"等屡见不鲜。此时当事人显然因"急火攻心"而无暇考量诉讼的效率，完全忽视了诉讼的本意。

（四）效率与环境公益诉讼的关系

环境公益诉讼的一项显著特征，便是代表环境公益的原告方在证据的获取时间上天然地滞后于被告方，而被告方在证据的获取条件上又天然地便利于代表环境公益的原告方。两者相叠加，即会导致如若按照诉讼证明责任分配的一般规则来分配环境公益诉讼的证明责任，则诉讼迟延在所难免。诉讼迟延可谓一种慢性病，几乎任何时代的裁判运作都会受到其阴影的困扰。而且这种弊病普遍存在，尽管这些国家存在着文化和法律制度上的差异。② 在现代社会中，随着人们之间交往的与日俱增，法律问题也频繁地发生。而在新价值观的影响下，新权利不断被创设，随之法律的规整也日益复杂；人们不断提升的权利意识也使得更多的纠纷日渐显现。面对此种现状，诉讼迟延便成为诉讼中一道难以彻底解决的"顽疾"。而环境公益诉讼证明责任分配规则的布设便是在效率价值的支配下，对因各种原因产生的举证不能或不力所导致的诉讼迟延来进行的一定程度上的应对与处理。环境公益诉讼证明责任分配专门规则的缺失，一方面拖延了代表环境公益一方当事人正常推进诉讼的步伐，降低了该方当事人诉讼行为的效率；另一方面打乱了审判应有的正常步伐，亦降低了法院的审判效率。如果规则设置的不科学

---

① 参见赵钢、占善刚：《论社会主义市场经济条件下我国公民应有的诉讼观念》，载《中国法学》1998 年第 1 期。

② 参见［日］小岛武司：《诉讼制度改革的法理与实证》，陈刚、郭美松译，法律出版社 2001 年版，第 144 页。

导致整个诉讼活动效率的下降，价值衡量的结果必然是对相应规则作出调整，环境公益诉讼证明责任分配专门规则确立的直接依据即在于此。

司法程序是一套经过设计的精密程序，其涉及社会主体的人身、财产价值，故其对社会关系的修复必然要精细化运作，慎之又慎。然而对于程序参与者的当事人而言，尽快实现个人利益的最大化才是其最想看到的结果，社会正义的实现与其个人正义的彰显并无直接正相关。因此，复杂冗长的司法程序自然遭到诟病，于是在英国就产生了一句古老的法谚："迟来的正义非正义（Justice delayed is justice denied）。"选民的要求必然会通过民选的代议制机关反映到立法层面。于是，解决"二战"之后随着经济再次繁荣而重新出现在民事审判活动中的老问题——法院案件负担过重、当事人拖延诉讼、法律救济耗时过多——就成为各国立法机关修改诉讼机制的一项目标。① 然而，实现正义的诉讼基本要求与提升效率之间总是有着不可避免的矛盾。在涉及公正与效率关系的认识上，一般均认同公正与效率体现了审判工作的本质特征，两者共同构成了 21 世纪法院审判工作的价值取向。② 效率作为法的价值，从根本上来讲亦是正义观的一种体现。正义的观念中当然地包含着效率的要求，"迅速而廉价的诉讼审判构成公正的一个要素"③，丧失正义的效率在任何时代、任何国家都是不存在的，反之亦然。公正与效率既可以和谐共存，但又经常处于深沉的张力之中。④ 不可否认的是，公正与效率在某些方面确实又存在一定的冲突，且在具体制度中对某一价值的侧重还会因时因地而变。涉及环境公益诉讼规则的具体布设时，应尽量在公正和效率之间找到一个使各方利益均得到最大化保障的平衡点。

---

① 参见［英］阿德里安·A. S. 朱克曼主编：《危机中的民事司法》，傅郁林等译，中国政法大学出版社 2005 年版，第 221 页。

② 参见曹建明主编：《程序公正与诉讼制度改革》，人民法院出版社 2002 年版，第 507 页。

③ ［日］谷口安平：《程序的正义与诉讼》（增补本），王亚新、刘荣军译，中国政法大学出版社 2002 年版，第 95 页。

④ 参见张文显：《二十世纪西方法哲学思潮研究》，法律出版社 1996 年版，第 602 页。

第二章　环境公益诉讼规则的主要内容

第一节　环境公益诉讼规则布设的基本依据

一、诉讼促进义务

（一）诉讼促进义务的含义

1. 诉讼促进义务的概念

所谓民事诉讼中的诉讼促进义务，是指当事人对于法院负有的适时提出攻击防御方法的义务，即当事人在具体案件的审理过程中提出攻击防御方法的时间应受一定的约束。从性质上讲，诉讼促进义务属于当事人对于法院即国家所负促进诉讼之公法上的义务，即"为国家司法上之利益计，对于代表国家之法院所负"① 之义务。

在学说上，德国学者于1938年即阐述了诉讼促进义务的内涵："当事人在使用国家司法机制时负有一般性之义务，只在必要时使用及加负担于这个以国民全体纳税义务人之费用所设立的机制，用以贯彻其私权请求。……任何当事人对其对造当事人都负有促进诉讼案件之义务，俾使对造不被过度要求。……对造当事人不可以被迫支出那些在谨慎地实施诉讼的情况下所可以避免支出的时间与金钱。"②

---

① ［日］松冈义正：《民事证据论》，张知本译，中国政法大学出版社2004年版，第144页。

② ［德］Adolf Schonke, Zivilprozeßrecht. Eine systemmatische Darstellung, Berlin 1938, S. 5. 转引自吴从周：《第二审失权与补充第一审之攻击防御方法》，载《台湾本土法学杂志》2006年第8期。

从立法史上来看，1933 年《民事纠纷程序修订法》① 对《德国民事诉讼法》予以修订时，其前言中提到："没有任何当事人可以被允许，以不真实的陈述误导法院，或者以恶意或过失迟延诉讼的方式滥用法院的人力。当事人有以正直而谨慎的方式实施诉讼之义务，使法院容易适用法律，才符合每个人都可以要求的权利保护。"② 1942 年《德国民事诉讼法》第 529 条修正后亦提及"当事人实质而谨慎地实施诉讼之义务"③。1961 年德国联邦议会法律委员会报告中已出现了"当事人……促进诉讼之义务"④ 等字眼。1976 年《简化及加速法院程序法》之立法理由中，甚至称此一概念为"诉讼促进义务原则"⑤。从世界范围来看，德国在 1976 年颁布的《简化及加速法院程序法》中第一次使用了"诉讼促进义务"这一概念，⑥ 在此之前，虽有类似于该概念内容的提法，但均未曾使用这一概念本身。至于是由何人及何以如此创设此概念，并使用该用语，在概念发展史上似已不可考。

《简化及加速法院程序法》之所以创设"诉讼促进义务"概念，课予当事人该加速诉讼程序进行之行为义务，⑦ 主要是为了贯彻集中审理原则，进而作为设置相应制裁性规定的正当化依据。可见，"诉讼促进义务"概念的创设，是集中审理原则与制裁两个概念之间的重要衔接概念。但也要注意的是，"诉讼促进义务"这一概念并不是法条本身的用语，而是在 1976 年《简化及加速法院程序

---

① 参见［德］迪特尔·莱波尔德：《当事人的诉讼促进义务与法官的责任》，载［德］米夏埃尔·施蒂尔纳编：《德国民事诉讼法学文萃》，赵秀举译，中国政法大学出版社 2005 年版，第 387 页。

② ［德］Zoller, ZPO, 21. Aufl., 1999, Einl. Rn. 6. 转引自吴从周：《论迟误准备程序之失权》，载《东吴法律学报》2005 年第 3 期。

③ 参见［德］迪特尔·莱波尔德：《当事人的诉讼促进义务与法官的责任》，载［德］米夏埃尔·施蒂尔纳编：《德国民事诉讼法学文萃》，赵秀举译，中国政法大学出版社 2005 年版，第 387 页。

④ ［德］Bericht der Kommission zur Vorbereitung einer Reform der Zivilgerichtsbarkeit, 1961, S. 206. 转引自吴从周：《论迟误准备程序之失权》，载《东吴法律学报》2005 年第 3 期。

⑤ ［德］Regierungsentwurf zur Vereinfachungsnovelle, BT-Drucks., 7/2729, S. 37. 转引自吴从周：《论迟误准备程序之失权》，载《东吴法律学报》2005 年第 3 期。

⑥ 参见［日］石渡哲：《民事訴訟法における時機に後れた攻撃防禦方法の失權の根拠》，载《法学研究〔慶応義塾大学〕》1995 年第 12 期。

⑦ 民事诉讼法原则上并不规定当事人有诉讼上的义务，只有在法律不允许当事人不为某种行为时，始例外课予当事人从事某种行为的义务，诉讼促进义务便是其中之一。

法》立法草案的理由说明中出现的，其在提到通过当事人的协力以达成立法期望的程序集中时，标题使用的是"当事人的诉讼促进义务"，随后则在该标题下进一步区分"一般诉讼促进义务"和"诉讼促进义务之特别情形"。而《德国民事诉讼法》法条本身的用语却是"必要与适当的"①促进诉讼。

经过进入 21 世纪后的数次修法，《德国民事诉讼法》在具体条文内容方面还是发生了些许变化。如第 296 条第 2 款为典型的一般诉讼促进义务方面的规定；与之相应，第 296 条第 1 款、第 296a 条、第 530 条则为体现特别诉讼促进义务的法律规定。除此之外，第 523 条作为指示性法律规范，因第 296 条第 1 款和第 2 款均为其指向，故该法条兼有一般诉讼促进义务和特殊诉讼促进义务双重属性。与之相似的还包括第 531 条，其第 1 款和第 2 款均涵盖了第 296 条第 1 款和第 2 款的精神，因而也是具有双重义务属性。②

---

①　如《德国民事诉讼法》第 277 条第 1 款规定："被告应该按照诉讼的进行程度和程序上的要求，在答辩状中提出为进行诉讼所必要与适当的防御方法。答辩状中还应表明是否有不能将案件交付独任法官处理的原因。"第 282 条第 1 款规定："所有当事人均应保持谨慎注意与依诉讼进程应被期待有利于诉讼促进的诉讼进行方式，适时地提出特定攻击防御方法。特别是指主张、争执（否认）、否定性抗辩、阻碍性抗辩、证据方法以及证据抗辩等。"第 340 条第 3 款规定，当事人应在异议书状中陈明相应攻击防御方法，以及关于诉讼是否合法的责问的意思表示。攻击防御方法应以按照诉讼的进行程度和程序上的要求为进行诉讼所必要的与适当的为限。

②　《德国民事诉讼法》第 296 条规定：（1）已逾各有关的法定期间（第 273 条第 2 款第 1 项、第 5 项（以针对一方当事人设定期间为限），第 275 条第 1 款第 1 句、第 3 款、第 4 款，第 276 条第 1 款第 2 句、第 3 款，第 277 条）而提出攻击和防御方法时，只有在法院依其自由心证认为准许提出不致于延迟诉讼的终结或当事人就逾期无过失时，才能准许。（2）违反第 282 条第 1 款而未及时提出攻击或防御方法，或者违反第 282 条第 2 款而未及时通知对方当事人，如果法院依其自由心证认为逾时提出或通知足以延迟诉讼的终结并且当事人就其逾期有重大过失时，可以予以驳回。（3）（略）。（4）在第 1 款和第 3 款规定的情形中，法院应要求当事人就其无过失加以说明。第 296a 条规定，在作为判决基础的言词辩论终结后，再不能提出攻击和防御方法。但第 139 条第 5 款、第 156 条、第 283 条的规定不受影响。第 525 条规定，除本章另有规定外，其他控诉程序，准用关于第一审的州法院的诉讼程序的规定。第 530 条规定，违反第 520 条或第 521 条第 2 款的规定而未及时提出攻击或防御方法的，准用第 296 条第 1 款与第 4 款的规定。第 531 条规定：（1）在第一审中依法被驳回的攻击防御方法，不准提出。新的攻击防御方法，满足下列条件之一：1）对该攻击防御方法所涉之观点，一审法院明显忽视或者认为不重要；2）由于程序瑕疵，在第一审中未提出；3）非因当事人过失，在第一审中未提出，准其提出。二审法院可以要求当事人对新的攻击防御方法的合法性事由予以疏明。

按照诉讼促进义务类型划分后，还可发现在规制手段（即法律后果）方面《德国民事诉讼法》赋予法院的裁量权亦在对待两种类型的义务履行方面有所差别。如第 296 条第 2 款表述为"可以驳回"，且作出驳回的前提是法院认为逾时提出或通知足以延迟诉讼的终结并且当事人就逾期有重大过失。此法条应当被理解为一种任意性规范，立法者对于一般诉讼促进义务的履行给予了较为宽容的态度，对违反一般诉讼促进义务的逾时提出给予了正面倾向性很明显的评价，即法院只有在认为逾时提出将造成诉讼迟延并且逾时提出的当事人对此负有重大过失时，方可予以驳回；并且此处所用词语为"可以"，说明法院的裁量权较大，即使经过心证作出前述判断，亦可在考量其他诉讼价值的基础上准予提出。与此相反，第 296 条第 1 款则表述为"才能准许"，且准许的前提是法院认为准许提出不致延迟诉讼的终结或当事人就逾期无过失。这就与同一法条第 2 款的内容形成鲜明对比，足见立法者对于特别诉讼促进义务之履行要求的严苛性，即通常不允许在违反特别诉讼促进义务的情形中逾时提出，仅在存在个别事由时方可予以准许。由此可见，从某种意义上讲，德国立法对于特别诉讼促进义务的重视程度要高于一般诉讼促进义务，对于当事人遵守法定或法院指定期日、期间的要求更为严格。

在适时提出主义模式①下，让当事人负有诉讼促进义务对于诉讼中当事人程

---

① 从人类诉讼发展史来看，从时间上对当事人的诉讼权利，尤其是对当事人提出诉讼资料的权利进行规制的做法主要有三种，分别是同时提出主义、随时提出主义和适时提出主义。同时提出主义，亦称法定顺序主义，是历史上最早被用来防止因当事人急于行使特定诉讼权利而可能导致诉讼迟延的诉讼形态。在德国普通法时代，为防止因当事人随性地、漫无目的地提出攻击或防御方法从而导致诉讼的迟延，其就诉讼的推进采取"证据分离主义"，参见［日］新堂幸司：《新民事诉讼法》，林剑锋译，法律出版社 2008 年版，第 324 页。此种诉讼模式下，作为判决基础的事实的主张与证据资料的提出被分为截然不同的两个阶段，在前一阶段当事人须将事实主张全部陈述完毕，而一旦进入证据调查阶段，则当事人即不得再主张事实。因此，同时提出主义要求当事人为达到某一目的，必须同时或在特定期间内提出主张或证据，否则便不能在诉讼中产生效力。同时提出主义可以使当事人的诉讼行为按序进行，对于防止诉讼迟延确可发挥实效。但不能忽视的是，此种模式下，诉讼的不可预知性使得当事人难以确定对方当事人会对其主张以及相应证据如何予以攻击或防御，而此时的失权威胁即会迫使当事人把即便只是可能重要而已的主张和证据也全部提出，即在主要陈述之外，后备的、为防止主要陈述被否定的一切可能的诉讼资料亦一并予以提出。这固然可以在一定程度上加速程序的进程，但却极易造成诉讼资料的过度膨胀，增加法院的额外负担，（转下页）

序性权利的全方位保护极具价值。该义务以当事人为规范对象，要求其应适时提出攻击防御方法，以便程序的顺利、迅速推进，从而避免诉讼迟延。就此而言，其乃立法者期待当事人居于主体地位积极参与、推进程序，从而赋予其有于适当时期提出攻击防御方法的权利，借以追求程序上的利益。同时，所谓适当时期并非完全具体、明确，何时可称之为适当时期，往往取决于诉讼进行的程度和个案情节的发展。一般来讲，如果适当时期未具体、明确，则无从期待、要求当事人对其知悉以及准确把握，自然不能让其承担因未及时提出攻击防御方法而产生的不利后果。就此而言，法院愈能经由适当的阐明使当事人获悉提出诉讼资料或主张权利等攻击防御方法之机会，对于不善用该机会之当事人愈有使其遭受不利制

（接上页）效果可能适得其反。同时，如果仅因当事人未遵守法定顺序即产生失权的效果，无疑会削减作为裁判基础的诉讼资料的作用，从而不利于事实真相的发现和当事人权利的保护。人类进入资本主义社会伊始，对自由的极度追求体现在诉讼程序中便是摈弃对当事人诉讼权利限制过于严苛的同时提出主义，改采对当事人诉讼资料的提出约束极少的随时提出主义。在随时提出主义模式下，法律允许当事人在同一诉讼程序中可以随时、混合地主张事实和提出证据，在任何时间所进行的辩论均具有相同的效果。不可否认的是，随时提出主义的弊端也甚为明显。因当事人在诉讼中可以随时提出诉讼资料，故在审理程序即将终结时，一方当事人可能突然提出某一资料，使得对方当事人防不胜防，难以在短时间内提出有效的攻击防御资料，从而导致突袭性裁判的出现。同时，因随时提出主义与言词辩论整体性原则相结合（参见王甲乙等：《自由顺序主义之检讨》，载民事诉讼法研究会主编：《民事诉讼法之研讨（三）》，台湾三民书局股份有限公司1997年版，第335页），当事人随时可以提出攻击防御方法，这便会导致当事人对诉讼资料的提出漫不经心，甚至基于诉讼战术的考虑，将影响诉讼胜败的重要资料留至第二审辩论终结时方予提出，从而致使审理的重点移至第二审。而此种"重二审、轻一审"现象的出现又可能妨碍实体正义的实现。自20世纪六七十年代开始，各国学者纷纷对随时提出主义的审理结构提出强烈批判，指责此种分割断裂的审理模式不但造成案件审理的散漫与无效率，同时亦与直接审理主义与言词审理主义之基本原则相悖（参见邱联恭等：《民事诉讼审理方式之检讨》，民事诉讼法研究基金会主编：《民事诉讼法之研讨（一）》，台湾三民书局股份有限公司1986年版，第341~356页；王甲乙等：《自由顺序主义之检讨》，载民事诉讼法研究会主编：《民事诉讼法之研讨（三）》，台湾三民书局股份有限公司1997年版，第335~350页）。有鉴于此，大陆法系国家和地区从20世纪70年代开始，陆续向以集中审理主义为核心的适时提出主义转化（参见［德］Rudolf B. Schlesinger, Hans W. Baade, Peter E. Herzog & Edwoed M. Wise, Comparative Law 461-465, 1998）。在适时提出主义模式下，让当事人负担诉讼促进义务，必须在庭审前特定阶段提出具体、特定的攻击防御方法，从而促进案件争议焦点的明确与特定，否则将遭受被法院驳回其逾时提出攻击防御方法的不利后果。

裁之正当化根据。① 因此，为促使诉讼促进义务的顺利履行，法院应根据诉讼进行的程度和个案情节的发展，适时地行使诉讼指挥权，妥善地推进争点整理程序，然后就其掌握的争点，为当事人指定其应提出攻击防御方法的适当时期，以促成该行为规范及责任的具体化和明确化。

当然，对诉讼促进义务这一概念在民事诉讼中的确立也存在一些质疑。如德国学者莱波尔德即认为这个概念并不值得称赞：如果从用语的角度来观察，就可以得知，当说某些东西被促进——从煤、石油、储蓄、投资到教育——都是指某些值得被促进的东西，一种值得追求的目的或利益。但诉讼本身就不值得促进，相反地诉讼希望被尽可能地防止，或者一旦产生后尽可能地和平解决。诉讼本身不是目的，消弭争端、经由程序保护权利才是目的。所以这个用语本身就不可靠，因为它似乎把诉讼提升为目的本身，将它提升超过当事人对权利保护的渴望。更危险的是，这让人有一种印象，仿佛当事人在任何方面、任何角度，都必须促进诉讼，必须以诉讼资料完全地来填补这个诉讼，以便产生一个圆满成功、有用的诉讼程序。但这个概念并没有这个意思。诉讼促进义务在法律上只要考虑到程序的时间面向即可。如果仔细斟酌，则诉讼应该不是被促进，而是被送走。② 我国台湾地区学者邱联恭亦认为，所谓诉讼之促进系指当事人或程序关系人或法官致力于促使程序之利用、进行或运作更有效率、更加迅速，以减少在程序上付出劳力、时间或费用而言，并非意味着致力于促进当事人或一般民众尽量提起诉讼或设法多使用诉讼程序。③ 可见，诉讼促进义务从本质上讲，根本就不是促进诉讼行为的义务，而是禁止拖延诉讼。

2. 诉讼促进义务的适用范围

作为当事人诉讼促进义务的延续，德国通说及实务进一步将诉讼促进义务的

---

① 参见邱联恭：《争点整理方法论》，台湾三民书局股份有限公司 2001 年版，第 79 页；许士宦：《逾时提出攻击防御方法之失权》，载许士宦：《程序保障与阐明义务》，台湾学林出版社 2003 年版，第 337 页。

② 参见［德］迪特尔·莱波尔德：《当事人的诉讼促进义务与法官的责任》，载［德］米夏埃尔·施蒂尔纳编：《德国民事诉讼法学文萃》，赵秀举译，中国政法大学出版社 2005 年版，第 388 页。

③ 参见邱联恭：《司法之现代化与程序法》，台湾三民书局股份有限公司 1997 年版，第 322 页。

适用从当事人延伸至法院，即将法院的义务统称为法院诉讼促进义务，如法院的阐明行为、准备言词辩论、在期日前为证据裁定、定期命被告答辩、予以失权以及负担诉讼费用等。① 但笔者认为，此种观点有值得商榷之处。诉讼促进义务的内涵原本就极为模糊与空洞，本身就亟待具体化与类型化。而将诉讼促进义务概念一般化，成为当事人，甚至法院所有诉讼上义务来源的上位概念，将增加对诉讼促进义务违反时制裁效果理解上的困难。如同样是违反诉讼促进义务，当事人违反时应予以不利制裁，而法院违反诉讼促进义务时却为何不施以相同的制裁效果。当然，法院相对于当事人而言，其亦有推进程序进行的义务，但各项义务分别以准备义务、阐明义务等具体冠称即可，不必将其与立法者专为强调当事人加速程序的义务而创设的诉讼促进义务混为一谈，否则诉讼促进义务势必恶性膨胀为包罗万象的根本义务，与民事诉讼立法之本旨相悖。

此外，还有观点主张扩大诉讼促进义务的内涵，将当事人的事案解明义务囊括于内，而将原本意义上的诉讼促进义务称为狭义上的诉讼促进义务，使诉讼促进义务具有双重含义。② 笔者认为，事案解明义务同样不应被纳入诉讼促进义务的范围。所谓事案解明义务，是指对特定事实或证据负有主张及证明责任的当事人因客观原因无法充分主张或举证时，不负主张或证明责任的对方当事人在法定条件下负有一般性的协助解明案件真实的义务。③ 因其专属于对特定事实或证据不负主张及证明责任的当事人，故又称"非负证明责任一方当事人的说明义务"④。依此义务之要求，负有证明责任的当事人因非可归责于自身的原因处于无法解明案件真相时，若其对自己的权利主张展现出一定的合理性，且不负证明责任的当事人反而更具解明案件真相的可能性，则不负证明责任的当事人应对事

---

① 参见［德］狄特·克罗林庚：《德国民事诉讼法律与实务》，刘汉富译，法律出版社2000年版，第377页；［德］奥特马·尧厄尼希：《民事诉讼法》（第27版），周翠译，法律出版社2003年版，第151页；［德］汉斯·约阿希姆·穆泽拉克：《德国民事诉讼法基础教程》，周翠译，中国政法大学出版社2005年版，第225页。

② 参见沈冠伶：《论民事诉讼程序中当事人之不知陈述》，载《政大法学评论》2000年第3期；沈冠伶：《论民事诉讼修正条文中法官阐明义务与当事人之事案解明义务》，载《万国法律》2000年第6期。

③ 参见［日］小林秀之：《新证据法》（第2版），弘文堂2003年版，第142页。

④ ［日］伊东俊明：《证明责任的分配与当事人的事案解明义务》，载《商学研究》2001年第2期。

实真相的发现负责任。要明确的是,诉讼促进义务不仅包括时间上的限制,还含有内容上的要求,即只有及时提出内容充实的攻击防御方法才与诉讼促进义务之内涵相契合。而理论上对事案解明义务的具体范围至今仍存在不同的认识,① 规则层面更是付之阙如。显然,若将此范围模糊的概念纳入诉讼促进义务范围,无疑亦会增加诉讼促进义务理解上的难度。

(二) 诉讼促进义务的分类

依据诉讼促进义务的内容 (或对象) 是否具体,可以将诉讼促进义务分为一般诉讼促进义务和特别诉讼促进义务。

所谓一般诉讼促进义务,是指当事人依诉讼进行程度所显示的时点与范围提出诉讼资料的义务,② 即通过规定当事人负担一般性的义务,促使其适时提出攻击防御方法,以符合其依诉讼状态必要与适当地促进诉讼的实施。具有典型性的法律规定是《德国民事诉讼法》第 282 条。③ 需要指出的是,第 282 条对攻击防御方法的外延及提出攻击防御方法的一般适时性作了概括性的规定,具有统摄意义,具有一定的特殊性。而对第 282 条规定的一般诉讼促进义务之违反的规制,见于第 296 条第 2 款。

所谓特别诉讼促进义务,④ 亦称个别诉讼促进义务,是将当事人的诉讼促进

---

① 参见 [日] 安井英俊:《案件解明义务的法律依据与适用范围》,载《同志社法学》2006 年第 7 期。

② 参见 [德] MunchKomm-ZPO/Prutting, §296, Rn. 58。转引自姜世明:《论民事诉讼法失权规定之缓和与逃避》,载姜世明:《任意诉讼及部分程序争议问题》,台湾元照出版有限公司 2009 年版,第 251 页。

③ 《德国民事诉讼法》第 282 条规定:"(1) 当事人各方都应该在言词辩论中,按照诉讼的程度和程序上的要求,在为进行诉讼所必要的与适当的时候,提出他的攻击和防御方法,特别是各种主张、否认、异议、抗辩、证据方法和证据抗辩。(2) 声明以及攻击和防御方法,如果对方当事人不预先了解就无从对之有所陈述时,应该在言词辩论前,以准备书状通知对方当事人,使对方当事人能得到必要的了解。"

④ "特别诉讼促进义务"一词,来自德国联邦宪法法院对于《简化及加速法院程序法》立法理由中所谓"诉讼促进义务之特别情形"一词简称的结果。参见许士宦:《民事诉讼上之适时审判请求权》,载《台大法学论丛》2005 年第 5 期。

义务予以精确化，① 即针对某些对程序促进特别重要的情形，立法规定某个具体时点，当诉讼临界该时点时，当事人必须在诉讼中提出相应诉讼资料。详言之，基于各种考量，立法设定某些裁定期间，将程序分成不同阶段（即阶段化），倘若当事人不在法院所裁定的期间内提出攻击防御方法，在一定条件下便会遭到不利制裁。这些裁定期间包括《德国民事诉讼法》第 273 条第 2 款第 1 项规定的当事人争点说明期间②、第 275 条规定的被告书面答辩的期间③、原告对被告答辩提出书面意见（即原告的再主张）的期间和第 276 条规定的被告进行书面准备期间、原告对被告答辩提出书面意见（即原告的再主张）的期间等。④ 而在二审（控诉审）程序的诸项规定中，期间设定主要集中于控诉人提出控诉理由的期间、提交书面答辩状的期间和回应答辩状的期间。对于控诉理由提出期间，基本属于任意性规定，法院对于期间长短的把握具有一定程度上的尺度和弹性。⑤ 二审的

---

① 参见邱联恭等：《民事诉讼审理方式之检讨》，民事诉讼法研究基金会主编：《民事诉讼法之研讨（一）》，台湾三民书局股份有限公司 1986 年版，第 351 页。

② 《德国民事诉讼法》第 273 条第 2 款第 1 项规定："为进行各种期日的准备，受诉法院的审判长或其指定的其他法官可以命令当事人对其准备书状加以补充或解释，要求当事人提出文书并将其他有关标的物交存于法院，特别是指定某一特定期间命令当事人对应予说明的一定争点予以陈明。"

③ 《德国民事诉讼法》第 275 条第 1 款规定："为准备言词辩论的早先第一次期日，受诉法院的审判长或其指定的其他法官可以为被告指定某一特定期间，要求其在该期间内提交书面答辩状。"同条第 3 款规定："如果被告对于原告所提起的诉讼没有提出答辩或没有提出足够答辩的，且法院亦未按照本条第 1 款的规定为被告指定特定期间时，法院应在期日里应规定提出书面答辩的期间。"同条第 4 款规定："法院在期日里或收到被告所提出的答辩状后，可以指定某一特定期间要求原告就该答辩提出相反的书面意见。"

④ 《德国民事诉讼法》第 276 条第 1 款规定："倘若审判长为指定言词辩论的早先第一次期日，则其在将起诉状副本送达给被告时，应催促该被告，如果他要对原告所提之诉进行防御，即应该在起诉状副本送达之日起两周内（不变期间）以书面形式向法院提交答辩状；该催告亦应通知原告。"同条第 3 款规定："审判长可以指定特定的期间要求原告对被告的答辩提出书面意见。"

⑤ 《德国民事诉讼法》第 520 条规定，提出控诉理由的期间为两个月，自完全形式的判决送达时开始，最迟从宣判后五个月开始计算。如果对方当事人同意，审判长可依申请延长期间。对方当事人不同意的，如果审判长认为延期并不致使诉讼拖延，或者当事人提出重大理由时，审判长可依自由心证将期间延长一个月。

答辩期间以及回应答辩的期间，与一审程序中的规定基本类似。①

从一般诉讼促进义务与特别诉讼促进义务的内涵中可以看出，特别诉讼促进义务的规定实际上是居于一般诉讼促进义务之特别规定的地位。故有关特别诉讼促进义务的规定应排除一般诉讼促进义务规定的适用，即一般诉讼促进义务规范不能被误解为具有补充特别诉讼促进义务规范之功能。

（三）诉讼促进义务的具体化

1. 诉讼促进义务具体化的原因

在德国，尽管立法者在某程度上已经于法律条文中表达了诉讼促进义务的内容，但条文中"必要与适当的"促进诉讼仍然只是不确定的法律概念，或者说是内容空洞的概括条款，并不足以为法院提供适用法律时独立的、明确的评价标准，其只是说明诉讼促进义务（即对当事人陈述内容上的要求）不是静态的，而是随着诉讼的推进而不断调整的，但却无法精确地告诉法院和当事人何时以及何种范围的陈述内容才符合诉讼促进义务的根本要求。

随之产生的突出问题便是，当事人是否需要一开始就全部提出诉讼资料，抑或其可先保留某些诉讼资料，当诉讼进程发展至必要时，再提出其保留的诉讼资料。笔者认为，在诉讼策略上绝对有理由认可当事人可以先保留某些诉讼资料，一直到该诉讼资料依诉讼状态变得有必要出示时再行提出。不应该过分要求当事人在诉讼一开始就预先考量到所有可能出现的情况而立即提出所有诉讼资料。提出与案件无关的诉讼资料无疑会造成诉讼资料的过度膨胀，将会模糊案件的争议焦点，结果反而是拖延而非加速诉讼的进程。可见，当事人可以依据诉讼状态所显示的时点与范围，在后续的程序中提出诉讼资料。一方面，某一诉讼资料的提出若仅完全因为诉讼策略的考虑或因过错而未提出，则法院应拒绝当事人于后续程序中再提出；另一方面，也并非任何一个随时可以想到的但与案件无关紧要的诉讼资料都必须一开始就在诉讼程序中提出。

2. 诉讼促进义务具体化的方式

---

① 《德国民事诉讼法》第 521 条规定，审判长或控诉法院可以设定控诉审中对方当事人提交书面答辩状的期间，及控诉人提交回应答辩状材料的期限。第 277 条的规定于此准用。

上述问题的解决有待于针对诉讼促进义务这一须具体化的法律概念发展出精确的界定标准。目前，最主要的观点有主线胜诉论与分级排列论两种。

（1）主线胜诉论

主线胜诉论认为，当事人可以先构筑一条其想要胜诉的"主要作战路线"，只要这条主要作战路线真有胜诉的机会，当事人就满足了诉讼促进义务的要求，其暂时不必提出其他诉讼资料，一直到当事人注意到其主要陈述可能无效果时，亦即可能败诉时，才有必要提出其他诉讼资料。[1] 譬如，对于时效抗辩，被告在诉讼刚开始时可以保留不提，到他觉得他对原告请求的防御手段将失去效果时再行提出。又如，在合同纠纷诉讼中，被告可以先主张其并非合同当事人，尔后才提出原告的给付行为有瑕疵的抗辩。再如，在侵权损害赔偿诉讼中，被告可以先主张其对侵权行为不负责任，随后再对原告请求赔偿的数额提出异议。

主线胜诉论的缺点甚为明显，即诉讼资料的随性保留可能造成证据突袭等情况的出现。当事人可因此先等候主要作战路线调查证据后的结果，如果对其不利，再重新提出新的攻击防御方法，构筑新的作战路线，诉讼资料因而可以分阶段提出。例如在上述合同纠纷中，被告可以先抗辩其非诉讼当事人，等到调查证据的结果对其不利时，再抗辩该合同已经被其嗣后撤销，随后再抗辩标的物有瑕疵，最后再提出时效或抵销的抗辩，而逐步构筑其先后不同的战线。此种攻击防御手段的不断调整显然会导致对方当事人措手不及，对其明显不公，进而造成诉讼迟延。同时，主线胜诉论的操作性亦不甚便利，当事人很难随时准确把握法官对其先期陈述的态度，即在转换策略提出后续陈述的时间的确定上存在较大的难度；如果一直保留后续陈述，法院可能会认定其违反诉讼促进义务而施以不利制裁；如果过早提出又可能达不到预期的效果。

（2）分级排列论

相对于主线胜诉论，分级排列论越来越受到学者的青睐。该观点明确要求当事人对于所有攻击防御方法均须在诉讼中予以提出。当然，这并不表示当事人必

---

[1] 参见［德］Grunsky, Taktik im Zivilprozeß, 2. Aufl., Koln 1996, Rn. 229。转引自姜世明：《准备程序之失权及其举证责任》，载姜世明：《民事证据法实例研习（一）》，台湾新学林出版股份有限公司 2008 年版，第 220 页。

须一次将全部攻击防御方法尽数提出，当事人可以将其所有的攻击防御方法在诉讼中区分为一部分提出、一部分预告的方式一次性全部出示。①

分级排列论认为，此种分先后排列诉讼资料的提出方式可以满足诉讼促进义务中"必要与适当的"促进诉讼的要求。② 一方当事人应在诉讼中对事实进行陈述，使对方当事人所作的陈述对自己的威胁性减弱，让诉讼变得对己方有利。针对这些事实，当事人必须提出证据予以证明。此部分诉讼资料的提出使得当事人的陈述充实和丰富。至于当事人在此部分以外，其余事实及相应证据亦应全部一并告之法院，使法院知悉：在已提出的攻击防御方法达不到预期效果时，他将会进一步提出这些预告的攻击防御方法。但此时当事人必须清楚地向法院表明：这些其余的事实及证据只是被"预告"而已，并非已经被"提出"。譬如，某汽车修理厂诉请车主给付修车费用，被告车主提出时效抗辩，并且预告法院：汽车修理厂的修理行为存在瑕疵，包括材料质量不合格、上漆有瑕疵、轮胎被更换等，倘若其提出的时效抗辩未被采纳，其将进而就瑕疵的细节作具体化的进一步陈述，并提出证据。

预告与提出会引起法院不同的处理行为。对于当事人已提出的诉讼资料，法院有义务对其进行证据调查；但对单纯预告的攻击防御方法，法院仅是预先取得相关资讯而已，并不对之展开实质性的调查，而在其认为当事人有将预告的诉讼资料进一步加以提出必要时，应对此予以阐明。③

分级排列论不仅有助于提高诉讼效率，也可以使法官在整体被告知案件所有资讯的基础上尽可能全面地把握案件的全貌，从而增强法官推进诉讼的有效性。该机制设计的目的是加快诉讼而非惩罚当事人，即阻止可归责于当事人的诉讼迟延。但是如果在正当期限内提出陈述时——即依照法律规定行为时——诉讼依然

---

① 参见［德］Weth, Die Zuruckweisung verpateten Vorbringens im Zivilprozeb, Koln 1988, S. 255f. 转引自沈冠伶：《诉讼权保障与民事诉讼》，载《台大法学论丛》2005 年第 5 期。

② 参见［德］MunchKomm-ZPO/Prutting, §282, Rn. 24。转引自姜世明：《论民事诉讼法失权规定之缓和与逃避》，载姜世明：《任意诉讼及部分程序争议问题》，台湾元照出版有限公司 2009 年版，第 254 页。

③ 参见［德］Grunsky, Taktik im Zivilprozeß, 2. Aufl., Koln 1996, Rn. 229。转引自姜世明：《准备程序之失权及其举证责任》，载姜世明：《民事证据法实例研习（一）》，台湾新学林出版股份有限公司 2008 年版，第 222 页。

可能持续同样长的时间，则这并不是当事人违反诉讼促进义务的结果。该义务并不意味着当事人应当尽可能早地提出陈述以及因为未遵守期间可能潜在地导致诉讼迟延就对不当行为进行处罚。可见，该观点克服了主线胜诉论过度主观化的缺点，并且使法院应阐明的时点变得清楚而有着力点，是目前可以想到的能够较好地促成诉讼促进义务实际运用具体化的最佳方案。

二、诚实信用原则

（一）诚实信用原则的含义

1. 诚实信用原则的概念

在市场经济条件下，作为社会经济活动中形成的基本道德准则之一，诚实信用原则要求人们在市场经济活动中讲究信用，恪守诺言，诚实不欺，在不损害他人利益和社会利益的前提下追求自己的利益。① 一般来讲，诚实信用原则有两项主要功能：第一，指导立法。即在法律的制定过程中应以诚实信用原则为导向，在具体法律条文中渗入诚实信用的要求。这一过程不单是指用某几个条文对该原则本身作出原则性规定，更重要的是要将其基本理念融入每项具体制度的布设之中，在具体规范上体现其宗旨。可见，就该层面而言，诚实信用原则主要起一种"事前指挥"的作用。第二，补充司法。即在具体案件的审理过程中，如果针对特定问题存在"法律漏洞"或出现"规范不足"之情形时，② 由法官根据诚实信用原则的基本要求，直接对当事人之间的权利义务关系予以自由裁量。易言之，该原则是以实现在制定法的解释适用中的具体的妥当性为目的而生长发展起来的，具有对制定法之规定予以"补正"以及"矫正"的功能。③ 就这一层面而言，诚实信用原则发挥一种"事后补救"的作用。为实现两方面的功能，诚实信用原则本身又包含有衡平的意味，既平衡法律关系双方主体的利益，亦兼顾个

---

① 参见梁慧星：《诚实信用原则与漏洞补充》，载《法学研究》1994 年第 2 期。

② 参见赵钢、王杏飞：《论民事司法权中的司法规则创制权》，载《中国法学》2011 年第 3 期。

③ 参见［日］菅野耕毅：《诚实信用原则与禁止权力滥用法理的功能》，傅静坤译，载《外国法译丛》1995 年第 2 期。

案当事人与法律体系的利益，由此也延伸出权利滥用禁止之意。

诚实信用原则起源于罗马法上的恶意抗辩制度，① 即当事人因误信债务的存在而予以承认时，其可提出欺诈之抗辩以拒绝履行。随着市场经济发展的提速以及社会化大生产的加快，从 19 世纪末、20 世纪初开始，该原则逐渐被引入大陆法系国家的私法领域，成为其民法上的一项基本原则，其要求民事法律关系主体在民事活动中维持双方利益的均衡，同时兼顾私人利益与社会利益的平衡，并以此为基点，促进社会和谐、稳定及有序地发展。随着对诚实信用原则研究和探索的持续深入，对其适用也日益向其他部门法领域不断扩展，② 民事诉讼法亦不例外，"民事诉讼法虽为公法，但其影响私法上之权利至深且巨；况时至今日，公法亦一如私法，须受法律最高原则，即诚信原则之支配"③。诚实信用原则本身所具有的"中庸"特质，使得因过分强调和坚守程序安定性和稳定性所导致的难以"与时俱进"的传统民事诉讼法律规范能够紧跟并适应复杂多变的现实生活。

2. 关于在民事诉讼领域确立诚实信用原则的学说

从理论上讲，诚实信用原则能否融入民事诉讼法向来存在否定说和肯定说两种观点。否定说认为，以自由主义为基础的民事诉讼乃以双方当事人之间的对立和抗争为中心，按民事诉讼法的一般规则具体展开即可，没有必要于此之外另行遵循所谓的道德伦理要求；同时，处理复杂的民事诉讼程序应客观地适用明确的基准、遵循具体的规范，而体现在一般条款中的诚实信用原则却会违反该制度设置的初衷；此外，诚实信用原则的要求已在民事诉讼法的某些具体规则中有所体现，另外将该原则单独作为认定诉讼行为的标准不但无甚必要，甚至会带来消极后果。④ 而肯定说则认为，随着社会的发展，公法和私法趋同的发展态势日益显

---

① 参见何孝元：《诚实信用原则与衡平法》，台湾三民书局股份有限公司 1992 年版，第 14 页。

② 有观点认为，诚实信用原则已经不分公法和私法、不分实体法和程序法地开始适用于不同的法律领域，并成为高层次的理念为人们所信奉和遵循。参见刘荣军：《程序保障的理论视角》，法律出版社 1999 年版，第 208 页。

③ 何孝元：《诚实信用原则与衡平法》，台湾三民书局股份有限公司 1992 年版，第 151 页。

④ 参见［日］谷口安平：《程序的正义与诉讼》（增补本），王亚新、刘荣军译，中国政法大学出版社 2002 年版，第 167 页；石志泉：《诚实信用原则在诉讼法上之适用》，载杨建华主编：《民事诉讼法论文选辑》（上），台湾五南图书出版公司 1984 年版，第 3~4 页；彭海青：《对民事诉讼适用诚信原则的质疑》，载《东方论坛》2000 年第 4 期。

著，公法亦逐渐开始借助私法中的诚实信用原则来弥补自身的缺陷，故将该原则引入作为公法的民事诉讼法领域既是法与道德的交融，亦是公、私法"利益均沾"的结果；同时，诚实信用原则为法官自由裁量权的扩张提供了依据，可以使法官能够从容应对日新月异的新情况和新问题；此外，诚实信用原则可以从时间、方式及内容等各方面约束当事人诉讼权利的行使，法官即可对违反该原则的当事人施以相应制裁，进而确保判决效力的权威性。①

可见，公法的确定性与诚实信用原则的适应性乃分别为否定说与肯定说的基本立足点。针对肯定说提出的禁止反悔及矛盾举动、权利失效、禁止恶意制造诉讼状态、禁止妨碍对方当事人的诉讼行为以及禁止滥用诉讼上的权能②等主张，否定说则认为就民事诉讼来说，其处理私权纠纷的根本目标即应允许当事人可以充分、自由地从事一切于己有利的行为，一切诉讼策略和诉讼技巧，哪怕是以损害对方当事人权益为基础亦不应予以驳回。毋庸置疑，此种以绝对的自由主义为基础的诉讼理念乃是对民事诉讼性质认识的严重误读，其实质上是将诉讼这一以公权力为依托的纠纷解决方式混同于以暴力、实力为后盾的原始的（甚至是野蛮的）自力救济，只是纠纷主体展示自身实力的场所相对公开、方式略微文明罢了。既然当事人选择以诉讼解决争端，就是要以国家公权力作为保障，而国家权力的权威性和严肃性必然要求其化解纠纷的过程具备较强的程序性和阶段性，而当事人亦应遵守相应诉讼规则的制约，不能为所欲为。故作为否定说据以立足基础之一的绝对的自由主义思想显然不具合理性。而要对公法安定性之追求这一否定说的另一确立依据予以有效驳斥则较为困难。而正因如此，赞同肯定说的学者对诚实信用原则的论述多数仅停滞在对该原则导入民事诉讼之合理性评介的粗浅层面，未能从根本上领会该民法基本原则的精髓，进而难以将其恰如其分地运用到民事诉讼立法和审判实践中去，这也正是阻碍该原则在民事诉讼领域得以真正

---

① 参见王福华：《民事诉讼诚实信用原则论》，载《法商研究》1999 年第 4 期；聂明根：《民事诉讼法上诚实信用原则研究》，载陈光中、江伟主编：《诉讼法论丛》（第 4 卷），法律出版社 2000 年版，第 331 页；黄娟《对在我国民事诉讼法中确立诚实信用原则的冷思考》，载《法商研究》2001 年第 6 期；张家慧：《当事人诉讼行为与诚实信用原则》，载陈光中、江伟主编：《诉讼法论丛》（第 6 卷），法律出版社 2001 年版，第 778 页。

② 参见参见 ［日］兼子一、竹下守夫：《民事诉讼法》，白绿铉译，法律出版社 1995 年版，第 79~81 页。

确立的"症结"之所在。

　　笔者认为，基于调整对象的私权属性，各国和地区的民事实体法对民事法律关系的调整均具有较大的弹性，即立法为民事主体对民事实体权利的灵活处分预留出较大的空间，便于民事主体之间的充分沟通和协商，并以之成为进入诉讼后法官对民事实体争议予以处理的依据，以期达到各自正当利益的最大化。因此，诚实信用原则在民事实体法上主要发挥一种后续补充功能，这固然是有对日益新型化和多样化的民事法律关系发展现状适当处理之考量，但更重要的则是在对民事法律关系本质之完全领悟的基础上所采取的必然举措。而传统肯定说的观点虽认可诚实信用原则在民事诉讼领域的确立，但却未能准确把握该原则在民事实体法领域的适用方式所赖以立足之背景及实质，故在将该原则引入民事诉讼中时，从该原则的内容到适用方式均原封不动予以整体照搬，忽视了该原则在民事实体法中的特定语境，导致该原则始终不能与民事诉讼制度真正"水乳交融"，从而使之成为否定说极力攻击之目标所在。

　　作为典型的技术法之一，民事诉讼法的立法基点乃在于对具体程序操作过程的创制和布设，从而成为民事诉讼主体行使诉讼权利、实施诉讼行为的依据，故其实施效果的最优化自然要求相应规则须详细、缜密。鉴此，若要使诚实信用原则在民事诉讼中得以确立，则不能仅使之以抽象的口号化、符号化的形式出现，更应将之融入具体诉讼规则的设置中去。否则，"诚实信用原则作为一个突兀的原则，在无具体规则的支持、缺乏赖以生存的制度环境下，至多是个华而不实的术语，不具备技术和实践层面的可操作性价值"[1]。显而易见，就民事诉讼法而言，个案审理中具体规则的"强制"约束比抽象原则的"软性"制约更具实益，具体规则的抽象、空洞甚至缺失自然会使程序的价值大打折扣。倘若立法者对程序本身的要求仅满足于原则化或抽象化的层面，则程序本身存在的意义便会消失殆尽。在民法领域中的"具体规则向一般原则逃避"的现象可能只会在一定程度上波及当事人的私益，且其效果也并非绝对不利；而"具体规则向一般原则逃避"在民事诉讼法中出现的波及面则会非常广泛，且必会产生消极的负面效应，从而最终损及制度的公信力和权威性。因此，就诉讼程序本身来说，不应过多赋

---

　　[1]　彭海青：《对民事诉讼适用诚信原侧的质疑》，载《东方论坛》2000 年第 4 期。

予法官自由裁量的权限。期冀法官以空泛的道德标准来严于律己进而充分保障当事人的诉讼权利，对法官个人的素质要求无疑是超脱现实的"大跃进"；而因此相应产生的规则空洞与抽象问题则无疑是逃避现实的"大撤退"。诉讼规则的普遍适用与法官个体的高度个性天然地存在抵牾，而程序规则的尽量详细、周密则是调和此种矛盾的不二利器。因此，即便在对法官信赖度相对较高的英美法系国家和地区，从 20 世纪初开始亦相继将民事诉讼的程序规则予以成文化，《美国联邦民事诉讼规则》和《美国联邦证据规则》的颁行即为适例。可见，民事诉讼规则的详细化和周密化乃是当今任何一个国家和地区均不能轻易予以忽视的制度问题。鉴此，与诚实信用原则在民事实体法中侧重于补充司法的作用相比，诚实信用原则在民事诉讼领域的确立则应将重心置于具体诉讼规则的设定上，即展示其"事前指挥"的功能。

3. 诚实信用原则的适用主体

一般来讲，民事诉讼的主体包括法院和当事人，故民事诉讼法律关系包括法院与当事人之间的审判法律关系和双方当事人之间的争讼法律关系两方面。因此，即有观点认为，诚实信用原则如若作为民事诉讼的基本原则，其应对法院和当事人均产生拘束力。① 但若对法院和当事人在民事诉讼中的地位及行为之属性予以分析，则对该观点之认识即会产生异议。

从上述大陆法系诸国和地区涉及诚实信用原则的立法条文来看，其均是针对当事人参加诉讼时所提的要求，并未将法院纳入该原则调整之范围。即便某些国家将对法院审理民事案件的基本要求和当事人一并予以规制，但具体表述与对当事人的要求完全不同。如《日本民事诉讼法》第 2 条在对当事人提出"应当诚实守信地进行民事诉讼"之要求的同时，对法院提出的要求乃是"公正而迅速地推进民事诉讼"，并未将诚实信用原则适用于规范法院的行为。而我国现行《民事诉讼法》第 7 条"人民法院审理民事案件，必须以事实为依据，以法律为准绳"和第 46 条第 1 款"审判人员应当依法秉公办案"之规定虽也对法院或法官的行为提出了要求，但其乃为对法官工作职责的设定，而尽守分本乃职业法官应

---

① 参见［日］谷口安平：《程序的正义与诉讼》（增补本），王亚新、刘荣军译，中国政法大学出版社 2002 年版，第 171 页。

遵守的基本纪律，不应仅从道德约束的角度予以约束。如以带有浓厚道德色彩的诚实信用原则来规范法官的审判行为，则对法院的约束过于抽象，难以确实发挥效果，从而有碍诉讼的顺利推进。因此，各国和地区大多用专门的法律对法院的工作职责和工作纪律提出细致、严密的要求如我国《法官法》第10条规定："法官应当履行下列义务：（一）严格遵守宪法和法律；（二）秉公办案，不得徇私枉法；（三）依法保障当事人和其他诉讼参与人的诉讼权利；（四）维护国家利益、社会公共利益，维护个人和组织的合法权益；（五）保守国家秘密和审判工作秘密，对履行职责中知悉的商业秘密和个人隐私予以保密；（六）依法接受法律监督和人民群众监督；（七）通过依法办理案件以案释法，增强全民法治观念，推进法治社会建设；（八）法律规定的其他义务。"其中部分职责在《民事诉讼法》中亦有体现，但这只是为了让参与具体民事诉讼的当事人及其他诉讼参与人对法官的应有职责有更加直接的认识，同时也是为了提醒审理具体案件的法官在诉讼过程中对相应的纪律规范应时刻铭记于心、贯彻于行。

一般而言，若要对当事人违反诚实信用原则所实施的行为予以规制，除采取一定公法上的措施外，最有效的方式便是从私法角度入手，即剥夺其通过实施违反诚实信用原则的行为（如阻碍攻击防御方法的正常提出）所欲获得的裁判上的利益，使之承受相应的不利后果。但同时要引起注意的是，私法上的制裁程度不能超出其通过诉讼可能获得的最大利益，即诉讼标的的范围。而对法官违反职责所予以的惩戒则均施以纪律规则的制裁。如我国《法官法》第46条规定："法官有下列行为之一的，应当给予处分；构成犯罪的，依法追究刑事责任：（一）贪污受贿、徇私舞弊、枉法裁判的；（二）隐瞒、伪造、变造、故意损毁证据、案件材料的；（三）泄露国家秘密、审判工作秘密、商业秘密或者个人隐私的；（四）故意违反法律法规办理案件的；（五）因重大过失导致裁判结果错误并造成严重后果的；（六）拖延办案，贻误工作的；（七）利用职权为自己或者他人谋取私利的；（八）接受当事人及其代理人利益输送，或者违反有关规定会见当事人及其代理人的；（九）违反有关规定从事或者参与营利性活动，在企业或者其他营利性组织中兼任职务的；（十）有其他违纪违法行为的。法官的处分按照有关规定办理。"可见，对法官违反工作职责行为的惩治力度远大于对违反诚实信用原则行为的制裁程度，即诉讼中法律对法官的约束远高于对当事人的要求。

虽然诚实信用原则不直接规制民事诉讼中法官的审判行为，但其对审判法律关系仍具有一定约束力。在当事人违反诚实信用原则的行为中，多数是向法官作出的，逾期提出攻击防御方法的行为即为适例。此时，法官乃作为裁量者根据诚实信用原则来对当事人此类行为的效力予以评判，当事人失权等制度即应运而生。

（二）诚实信用原则的立法沿革

时至今日，上述关于诚实信用原则能否在民事诉讼中得以确立的争议不仅依旧存在，且有从抽象价值判断"扩散"至具体制度布设之态势。与民事诉讼领域存在的其他理论分歧有所不同，在该问题上的理论争议并未阻挡各国和地区立法实践的步伐，目前几乎所有的国家和地区均在各自的民事诉讼中直接或间接地对诚实信用原则有所表述或体现，可以说是用实践对肯定说予以认同性回应。

从规则层面来看，"英美法以衡平法补充之，大陆法系则以诚实信用原则为之"①，即英美法系国家和地区一般未对诚实信用原则予以设置，而是将该原则的精髓融入具体个案的审理之中；大陆法系国家和地区则是通过对当事人真实义务的规定来体现该原则的要求。在采取辩论主义②的民事诉讼方式下，当事人在事实的主张或攻击防御方法的提供上虽然具有主导权，但并不允许当事人在违反自己认知的前提下进行事实主张，进而导致法院作出错误的裁判。诚如日本学者新堂幸司所言："辩论也是当事人追求实体性利益的一个过程，进而被视为裁判外交易行为的延伸，因此在交易行为中所要求的诚实信用原则，也应当然地被作为辩论的前提。"③ 为求法院裁判的真实，大陆法系国家和地区民事诉讼法上均

---

① 何孝元：《诚实信用原则与衡平法》，台湾三民书局股份有限公司 1992 年版，第 4 页。

② 在诉讼资料的提供与案件事实的认定之关系上，当前主要国家和地区的民事诉讼主要有两种做法：其一是辩论主义。该模式要求法院不能将双方当事人未予主张的事实作为裁判的基础；对于双方当事人之间有争议的事实应依当事人提供的证据进行判断；而对双方之间无争议的事实应直接作为裁判的基础。其二是职权探知主义。该模式下，法院对事实的认定不以当事人所提供证据的范围为限；法院认为必要时仍可调查双方当事人之间无争议的事实以及未主张的事实。

③ ［日］新堂幸司：《新民事诉讼法》，林剑锋译，法律出版社 2008 年版，第 312 页。

明定当事人负有真实地主张之义务（也可被称为真实与完全义务）。所谓真实义务，亦称诚实义务，是诚实信用原则在民事诉讼上的体现,[1] 乃指当事人在民事诉讼中负有真实陈述的义务，不得就已知的或自己认为的不真实事实予以主张，同时不得否认对方主张的明显与事实相符的主张。

真实义务的规定发端于罗马法。罗马法上不仅对当事人主张的真实义务予以明确，且设有对故意违反者施以"虚言罚"[2] 的规范。而近现代意义上大陆法系的民事诉讼程序乃是构筑在辩论主义和处分权主义之上的，因而在确立之初即强调除法律明令否定外，任何攻击防御手段均可为当事人双方使用。其结果却导致当事人可以任意提出攻击防御方法，从而使对方当事人落入难以应对的不利局面。鉴此，自19世纪末开始，部分大陆法系国家和地区逐渐重拾罗马法上的真实义务，相继在规则层面予以明确。

1895年的《奥地利民事诉讼法》第178条首次明文规定了当事人在主张时应负真实义务，其内容是："据以声明所必要之一切情事，当事人须完全真实且正确陈述之。" 1910年的《匈牙利民事诉讼法》第222条第1款更是明确规定："当事人或代理人显系故意陈述虚伪之事实，对（他造）事实之陈述明显地为毫无理由争执或其所提出之证据毫无必要者，法院得处以六百克鲁念以下之罚镪。"[3] 1926年修改后的《日本民事诉讼法》第331条第1款规定，当事人或其代理人，由于故意或重大过失，违反事实对文书的真实性进行争执时，法院得以裁定处以罚款。与奥地利和匈牙利相比，日本此时与当事人提出书证相关的真实义务的适用范围较窄，仅限于当事人违反事实对相关文书的真实性提出异议的情况。但《日本民事诉讼法》第339条还规定了法院可以对当事人虚伪陈述的行为予以罚款。《德国民事诉讼法》于1933年修改后也确立了真实义务，其第138条第1款规定："当事人应就本案的事实进行完全而真实的陈述。" 该规定一直沿用

---

① 参见［日］高桥宏志：《民事诉讼法——制度与理论的深层分析》，林剑锋译，法律出版社2003年版，第379页。

② 蔡章麟：《民事诉讼法上的诚实信用原则》，载杨建华主编：《民事诉讼法论文选辑》（上），台湾五南图书出版公司1984年版，第17页。

③ 参见蔡章麟：《民事诉讼法上的诚实信用原则》，载杨建华主编：《民事诉讼法论文选辑》（上），台湾五南图书出版公司1984年版，第21页。

至今。此后，真实义务便一直为大陆法系国家和地区的民事诉讼理论和立法所承继，并在内容和形式上得到不断的完善和发展。我国台湾地区"民事诉讼法"自1968 年修改后亦确立了该义务，其第 195 条第 1 款规定："当事人就其提出之事实，应为真实及完全之陈述。"而《日本民事诉讼法》在 1996 年修改之后则更进一步，其在保留原第 339 条规定的法院可以对当事人虚伪陈述的行为予以罚款之措施的同时（修改后新法第 209 条），其第 2 条"法院应当致力于公正而迅速地推进民事诉讼，当事人应当诚实守信地进行民事诉讼"之规定更是直接将诚实信用设定为当事人进行民事诉讼的基本原则。我国澳门特别行政区《民事诉讼法》第 9 条"（1）当事人应遵守善意原则；（2）当事人尤其不应提出违法请求，亦不应陈述与真相不符之事实、申请采取纯属拖延程序进行之措施及不给予上条规定之合作"之规定则在将诚实信用原则确立为民事诉讼基本原则的基础上，进一步明确将当事人逾期提出攻击防御方法导致程序拖延的行为视为违反诚实信用原则的具体情形之一。

要注意的是，真实义务并不以让当事人陈述真实之积极性义务为内容，仅具有禁止当事人在不知道的情形下提出主张或作出否认的消极性内容，即当事人不能违反自己的主观性事实认知来提出主张或作出否认。① 同时，从程度上来看，真实义务也并非将自己对于事实的认识全部提出到辩论中而不能作出任何隐瞒，这显然与辩论主义中当事人对事实主张的处分权相抵牾，仅是要求"在当事人基于隐瞒部分事实而作出的不完全陈述从整体上看违反其主观真实时，才禁止其进行这种陈述"。②

通常而言，大陆法系国家和地区的民事诉讼立法并不将不利于己之事实的提出作为义务或责任强加给主张该事实的当事人，否则辩论主义的要求便有被完全架空之虞，同时，要求当事人对于己不利事实予以真实陈述也实在失之过苛。真

---

① 因此，日本学者高桥宏志认为，作为术语而言，使用"率直义务"或"诚实义务"的表述可能更为准确。参见 [日] 高桥宏志：《民事诉讼法——制度与理论的深层分析》，林剑锋译，法律出版社 2003 年版，第 378 页。

② [日] 中野贞一郎：《过失的推认》，弘文堂 1978 年（昭和 53 年）版，第 156 页。转引自 [日] 高桥宏志：《民事诉讼法——制度与理论的深层分析》，林剑锋译，法律出版社 2003 年版，第 379 页。

实义务虽然是当事人对国家所负的公法上的义务，但其更是为双方当事人的利益而借以谋求双方当事人攻击防御手段的平等。故真实义务并不要求当事人主动陈述所有事实，而仅限于消极地禁止其陈述其明知是虚伪的事实，即当事人"不得为虚伪之主张事实或声明虚伪之证据"。① 同时，为查明当事人是否违反真实义务之规定，法院一般需要当事人对其主张是否背离事实真相予以证明，而此种证明通常难以得到明确的结果，从而容易导致诉讼陷入迟延。事实上，此种证明远不如对案件的真实性加以证明来得高效。故在当今大陆法系国家和地区的立法上，对于当事人违背真实义务的行为一般均无直接予以制裁的做法。由此观之，真实义务作为一项义务规范在当事人违背真实义务所受的制裁方面是不太充分的，也正因如此，真实义务规范作为一项评价规范，其适用的效果似乎不太理想。不过，这并不影响真实义务存在的价值。因为当事人不真实陈述的行为会成为影响法官心证的重要因素，法官一般不会将当事人违背真实义务所作的陈述作为认定案件事实依据。

2012 年 8 月 31 日经第十一届全国人民代表大会常务委员会第二十八次会议修改后的《民事诉讼法》第 13 条第 1 款规定："民事诉讼应当遵循诚实信用原则。"诚实信用原则在我国民事诉讼领域最终得以确立。

（三）诚实信用原则与环境公益诉讼的关系

作为当事人诉至法院要求保护私权利益的法定程序，诉讼争执的中心乃是一种平权型的权利义务关系。故法院和双方当事人在该程序中的关系呈现出"等腰三角形"的样态：法院作为居中审判者位于该三角形的顶点，双方当事人分别位于该三角形的底边和两斜边的交汇点上，即双方当事人和法院之间保持同等的距离，且双方之间亦处于完全平等的对峙局面，这样即可从制度架构上确保双方当事人攻击防御手段的平衡。民事诉讼中双方当事人地位的平等性使得该程序高度对抗，故其常被称为"战争"。而基于攻击防御手段平衡的要求，立法必须为双方当事人提供平等的"战斗"机会，法院在审理具体案件中亦应确保双方诉讼权

---

① 陈荣宗、林庆苗：《民事诉讼法（中）》（修订五版），台湾三民书局股份有限公司 2009 年版，第 548 页。

利的均衡行使,① 从而使得双方都有提出于己有利的攻击防御方法的可能。在这种对抗制的诉讼模式中,法官以消极的方式行使审判权,不得对当事人未向其诉求的事项有所作为;当事人则是诉讼程序的主导者,不仅有权决定诉讼中的实体问题,而且还有权推动诉讼程序的进行,未经当事人提出的诉讼主张不得成为法官裁判的对象,未经当事人提出与辩论的证据不得成为法官裁判的依据。

在此制度架构下,当事人在拥有最大限度诉讼权利的同时,如果对其诉讼权利的行使不设置相应的约束机制,从而将当事人诉讼权利的行使限定在合理、规范的轨道之上,则当事人对诉讼权利的滥用即势不可免。诚实信用原则本身包含有平衡之意,既平衡当事人双方的利益,又平衡当事人与法院的利益,由此延伸出也包含有"权利滥用禁止"之意。该原则在诉讼中的主要作用在于纠正当事人处分原则的过分之处,使诉讼程序中当事人"恣意化"的倾向得以遏制。但这种遏制并非简单地强化法院职权对当事人权利的干预,而是通过强化当事人积极正当地行使诉讼权利、履行诉讼义务的途径来加强当事人在诉讼过程中的协调与合作,从而使纠纷能够得以平稳、顺畅地解决。如果当事人为了私利企图拖延诉讼或干扰诉讼而滥用这些诉讼权利,无疑既违背了国家赋予当事人这些诉讼权利的初衷,亦损害了对方当事人(尤其是代表环境公益一方的当事人)的合法利益,并将造成司法资源的浪费,影响诉讼的公正和效率,故必须加以约束和限制。环境公益诉讼具体规则的布设就是建立在此种运作机理之上的,其并非用以削减当事人的诉讼权利,而是为了充分发挥当事人对诉讼的促进作用,实现诉讼程序的良性运作,从而使之契合诚实信用原则的本旨。

第二节 环境公益诉讼的原告资格

一、环境公益诉讼原告资格的理论基础

环境公益诉讼的原告资格问题,是指何种主体有权以自己的名义提起该诉

---

① 立法对当事人攻击防御手段平等地赋予乃是一种静态的平等;法官在审理具体案件过程中确保当事人诉讼权利的平等行使乃是一种动态的平等,动静相结合即可有效地保证审理进程和裁判结果的公正性。

讼。因环境公益诉讼保护的是不特定环境者的已经上升到公共层面的利益，故传统的诉讼原告资格界定的理论基础就难以直接适用于该领域。故作为界定环境公益诉讼原告资格的前提，实需先厘清其相应的理论依据。

（一）当事人适格理论的演进

所谓当事人适格，是指"在具体的诉讼中，有资格以自己的名义成为原告或者被告，且受本案判决拘束的当事人，也称正当当事人"①。该理论在形成之初认为，只有当特定主体可以证明其本身享有某项权利，且该项权利已经遭受侵害时，该主体才能被认定为是诉讼的适格原告。此即为德国普通法时期的"实体当事人"标准。

然而，随着社会经济的飞速发展和社会生活的日趋多元，各类纠纷也逐渐呈现出复杂化和新型化的态势。传统当事人适格理论的停滞不前与司法实践的急剧发展之间的抵牾日益突出，若继续固守实体当事人的标准，将会使某些权益遭到侵害的主体无法切实得到司法的有效救济。鉴此，对传统当事人适格理论的改造势在必行，形式当事人的理论即应运而生。形式当事人理论不再要求当事人必须与本案系争标的有实体法上的直接利害关系，而是从程序法的角度出发，只要该主体能以自己的名义提起诉讼，其即为该案件的适格原告。② 演进后的当事人适格理论赋予了更宽泛的主体可以为维护他人或公共利益而向法院起诉的权利，为环境民事公益诉讼原告资格的确立提供了一定的正当性法理基础。

（二）诉权理论的发展

诉权是国家赋予公民请求司法机关维护自己受侵害的合法权益的一种权利。③ 关于诉权的理论经历了几个发展阶段。德国普通法时代以"私法诉权说"为主，认为诉权是私权的产物，其依附于实体权利而存在；19 世纪之后，"公法诉权说"开始兴起，诉权被认为是针对国家的公法上的请求权，而非当事人实体

---

① 江伟、肖建国主编：《民事诉讼法》，中国人民大学出版社 2013 年版，第 75 页。

② 参见肖建华：《民事诉讼当事人研究》，中国政法大学出版社 2002 年版，第 92 页。

③ 参见赵钢、占善刚、刘学在：《民事诉讼法》，武汉大学出版社 2010 年版，第 11 页。

法上的请求权，是一种独立于实体权利而存在的程序性权利。① 公法诉权说又经历了从抽象诉权说到具体诉权说的演变，前者认为诉权与民事权利无关，是个人对国家的一种自由权，是一种人民请求国家提供司法保护的抽象的权利；后者则主张诉权是在个案中原告要求法院作出有利于自己的胜诉判决的权利。② 第二次世界大战以后，国际社会开始重视人权的保障以及推崇宪法的权威性地位，主张将本国宪法上所规定的任何人享有接受审判的这一公法性质的权利与诉权相结合，此即为"宪法诉权说"③。此后，许多国家逐渐认可诉权是一项由宪法所保障的、一切国民平等享有的司法裁判权，诉权宪法化成为各国诉权理论的普遍发展方向。

可见，随着诉权理论的发展，诉权不再单纯与民事实体权利相联系，其已演变为一项任何公民和组织都享有的向国家请求司法保护的程序性权利。在公法诉权说和宪法诉权说的理论引领下，公民和组织因得到了国家公法和宪法的保障而享有诉权，不再以实体权利的归属作为起诉的必要条件。而公益诉权作为诉权的下位概念，具备普通诉权的特征和属性，具体到环境公益诉讼领域，即使自身权益没有受到直接侵害，相应主体也应享有向法院提起公益诉讼的权利。

（三）诉讼信托理论的引入

诉讼信托指的是依据法律的规定，非实体权利义务的主体被享有实体权利以及诉讼权利的主体同时移交了实体权利和诉讼权利，从而拥有了合法的诉讼当事人地位，能够以自己的名义提起诉讼的一种机制。④ 20世纪以降，公民权利意识逐渐觉醒，民间组织日益兴起，许多私益纠纷因具有类型上的同一性而最终成为公众问题被诉至法院，公益诉讼信托机制随之产生。⑤ 公益诉讼信托机制下，法

---

① 参见江伟主编：《中国民事诉讼法专论》，中国人民大学出版社2005年版，第20页。
② 参见江伟、邵明、陈刚：《民事诉权研究》，法律出版社2002年版，第18页。
③ 参见齐树洁：《诉权保障与当事人适格之扩张》，载《西南民族大学学报（人文社科版）》2006年第12期。
④ 参见徐卫：《论诉讼信托》，载《河北法学》2007年第1期。
⑤ 参见齐树洁：《我国公益诉讼主体之界定——兼论公益诉讼当事人适格之扩张》，载《河南财经政法大学学报》2013年第1期。

律赋予具有公益性质的社会团体以当事人资格，当特定领域的公共利益遭受侵害或有遭受侵害的可能性时，该公益团体有权以自己的名义提起诉讼。① 这些公益团体主要包括工商行业协会、环境者权益保护组织以及其他一些法律规定的公益性社会团体，且提起诉讼的公益团体获得的法院判决对该团体的内部成员均有效。具体到环境公益诉讼领域，各类符合条件的社会组织依据法律的授权获得了向法院提起公益诉讼的权利，从而使单个环境者难以起诉或不便于起诉的困境得到救济。

二、我国环境公益诉讼原告资格的现有规定

如前所述，我国现行《环境保护法》确定了符合相应条件的环保协会具有提起环境公益诉讼的主体资格；《授权决定》则赋予了检察机关提起环境公益诉讼的权力；《环境民事公益诉讼解释》则为全国人大及其常委会授权特定主体提起环境民事公益诉讼预留了制度空间。但不可否认的是，现有关于环境公益诉讼原告资格的规定之不足亦十分明显，举其荦荦大者，概有如下数端：

2012 年 8 月，我国《民事诉讼法》的全面修改将该机制引入了我国的基本法领域；2014 年 4 月 24 日修改后的《环境保护法》进一步明确规定了各类符合条件的社会组织可以自己的名义就侵害环境公共利益的行为向法院提起诉讼。但这两部法律对环境民事公益诉讼原告资格的规定都过于原则和抽象，难以在实践中有效展开。2015 年 7 月 1 日第十二届全国人民代表大会常务委员会第十五次会议通过了《关于授权最高人民检察院在部分地区开展公益诉讼试点工作的决定》（以下简称《授权决定》）；2015 年 7 月 2 日最高人民检察院发布了《检察机关提起公益诉讼试点方案》（以下简称《试点方案》），该两项文件明确了检察机关有权在试点地区以自己名义对侵害环境公益的行为提起环境公益诉讼。2014 年 12 月 8 日最高人民法院发布的《关于审理环境民事公益诉讼案件适用法律若干问题的解释》（以下简称《环境民事公益诉讼解释》）在因循《民事诉讼法》和《环境保护法》关于环境民事公益诉讼原告资格的规定的基础上，开放性地将原告资格扩大到了全国人大及其常委会授权的机关和社会组织。2017 年 6 月 27

---

① 参见单峰：《公益诉讼权论》，载《河北法学》2007 年第 3 期。

日，第十二届全国人民代表大会常务委员会第二十八次会议又对《民事诉讼法》进行了修改，规定人民检察院在履行职责中发现破坏生态环境和资源保护、食品药品安全领域侵害众多环境者合法权益等损害社会公共利益的行为，在没有法律规定的机关和组织或者法律规定的机关和组织不提起诉讼的情况下，可以向人民法院提起诉讼。法律规定的机关或者组织提起诉讼的，人民检察院可以支持起诉。但必须看到，现有的规定仍然高度抽象，缺乏可操作性，主体范围仍旧不够科学，主体之间关系的协调亦属空白。

（一）　法定社会组织的原告资格限制过苛

将法定的社会组织确定为提起环境公益诉讼的适格原告，不仅可以有效维护受害者的合法权益、减少群体性环境侵权事件的发生，还可以降低单个受害者的维权成本，从而提高维权的效率。

依据《环境保护法》第 58 条第 1 款的规定，我国目前可以提起环境公益诉讼的社会组织必须符合依法在设区的市级以上人民政府民政部门登记和专门从事环境保护公益活动连续五年以上且无违法记录等条件。而《环境民事公益诉讼解释》对这些条件做了进一步的界定。这些条件从准入资格、成立年限以及活动历史等几方面对相关主体的资格提出了要求。但应该意识到，由于历史等各方面的原因，目前我国同时符合该几项条件的社会组织的数量是不多的；且由于种种因素的考虑，社会组织提起环境民事公益诉讼亦是顾虑重重。

现实生活中，较之于社会组织主动去调查侵害环境公共利益的情况，由受污染行为直接侵害的特定主体主动向其反映侵权事实并请求其采取相应措施的情形更为多见。在现有规则框架下，因可予起诉的社会组织的数量偏少，这可能导致诸多直接受害者难以就近向相关组织反映问题，只能舍近求远，到此类社会组织较为集中的省会城市甚至是首都北京去寻求公益司法救助，这明显加重了维权的负担，拖延了维权的效率。

可见，作为原告的社会组织范围界定的逼仄显然与群体性环境侵权事件频发的现状难相匹配，极易出现有权起诉的社会组织疲于奔命而无权起诉的社会组织无所事事的尴尬局面。

(二)"法律规定的机关"解释过窄

2012 年修改后的《民事诉讼法》亦规定"法律规定的机关"可提起环境民事公益诉讼。在我国,"机关"的范围很宽泛,总体上可分为党政机关和国家机关,而后者又可细分为立法机关、司法机关(检察机关和审判机关)、行政机关以及军事机关。在这些机关中,党政机关、立法机关、审判机关和军事机关显然都不宜成为环境民事公益诉讼的主体,而最有可能取得原告资格的是检察机关和行政机关。因此,一般认为应对《民事诉讼法》上的"机关"做目的性限缩解释,将其界定为检察机关和行政机关。① 作为我国《宪法》规定的法律监督机关,若允许检察机关提起环境民事公益诉讼,则无论是在合法性和公正性等法理因素的考量上,还是人、财、物力等现实资源的配置上,其具有其他普通诉讼主体无可比拟的优势。鉴此,《授权决定》确立了检察机关保护环境公共利益的公益诉讼人的身份;2017 年 6 月《民事诉讼法》的进一步修改更是明确了这一点。但 2017 年修改后的《民事诉讼法》规定,检察机关只有在没有法定的机关和组织或者法定的机关和组织不起诉的情况下,方可向法院提起公益诉讼。此处的"法律规定的机关"显然不可能是检察机关本身,而更应该指的是特定的行政管理机关。然而,我国现行法律尚未对行政机关是否具备提起民事公益诉讼的原告资格作出规定,全国人大及其常委会亦未对行政机关进行相关授权。如果对"法律规定的机关"的范围不予明确,则《民事诉讼法》的这一规定便形同虚设,亦不利于对环境公共利益的全面保护。

(三) 公民个人无权起诉

我国现有规定将公民个人排斥在提起环境公益诉讼的原告范围之外,主要是基于防止滥诉以及提升公益诉讼质量等因素的考量。但从法律层面来看,我国《宪法》第 2 条明确了人民是国家的主人,享有中华人民共和国的一切权利。如若不赋予普通公民提起环境公益诉讼的资格,无疑不利于人民亲自参与社会管理

---

① 参见刘学在:《民事公益诉讼原告资格解析》,载《国家检察官学院学报》2013 年第 2 期。

以维护国家和社会公共利益，从而使《宪法》的上述规定在诉讼领域难以得到切实贯彻，同时也与建设以人为本的社会主义法治国家、维护司法公正的基本法治理念相悖。

从实践层面来看，环境侵权案件日益增多，身为受害者的公民个人是分布范围最广、最易遭受侵害、最具有维权意愿的主体。公民作为污染行为的直接或间接受害者以及最终损失的承担者，往往更加了解案件事实，具有恢复受损利益的迫切愿望。若只赋予特定国家机关和社会组织提起环境民事公益诉讼的资格，而排斥公民个人的公益诉权，则可能带来两方面突出的问题：一方面，检察机关传统任务繁重，行政机关难免为自身利益所牵涉，而社会组织提起环境公益诉讼的机制尚不健全；另一方面，当特定国家机关或社会组织同时处理多件环境公益诉讼案件时，在侧重点和关注度上难免会有所取舍，比如通常会先处理影响较大或牵涉较广的案件，这样会使一些所谓的普通案件难以得到及时的推进。相比之下，公民个人对影响自身利益的侵权案件更为关注，更有精力专注于该特定案件而无论其所谓"大小"。可见，赋予公民个人公益起诉权可以弥补特定国家机关或社会组织怠于起诉或起诉不力的缺陷。

三、我国环境公益诉讼原告资格的完善

（一）主体范围的厘清

1. 扩大有权起诉的社会组织的范围

基于各方面的利弊分析，结合我国实际情况，笔者认为可将有权提起环境公益诉讼的社会组织的资格适度放宽：一方面，降低其成立年限的要求，可将现在规定的五年降至两年或三年，从而顺应实践急速发展的需要；另一方面，对无违法记录作限缩解释，将因实践中政策调整或情势变化导致的所谓"违法"情形排除在此类违法记录的范围之外，从而使社会组织免遭此类"无妄之灾"。

2. 赋予特定行政机关以原告资格

目前，检察机关已被修改后的《民事诉讼法》赋予了提起环境民事公益诉讼的原告资格，然而，同样应被赋予原告资格的行政机关却尚无法律的明确授权。

依笔者拙见，赋予各级环保部门等与环境保护攸关的特定行政机关提起环境民事公益诉讼的原告资格颇具合理性。一方面，这些行政机关的主要职能范围涵盖了与环境保护密切相关的领域。对于发生在这些领域的环境侵权纠纷的处理，它们比检察机关的执法经验更丰富，比社会组织的人员和设备更专业，比公民个人的实力更雄厚。另一方面，行政机关代表国家行使行政职权，管理公共事务，在维护公共利益上，具有天然的优势。侵犯环境公共利益的主体往往实力强大，普通民众和社会组织实难与之较量，而行政机关却具备与之抗衡的实力，且其作为原告提起环境公益诉讼可以减小法院处理此类案件的压力和阻力，从而确保诉讼双方地位的实质平等。

3. 赋予公民个人以原告资格

从确立了较成熟的公益诉讼机制的域外相关做法来看，其都不同程度地赋予了公民个人提起环境公益诉讼的权利；且如前所述，公民个人作为提起环境公益诉讼的原告具有其他主体不可比拟的优势。为了鼓励公民个人积极维权，可以对符合条件的提起环境公益诉讼的公民个人采取一定的奖励措施。譬如，设立专门的环境公益诉讼基金会，基金会的资金可以来源于国家财政的支持、社会各界人士的资助以及败诉的环境侵害者所付的惩罚赔偿金等。当公民个人提起公益诉讼时，可以由该基金代缴诉讼费用；当公民个人提起的公益诉讼胜诉时，可从该基金中提取一部分资金奖励给公民个人，从而鼓励更多的公民个人维护社会公共利益。

当然，为防止滥诉现象的出现，应对公民个人提起环境公益诉讼设置必要的限制条件。当合法权益遭受不法生产者或经营者的侵害或有被侵害之虞时，公民个人应先选择启动下列两种之一的救济方式：其一，向当地的符合法律规定的社会组织投诉；其二，向对案件有起诉权的检察院或行政机关提出审查申请。若审查符合要求或者向社会组织投诉有结果，就由检察院、行政机关或社会组织向法院提起环境公益诉讼；若检察院或行政机关逾期未作出答复又未作任何处理，或者向社会组织投诉无果时，则允许公民个人提起环境公益诉讼。同时，当公民为了谋取私利故意捏造事实、提供虚假证据以逃避前置程序提起环境公益诉讼时，应对所造成的被诉者的经济损失承担损害赔偿责任；且针对个人滥诉或恶意诉讼情节的轻重，处以警告、罚款等惩罚措施。

(二) 起诉规则的构建

如前所述，可以提起环境公益诉讼的主体各具所长，但也各有短板，应立足我国国情并结合各类主体的特点，对各自起诉范围和起诉顺序作出合理的安排。

1. 起诉范围的安排

案件可予起诉的范围是各类主体提起环境民事公益诉讼时须考虑的首要问题。在环境公益诉讼案件中，根据公共利益的受损程度，可大致分为重大案件和一般案件。

环境侵权领域的重大案件应由检察院或行政机关向法院提起。审酌各种因素，此处的重大案件应涵盖以下几类：其一，受侵害的主体人数众多、受影响的地域范围广泛或社会反响强烈的案件；其二，被告实力雄厚、背景复杂，由其他主体起诉难度较高的案件；其三，社会组织没有提起或不宜起诉的案件；其四，专业性较高或取证难度较大的案件。

对于前述重大案件之外的案件，可归入一般案件之列，可以由公民个人或法定的社会组织作为原告提起环境公益诉讼。当然，检察院对侵害环境公共利益的一般性案件并非完全放任不管，只是说检察院不宜主动介入，而是优先由其他主体起诉。当公民个人或社会组织因各种困难提出需要检察院支持起诉时，检察院可以自己名义向法院提起环境公益诉讼。

2. 起诉顺序的安排

在对各类主体提起环境公益诉讼的案件类型予以明确之后，还需对各类主体的起诉顺序作出安排。依笔者拙见，似按以下顺序起诉较为妥当：

第一，将公民个人和社会组织作为第一顺位的起诉主体。权益受损的公民个人欲通过诉讼维护自身利益的意愿最为强烈。从实际情况来看，公民个人往往因自身力量的弱小会选择向相关社会组织寻求帮助，并愿意积极配合相关组织提起公益诉讼。一方面，社会组织方便与公民个人进行沟通和互动；另一方面，社会组织较之于公民个人具有更专业的法律知识和更强的诉讼实力，进而优化诉讼的效果，故将其作为第一顺位的起诉主体是合适的。

第二，将法律规定的行政机关作为第二顺位的起诉主体。行政机关不宜作为第一顺位的起诉主体。行政机关日常行政管理事务繁忙，先由第一顺位的公民个人和社会组织提起公益诉讼有利于节约行政资源，提高诉讼效率；且侵害公共利益的行为常伴随着行政机关的不作为，由行政机关首先提起公益诉讼可能会有通过诉讼逃避责任之嫌。

第三，将检察机关作为第三顺位的起诉主体。检察机关作为法律监督机关，提起环境公益诉讼并非其"专利"，检察监督权的保障性和辅助性决定了检察机关行使职权时要遵循谦抑性原则。检察机关对环境民事诉讼活动的法律监督更多地体现在被损害的环境公共利益未被救济或怠于被救济时进行下一步的弥补，而非直接取代其他主体成为公益诉讼的第一主体。当环境类公共利益受到侵害时，应先由公民个人、社会组织以及行政机关向法院提起公益诉讼，检察机关对上述主体的起诉行为进行监督。只有在没有适格主体或适格主体不愿提起公益诉讼而公共利益仍处于受损害状态的情形下，检察机关方能以自己的名义提起此类公益诉讼。

第三节　环境民事公益诉讼的责任方式

一、环境民事公益诉讼责任方式的定性

(一) 责任方式的界定

在法律责任的含义界定以及责任方式的构成认定上一直众说纷纭。从研究方式来看，学者多是从部门法的逼仄视角来对法律责任以及责任方式进行探讨，这不仅导致了对法律责任以及责任方式普遍缺乏全面、准确的认知，亦给相关司法实践的开展带来了不少负面的影响。鉴此，对法律责任含义的精准把握是对环境民事公益诉讼责任方式进行探索所不可逾越的前提性工作。

从目前的主要观点来看，对法律责任含义的界定主要有后果说①、责任

---

① 参见林仁栋主编：《马克思主义法学的一般理论》，南京大学出版社 1990 年版，第 186 页。

说①、手段说②、状态说③和义务说④几种认识。在综合分析及深度考量的基础之上，笔者较为认同义务说的观点，即认为法律责任是因特定法律关系主体侵犯某种法定权利或违反某种法定义务而引起的、由专门国家机关认定并归结于该责任主体的、带有一定直接强制性的义务。⑤此种将法律责任定性为特定法律义务的观点在厘清两者区别的基础上亦准确把握了两者的联系，进而为法律责任中具体问题的探索预设了良好的基础性铺垫，尤其是为责任方式的精准定位铺平了道路。

法律责任是由责任关系和责任方式构成的有机体。其中，责任关系表现为因，即两个或两个以上法律主体之间产生的特定社会联系是法律责任产生的前提；责任方式表现为果，即法律责任中特定关系的实现有赖于特定方式的界定。可见，对责任方式的把握首先要对责任关系的内容予以明确。在义务说框架下，责任关系乃是法律主体违反初始义务而产生的一定社会联系。法律对初始义务设置的目的是基于人们社会生活的一般价值观念，即功利与道义。所有主体的一切行为之评价均是从功利与道义两方面予以考量的。以此为基础，即可将违反初始义务的行为所产生的责任关系划分为功利关系和道义关系。⑥功利关系是利益关系而产生，破坏功利关系即应补偿对方的利益损失；而道义关系不仅考量利益关系，主体对利益的主观认识、主体行为的客观社会评价亦是其影响因素，破坏道义关系不仅应承担对利益的补偿还应进一步承受来自社会的否定性评价。由功利关系和道义关系之界分为基准，随之而生的责任方式即表现为两种形态，即补偿性责任方式和惩罚性责任方式。

根据受害人的实际损失，由侵害人对其进行相应的补偿，由此而生的补偿性

① 参见孙国华主编：《法理学教程》，中国人民大学出版社1994年版，第509页。
② 参见赵震江、付子堂主编：《现代法理学》，北京大学出版社1999年版，第481页。
③ 参见周永坤：《法理学——全球视野》，法律出版社2000年版，第264页。
④ 参见张文显：《法哲学范畴研究（修订版）》，中国政法大学出版社2001年版，第119页。
⑤ 参见张文显主编：《法理学》（第四版），高等教育出版社、北京大学出版社2011年版，第122页。
⑥ 参见孙笑侠：《公、私法责任分析——论功利性补偿与道义性惩罚》，载《法学研究》1994年第6期。

责任方式乃是最易为人所接受的责任方式，在两大法系国家立法及司法中均源远流长。而发端于18世纪英美法系判例法上的惩罚性责任方式则经历了一定的演进和发展。在惩罚性责任方式出现之初，其主要适用于受害人遭受名誉损失及精神痛苦的案件。自19世纪以来，为制裁和遏制不法行为，惩罚性责任方式适用的范围不断扩大。截至目前，其不仅适用于侵权案件，亦适用于合同案件。① 惩罚性责任方式创设之目的，是为补强传统补偿性责任方式对受害人权益维护之不足及警示和教育社会大众审慎地行为处事。可见，惩罚性责任方式的适用，一方面可使受害人获得充分的赔偿，另一方面可使恶意侵害者受到相当程度的惩罚，从而遏制侵害行为的再次发生。可见，惩罚性责任方式的适用亦有着严格的要求，要么侵害人具有相当程度的主观恶意，要么实际损害难以确定而按传统责任方式无法完全弥补受害者的损失，要么侵害人的侵权收益大于侵权成本。

而在高度恪守公法与私法之界的大陆法系国家，补偿性责任方式和惩罚性责任方式适用的领域在相当长时间内仍泾渭分明。具体而言，补偿性责任方式和惩罚性责任方式分别调整私法领域与公法领域，仅在公法领域才能规定惩罚性责任方式的适用，即此处属于公法上的"自留地"；而在私法领域，因其所调整的社会关系主体地位平等的特质，一方无权对另一方施以惩罚，故法律责任承担的目的在于补救被害人受损的权益，使之能够尽量恢复到受损前的状态，故严格禁止被害人从中获取额外的利益。

在欧陆文明肇始之初，生产力的低下与社会关系的简单决定了公、私法的划分与当时的社会发展阶段是相适应的。但经过数千年的演进和发展，生产力的发达和社会分工的多元以及社会关系的复杂绝非古罗马时期可比。而最明显的表征，便是在晚近时期，市民社会与政治国家之间的界线已非如以往那般泾渭分明，相互交融的趋势日益明显。譬如，现代型法人及社会组织的急遽发展打破了私法领域法律关系主体双方实力大致对等的传统格局。部分现代型法人和社会组织的实力甚至已达到了富可敌国的惊人程度。这种实质不平等的主体之间的关系如若完全遵循传统私法当事人意思自治的原则，则必会导致实质的不公，甚至会出现优势主体滥用其强势地位进而损害社会公共利益的情形。此时，国家公权力

---

① 参见王利明：《惩罚性赔偿研究》，载《中国社会科学》2000年第4期。

即有必要在某种程度上介入相关纠纷，通过特定机制来维护社会公共利益。由此，在市民社会与政治国家之间，逐渐出现了对公共社会这一新型领域中的社会关系进行调整、对公共利益进行保护的相关规范，如反垄断法、消费者权益保护法以及环境保护法等。此类规范，因其数量与规模的不断扩张，已有成为介于公法与私法之间的"第三法域"之势。因该领域调整对象有别于传统公法及私法领域，如若相关责任方式仍径行适用传统两大法域的处理模式，则不仅会使该领域内部门法的调整目的难以达成，亦会造成该领域规范之间关系的不协。

（二）环境民事公益诉讼责任方式的性质

2015年1月最高人民法院发布的《环境民事公益诉讼解释》第18条规定："对污染环境、破坏生态，已经损害社会公共利益或者具有损害社会公共利益重大风险的行为，原告可以请求被告承担停止侵害、排除妨碍、消除危险、恢复原状、赔偿损失、赔礼道歉等民事责任。"该条从规则层面明确了环境民事公益诉讼责任方式的具体类型。同时，可以明确的是，该司法解释所规定的六种形态均为补偿性责任方式。必须承认，责任方式设置的终极目的，在于让责任主体承担不利后果，从而保障规则所确立的权利与义务的实现。可见，责任方式直接决定了特定规范对适用对象的调整效果。作为"第三法域"调整对象的环境公益，如果只有补偿性的责任方式来规制责任主体，则在追责力度上显然是远远不够的，进而难以对环境公益发挥切实有效的保护作用。因此，加大对环境公益侵权人的追责力度，最有效方式，便是在优化现有补偿性责任方式的同时，亦增加特定种类的惩罚性责任方式。易言之，当生态环境遭到破坏后，所产生的侵害人与环境公益主体之间的责任关系表现为两方面，即基于利益损害应予以补救或补偿的功利关系和基于损害环境公共利益及其主观恶意所应遭受的道义非难的道义关系。此亦决定了环境民事公益诉讼的责任方式应当兼具补偿性与惩罚性。

此外，补偿性责任方式与惩罚性责任方式归根结底是在传统法域框架下创设的责任方式，而该传统的法域框架以及相应的理论基础早已不能满足日新月异的社会发展需求。在生产力迅速发展、社会分工日趋细化、社会个体的联系愈加紧密的当今现实下，某一损害事件的发生可能产生远大于以往的波及效应，"蝴蝶效应"的频发绝非危言耸听。鉴此，当今世界各国和地区越来越意识到风险防控、危害防范的重要性。如何在发现危害与产生损害的中间环节设计相应的预防性措施或方案，从而应对危害，以避免损害的现实发生，成为现代法律责任制度的重要任务。[①] 环境损害的不可逆性与恢复的长期性要求相应规则的设计应重在预防危害的发生。作为规则调整的重要手段之一，环境民事公益诉讼责任方式的构建自然应考虑到这一目的的实现，即预防性责任方式亦应属环境民事公益诉讼责任方式体系的有机组成部分。

二、环境民事公益诉讼责任方式的体系化

在对环境民事公益诉讼责任方式进行精准定性之后，可以明确的是，环境民事公益诉讼应包括预防性责任方式、补偿性责任方式和惩罚性责任方式三种。通过构建积极的预防性责任方式，在环境侵害尚未发生或尚未完全发生之时就允许原告运用司法手段加以排除，进而将补偿性责任方式与惩罚性责任方式作为环境公共利益救济的第二道和第三道防线，从而形成科学化、层次化的环境民事公益诉讼责任方式体系。

（一）预防性责任方式

居安思危、防患于未然是降低损失的最佳良方，预防是环境民事公益诉讼责任方式的首要之义。随着人类社会的飞速发展和科学技术的日新月异，传统的法律调整方法对此现状已明显力不从心。具体到责任方式而言，传统"补偿＋惩罚"的二元法律责任机制在面对现今以风险防控为本位的社会发展需求时已力有不逮，在环境保护领域则表现得尤为突出。2015 年修订后的我国《环境保护法》第 5 条规定，环境保护应坚持预防为主的基本原则。该条从框架层面将预防性环境治理理念引入我国的环境保护领域，但在具体制度的落实上尚无因应。这就需要我们突破传统责任方式的窠臼，在补偿性责任方式与惩罚性责任方式之外建立起环境民事公益诉讼的预防性责任机制。

从性质上来看，该预防性责任有别于法律责任的预防功能。预防性责任并非

---

① 参见李友根：《论产品召回制度的法律责任属性——兼论预防性法律责任的生成》，载《法商研究》2011 年第 6 期。

通过对违法者施以不利后果的警示或预告从而压制其实施侵害环境行为的欲望，进而惮于具体实施，而是通过构建明确的预防性责任方式，明示在尚未有实质损害发生而仅有危害之虞时，即可由特定主体通过环境民事公益诉讼这一机制对引起危害的主体施以该责任从而排除该危害。即预防性责任是因危害主体违反环境法所设定的保护环境的初始性义务而将环境公共利益置于危险状态下所产生的延伸性义务。

（二）补偿性责任方式

在健康舒适的生态环境中生活是社会大众的基本公共需求，是人权的基本内容之一。当然，每个社会成员对环境行使享受和使用之权利的同时，亦要承担不对其他社会成员所享有的环境权利造成妨害的义务。因此，当某一成员的行为对生态环境造成破坏后，其自然应承担一定的责任，以此来排除其行为对其他成员行使环境权利造成的妨碍。同时，当代人在享有和行使环境权利的同时，亦要承担代际公平的义务，即当代人应当保障后代人享有不逊于当代人的健康的生态环境和必要的自然资源，从而为后代人预留生存与发展的足够余地。

有损害即有补偿，补偿乃是环境民事公益诉讼责任方式的应有之义。如前所述，补偿性责任方式是基于功利关系而产生的责任形式。具体而言，其又包含两层含义：一是通过一定的作为对不利情形予以弥补和挽救，即当生态环境遭受的损害有修复的可能时，首先应当令侵害者尽可能地将其恢复至受损害前的状态；二是以财产的形式抵消所造成的损耗，即在恢复不能的情形下，对受损的环境价值进行评估，由侵害者赔偿与该价值相当的财产。可见，环境民事公益诉讼的补偿性责任方式是通过向环境侵害者施以一定的作为义务或财产性责任来救济环境侵害事件中遭受侵害的环境公益，以此来保障社会成员及后代人的环境利益。

（三）惩罚性责任方式

惩罚是基于道义上的否定评价而施予行为人以不利后果。人类社会早期，并未有一个代表社会成员合意的专门机构来对特定主体施以惩罚。最常见的惩罚形式便是"以牙还牙，以眼还眼"式的"同态复仇"。随着文明的发展和社会的演进，专门行使惩罚权的公权力部门出现且相应制度亦不断完善，从而保证了社会的有序运转。

惩罚性责任即责令责任人承担其侵害行为所造成的实际损害之外的额外的责任。就环境民事公益诉讼而言，惩罚性责任方式的主要功能有二：其一为惩罚，即侵害者侵害环境的行为损害了社会公益，罔顾法律预设的保护环境不受损害的注意义务，其行为具有主观恶意性与公益危害性，故应受道义之惩罚；其二为遏制，即通过对侵害者处以额外的惩罚，在惩罚大于其通过违法所获收益之时，则侵害者会因忌惮高额的违法成本而避免作出侵害环境的行为。同时，对侵害者加以惩罚亦会对社会中的其他主体产生警示作用，使得其他主体亦不敢随意破坏环境，以此达到保护环境的目的。

除此之外，惩罚性责任方式的设置在环境民事公益诉讼领域还有两项补充功能：其一为补救。前述对环境公共利益的补偿性责任方式是对受损环境的商品价值及修复成本进行补偿，这些价值通过评估核算能够确定大致准确范围进而可以便利地适用财产性补偿。然而，环境公共利益还包括诸如服务价值、美学价值、代际遗赠价值等隐形价值，而当这些隐形价值受损时，则难以通过计算来固定其准确范围，故不能通过补偿性责任方式使之得以受偿。而通过确立惩罚性责任方式，对侵害者施以惩罚性赔偿制裁则可有效的弥补此类隐性价值的损失；其二为激励。环境民事公益诉讼的公益性决定了原告的起诉是为维护与其无直接利害关系的环境公共利益。此处，诉讼利益乃归属于抽象的社会整体，本案的具体原告无法从中直接获利，这显然与"经济人"的本能相违背。实践中，在实际利益缺位下，具备原告资格的主体在很多情形下难免会因种种考量和重重顾虑而怠于行使该公益诉权，从而导致环境民事公益诉讼机制形同虚设。因此，惩罚性责任方式的确立可以通过合理的惩罚来促进激励机制的建立，通过对提起该诉的原告予以一定合理的经济奖励，从而切实使环境民事公益诉讼机制能够落到实处。

三、环境民事公益诉讼责任方式的展开

由前述可知，在设计环境民事公益诉讼的责任方式时，应秉承"预防为先、补偿为主、惩罚为辅"的基本理念，在出现侵害环境行为之端倪时，即开启程序进而施以排除危害这一预防性的责任方式；当环境损害实际发生后，则首先应当

对受损的环境进行修复，当修复不能时即责令侵害人赔偿相应损失，如若损害在合理范围内，则可适用损害忍受补偿的责任方式，同时令其公开道歉，与上述三类补偿性责任方式择一并行适用；如若侵害人的主观恶性较重或造成了严重损害，则可适用声誉型惩罚及罚款等惩罚性责任方式。

（一）排除危害

排除危害，是指因行为人尚未实施或正在实施的行为可能或已经违反了环境法上规定的注意义务，从而将环境可能或已经置于某种危险状态，则可令其排除可能或已经存在的危害。在现行《环境保护法》确定的"保护优先、预防为主"的环保基本原则框架下，排除危害这一责任方式确立的目的即在于，可以通过该机制将可能发生的环境损害状态扼杀在萌芽状态。环境损害事件一旦发生，其所造成的后果往往是长期性的（如伦敦烟雾事件、苏联切尔诺贝利事件等），且因遭受侵害的环境要素处于不断变动当中，使得该损害无法固定在一个稳定的区域内，① 即其波及面难测且不可逆转，即便能够通过一定方式进行修复，亦要花费相当可观甚至难以估量的各项成本。此外，不可逆转的环境损害中所包含的服务价值、美学价值等隐性损失皆非为金钱所能衡量，嗣后的各类补偿及惩罚归根结底均是替代性的补救，往往难以真正填补环境损害的无穷"黑洞"。从域外的相关做法来看，排除危害类的责任方式是环境民事公益诉讼中的主导责任方式。如在美国，其体现排除危害之意的是禁止令（injunction）。在立法者看来，禁止令最能反映环境民事公益诉讼的公益性质。②

较之于作为普通环境侵权民事诉讼中预防性责任方式的停止侵害、排除妨碍和消除危险，环境民事公益诉讼中的排除危害在涵盖此三种责任方式的应有之义之外，在功能上有所延伸，即将适用的对象从正在实施的环境侵权行为扩展至尚未实施的行为，即只要特定主体有可能实施环境侵权行为之虞时，法定的机关或组织即可将其诉诸法院，要求排除可能发生的危害，从而最大化地发挥预防性的作用。

---

① 参见吕忠梅等：《环境法原理》，复旦大学出版社 2007 年版，第 180 页。
② 参见陈冬：《美国环境公民诉讼研究》，中国人民大学出版社 2014 年版，第 175 页。

(二) 环境修复

如若未能通过排除危害的方式来达到防止环境损害实际发生的目的，则从责任方式序列来看，可考虑是否可采取一定措施来对受损的环境进行修复。修复生态环境的责任方式是指当侵害者的行为造成了实际的环境损害时，可要求其通过一定方式来将受损的环境修复至损害发生前的状态。环境修复的方式是"就地修复优先、异地修复为辅"：前者是指在环境受损地原址上通过特定的方式和方法使之恢复至受损前的生态环境质量水平；后者则是指当就地恢复有困难或显然不可能时，通过系统工程的考量和配适，在异地达到受损地受损前的生态环境质量各项指标和标准。当然，不管采取何种修复方式，相关费用无疑应当完全由侵害者来承担。

与普通侵权诉讼中恢复原状这一责任方式相比，环境修复当然地包含恢复原状的应有之义，"从某种意义上来说，环境修复是'恢复原状'责任方式在环境侵权领域的具体化和延伸"①。但严格来讲，环境修复与恢复原状还是存在明显差异的。因环境污染的不可逆性和单向性，在绝大多数情况下，一旦环境遭到污染，则不管采取何种方法，亦不管这些方法的技术含量有多高，均只是可能将环境修复至最大化地接近受损前的各项人为设置的数据指标，很难真正、完全还原至初始状态。可见，与恢复原状相比，环境修复更能准确地表达和反映环境侵权领域的特质，亦更符合环境民事公益诉讼的实际状况。

从环境修复的费用确定来看，《环境民事公益诉讼解释》第 23 条之规定的合理性可兹赞同，即法院可以结合污染环境、破坏生态的范围和程度、生态环境的稀缺性、生态环境恢复的难易程度、防治污染设备的运行成本、被告因侵害行为所获得的利益以及过错程度等因素，并可以参考负有环境保护监督管理职责的部门的意见、专家意见等，合理确定生态环境修复费用的具体数额。

需要明确的是，法院在环境民事公益诉讼案件审理过程中对环境修复责任方式的适用应考虑被破坏的环境在现有技术条件下是否有修复的可能，并参考环境

---

① 沈德咏主编：《最高人民法院环境侵权责任纠纷司法解释理解与适用》，人民法院出版社 2016 年版，第 31 页。

保护部门或有关专业人士的专业意见。如若不能复原或修复的代价过于高昂，则修复生态环境责任的判令即无多大实义，此时即应考虑以其他补偿性责任方式来替代，从而保障受损的环境公共利益能切实得到补偿。

（三）赔偿损失

当受损生态环境无修复的可能时，则应通过判令侵害者给付特定数额金钱的方式来赔偿相应的环境损失。赔偿损失这一责任方式适用效果的实现维系于一个前提条件的准确界定，即如何评估受损环境的价值。一般来讲，环境公益的价值可分为两类，一类为比较实的物质性的商品价值，一类为比较虚的舒适性的服务价值，① 二者辩证统一于承载人类社会生活的生态环境。在目前已发生的大部分环境损害案件中，因技术、实力、资源及外因介入等多种主、客观原因，对侵害者的损害赔偿责任仅计算了受损环境的直接的商品价值，而忽略了对其隐性服务价值、美学价值的计算。这一方面使得受损的环境公共利益没能得到完全的补偿，且会加重第三方的环境修复成本；另一方面亦减轻了侵害者的责任负担，从而降低了其违法成本，进而削弱了该机制对其侵权行为的抑制效果。故赔偿环境损失这一责任方式在适用时还应充分评估受损环境的服务价值和美学价值等。

（四）损害忍受之补偿

现代企业的生产经营活动，或多或少会对环境造成不同程度的影响。在这些活动中，有些违反了法律规定，超过规定的排污标准且对环境造成了明显的损害，此时自然应适用恢复原状或赔偿环境损失等责任方式。然而，对于企业的某些生产经营活动没有违法却依然会对环境造成一定消极影响的情形，则需对相应责任方式进行审慎考量。

此时便涉及对环境侵害的容忍度问题。企业是支撑社会经济发展的支柱，如若对其符合法定标准但仍有损环境的排污行为施以不利责任，无疑会对企业的正常生产经营带来消极影响，进而影响经济的可持续性发展。但如若对企业合法排污但有损环境公益的情形无条件地予以容忍，亦不符合权利保护的基本要求。因

---

① 参见李金昌等：《生态价值论》，重庆大学出版社 1999 年版，第 373 页。

此，应在生态保护与经济发展之间寻求一个妥帖的平衡点，以期在受损环境公益得以合理受偿且社会大众能够续享环境福祉的同时，亦能保障经济的可持续性发展。

鉴此，损害忍受之补偿未尝不是一种可兹认同的环境民事公益诉讼责任方式。当企业的排污符合法律规定的标准但环境的损害超过一定限度时，可以判令企业承担一定的补偿责任，以此来补偿受损的环境公益，使相关主体获得修复环境的相应资金，此乃企业作为社会运转之功能个体所应承担的义务，亦是可持续发展与生态文明之当然要求。但需要明确的是，此种损害忍受之补偿的金额亦不应过高，毕竟此时企业的行为并未违反法律的禁止性规定，使其承担较重的责任于法理不符，亦会削弱企业的运营能力与积极性，进而制约社会经济的正常发展。依笔者拙见，该损害忍受之补偿责任应以不超过受损环境商品价值与服务价值之和为宜，具体数额由法官根据地方发展水平、企业经济实力以及环境受损状况等因素来综合考量。

（五）公开道歉

公开道歉，是指通过环境民事公益诉讼之判决由法院责令侵害者以一定形式向社会公众公开表示歉意。该责任方式源于赔礼道歉这一处理民事私权纠纷的责任方式。作为民事侵权损害责任方式的一种，赔礼道歉这种责任方式与人身性密不可分，具体表现为侵害者依一定方式向人格权遭受非法侵害的受害者进行道歉，以获得其谅解。① 即该责任方式指向的对象为特定的受侵害的民事法律关系主体。与赔礼道歉这一责任方式针对的对象是明确的特定的主体所不同的是，因侵害环境公益的行为针对的对象不明确、不特定，道歉所指向的对象即为不确定的社会公众，故作为环境民事公益诉讼责任方式的道歉必须强调其公开性，在道歉的方式、方法以及范围上都须达到一定的程度，从而保证该道歉能够为相当范围内的公众所知晓，此方能产生道歉的实效。公开道歉具备两方面的积极意义：一方面，该责任方式对于侵害者具有一定的惩罚与教育功能；另一方面，对社会具有一定宣示法律权威、安抚社会大众的作用。公开道歉的具体途径应当是由行

---

① 参见张新宝：《侵权责任法》，中国人民大学出版社 2006 年版，第 157 页。

为人在省级及省级以上媒体（包括报纸、电视及互联网媒体等）向社会道歉，并需将道歉内容具体明确且保持一定时间。

（六）声誉型惩罚

声誉型惩罚，是法律授权机关对违反法律规定的主体的告诫与否定性评价。其与公开道歉的区别在于，声誉型惩罚是由法律授权机关直接在公共媒体上对环境侵害者进行的道义责难，其本质上属于惩罚性责任方式，而公开道歉则属于基于功利关系而设的补偿性责任方式。

在当前激烈的市场竞争环境下，企业的声誉乃是其生存之基，立足之本，是一个企业得以生存和发展的最重要的隐性资产和核心竞争力。如若某企业的违法行为受到惩罚且因媒体曝光而公之于众，那么所引发的声誉下降会导致该企业产品被消费者购买的可能下降以及其他商业主体选择其进行商业合作的几率变小，进而给其带来切实的财产损失，即其在一定意义上是"没有罚款的财产罚"。声誉型惩罚所带来的影响是以盈利为目的的企业所不能不考虑的，此即声誉型惩罚责任方式设立的缘由。在环境民事公益诉讼责任方式体系中确立声誉型惩罚，其目的即在于营造对违法企业不利的社会舆论氛围，使其认识到其行为对环境公共利益的危害性，同时迫于声誉受损带来的盈利降低的压力，主动改正进而避免相应的环境侵害行为。

声誉型惩罚在行政执法领域仅表现为警告，并未通过特定渠道向社会公开，难以对侵害环境的主体产生实质性的声誉上的压力，其侵害人很容易选择熟视无睹而继续侵害环境。有鉴于此，在将声誉型惩罚引入环境民事公益诉讼责任方式体系中时，需要确实建立起声誉型惩罚的社会公开机制，在对违法企业的破坏环境行为施以该责任后，应当在省级及省级以上媒体（包括报纸、电视及互联网媒体等）向社会公开此信息，并保持一定的持续性，从而保证该方式惩罚与遏制功能的落实。

（七）罚款

影响企业是否履行环保义务的最关键因素，便是其对违法成本与违法收益的比较。通常认为，"违法成本=违法责任×违法行为被查处的概率"。就当前而言，我国的环境违法成本普遍偏低。从责任内容来看，通常只是对受损环境的商品价值进行财产性赔偿。从被查处的概率来看，地方行政执法部门基于地方经济发展的考量，对实施环境侵权的主体（主要是企业）普遍是视而不见，"运动式""选择性"执法是普遍做法，而相应的行政处罚程度亦普遍偏低。此种情况下，违法成本显然远远小于违法收益，故一个"理性"的经营主体自然会选择对现有作为行政处罚措施的罚款视若无睹。

鉴此，将罚款这一最具惩罚性特质的责任方式引入环境民事公益诉讼责任方式体系很有必要。就环境民事公益诉讼而言，罚款的适用与否以及具体幅度的高低取决于环境公益受损的情况和侵害者的主观恶性程度。环境公益受损的情况通过勘验与评估等手段能够确定大致范围，而侵害者的主观恶性程度则实难认定，这必会影响到罚款措施的有效适用。依笔者拙见，此时可以通过逆向思维，从罚款的功能及环境民事公益诉讼的目的切入，评估应当施以多少罚款金额方足以遏制侵害者的主观恶性。一般认为，当"罚款>企业违法收益/违法行为被查处的概率"时，方可遏制企业的破坏环境行为。企业在这样的罚款力度下，即无法通过以破坏环境为代价的生产经营来获取利益。同时，环境民事公益诉讼的罚款方式应当参照《环境保护法》第 59 条所规定的作为行政处罚措施的罚款的"按日处罚"模式，对逾期不改的违法主体课以重罚，从而以儆效尤。

此外，从罚款的去向来看，其应上缴国库。由国家设立专门的基金，这些罚款应充实进该基金，且实行专款专用，致力于减轻环境损害的各类专项计划的实施。

第四节　环境公益诉讼中的法院阐明制度

作为社会经济活动中形成的基本道德准则之一，诚实信用原则要求人们在市场经济活动中讲究信用，恪守诺言，诚实不欺，在不损害他人和社会利益的前提下追求自己的利益。随着市场经济发展的提速以及社会化大生产的加快，从 19世纪末 20 世纪初开始，该原则逐渐被引入各国的法律领域。为契合和谐社会构建的应然要求，2012 年 8 月 31 日，经第十一届全国人大常委会第二十八次会议修改后的《民事诉讼法》第 13 条第 1 款规定："民事诉讼应当遵循诚实信用原则。"由此，诚实信用原则在我国民事诉讼领域正式得以确立。一般来讲，民事诉讼的主体包括法院和当事人。对于将当事人纳入诚实信用原则适用的主体范围，学界向来无异议；但对于该原则可否适用于法院，则认识不一。而在此次《民事诉讼法》修改者看来，诚实信用原则"不仅是当事人和其他诉讼参与人应当遵守的原则，人民法院行使审判权也应当遵守"①，此即使得该原则适用于法院已无争议。

在以维护公共利益为主导的环境公益诉讼中，对当事人如何遵守诚实信用原则已有较多论著，而对法院如何遵守该原则则鲜有涉及。诉讼规则的普遍适用与法官个体的高度个性天然地存在抵牾，而程序规则的尽量详细、周密则是调和此种矛盾的不二利器。而该原则对法院行为约束的重点便是对阐明制度的细化和深化，从而切实贯彻和彰显该抽象原则的精髓和宗旨，使之能够对我国环境公益诉讼中审判权的良性运行发挥实效。

一、法院阐明制度的概述

作为大陆法系国家和地区诉讼中的一项重要制度，法院阐明制度亦称法院阐明权（或释明权）或法院阐明义务（或释明义务），是指在当事人提供的诉讼资料不明了或不完备时，法院可以就事实上及法律上的事项对当事人发问或促使其立证的制度。② 在采取辩论主义的大陆法系国家和地区的民事诉讼领域，"很长一段时间以来，以所谓'竞技理论'为特征的对抗性程序有其自身的问题这一点已被广泛认识。这种程序过分依赖于当事者各自所拥有的资源。开庭审理的集中

---

① 王胜明：《中华人民共和国民事诉讼法释义》（最新修正版），法律出版社 2012 年版，第 180 页。

② 参见［日］中村英郎：《新民事诉讼法讲义》，陈刚、林剑锋、郭美松译，法律出版社 2001 年版，第 178 页。

对决方式总是伴随着不意打击的危险"。① 鉴此，如果立法可以允许法院在诉讼的适当时期对案件的相关情况对当事人予以说明，则可使因机械适用辩论主义所造成的不合理性得到修正，从而有助于适当、公平裁判的作出。作为对 1806 年《法国民事诉讼法》中当事人绝对自由主义的修正，德国早在 1877 年制定的民事诉讼法典中即对阐明制度作了规定，随后被大陆法系其他国家和地区相继效仿。法院阐明制度在大陆法系国家和地区民事诉讼中之所以能予确立，主要是基于实现以下四方面目的的考量：其一，可以查明案件真相，妥善化解纠纷；其二，可以充实言词辩论，提升言词辩论的效果；其三，可以保证当事人诉讼权利的有效行使，确保当事人之间的实质平等；其四，可以限制法院对诉讼指挥权的滥用，防止突袭裁判的出现。

就现今立法例来看，《德国民事诉讼法》第 139 条规定，如有必要，法院应当与当事人共同从事实与法律两方面对案件的实体和讼争关系进行阐明并发问。法院应当使当事人及时且完整地陈述所有重要的事实，并提出有利的申请，特别是在对所提出的事实说明不足时要加以补充，且要表明相应证据方法。就一方当事人显然忽略或认为不重要的观点，如果并非仅涉及附属请求时，法院仅在曾经予以阐明且赋予当事人陈述机会的情形下才可以将其作为裁判的基础。若法院所持观点与双方当事人不同，则法院亦须遵循此要求。《日本民事诉讼法》第 149 条规定，未明确诉讼关系，就事实上和法律上的事项，审判长可在口头辩论的期日或期日外向当事人发问并敦促其证明。合议庭其他法官向审判长报告后可实施前款规定的阐明行为。我国台湾地区"民事诉讼法"第 199 条规定，审判长应注意令当事人就诉讼关系之事实及法律为适当完全之辩论。审判长应向当事人发问或晓谕，令其为事实上及法律上陈述、声明证据或为其他必要之声明及陈述；其所声明或陈述有不明了或不完足者，应令其叙明或补充之。第 199 条之规定，依原告之声明及事实上之陈述，得主张数项法律关系，而其主张不明了或不完足者，审判长应晓谕其叙明或补充之。被

---

①　［日］谷口安平：《程序的正义与诉讼》（增补本），王亚新、刘荣军译，中国政法大学出版社 2002 年版，第 28 页。

告如主张有消灭或妨碍原告请求之事由，究为防御方法或提起反诉有疑义时，审判长应阐明之。可见，德国民事诉讼中阐明的具体方式有发问、晓谕和商议三种；日本民事诉讼中阐明的方式仅发问一种；我国台湾地区民事诉讼中阐明有发问和晓谕两种具体方式。

对于法院阐明制度的性质，向来存有不同认识。理论上有权限说①、义务说②以及权限义务双重说③等观点。从立法层面来看，即便是同一国家或地区的立法，不同时期亦采取不同的态度。如在 1877 年《德国民事诉讼法》颁布之前，该法的草案即采取权限说；④ 1890 年《日本民事诉讼法》即将法院阐明制度设定为义务形式，而 1926 年修正时则将其改成权限形式。就上述大陆法系国家和地区当今立法例观之，德国目前乃是将法院阐明设定为义务，而日本和我国台湾地区则将其设定为权限。笔者认为，单纯就法律概念的内涵而言，法院权限的行使与义务的履行存在明显的差别，其相应的方式、范围以及后果等均有所差异。就制度层面而言，阐明乃为实现诉讼上的特定目的，故对受诉法院课以相应义务从而推动该目标的实现自然顺理成章；但就个案来说，阐明行为的实施则因时因事而异，即具体行使交由主审法官自由裁量较为妥当，故此时亦具有权限的色彩。因此，阐明制度具有权限与义务双重属性的认识应属适当。就立法形式而言，若采用权限的形式，则权限行使的性质较为突出，义务履行的因素即较为淡化，主审法官的自由裁量空间即较大；若采用义务的形式则刚好相反，具体制度布设的侧重点即有所不同。

因阐明制度所具有的权限与义务双重属性，有观点将阐明制度区分为"不应阐明""可以阐明"和"应阐明"三个层次予以区别对待：所谓"不应阐明"，

---

① 参见骆永家：《阐明权》，载民事诉讼法研究基金会编：《民事诉讼法之研讨》（四），台湾三民书局股份有限公司 1993 年版，第 175 页。

② 参见［德］奥特马·尧厄尼希：《民事诉讼法》（第 27 版），周翠译，法律出版社 2003 年版，第 125 页。

③ 参见［日］新堂幸司：《新民事诉讼法》，林剑锋译，法律出版社 2008 年版，第 314 页。

④ 参见吕太郎：《民事诉讼之基本理论》（二），台湾元照出版有限公司 2009 年版，第 76 页。

法院如果阐明乃属于过度阐明，属于当事人异议及申请回避的事由；所谓"可以阐明"，乃属于法官自由裁量权范畴，法官阐明与否原则上不构成因违法而可以上诉的理由；所谓"应阐明"，则属于义务范围，如若违反则构成上诉的事由。① 而具体到阐明的形式来看，主要有对事实问题的阐明和对法律问题的阐明两种。对事实问题的阐明是传统意义上的阐明，包括不明了的阐明、除去不当的阐明、补充诉讼资料的阐明以及提出新诉讼资料的阐明。② 所谓不明了的阐明，是指对目的不明了、内容不特定、存在矛盾或易使人误解的当事人诉讼行为进行阐明，使之明了、不发生矛盾以及确定。所谓除去不当的阐明，是指对目的或内容虽已明确但存在不当或错误的当事人诉讼行为进行阐明，使之适当、正确。所谓补充诉讼资料的阐明，是指对内容有欠缺而无法发生应有效果的当事人诉讼行为进行阐明，使之得以补足。所谓提出新诉讼资料的阐明，是指对于裁判必须而当事人未提出的诉讼资料进行阐明，要求其予以提出。对法律问题的阐明是阐明制度中较新的形式，具体包括对法律关系的阐明和对法律见解的阐明。对法律关系的阐明，又称法律关系的晓谕义务，是指依当事人主张的事实，在实体法上可以主张数项法律关系而当事人主张不明确或不充足时，法院应通过晓谕使之确定或补足。③ 对法律见解的阐明，又称法律见解的表明义务，是指受诉法院在言词辩论终结以前，适度表明其所持法律观点，以协同当事人整理法律上之争点，并使其集中于此进行辩论。④

二、法院阐明制度的展开

(一) 我国现有相关规定评述

纵观中华人民共和国成立以来的相关立法，我国诉讼领域并无涉及法院阐明

---

① 参见姜世明：《法官阐明制度发展之评估》，载《台湾法学杂志》2007 年第 11 期。
② 参见［日］高桥宏志：《民事诉讼法——制度与理论的深层分析》，林剑锋译，法律出版社 2003 年版，第 358 页。
③ 参见许士宦：《法律关系之晓谕义务》，载《台湾法学杂志》2007 年第 9 期。
④ 参见许士宦：《法律见解之表明义务》，载《台湾法学杂志》2008 年第 8 期。

制度的明确规定。如前所述，法院阐明制度乃建立在辩论主义基础之上，其是以辩论主义修正和补充者的姿态出现在大陆法系国家和地区民事诉讼中的。而对于在事实认定领域长期采取职权探知主义（甚至是超职权主义）的我国民事诉讼来说，在诉讼中占据绝对主导地位的人民法院无须通过阐明制度的设置即能有效地掌控事实审理的进程和结果。1982 年颁行的《民事诉讼法（试行）》第 56 条第 2 款"人民法院应当依照法定程序，全面地、客观地收集和调查证据"和第 149 条"第二审人民法院必须全面审查第一审人民法院认定的事实和适用的法律，不受上诉范围的限制"之规定即集中彰显了这一点。随着改革开放的推进，人民法院对民事诉讼的绝对主导已难以适应民事审判的快速发展，加之对民事审判规律认识的不断深入，从 1988 年开始，我国法院系统开始进行民事审判方式改革，其核心便是凸显当事人的主体地位，淡化法院的职权色彩，具体到事实审理上，便是要"依法强调当事人的举证责任，本着'谁主张，谁举证'的原则，由当事人及其诉讼代理人提供证据，法院则应把主要精力用于核实、认定证据上"[1]。在 1991 年颁布的现行《民事诉讼法》中，第 68 条第 1 款"当事人对自己提出的主张，有责任提供证据"和第 168 条"第二审人民法院应当对上诉请求的有关事实和适用法律进行审查"之规定即反映了这一改革动向的部分成果。随后，相关的改革继续推进，重点仍是改变庭审方式，变询问式审判方式为辩论式审判方式，同时强调当事人的举证责任。[2] 可见，与西方国家日益强调法院对民事审判的指挥和控制的做法相反，我国民事审判方式改革的目标之一则是弱化法院的职权。"这固然是对以往超职权主义的一种矫正，但是在辩论主义没有确立，当事人主体地位没有充分保障的前提下，单纯削弱法官的职权，只会将辩论主义中过分依赖当事人所带来的缺陷失当放大"[3]，这会导致当事人在极为陌生的诉讼程序中茫然四顾、不知所措，从而使得不明了、不适当或不完备的诉讼状态时常发

---

① 　任建新：《充分发挥国家审判机关的智能作用，更好地为"一个中心、两个基本点"服务》，1988 年 7 月 18 日在第十四次全国法院工作会议上的报告。

② 　参见马原：《改进民事审判方式，正确执行民事诉讼法》，1994 年 7 月 6 日在全国民事审判工作座谈会上的讲话。

③ 　蔡虹：《释明权：基础透视与制度构建》，载《法学评论》2005 年第 1 期。

生，进而影响案件真相的发现和审判的实际效果，最终对司法的公信力和权威性造成消极影响。

鉴此，最高人民法院在 2001 年颁布的《民事证据规定》中，明确将第 3 条第 1 款对举证指导的规定①以及第 33 条第 1 款关于送达举证通知书并载明相关事项的规定②定性为人民法院应予阐明的事项，③ 在我国民事诉讼辩论原则的框架下督促法官认真履行审判职责，适当地与当事人就事实问题进行合理程度上的沟通，使当事人能够在一定程度上对诉讼的进程和后果作出合理预期，同时着手进行相应准备，从而有效保障其诉讼权利。此外，按照《民事证据规定》第 35 条第 1 款"诉讼过程中，当事人主张的法律关系的性质或者民事行为的效力与人民法院根据案件事实作出的认定不一致的，不受本规定第三十四条规定的限制，人民法院应当告知当事人可以变更诉讼请求"的规定，在一定条件下，人民法院应当告知当事人可以变更诉讼请求。就最高人民法院的理解来看，其亦将法院此时的告知行为纳入阐明的范围，④ 但从本质上来看，该行为并不符合阐明制度的应有属性。首先，从范畴上来看，阐明制度是与辩论主义相对应的，而法官告知当事人变更诉讼请求则对应于处分权原则。⑤ 如前所述，阐明制度是对辩论主义的修正和补充，而人民法院告知当事人变更诉讼请求涉及的则是当事人对诉讼请求的处分，其乃对处分权原则的增补和完善，两者所属的范畴明显不同。其次，从行为状态来看，阐明需以当事人的声明、陈述不当或不明确为前提，同时应阐

①　《民事证据规定》第 3 条第 1 款规定："人民法院应当向当事人说明举证的要求及法律后果，促使当事人在合理期限内积极、全面、正确、诚实地完成举证。"

②　《民事证据规定》第 33 条第 1 款规定："人民法院应当在送达案件受理通知书和应诉通知书的同时向当事人送达举证通知书。举证通知书应当载明举证责任的分配原则与要求、可以向人民法院申请调查取证的情形、人民法院根据案件情况指定的举证期限以及逾期提供证据的法律后果。"

③　参见李国光主编：《最高人民法院〈关于民事诉讼证据的若干规定〉的理解与适用》，中国法制出版社 2002 年版，第 48、270 页。

④　参见李国光主编：《最高人民法院〈关于民事诉讼证据的若干规定〉的理解与适用》，中国法制出版社 2002 年版，第 280 页。

⑤　参见赵钢：《论法官对诉讼请求变更事项的告知义务——以〈关于民事诉讼证据的若干规定〉第 35 条为分析基础》，载《法商研究》2005 年第 6 期。

明而未阐明的可成为当事人上诉的理由，① 而告知则无须符合这些要求。再次，从语境上看，在当事人主张的法律关系的性质或者民事法律行为的效力与受诉人民法院的认定不一致时，若人民法院仅是提示该当事人根据法律关系的性质或者民事行为的效力对诉讼资料的提出进行相应调整，则应属于阐明的范围，但若人民法院直接告知当事人变更诉讼请求则涉及攻击防御行为本身，已远超出诉讼资料的范围。最后，从规则层面来看，由上述大陆法系国家和地区关于阐明制度的立法例可知，法院可以从事实和法律两方面进行阐明，但均未将告知当事人变更诉讼请求归入阐明之列。

（二）阐明制度的完善

鉴于法院阐明对环境民事公益诉讼证明责任分配的重要作用，在全面构建我国环境民事公益诉讼证明责任分配规则体系时，应对该制度的完善予以充分重视。笔者认为，应从以下几方面对法院阐明制度予以布设：

第一，明确法院阐明制度设立的基础。如上所述，阐明制度是大陆法系国家和地区对传统绝对辩论主义的矫正和完善，是对民事诉讼中法院职权的适度扩张，从而为当事人权利的顺利实现提供更为充分的保障。而我国截至目前仍未在规则层面确立辩论主义，虽然当事人对程序的主导性日益增强，但人民法院在民事诉讼程序的推进和证据的调查上仍占据显著的优势地位。从表面上看，该现状已可足够保证人民法院向当事人提示诉讼资料提出的要求而无须阐明制度的存在；但就本质而言，此种人民法院对诉讼的主导反映出的是公权力对私权纠纷解决的过度染指和干涉，并不符合民事诉讼的应有机理，进而即不应在错误的基础上得出所谓正确的结论。更何况人民法院的此种绝对主导地位使得人民法院的上述提示行为不受任何约束，从而可能出现无效提示或过度提示的情况，导致当事人之间的利益难以得到有效平衡，进而损及失权制度的适用效果。鉴此，只有科学、完备的阐明制度方契合民事诉讼的内在规律和应然要求，而其设定则需以辩论主义在我国民事诉讼领域的全面确立为基础和前提。

第二，明确法院阐明的具体方式。无论是不明了的阐明或除去不当的阐明，

---

① 参见蔡虹：《释明权：基础透视与制度构建》，载《法学评论》2005 年第 1 期。

还是补充诉讼资料的阐明或新诉讼资料的阐明，人民法院均可根据实际情况通过发问和晓谕两种具体方式进行。发问是法院以询问的形式要求当事人就其提出的攻击防御方法中不明确、不适当或不充分的地方予以说明，从而使当事人意识到其所提攻击防御方法的局限性，进而在法定或指定的期限内予以补充或完善的阐明方式。晓谕则是人民法院以说明的形式直接向当事人提示其所提诉讼资料中不明确、不适当或不充分的地方，进而要求当事人在法定或指定的期限内予以补充或完善的阐明方式。两种方式最明显的区别在于，人民法院对当事人所提诉讼资料的内容和目的不甚清楚，尚需通过询问来掌握其不明确、不适当或不充分之处时，法院乃运用发问的方式予以阐明；而当法院对当事人所提诉讼资料的内容和目的相当清楚时，则可直接运用晓谕的方式达到阐明的目的。鉴此，发问和晓谕两种方式均应设定在今后我国民事诉讼的阐明制度中，由人民法院根据对具体案情的掌握情况选择适用。

　　第三，明确法院阐明的程度。在明确阐明具体方式的前提下，人民法院还要注意阐明的程度，即人民法院在阐明时应充分考虑到其阐明行为对双方当事人之间权益保护的平衡，不应因阐明使一方当事人受到额外的照顾而损及另一方当事人的利益。以诉讼时效为例，从规则层面来看，对法院在诉讼中能否主动适用或向当事人予以阐明存在明显分野：一种是主动援引。如《民诉适用意见》第153条即规定："当事人超过诉讼时效期间起诉的，人民法院应予受理。受理后查明无中止、中断、延长事由的，判决驳回其诉讼请求。"1993年最高人民法院在《关于企业或个人欠国家银行贷款逾期两年未还应当适用民法通则规定的诉讼时效问题的批复》中也强调："国家各专业银行及其他金融机构系实行独立核算的经济实体。它们与借款的企业或公民之间的借贷关系，是平等主体之间的债权债务关系。国家各专业银行及其他金融机构向人民法院请求保护其追偿贷款权利的，应当适用民法通则关于诉讼时效的规定。确已超过诉讼时效期间，并且没有诉讼时效中止、中断或者延长诉讼时效期间情况的，人民法院应当判决驳回其诉讼请求。"另一种是不主动援引。如《法国民法典》① 第2223条规定："审判员

---

①　参见李浩培、吴传颐、孙鸣岗译：《拿破仑法典（法国民法典）》，商务印书馆1979年版。以下对《法国民法典》条文的引用，如无特别说明，均以此版本为准。

不得自行援用时效的方法。"《日本民法典》① 第 145 条规定："除非当事人援用时效，法院不得根据时效进行裁判。" 近年来，我国亦开始与上述大陆法系各国的做法趋向一致。2008 年最高人民法院颁布的《关于审理民事案件适用诉讼时效制度若干问题规定》（以下简称《诉讼时效规定》）第 3 条即规定："当事人未提出诉讼时效抗辩，人民法院不应对诉讼时效问题进行释明及主动适用诉讼时效的规定进行裁判。" 该规定与上述《民诉适用意见》第 153 条人民法院主动审查并援引诉讼时效的做法形成鲜明对比。促使最高人民法院作出这一调整的直接原因，是其逐渐认识到，对诉讼时效的阐明对权利人权利保护影响重大，人民法院主动介入会使权利人和义务人之间的利益严重失衡，有损公平。② 基于私法自治的原则，法律显然不能强迫债务人接受时效利益。"仅仅因为过了一定的时间，就想逃避承担一种确定无疑的存在的义务，这种行为至少在以前的某些交易圈中被视为是不名誉的事情。因此，债务人在这里应当有可能不提出消灭时效之抗辩，而将其抗辩的内容限制在其他的证据上，如付款、抵销或者撤销。"③ 因此，在当事人不以诉讼时效为由提出抗辩的情形下，"如果人民法院主动对诉讼时效问题进行释明，则无异于提醒和帮助义务人逃债，有违诚实信用的基本原则，也有违法院居中裁判的中立地位"④。可见，即便诉讼时效届满，人民法院亦应对案件进行审理。哪怕是在缺席判决时，人民法院亦不应主动援引诉讼时效。缺席应视为缺席方承认对方当事人的主张，故缺席时即可认为其放弃行使包括诉讼时效在内的所有抗辩权。若当事人虽未到庭或在退庭前未提出诉讼时效抗辩，但其提交的书面答辩意见中提到诉讼时效抗辩的，则应认定其已提出。要注意的是，在我国诉讼实践中，各基层人民法院一般会向当事人发放诉讼风险提示书，其中

---

① 参见王书江译：《日本民法典》，中国人民公安大学出版社 1999 年版。以下对《日本民法典》条文的引用，如无特别说明，均以此版本为准。

② 参见奚晓明主编：《最高人民法院关于民事案件诉讼时效司法解释理解与适用》，人民法院出版社 2008 年版，第 80 页。

③ ［德］迪特尔·梅迪库斯：《德国民法总论》，邵建东译，法律出版社 2000 年版，第 85 页。

④ 宋晓明、刘竹梅、张雪楳：《〈最高人民法院关于审理民事案件适用诉讼时效制度若干问题的规定〉的理解与适用》，载《人民司法》2008 年第 11 期。

即包含有关于诉讼时效的提示。笔者认为，该种提示是一种法院为保护当事人合法权利、普及法律知识所进行的抽象性说明，并非针对具体案件，因而不能算作对诉讼时效的主动适用，故不属于人民法院阐明的范围。当然，人民法院不予阐明诉讼时效抗辩的前提是"当事人未提出诉讼时效抗辩"。从平衡双方当事人利益的角度来考虑，应当对该前提条件作狭义理解，即当事人根本没有提出诉讼时效抗辩的任何意思表示；倘若有相关意思表示，只是表述不够充分、清晰或准确，则应认定该当事人有提出诉讼时效抗辩的意思表示，人民法院即应就此通过发问的方式使之明确。

第四，明确当事人的异议权。从某种意义上讲，法院应在斟酌双方当事人利益平衡的基础上确定对诉讼资料提出之阐明的内容和程度。而法院的自由裁量难免会因各种原因使得一方或双方当事人感到不公，为此，应赋予当事人对法院阐明行为的异议权，使当事人可以通过适当的渠道对法院的阐明行为提出质疑，从而在最大程度上增强阐明结果的可接受性。如《德国民事诉讼法》第140条即规定："参与言词辩论的当事人，如果认为审判长关于诉讼指挥的命令或审判长以及合议庭其他成员的发问违法而提出异议时，由法院予以裁判。"《日本民事诉讼法》第150条亦规定："当事人对指挥言词辩论的审判长命令或前条第一、二款所规定的审判长或合议庭其他成员的行为提出异议时，法院应对该异议作出裁定。"我国台湾地区"民事诉讼法"第201条规定："参与辩论人，如以审判长关于指挥诉讼之裁定，或审判长及陪席法官之发问或晓谕为违法而提出异议者，法院应就其异议为裁定。"就我国而言，在当事人对阐明行为表示不服时，首先可以向实施阐明行为的人民法院提出异议，人民法院应在法定的期限内予以回应（以裁定方式为宜），若人民法院拒绝回应或回应的内容仍难使当事人平服，则当事人可以通过上诉或申请再审的方式对该阐明行为的正当性提出进一步质疑。

第五，明确阐明的法律效力。对于当事人提出诉讼资料不明确、不适当或不充分的情形，人民法院可予以适当阐明。若当事人并不依照人民法院阐明的要求按期提供相应诉讼资料，则法院阐明行为的实施即成为触发失权制裁的"导火索"。此时，可以说人民法院已经"仁至义尽"，当事人对后续怠于提出诉讼资料行为的发生显然存在过错，即具备了处治的可归责性，故人民法院在适当情形下即可对当事人怠于提出的诉讼资料予以驳回。为防止怠于提出诉讼资料的当事人不承认人民法院先期阐明行为的存在，人民法院应在进行阐明时制作相应笔录，并由当事人签字或盖章确认，以之成为后续施以相应处治的依据。

第三章 环境民事公益诉讼的证明责任分配

第一节 环境民事公益诉讼证明责任分配的一般规则

一、证明责任分配概述

（一）证明责任的内涵

现代法治国家均将对证据进行调查所获悉的结果作为案件审理的主要依据，① 即采取证据裁判主义的审理模式。在案件实际审理过程中，经由当事人的举证和质证等一系列环节，案件的系争事实可能表现为三种情形：一是法官对系争事实的存在形成内心确信；二是法官对系争事实的不存在形成内心确信；三是法官对系争事实的存在或不存在均未能形成内心确信，即系争事实真伪不明。②

---

① 证据调查的结果，即法官从证据方法中获取的证据资料无疑是法官自由心证最重要的内容和对象，是案件事实认定的主要依据。但应注意的是，除证据调查的结果之外，证据调查过程中出现的特定情形也可能成为法官自由心证时斟酌的对象，进而成为案件事实认定的依据，有些国家和地区的证据法理论中将其称为"全辩论意旨"（刑事诉讼与民事诉讼不同，因其实行证据裁判主义原则，认定事实必须全部依据证据资料，而不能依据全部辩论意旨）。比如当事人或其诉讼代理人在诉讼中的态度、当事人对主张的变更、当事人的自认及撤回、当事人提出特定攻防手段的时机、证人的状况及勘验或鉴定所遇到的情况等。这些情形虽并非证据调查的结果本身，但可能对证据调查的结果产生某种程度上的影响，进而影响法官心证的形成，故也将其列入心证的内容之列。

② 事实"真伪不明"包括五项构成要件：（1）原告方针对该事实提出了实质性的主张；（2）被告方则针对该事实提出了实质性的相反主张；（3）对争议事实真伪与否确有证明的必要；（4）双方用尽合法、可能的手段仍无法使法院获得足够心证；（5）口头辩论已经结束，而法官心证不足的情况仍无法改变。参见［德］汉斯·普维庭：《现代证明责任问题》，吴越译，法律出版社 2000 年版，第 26 页。

在前两种情形下，因为法官已对系争事实的存在与否形成了明确的认知，故即可据此对案件作出明确的认定。惟在第三种情形下，因系争事实真伪不明，故一方面，按照事实认定的标准，法官不能当然地认定其为真实；另一方面，依据司法不得拒绝裁判的原则，法官亦必须对案件作出处理。此两难情形下，如若不设置相关的裁判规则供法官适用，则司法之窘迫可想而知——证明责任分配之规则应运而生。证明责任分配的相关规则专门用于处理法庭言词辩论终结后系争事实仍然处于真伪不明的状态，使得此种情形下法官的裁判有理有据。

证明责任的历史源远流长。从源头上来看，"证明责任"一词在古巴比伦的《汉谟拉比法典》中即已出现，其后古罗马学者针对诉讼中证明责任的运用总结出诸如"原告不举证证明，被告即获胜诉""为主张之人有证明义务，为否定之人则无之""事物之性质上，否定之人无须证明""原告对于其诉，以及以其诉请求之权利，须举证证明之"及"若提出抗辩，则就其抗辩有举证之必要"等基本规则。[①] 但是，直到后续的德国普通法时代，证明责任在内涵上仍指当事人提出主张后必须向法院提供相应的证据，即特指提供证据的责任。[②] 而当案件的系争事实在审判终结时仍然真伪不明的，法院裁判的依据要么是对不提供证据一方当事人的惩罚，要么是看当事人在平时的口碑或者庭审时的表现，要么干脆回避判决，等等。

在证明责任理论发展的相当长的时间段内，学者们也多是从提供证据责任的角度来把握证明责任的内涵，对证明责任概念的解释就一直界定为证据提供责任（或称为主观证明责任、行为责任及形式上的证明责任）。对这种传统观念最先提出挑战的是德国法学家尤理乌斯·格拉查（Julius Glaser）。他在1883年率先提出了证明责任（Beweislast）概念的分层理论。格拉查认为，系争事实真伪不明是案件审理过程中客观存在的一种状态，它与当事人提供证据的活动没有必然联系，是由案件本身的各种情况综合决定的。在系争事实真伪不明的情况下，依据

---

① 参见骆永家：《民事举证责任论》，台湾商务印书馆1987年版，第69页；陈计男：《民事诉讼法论》（上），台湾三民书局股份有限公司2002年版，第437页；王甲乙、杨建华、郑健才：《民事诉讼法新论》，台湾三民书局股份有限公司2002年版，第349页。

② 参见骆永家：《民事举证责任论》，台湾商务印书馆1987年版，第70页；陈荣宗：《举证责任分配与民事程序法》（第二册），台湾三民书局股份有限公司1984年版，第6页。

司法不得拒绝裁判的原则，法官仍然要对案件进行处理，此时必须由相应规则来明确究竟应由何方当事人最终负担特定事实真伪不明的不利后果。鉴此，在承认证据提出责任（Beweisführungslast）的同时，证明责任还应包含第二层意思，即在法庭辩论终结后，因特定的主要事实没有得到证明，法院不认可发生以该事实为要件的法律效力，从而应由特定一方当事人承担的诉讼上的不利后果。① 由于第二层含义与诉讼的结果有关，所以可将其称为结果责任、客观证明责任、实质上的证明责任或确定责任（Festsellungslast）。② 继格拉查提出证明责任的双层概念之后，罗森贝克和莱昂哈德两位德国学者相继著书立说，进一步完善和发展了这一理论，使之很快成为德国证据理论界的通说，并逐渐在大陆法系其他国家和地区的证据法上得以确立。③

英美法系证据法理论上对证明责任（the burden of proof）也作两层理解。④ 一为提供证据的责任或举证负担（the burden of producing evidence 或 production burden），是指当事人向法官提供足以使案件交予陪审团评议的证据的行为责任，未履行提供证据责任的案件不得交予陪审团评议，由法官通过指示评议进行判决。易言之，不管是哪一方当事人对争执的事实负证明责任，双方在诉讼过程中均应当根据诉讼进行的状态，就其主张或者反驳的事实提供证据予以证明。如果主张的事实提出后，主张者不提供相应证据加以证明，法官则应拒绝将该事实提交陪审团审理，对方当事人也没有反驳的义务，此时法官便将该事实作为法律问题加以处理，直接认定主张者负担败诉后果；如果主张者就事实主张提供证据加

---

① 早期日本学者也从提供证据责任层面理解证明责任的内涵。如松冈义正先生即认为，证明责任是指当事人为避免败诉之结果，而有证明特定事实的必要。参见［日］松冈义正：《民事证据论》，张知本译，中国政法大学出版社 2004 年版，第 30 页。

② 参见 Rosenberg，Die Beweislast 5. Aufl. S. 18 ff；转引自陈荣宗：《举证责任分配与民事程序法》（第二册），台湾三民书局股份有限公司 1984 年版，第 6 页。

③ 参见骆永家：《民事举证责任论》，台湾商务印书馆 1987 年版，第 46 页。

④ 摩根教授认为，从事审判的法官，对于每一系争的命题，必须决定：（1）若在证据之质与量的方面，如未充分提供使足以发见该命题为真实时，哪方当事人将告败诉；（2）若于举证程序终结时，陪审团尤无法决定该命题是否真实，则哪方当事人将告败诉。易言之，法官必须决定哪方当事人应负担未提供充分证据，足使陪审团为特定发见的危险，以及哪方当事人应负担未说服陪审团的危险。参见［美］Edmund M. Morgan：《证据法之基本问题》，李学灯译，台湾世界书局 1982 年版，第 45 页。

以证明，对方当事人就产生了提供证据加以反驳的义务，若对方不提供证据，就表明他对所争执的事实没有争议，此时法官把这种没有争议的事实作为法律问题，可以对不提供证据一方当事人作出败诉的判决。二为说服责任或说服负担（the burden of persuasion 或 persuasion burden），是指当事人若能提供相应的证据来证明其主张，且能够据此说服事实认定者（陪审团或没有陪审团审判时的法官），法官即应对该责任的负担者作出有利的认定；如果需加以证明的事实处于真伪不明的状态，对该事实具有说服负担的当事人则承担由此而生的败诉后果。

两大法系的证明责任理论虽然在形式上有所差异，但在本质上是一致的。两者都承认在证明责任的双层含义中，客观证明责任或说服负担为其本质，其存在的价值在于防止法官拒绝裁判现象的发生，在具体的诉讼过程中不发生任何的转换或转移；而提供证据的责任则是形式意义上的责任，其可以在具体的诉讼过程中发生转换或转移。从规则层面来看，除《美国联邦证据规则》第301条"在所有民事诉讼中，除国会制定法或本证据规则另有规定外，一项推定赋予其针对的当事人举证反驳或满足该推定的责任，但未向该当事人转移未履行说服责任即需承担风险意义上的证明责任。该证明责任仍由在审判过程中原先承担的当事人承担"的规定以制定法的形式将上述两层含义作了概念上的区分之外，其他各国和地区均未从制度层面对该双重含义作出明确划分。大陆法系国家和地区通常是在法的解释和判例中来阐释两者的区别。

总而言之，在现代证据法理论上，从狭义上讲，证明责任仅指结果责任，即在案件的法庭辩论终结之后，当事人因系争的要件事实未得到证明，法院不认可相当于该事实的构成要件的法律效力而承担的诉讼上的不利后果；从广义上讲，除结果责任之外，证明责任还包括提供证据的责任，即当事人在具体的诉讼过程中，为避免承担败诉的风险而向法院提供证据的必要性。本书在以下的论述中均在狭义上使用"证明责任"，与之相对应的提供证据的必要性则使用"提供证据责任"。

（二）证明责任的本质

世界各国的法官在裁判案件时均是以事实为依据、以法律为准绳。在这一"三段论"推理过程中，法官对事实的认定乃是推理的小前提，对法律的适用则是推理的大前提。事实认定问题乃是具体案件审理的第一步，在此基础之上方有进一步的法律适用问题。如果作为推理小前提的案件事实真伪不明，推理就无法进行。对于职业法官而言，法律应是其自当知晓的内容，故法律问题非多数案件争议之所在；而具体案件中的事实问题则非法官所能当然知晓，故需通过一定的调查方能为法官所悉。一如前述，在实际案件的审理过程中，对系争事实的认定在法庭辩论终结之后会出现"真""假"和"真伪不明"三种情形。必须承认，因人类认知水平的局限和诉讼机制的固囿，实际案件的审理过程中系争事实真伪不明情形的出现在所难免，而此导致的最终后果便是由此产生的法律后果亦是难以确定，① 由此给不得拒绝裁判的主审法官所带来的压力与窘迫可想而知。

　　但作为争端解决的终极机制，诉讼是纷争主体穷尽了其他一切合法解纷手段之后所能选择的最后渠道，故其必须给纠纷主体"一个说法"，而不得以任何理由拒绝处理，其中自然包括事实真伪不明的情形。针对此种情形，曾经出现过强制自由心证和作出驳回起诉判决两种做法。② 前者要求法官在无合理依据的基础上根据自由心证强制性地认定所谓案件事实，此显然与自由心证的应有之义大相径庭，是对自由心证本旨的曲解，亦无助于案件妥适地解决；后者则要求法官在事实真伪不明时直接驳回当事人的起诉，此则是一种典型的视而不见的"鸵鸟思维"，与司法最终解纷的本意相悖，亦不能打消纠纷主体再诉的意念，且会空耗有限的司法资源，无疑是一种得不偿失的两面不讨好。

　　由此可见，传统的诉讼规则仅适用于系争事实存在与否已然明确的情形，而对于事实真伪不明的情况则是无能为力，这就需要探寻专门的裁判规则来对此种情形予以处理。而证明责任相关规范的出现正是因应了此种需求，其通过对事实

---

　　① 罗森贝克教授指出，鉴于认识手段的不足及认识能力的局限性，在每一个争讼中均可能发生当事人对案件事实过程的阐述不可能达到使法官获得心证的情况。因为不管将判决所依据的资料交由当事人提供，还是委托给法院调查，当事人或法院均必须对在诉讼中引用的事实情况的真实性进行认定，并对此负责，认定程序最终会受制于所谓的形式真实或所谓的实体真实的原则——常常会出现这样的情况，即作为争讼基础的事实不可能在每个细节上均能得到澄清，对于法官的裁决具有重要意义的事实，既不能被查明已经发生，也不能被查明尚未发生。参见 ［德］罗森贝克：《证明责任论》，庄敬华译，中国法制出版社 2002 年版，第 1~2 页。
　　② 参见李浩：《事实真伪不明处置办法之比较》，载《法商研究》2005 年第 3 期。

真伪不明时一些共性问题的总结和归纳，理出现象背后规律性的内容，并借助一定的技术和方法，将其凝结为抽象的可予通用的一般性规则，且随着时代的演进而不断地予以完善和补充，从而契合审判实践发展的需要。

从某种意义上来讲，规则的适用不完全是一个真伪与否的判断问题，其更是一个合适与否的价值判定问题。证明责任规则确立的合理性基础在于，其对事实真伪不明情形的处理符合事物发展的客观规律，能够在诸多可供选择的方法中找到令人信服（尤其是承担不利后果的一方主体）的路径，且处理的结果经得起各方的检验，其中彰显的是规则制定者深厚的法律素养以及规则适用者熟练的法律技巧，而非简单粗暴地以势压人、以暴制人。

（三）证明责任分配

在注重理论体系精密化和严整化的大陆法系，以规范说为核心的法律要件分类说①在证明责任分配诸学说里占据着统治地位。尽管有不少新的学说②诞生，且也有一定的生命力，但与法律要件分类说相比，毕竟缺乏系统性且操作性不强，故顶多只是在部分领域对法律要件分类说进行的补充，未能完全取而代之。法律要件分类说以其严密的逻辑性、体系性以及便于操作的优点仍然占据着大陆法系证明责任分配标准的通说地位，也是实践中法官分配证明责任的主要方法。在可以预见到的未来，对法律要件分类说予以修正仍然是证明责任分配标准发展的基本趋势。

---

① 法律要件分类说是在德国学者韦贝尔、贝特曼和赫尔维格等人对待证事实说进行彻底批判后建立起来的。其仍然源于罗马法注释法学家和德国普通法时代所承认的"原告应对诉的原因举证，被告应对抗辩的原因举证"这一基本法则。待证事实说是以事实本身的内容与性质作为分配证明责任的标准，而法律要件分类说则着眼于事实与实体法的关系，以事实与实体法要件的关系及其在实体法上引起的不同效果作为分配证明责任的标准。法律要件分类说又有多数说和少数说之分，在多数说中，被誉为通说的是德国学者罗森贝克的规范说，少数说是德国学者莱昂哈德的全备说。

② 以上各学说均为大陆法系学者所创，而当代英美法系的通说认为，证明责任分配不存在一般性的规律，只能在综合若干要素的基础上就具体案件进行具体性分配。在对具体案件分配时要考虑政策、公平、证据所持、方便、盖然性和经验规则等诸多因素。其中最重要的要素是政策、公平和盖然性。由于英美法系实际上是综合各种诉讼利益，以实证方式分配证明责任，所以这种分配理论被称为"利益衡量说"。

在我国民事诉讼领域，长期占据证明责任分配主导地位的观点是所谓的"谁主张，谁举证"原则。1982 年颁布的《民事诉讼法》（试行）第 56 条"当事人对自己提出的主张，有责任提供证据"的规定体现了这一原则，1991 年颁布的现行《民事诉讼法》第 64 条第 1 款将其完全继承。此原则貌似合理，但若对其深入进行推理，便可发现其乃非逻辑性思维的产物。因为依此原则，在对同一事实存在与否发生争议时，一方当事人应就其关于该事实存在之主张负证明责任，而对方当事人则应对其关于该事实不存在之主张负证明责任，此时就出现了当事人双方必须同时对该事实承担举证责任的情况。若双方均未能通过有效的举证达到证明标准的要求，就出现了事实存否不明的情况，此时依逻辑推理双方都应承担证明责任，因而法官无法判定到底哪一方败诉。如甲请求法院确认其与乙之间存在买卖合同关系，乙予以否认。依"谁主张，谁举证"的原则，甲要就合同成立承担证明责任；而乙则应就合同不成立承担证明责任。当合同成立之事实真伪不明时，法院既可以基于合同成立之事实真伪不明而作出对甲不利的驳回诉讼请求的判决，也可以因合同不成立之事实真伪不明而作出对被告不利的承认请求判决，这显然与诉讼制度的基本原理是相悖的。可以说，"谁主张，谁举证"的证明责任分配原则等于未就诉讼中双方当事人的证明责任分配作出实质性的规定，因为任何一种证明责任分配原则都不能让当事人就同一事实从正、反两方面对其承担证明责任，这是一项最基本的证明常识。

2001 年颁布的旧《民事证据规定》首次在我国民事诉讼领域确立了现代意义上的证明责任制度。其第 2 条规定："（第 1 款）当事人对自己提出的诉讼请求所依据的事实或者反驳对方诉讼请求所依据的事实有责任提供证据加以证明。（第 2 款）没有证据或者证据不足以证明当事人的事实主张的，由负有举证责任的当事人承担不利后果。"可见，我国在证明责任分配原则问题上基本采纳了法律要件分类说的理论。这主要是由于该学说在理论上已较为成熟，在我国已为学界所广泛认同，并且也具有广泛的实践基础。但不能否认的是，因对证明责任分配本质的认识不清，该规定存在着明显的缺陷。一方面，错误地界定了证明责任适用的前提条件。如上所述，在法律要件分类说下，证明责任得以发生的前提条件是作为当事人主张的法律构成要件的法律事实处于真伪不明的状态。而本条第 2 款却对该已达成共识的结论置若罔闻，将"没有证据或证据不足以证明当事人的事实主张"作为证明责任发生的前提条件。虽然在整个案件没有证据或证据不足以证明争议事实时，由负有证明责任的当事人承担不利后果在表述上好像顺理成章，但是经不起逻辑检验的。我国《民事诉讼法》第 119 条第（3）项规定，起诉时必须有事实和理由，此即意味着没有任何证据不可能开启诉讼程序，故不存在"没有证据证明当事人的事实主张"的案件；而"证据不足以证明当事人的事实主张"也不等于争议事实真伪不明，因为其本身无法排除证据可以证明争议事实为虚伪这一可能性。另一方面，错误地界定了证明责任的客体。证明责任源于对当事人法律主张的否定，尽管这种否定以对作为当事人主张的构成要件的法律事实的否定为中介，但这不表明这些法律事实即为证明责任的客体，二者之间没有合乎逻辑的对应关系。对一项法律事实的否定本身也没有"有利"与"不利"的区分。所以，将"负举证责任的当事人承担的不利后果"界定在"当事人的事实主张"之上，在逻辑上犯了将间接关系简约为直接关系的错误。而2015 年《民诉法解释》第 91 条"人民法院应当依照下列原则确定举证证明责任的承担，但法律另有规定的除外：（一）主张法律关系存在的当事人，应当对产生该法律关系的基本事实承担举证证明责任；（二）主张法律关系变更、消灭或者权利受到妨害的当事人，应当对该法律关系变更、消灭或者权利受到妨害的基本事实承担举证证明责任"则更为明确地将法律要件分类说确立为我国民事诉讼领域证明责任分配的基本原则，适用于除特殊类型案件之外的所有民事案件的处理。

民事诉讼中证明责任分配原则的例外，在我国常被冠以"证明责任倒置"（或"举证责任倒置"）之名。① 证明责任倒置首先由德国学者于 20 世纪 50 年代提出，并随之由德国在判例解释中予以确立，使之具有法律效力。其后，这种做法在大陆法系国家普遍得以确认，成为修正法律要件分类说的重要方法。一般

---

① 参见孔德然：《简评民事诉讼中的"举证责任倒置"原则》，载《政治与法律》1992年第 1 期；秦拓：《也谈举证责任倒置》，载《政治与法律》1992 年第 6 期；邓代红、王映辉：《民事诉讼举证责任倒置的若干问题》，载《法学评论》1993 年第 6 期；张卫平：《证明责任倒置辨析》，载《人民司法》2001 年第 8 期；单国军：《民事举证责任倒置研究——兼谈民事举证责任的"正置"》，载《法律适用》2002 年第 2 期；李浩：《举证责任倒置：学理分析与问题研究》，载《法商研究》2003 年第 4 期；叶名怡：《过错及因果关系推定与证明责任倒置——从事实到价值的思考》，载《北方法学》2007 年第 4 期；宋朝武：《证明责任倒置新论》，载《证据科学》2007 年第 1 期。

认为，只有在成文法至上的大陆法系国家和地区才存在"证明责任倒置"的概念；而对证明责任分配实行个案决定的英美法系国家和地区则无证明责任分配规则的一般与例外之分。即大陆法系采取的是一般加例外的证明责任分配方式；英美法系则采用价值衡量的分配方式。这种认识显然失之偏颇。因为，作为大陆法系国家证明责任倒置前提和基础的法律要件分类说是建立在对民事实体法律规范进行分析基础之上的，而实体法乃是从无数个案中得出的共同点的集合，是无数次具体价值衡量上升到法律层面的结晶。可见，实体法本身就蕴含有一定的价值，故以此为基础所进行的证明责任分配无疑也理所当然地体现有价值衡量的理念。

近代民法所要求体现的核心价值理念便是追求法的安定性，即对于同一法律事实类型适用同一法律规则，得出同样的判决结果；同时由于此时民事主体的平等性和互换性，[1] 这就对民法提出了定型化的要求，使得作为民法理念的社会正义体现为着重强调形式正义，人格抽象、契约绝对自由和过失责任等均为其表现。分析法律要件分类说的实质，可发现其显然是近代民法的产物：其一，以成文法为基础，用法律条文的形式对证明责任分配的标准分类加以确定；其二，认为一切案件均可按成文法确定的标准进行证明责任分配，无须法官发挥主观能动性；其三，注重形式正义，从形式上进行分配，充分考虑体系上的完整性和逻辑上的严密性。随着资本主义进入垄断阶段，近代民法也发展成为现代民法。随着科技的突飞猛进，在物质文明高度发展的同时，也导致了两极分化严重、交通事故频发、环境污染层出、缺陷产品致损及商业秘密盗用等各种社会问题的出现。此时民事主体的平等性和互换性在很大程度上已丧失。这些都导致民法的价值观念由追求法的安定性转向侧重于追求法的社会妥当性，这既是维持社会稳定的需要，也是民法自身保持其生命力的需要。民法的理念也由强调形式正义转为着重实质正义，[2] 在民法模式上就表现为人格的具体化、对契约绝对自由的限制和严格责任等。这种民法理念的变化使得证明责任的分配也随之作出相应的调整，即对法律要件分类说予以修正。在某些特定类型的案件，如污染侵权诉讼、产品缺

---

① 参见梁慧星：《从现代民法到近代民法》，载梁慧星主编：《民商法论丛》（第 7 卷），法律出版社 1997 年版，第 234 页。

② 参见梁慧星：《从现代民法到近代民法》，载梁慧星主编：《民商法论丛》（第 7 卷），法律出版社 1997 年版，第 242 页。

陷损害诉讼、医疗事故诉讼及专利侵权诉讼等中，民事主体双方的平等性和互换性基本上完全丧失，侵权和被侵权的主体在社会结构层次上固定下来，原、被告的角色几乎没有互换的可能，而且这种互换性的丧失在诉讼中则常常表现为当事人实质地位和掌握武器的不对等。[1] 诸多在近代民法时期不可想象的原因使原告的举证能力大大弱于被告，如果仍按严格意义上的法律要件分类说进行证明责任分配，则原告就会常常陷入举证困难或举证不能的境地，从而导致败诉的不利后果，这是与现代意义上民法的基本价值理念相悖的。价值衡量的结果要求法律在进行规定时应向受害者倾斜，从而使他们有更大的把握获得赔偿。

在以法律要件分类说为基础、对证明责任进行分配的做法不作根本性改变的前提之下，寻求减轻当事人证明责任负担的途径有两条：一是从立法上免除某些侵权案件过错法律要件的证明责任，实行无过错责任；二是把部分侵权案件的过错及因果关系的证明负担倒置于对方，即将法律要件的一部分从权利发生规范的要件事实中排除，而从反面归入权利妨害规范、权利受制规范和权利消灭规范的要件事实中去，产生所谓证明责任的倒置。由此可见，所谓证明责任倒置并非指本来由一方当事人承担的举证责任转换给另一方承担，而是指应由"此方当事人承担的证明责任被免除，由彼方当事人对本来的证明对象从相反的方向承担证明责任"[2]。所以，证明责任倒置仅是对以法律要件分类说进行举证明责任分配此一般情况下"正置"的补充，也是由法律预先设置好的，并不随具体诉讼的进行而发生改动，因而从实质意义上的证明责任分配角度来讲，并未发生所谓的倒置。

二、我国环境侵权领域证明责任分配规则运行的评述

以特定的环境污染事件是否对环境公益造成侵害为标准，可将相应的诉讼机制分为普通环境侵权民事诉讼和环境民事公益诉讼，前者仅关注对因侵权行为所导致的特定主体的人身或财产损害的救济；后者则侧重于对环境公益的保护。某一环境污染事件亦可同时侵害两种利益，此时两种诉讼机制可协同救济公民私益

---

①　参见王亚新：《对抗与判定——日本民事诉讼的基本结构》，清华大学出版社 2002 年版，第 229~230 页。

②　陈刚：《证明责任法研究》，中国人民大学出版社 2000 年版，第 247 页。

与环境公益，而非彼此对立不可共存。2012 年环境民事公益诉讼机制确立以前，仅可通过普通的环境侵权民事诉讼对受损的环境施以救济。彼时环境侵权纠纷的证明责任分配规则便是依此布设。然究证明责任之本质，应为实体法规范。证明责任分配问题，一方面应将立法旨趣及实体政策等实体法因素纳入考量；另一方面亦应考虑程序构造的差异、与证据的距离以及盖然性的高低等程序法因素，故而不同的诉讼程序适用相同实体法时可以有相同的证明责任分配考量因素。而环境民事公益诉讼与普通环境侵权民事诉讼所适用的实体法域具有同一性，探析现有环境侵权纠纷证明责任分配规则及其在司法实践中的运行对于环境民事公益诉讼而言颇具实意。

（一）规则之梳理

我国最早关于证明责任的规定乃是《民事诉讼法》第 68 条第 1 款 "当事人对自己提出的主张，有责任提供证据" 之文本，即所谓 "谁主张，谁举证"。然而该条文仅表达了行为意义上的证明责任，未涉及证明责任的本质（即结果意义上的证明责任），故受到学界的诸多指摘。2001 年颁布的旧《最高人民法院关于民事诉讼证据的若干规定》（以下简称旧《民事证据规定》）第 2 条将 "谁主张，谁举证" 进行了展示化的阐述，但仍未脱离行为意义上的证明责任的局限。2015 年最高人民法院颁布的《民诉法解释》第 91 条方才确立了以 "规范说" 为基础构造的结果意义上的证明责任分配规则。同时，该解释新增了兜底条款 "法律另有规定的除外"，为克服 "规范说" 过于注重实体规范的外在范式而对诉讼主体的实际诉讼地位和力量关注不够的先天局限、对特殊领域的特别处理铺平了道路。

关于环境污染纠纷，旧《民事证据规定》第 4 条第（3）项设置了依 "规范说" 布设的证明责任分配规则的例外情形，即由环境污染的加害人就其行为与污染结果之间不存在因果关系及免责事由负证明责任，即所谓证明责任 "倒置"。《侵权责任法》第 66 条就前述条文增加了加害人应对减轻责任的事由负证明责任之规定。《民法典》第 1230 条亦规定："因污染环境、破坏生态发生纠纷，行为人应当就法律规定的不承担责任或者减轻责任的情形及其行为与损害之间不存在因果关系承担举证责任。"类似的证明责任分配规则还可见于《固体废物污染环境防治法》第 86 条和《水污染防治法》第 87 条。依此类规则之阐释，侵害行为与损害结果的证明责任由受害人承担，而加害人须承担因果关系不存在的证明责任。规则上做此选择，乃是在当前企业规模化发展以及企业与传统民事主体之间平等性与互换性丧失的背景下考量而定，由工业生产带来损害的因果关系往往因损害的专业性、技术性以及双方主体间信息能力与经济实力的不对等导致受害人举证不能进而承担败诉风险。为了实现双方攻防手段的平衡以致诉讼双方胜诉可能大致对等，规则要求在此类特殊领域中的纠纷对因果关系实行特别的证明责任分配方式。

（二）实践之检视

如若严格遵循上述证明责任规范的文本表述，在环境侵权纠纷中，原告应就被告的排污行为与损害结果两要件承担证明责任，因果关系要件的证明责任则转换至被告，由其证明因果关系不存在，原告不再承担证明该要件存在的责任，以此来平衡双方的诉讼力量。但从司法实践层面来看，这种因果关系证明责任的转换在环境侵权纠纷的实际审理中并未完全得到落实。通过对"中国裁判文书网"上的相关案件进行检索可以发现，在审判实践中，法院对环境侵权纠纷中因果关系证明责任问题的处理并未"整齐划一"。具体而言大致有如下三类做法：其一，严格依照现行规则要求被告完全承担因果关系不存在的证明责任[1]；其二，要求原告承担因果关系存在的证明责任[2]；其三，仍由原告承担一定的行为意义上的证明责任，这种"行为意义上的证明责任"在裁判文书中或是表述为原告须证明

---

[1]　参见最高人民法院（2015）民申字第 1365 号民事裁定书、湖南省高级人民法院（2017）湘民再 32 号民事判决书以及吉林省高级人民法院（2014）吉民一终字第 8 号民事判决书。

[2]　该类裁判中，一审均将环境侵权因果关系施加于原告负担，而在二审或再审中纠正这一偏向，但又并未完全地将因果关系证明责任施加于被告承担，而是采用一种居于这两种极端之间的做法，由原告承担一定的因果关系的证明责任，再由被告负担，如浙江平湖师范农场特种养殖场与嘉兴市步云染化厂等五单位水污染损害赔偿案的一审判决。该案经历了四次审理，初审及第一次再审乃是按照原告对养殖场蝌蚪死亡与五家企业污染环境行为间存在必然因果关系负证明责任来裁判；第二次再审中适用因果关系推定，要求原告对养殖的蝌蚪死于何特定物质举证；在第三次再审中由被告承担因果关系不存在的证明责任。参见浙江省平湖市人民法院（1996）平民初字第 23 号民事判决书、浙江省嘉兴市中级人民法院（1998）嘉民再终字第 2 号民事判决书、浙江省高级人民法院（2000）法告申民再抗字第 17 号民事判决书以及最高人民法院（2006）民二提字第 5 号民事判决书。

行为与损害结果具有关联性,① 或是表述为原告须证明有初步的因果关系存在可能,② 或是虽未指明由原告负担证明责任, 但事实上乃是由原告证明因果关系存在, 在原告履行其举证义务后, 再由被告就因果关系不存在承担高度盖然性的行为意义上的证明责任, 在因果关系存在与否真伪不明时, 由被告承担结果意义上的证明责任。

而环境民事公益诉讼机制 2012 年方才确立, 相关规则尚不健全, 司法实践中的相关案例亦不多见。通过对 "中国裁判文书网" 上有限的若干起环境民事公益诉讼案件的裁判文书进行检索可以发现, 其中多数案件是被告在进入环境民事公益诉讼系属之前已就其环境污染行为承担了相应的刑事责任, 或是被告自认排污行为与损害后果之间存在因果关系, 故针对这些环境侵权纠纷提起的环境民事公益诉讼的争议焦点主要在于赔偿数额的大小。仅有寥寥数起就因果关系证明责任分配问题的处理进行了说明, 如 2015 年常州市人民检察院诉许某某案、③2015 年北京市朝阳区自然之友环境研究所诉泰州市某化工有限公司案。④ 此几起案例虽然在判决书中写明由被告承担因果关系不存在的证明责任, 但从记载的审理过程来看, 仍是由原告就因果关系的初步存在先行举证。

(三) 抵牾之反思

规则与实践的这种冲突, 暴露出环境侵权纠纷证明责任分配规则具体布设的缺失。传统依 "规范说" 布设的一般性证明责任分配规则其本质乃是在因果关系真伪不明时将其拟制为伪, 即由对该要件之存在负证明责任的原告承受败诉风险。而在适用证明责任转换后, 在原告就其他要件事实举证并使法官形成内心确信后, 将因果关系要件真伪不明的情形拟制为真, 从而由被告承担败诉的风险。可以说, 环境侵权纠纷中利益冲突公正处置的核心, 即在于因果关系证明责任的分配。

---

①　参见辽宁省高级人民法院 (2016) 辽民申 4516 号民事裁定书、江苏省常州市中级人民法院 (2015) 常环公民初字第 1 号民事判决书。

②　参见甘肃省高级人民法院 (2016) 甘民终 1 号民事判决书。

③　参见江苏省常州市中级人民法院 (2015) 常环公民初字第 1 号民事判决书。

④　参见江苏省泰州市中级人民法院 (2015) 泰中环公民初字第 00003 号民事判决书。

从实践看，我国依"危险领域说"设置的证明责任转换规则将因果关系的证明责任完全施加于被告承担，似乎对被告失之过苛。将因果关系证明责任完全地由原告承担转变至完全地由被告承担似乎是从一个极端走向另一个极端：一方面，依据待证事实处于哪方当事人控制下这一程序法因素分配结果意义上的证明责任在形式上似有一定合理性，但在实践中，待证事实往往并不一定处于被诉主体控制下的"危险领域"，且该分配规则对发现案件真实、规制真伪不明情形的出现未有积极效用，依其构建因果关系的证明责任分配规则有失妥当，不利于实质公正的实现；另一方面，这种极端必然酿成规则与实践相抵牾的恶果——若被诉主体因前述原因无法使法官就排污行为与损害结果间不存在因果关系形成心证，证明责任规范即拟制因果关系存在，但这种拟制存在无法经受实践检验的客观风险①——在原告仅需就排污行为及环境污染后果举证的前提下，如若环境污染由其他因素造成，仍须判令被告承担败诉后果，这对被告而言是极不公正的。

我国实质上已经意识到这一问题并试图加以修正。2015 年最高人民法院发布的《关于审理环境侵权责任纠纷案件适用法律若干问题的解释》（以下简称《环境侵权纠纷解释》）第 6 条第（3）项规定受侵害人在起诉时应就污染者所排放污染物与损害结果之间具有关联性提供证据材料，② 且司法实践中已将该解释作为适用依据。但是，一则该司法解释与之前《侵权责任法》第 66 条以及现行《民法典》第 1230 条的规定相悖，依据法的效力位阶，在审判中依《环境侵权纠纷解释》作出裁判与法不符；二则这种关联性与前述判决中"初步的因果关系"有何区分且应为何种证明度仍不尽明确。环境民事公益诉讼对公益保护的侧重使得原告证明负担的降低成为必要，结果意义上的证明责任分配的困难，使人们认识到有必要采取合理的技术或替代方法，在两种极端之间寻求某种折中的手段，从而减轻原告的证明难度，使之能够及时有效地获得救济。

---

① 参见薄晓波：《论环境侵权诉讼因果关系证明中的"初步证据"》，载《吉首大学学报（社会科学版）》2015 年第 5 期。

② 在更早的 2014 年 6 月，最高人民法院发布的《关于全面加强环境资源审判工作为推进生态文明建设提供有力司法保障的意见》第 8 条规定环境污染纠纷中原告应提交污染行为和损害之间可能存在因果关系的初步证据，但该文件的性质应为指导性司法意见，并不具备作为法律规范适用的合法性与可能性。

三、环境民事公益诉讼证明责任分配的基点：证明责任减轻

将证明责任的含义作行为意义上和结果意义上的两分阐释乃大陆法系之通说。① 自罗森贝克教授提出的"规范说"成为大陆法系民事诉讼领域证明责任分配的主流学说以来，学界长期热衷于对结果意义上的证明责任及其分配进行研究，相对忽视了行为意义上的证明责任机制对结果意义上的证明责任的补充与配合。晚近以来，大陆法系主要国家及地区逐渐意识到了结果意义上的证明责任的局限，研究角度逐步转向以行为意义上的证明责任为工具的证明责任减轻，"并用于指导司法实践以促使诉讼中事实认定中的信息最大化"②。

（一）证明责任减轻的实质

我国的证明责任理论遵循大陆法系传统，但当前学界的研究仍停留于证明责任理论引入时所关注的结果意义上的证明责任研究，而未跟上域外由结果意义上的证明责任的分配往证明责任减轻机制为主的行为意义上的证明活动研究的转向。因此，我国在面对与经济与社会发展相伴而生的诸如环境污染、消费者权益保护等现代型诉讼模式时，传统规则与鲜活实践相冲突的情形便频频显露。证明责任规则的确实致使案件的实际审理中真相的查明举步维艰，法官裁判依据的模糊亦难免使人对个案的处理结果产生质疑。

证明责任减轻，乃是通过科学的立法技术或替代方法，使当事人对某要件事实的证明度降低或证明难度减轻，其目的在于避免适用证明责任规范裁判，促进案件真实的发现，以实现当事人之间纠纷的妥善解决，从而实现实质正义。证明责任减轻的方法，既包括改变证明责任分配框架内的举措，亦不乏自由心证范围内的办法。③ 前者是指实体法规范的结果意义上的证明责任的转换，后者即为本

---

① 参见［德］汉斯·普维庭：《现代证明责任问题》，吴越译，法律出版社2006年版，第10～20页。

② 胡学军：《从"结果意义上的证明责任"到"行为意义上的证明责任"——德、日民事证据法研究的实践转向及其对我国的启示》，载《法学家》2012年第2期。

③ 参见龙云辉：《现代型诉讼中的证明负担减轻——日本理论研究成果及对我国的启示》，载《法律科学》2008年第3期。

书所探讨的行为意义上的证明责任之减轻，包含事实推定、法院依职权调取证据制度以及证明妨碍等方法。从一定意义上来说，证明责任减轻的本质乃是自由心证主义下证明标准的降低。"从证明责任在当事人之间的非此即彼的二值分配到证明责任减轻的多种技术探讨，体现的是诉讼证明理性认知框架的建构到实践技术的精细开拓的深化过程。"[1] 从结果意义上的证明责任走向行为意义上的证明责任，并不意味着对结果意义上的证明责任的摒弃，恰恰相反，行为意义上的证明责任技术的设计仍须在结果意义上的证明责任框架下方可发挥效用，行为意义上的证明责任无法脱离结果意义上的证明责任在实践中单独运行。

在对证明责任减轻进行设计时，结果意义上的证明责任分配规则框架仍旧以"规范说"为核心布设，而不作结果意义上的证明责任的转换，而行为意义上的证明责任在诉讼伊始统一于原告，在原告履行其具体举证义务并使法官确信待证事实达到证明责任减轻的证明度后，行为意义上的证明责任方转换至被告负担，由被告就该待证事实的不存在予以举证。如若被告举证使得待证事实再次处于真伪不明之情形时，则行为意义上的证明责任重新由原告来负担，如此循环直至举证穷尽。行为意义上的证明责任的功能乃是在诉讼中对结果意义上的证明责任构建的框架下当事人的具体证明行为活动进行规范，从而推动证明活动进行直至揭示案件真实，以弥补结果意义上的证明责任运行的瑕疵。

（二）环境民事公益诉讼中证明责任减轻的内核——因果关系推定

环境民事公益诉讼目的之达成，须得对排污行为、损害结果以及两者之间的因果关系[2]加以证明并使法官形成内心确信。

普通的民事侵权责任需将行为具有违法性作为前提，若当事人行为不具有违法性，则不为该行为所产生的损害承担侵权责任。对于环境侵权纠纷中排污行为

---

[1] 胡学军：《从"证明责任分配"到"证明责任减轻"——论证明责任理论的现代发展趋势》，载《南昌大学学报（人文社会科学版）》2013年第2期。

[2] 环境民事公益诉讼二分为侵害型环境民事公益诉讼与危害型环境民事公益诉讼，因果关系这一表述作为行为与损害结果间的关系应为侵害型环境民事公益诉讼的要件，而危害型环境民事公益诉讼中并未有损害结果发生，与因果关系相称的要件为危害性，本章第二节将会专门阐述。本节为行文便宜，此处因果关系即包括了危害性含义。

是否应具有违法性，我国经历了由违法才担责到无论行为违法与否都担责的演进。1987 年施行的《民法通则》规定环境侵害人因污染环境损害他人权益而承担责任需以侵害行为违反国家保护环境、防止污染的规定为前提。此规定实质上忽视了环境侵权纠纷的特殊性而将其作为普通民事侵权纠纷进行处理。随着愈来愈多的侵害者在法定标准内排污却依然造成环境损害情形的出现并进入司法视野，违法性要件的设置对环境类诉讼的原告寻求救济造成了妨碍。鉴此，2010 年施行的《侵权责任法》第 65 条删除了之前在《民法通则》中关于违法性要件的规定，只要当事人的行为污染环境且造成损害后果，即应承担相应责任。2020 年颁布的《民法典》第 1229 条 "因污染环境、破坏生态造成他人损害的，侵权人应当承担侵权责任" 之规定沿袭了《侵权责任法》第 65 条的做法。同时，在环境民事公益诉讼中，如若在已经证明相对人有损害环境公益行为的情形下还须就相对人具有主观过错承担证明责任，这就加重了原告的诉讼负担，不利于环境公益的保护。因为多数情形下，相对人危害环境公益的行为并未有过错，如烟台某海洋生物科技有限公司诉烟台某氯碱有限责任公司一案[①]中，原告所遭受的损害是源自被告液氯管道爆裂所产生的氯气所致，被告企业并不存在过错，此时若适用过错责任原则，可能将环境公益陷于不利的境地。故而环境民事公益诉讼不应以过错为要件。

排污行为及损害结果两要件因一般有客观事实相印证而相对较易证明。但这并不意味着此两项要件完全不适用证明责任减轻规则。如在前述常州市人民检察院诉许某某一案[②]中，关于被告是否造成污水池下方土壤的损害结果以及对周边环境是否有排污行为的问题即采用了事实推定的方法。首先，对于污水池下方的土壤，因实际情况不符合取样条件，故而未有直接证据证明土壤受到污染，而是根据检测到的地下水已受污染与地下水与周边土壤直接接触的事实，加之水具有毛细作用与吸附作用的经验法则，推定污水池下方土壤受到污染。其次，关于被告是否有造成周边环境污染的行为，法院通过被告四年中经营活动理论上所产生的污染物数量远大于经营场所内污水池中污染物的数量，以及被告未有防范处理

---

① 参见山东省高级人民法院（2016）鲁民终 2281 号民事判决书。
② 参见江苏省常州市中级人民法院（2015）常环公民初字第 1 号民事判决书。

措施的设施、资质与能力，推定被告有向周边环境排放污染物的行为。

而因果关系要件囿于科学技术发展的水平与生态环境损害的复杂性与隐蔽性，证明存在较大的难度。可以说，环境民事公益诉讼两造的胜负取决于因果关系证明责任的负担。因果关系交由原告举证乃是其不可承受之重且不符公益定位，而完全由被告负担又极易引发原告滥诉乃至裁判结果与案件真相相距甚远的风险。在环境侵权纠纷中适用不同于以往规则的立法技术的决定因素，并非所谓与证据距离远近、举证能力等形式上的考量，而是为发现案件真实救助受损环境公益或减少损害环境公益情形发生。环境民事公益诉讼的公益定位决定了证明责任减轻设计的核心要素乃是因果关系推定。

"举证责任分配问题于通常所遭受到之最大困难为，无直接证据可供证明待证事实而必须依赖间接事实之情形。"① 在环境民事公益诉讼实践中，因果关系的证明难度使得该要件的证明通常需要依靠基础事实加以推定，基础事实即证明排污行为与损害结果之间存在初步的因果关系。环境民事公益诉讼的因果关系推定究其本质乃是事实的认定问题，即法官运用经验法则对基础事实的自由心证，是一种事实推定。"从某事实推认出其他事实的行为就是推定，按照适用法规之法规化方式进行的推认被称为法律上的推定，而在法官自由心证范围内实施的推认则是事实上的推定。"② 在适用事实上的因果关系推定时，结果意义上的证明责任及首先提出证据的行为意义上的证明责任由主张权利的原告负担，随后根据法官的心证，行为意义上的证明责任在当事人之间发生转移；而在适用法律上的推定时，当基础事实得到证明后，结果意义上的证明责任直接由相应规范界定由被告从相反的方向进行举证，即结果意义上的证明责任转移至被告。即法律推定实质上仍为结果意义上的证明责任分配规范，事实推定乃是证明责任减轻的方法。环境污染表现形式的多样性与内在因素的复杂性决定了规则无法囊括并逐一列举各项推定因果关系成立的基础事实，也正是这种多样性与复杂性需要法官视个案的情形斟酌当事人对基础事实应达到何种证明标准方可推定因果关系成立，

---

① 陈荣宗、林庆苗：《民事诉讼法》，台湾三民书局股份有限公司 2011 年版，第 496 页。

② ［日］高桥宏志：《民事诉讼法——制度与理论的深层分析》，林剑锋译，法律出版社 2003 年版，第 457 页。

排除法律推定而采用事实推定便为法官的自由心证提供了可能。

因果关系的推定包含证明标准减轻的机能与要求提出反证的机能。① 原告通过对较易证明的基础事实的证明，代替相对较难证明的推定事实，即因果关系的证明，由此被告产生了证明的现实必要性，如若不进行举证或举证未达到高度盖然性，则须承担败诉的不利益。在环境民事公益诉讼中，这种基础事实形式多样，不一而足，最具操作性的乃是原告须对被告排放的污染物有到达受损环境区域的路径加以证明，即可推定因果关系的存在。

在证明责任减轻机制下，环境民事公益诉讼原告通过对较易证明的基础事实的举证，将行为意义上的证明责任转换至被告负担，而被告则须就因果关系不存在使法官形成内心确信。因客观存在的环境污染事件中就基础事实的证明负担难度不大，其本质上与结果意义上的证明责任的转换达成了效果的统一。但通过原告承担初步的因果关系这一证明责任减轻设计，大大降低了环境损害多样性与复杂性背景下规则与实际相矛盾的风险。从一定意义上来说，我国环境污染纠纷司法实践推动了由结果意义上的证明责任走向行为意义上的证明责任的理论演进，而《环境侵权纠纷解释》第 6 条之规定即体现了这一转向。

在适用因果关系推定时，因果关系要件的证明责任分配并未适用所谓的"倒置"规则，只是原告可以通过推定的适用降低其证明难度，② 即虽然被告未承担证明因果关系不存在的结果意义上的证明责任，但因原告能通过推定更易证明因果关系要件的存在，其提出反证以证明因果关系不存在或真伪不明的负担在一定程度上加重了。而这种负担上的加重亦会促使被告在日常生产经营中履行注意义务，防止环境遭受损害，这与现行《环境保护法》所规定的"环境保护坚持保护优先、预防为主"的本旨相契合。

四、环境民事公益诉讼证明责任分配规则的展开

确定环境民事公益诉讼仍旧适用"规范说"框架下的结果意义上的证明责任

---

① 参见吴杰：《民事诉讼证明标准理论研究》，法律出版社 2007 年版，第 178 页。

② 参见王社坤：《环境侵权因果关系举证责任分配研究——兼论〈侵权责任法〉第 66 条的理解与适用》，载《河北法学》2011 年第 2 期。

分配规则并以因果关系推定来对行为意义上的证明责任进行适度减轻之后，即应对构成要件及证明责任减轻在不同原告提起的以及不同类型的环境民事公益诉讼中应当如何设计予以关注。

（一）不同原告起诉是否适用不同的证明责任分配规则

《民事诉讼法》第58条将行使环境公益诉权的主体限定为检察机关及法律规定的有关组织，而将公民个人排除出环境民事公益诉讼原告范畴，主要是考虑到公民个人的诉讼能力与经济实力有限，与检察机关及社会组织相差悬殊，实难进行耗费巨大的公益诉讼；同时，公民个人的举证能力和专业知识积累亦与上述主体有较大差距，在社会司法资源有限的情况下，如若允许公民个人提起公益诉讼，可能会造成司法资源的浪费。作为环境民事公益诉讼原告的检察机关及社会组织，其诉讼能力与举证能力较之环境侵权民事诉讼原告的公民个人不可同日而语，但绝不可因此单纯地不对环境民事公益诉讼中被告施加任何证明责任的负担。生态环境的公共属性对作为社会个体的公民个人与企业提出了更高要求，其应在日常生活与生产经营中履行更高的注意义务，而对环境民事公益诉讼的原告作证明责任减轻的设计会促使社会个体尽到该义务。

对于检察机关与社会组织是否应当适用不同的证明责任减轻程度抑或结果意义上的证明责任分配规则这一问题亦须探讨。从外观上来看，检察机关在证据调查与搜集、承担诉讼费用等方面较于社会组织有天然优势，似乎检察机关作为原告时对待证事实的证明标准要高于社会组织有一定合理性。但是这种证明责任的区别对待无疑会在一定程度上对被告造成不公，这是因为一方证明责任负担的降低则必然造成对方负担的加重，如若因原告的不同其所要负担的证明责任亦不同，则被告行为意义上的证明责任的负担亦处于不确定的状态。这对被告通过规则预测自身证明责任的负担从而收集证据造成了不确定，同时对行为意义上的证明责任何时转移至其负担的信赖利益产生了妨害。从这一点考虑，检察机关与社会组织应当承担相同的证明责任，法官在证明责任减轻程度的认定上亦应一视同仁。

（二）不同类型环境民事公益诉讼证明责任减轻的具体程度

《环境民事公益诉讼解释》第 1 条规定："……对已经损害社会公共利益或者具有损害社会公共利益重大风险的污染环境、破坏生态的行为提起诉讼，符合民事诉讼法第 119 条第（2）项、第（3）项、第（4）项规定的，人民法院应予受理。"即环境民事公益诉讼的功能包括救济已受损的环境公益与防范生态环境受害风险的发生，故而可据此将其分为侵害型环境民事公益诉讼与危害型环境民事公益诉讼。

决定损害环境事件是否诉诸法院的重要因素乃是实际损害的外化，故而实践中未产生实际损害后果的危害型环境民事公益诉讼较为罕见。危害型环境民事公益诉讼的构成要件包括行为与危害性。与侵害型环境民事公益诉讼相同，行为要件较易证明，当然地应由原告负担证明责任；而对于危害性要件的证明责任须得加以审慎考量。

在审判实践中，损害生态环境的主体多是企业，而企业乃是支撑地方经济发展的支柱，如若对危害型环境民事公益诉讼中的证明责任采用与侵害型环境民事公益诉讼相同标准，则因损害结果要件的无须证明使得原告的证明负担大大减轻，这种减轻有引发滥诉发生的风险。如若不对原告对危害性的证明度采用较高标准，无疑会对企业的正常生产经营带来消极影响，进而影响地方经济的发展。有鉴于此，在危害型环境民事公益诉讼中，原告对于被告行为的危害性证明度应当高于侵害型环境民事公益诉讼中的因果关系推定标准，以达到高度盖然性为宜。

第二节　危害型环境民事公益诉讼的证明责任分配

一、证明责任分配学说与危害型环境公益诉讼的关系梳理

危害型环境公益诉讼，乃指对环境公益未有实际损害产生而仅有侵害之虞的行为所提起的诉讼。依不同证明责任分配学说构建的证明责任分配规则体现着不同的立法价值取向，对"规范说"与"危险领域说"及其价值取向的探讨对于

寻求危害型环境公益诉讼证明责任的分配规则有着积极意义。

（一）规范说与危害型环境公益诉讼的抵牾

如前所述，在审判过程中，辩论程序终结后争议事实可能存在三种状态：一为证成，二为证伪，三为真伪不明。在前两者情形下，法官即可径行依相关法律规范裁判，而在真伪不明的情形下，由于法官不得拒绝裁判之规制须得设计一定规则对此情形下法官如何裁判加以规范，此即证明责任规范。简言之，证明责任乃指事实真伪不明情形下的法律适用问题。① 以当事人视角观之，证明责任即"当某个事实存在与否不明确时，某一方当事人将承担以该事实为要件的、于己有利之法律效果不获认可的危险或不利益"②。在奉行成文法的大陆法系国家，在证明责任分配规则中占据统治地位的乃是罗森贝克的"规范说"。该说将实体法律规范分为三类，即权利发生规范、权利妨碍规范和权利消灭规范。当事人须得以其请求所依据规范的法律要件予以主张及举证，否则便无法获得诉讼上的效果。自规范说诞生以来，因其内容具有高度的内在逻辑性、较强的说理性且符合法的安定性与形式正义的要求，受到了学界的一致认可并被奉为证明责任分配领域的通说。

然而随着生产力的发展、社会关系的复杂化，规范说的缺陷逐渐暴露出来，其过于注重实体规范的外在形式，而对当事人的实际的诉讼地位和诉讼力量则关注不够，实质正义在以规范说为基础布设的证明责任分配规则中无法实现，这种缺陷在环境公益诉讼领域表现得尤为突出。在环境公益诉讼机制中，一方面由于原告非为与公共利益具有直接利害关系的当事人，其介入被诉纠纷时损害结果或危害风险往往已发生多时，收集证据的可能性无疑会大打折扣；另一方面，损害或危害环境公益的主体往往是经济实力雄厚的企业，原告在诉讼能力上实难与其抗衡。在这样的情况下，教条式地依据规范说而将证明责任全部分配给原告势必导致原告举证不能而承担败诉风险，进而使环境公益的救济陷入困境。有鉴于

---

① 参见孙义刚、段文波：《民事诉讼中证明责任论争及启示》，载《政治与法律》2007年第6期。

② ［日］新堂幸司：《新民事诉讼法》，法律出版社2008年版，第392页。

此，学者们提出许多新学说以求对规范说的缺陷加以修正，这些学说从当事人举证难易程度、公平与公正等多个角度出发来对证明责任进行分配，克服了教条化的规范说所固有的缺陷，其中"危险领域说"与环境类诉讼的高度契合决定了其指导着环境类诉讼证明责任分配规则的构建。

（二）危险领域说与危害型环境公益诉讼的契合

危险领域说为德国学者普霍斯所主张，该说认为，证明责任应当依据待证事实所处的危险领域由哪一方当事人实际控制为标准进行分配，即当事人应当对其控制的危险领域中的待证事实负证明责任。① 作为对规范说进行修正的学说，危险领域说的适用指向某些特定领域内的纠纷，特别是侵权损害赔偿领域。在当前企业规模化发展以及企业与传统民事主体之间平等性与互换性丧失的背景下，由工业生产招致环境损害的因果关系往往因损害的专业性、技术性以及双方主体间信息能力与经济实力的不对等导致受害人举证不能进而承担败诉风险。为了实现武器平等以致诉讼双方胜诉的可能大致对等，法律规定在这类特殊领域中的纠纷对因果关系实行特别的证明责任分配规则。

参考危险领域说而设置的证明责任分配规则体现于我国《民法典》第 1230 条中，该条规定："因污染环境、破坏生态发生纠纷，行为人应当就法律规定的不承担责任或者减轻责任的情形及其行为与损害之间不存在因果关系承担举证责任。"在确立环境公益诉讼机制后，学界认为该规则亦可被援引作为侵害型环境公益诉讼中因果关系的证明责任分配规则。这种因果关系证明责任的转换将"规范说"体系下原告的负担施加于被告，通过此种转换实现对双方当事人诉讼地位与诉讼能力的大致对等的矫正，这对于通过诉讼实现环境公益具有积极意义，体现了环境资源危机背景下生态文明建设的要求，这对危害型环境公益诉讼证明责任分配规则的构建亦可起到借鉴作用。作为与侵害型环境公益诉讼迥然相异的诉讼机制，对危害型环境公益诉讼证明责任分配要素的缕析乃是探讨其证明责任分配问题的前提。

---

① 参见肖建华：《民事证据法理念与实践》，法律出版社 2005 年版，第 48 页。

二、危害型环境公益诉讼证明责任分配的要素

环境公益诉讼机制的核心乃是环境公益诉权，其在危害型环境公益诉讼机制中具体表现为排除危害请求权。当前学界对排除危害请求权构成要件的研究尚付之阙如，将排除危害请求权定性对该研究颇具实意，进可寻求归责原则与违法性要件在危害型环境公益诉讼的适用与否。

（一）排除危害请求权的定性

作为法律规范调整方法之一的法律责任，不同类型的诉讼理应设置不同类型的法律责任以达到各自的诉讼目的。侵害型环境公益诉讼的目的在于将已经受损的生态环境恢复至受损前的水平，具体表现为在受损环境有修复可能时适用修复环境责任方式，在受损环境未有修复可能时适用赔偿损失责任方式，这两种责任方式皆通过请求侵害者弥补环境公益受到的损失得以落实，易言之，是用侵害者的财产补偿环境公益的损失，这种方式外化为权利即是损害赔偿请求权。而危害型公益诉讼的诉讼目的乃是对潜在的损害环境的风险进行排除，该诉讼机制的核心是排除危害请求权，该权利表现为原告请求人民法院判决被告对潜在的损害环境公益的风险予以排除。依据规范说，侵害型环境公益诉讼原告若要行使其损害赔偿请求权，则须对损害赔偿请求权的法律要件承担举证责任；危害型环境公益诉讼原告若要行使其排除危害请求权，则须对排除危害请求权的法律要件承担举证责任。

损害赔偿请求权实质，乃是债权请求权。这种请求权是由某种已经结束的侵害环境公益的行为所派生的第二性权利，其本质乃是在侵害事件发生后的事后救济。而排除危害请求权本质上是一种物权请求权，是相对人的已为或将为的一定行为对不特定社会大众享受环境之福利造成妨碍，破坏了其对环境权的圆满支配状态所引起的防御性权利。排除危害请求权的基本功能在于通过请求权来实现环境权，保障不特定社会大众正常行使环境权。此时提起诉讼，其目的在于排除生态环境受侵害的风险，诉请法院判令被告承担责任以排除危害。排除危害请求权并不以损害结果为要件，此即不同于侵害型环境公益诉讼中以实际损害发生为要件的损害赔偿请求权。

(二) 归责原则适用的矫正

归责原则，指将确定责任成立的归责事由加以一般性抽象所得的原则。关于归责原则的规定体现于《民法典》中，其第 1165 条、第 1166 条分别规定了过错责任原则与无过错责任原则，分别适用于不同领域的纠纷以追究侵权人责任。《民法典》"侵权责任编"乃是调整因侵权行为所生之债的法律关系，其全部规范皆围绕债权请求权所设计，然而当前不少学者主张归责原则亦应适用于物权请求权领域，这不仅与《民法典》"侵权责任编"的目的和功能不符，亦不可避免地造成了司法实践的困惑。综观民法发展的历史，归责原则的诞生本就是从债权请求权中演进出来的，"归责原则是对于各种具体侵权案件的可归责事由进行的一般性抽象，抽象出同类侵权行为共同的责任基础"。[1] 其适用指向于以对物权有实际损害发生所产生的如赔偿损失，恢复原状等以债权请求权为基础的责任方式。其效力并未及于以物权请求权为基础的责任方式，如排除妨碍、消除危险、返还财产等。

当相对人侵权行为结束后，即应对造成的损害进行赔偿，其实现路径以恢复原状为主，财产赔偿为辅，这实际上是将损害赔偿请求权的责任方式分为恢复原状与财产赔偿两种。这两种责任方式一般适用过错责任，法律有特别规定的均可适用无过错责任。采用过错责任原则包含对相对人的道义非难之意，因此损害赔偿请求权的构成要件一般包含过错要件，在一些特殊领域法律为实现公平、正义的价值要求而特别规定适用无过错责任原则。

排除危害请求权乃是请求相对人排除对生态环境潜在的危害，非以相对人财产的减少弥补环境公益的损失，这种权利的行使并不包含对相对人道义非难的意思，因此排除危害请求权不以过错为要件，这是其作为物权请求权的应然属性。如若无视法理将过错要件强加于排除危害请求权，则在已经证明相对人有危害生态环境行为的情形下还须就相对人具有主观过错承担证明责任，加重了原告的诉讼负担，不利于保护环境公益。因为多数情形下相对人危害环境公益的行为并未有过错，例如，企业的合法排污行为仍会向环境中排放一定量污染物，然而若有

---

① 参见张新宝：《侵权责任法原理》，中国人民大学出版社 2005 年版，第 24 页。

一定外界因素介入致使该污染物可能在一定空间内累积至一定量时，即产生质变对环境造成实质损害。对于此时的危害情形，排污企业并不存在过错行为，此时若适用过错责任原则，可能将环境公益陷于受害的境地。同样地，如若将《民法典》第 1165 条（原《侵权责任法》第 65 条）规定中的"损害"进行扩张解释，将有侵害风险的情形视作实际损害处置，亦会导致相对人利用过错要件规避责任。

排除过错责任原则并不意味着当然地在危害型环境公益诉讼中适用无过错责任原则。与过错责任可直接作为请求权基础不同，适用无过错责任原则的情形下，无过错本身不足以作为责任之依据。① "每种无过错责任各有其规范意旨及构成要件，所以，判断具体情形下无过错责任是否成立，需要依据法律、法规就该责任的规范意旨及构成要件，才能得出结论，仅仅依赖《侵权责任法》第 7 条的规定是完不成作业的。"② 无过错责任原则并不是责任的直接根据，适用无过错责任原则需依据具体情形而追究责任。

（三）违法性要件的排除

对于环境类诉讼而言，其经历了由行为违法才担责到无论行为违法与否都担责的演进。1987 年施行的《民法通则》规定环境侵害人因污染环境损害他人权益而承担责任需以侵害行为违反国家保护环境、防止污染的规定为前提，法律作这种规定实质上忽视了环境侵权纠纷的特殊性而将其作为普通民事纠纷加以规范。普通的民事侵权责任需以行为的违法性为前提，若当事人行为不具有违法性，则不为该行为所产生的损害承担侵权责任。法律这样规定在一定程度上保障了人们可通过法律的规范而为一定行为或不为一定行为。然而随着时间的推移，愈来愈多的侵害者合法排污却依然造成环境损害的案件进入司法程序，违法性要件的设置对环境类诉讼的原告寻求救济造成了妨碍，许多企业利用该规定规避法律制裁进而肆无忌惮地破坏环境，这与生态文明建设的方针背道而驰。有鉴于此，2010 年施行的《侵权责任法》第 65 条删除了之前在《民法通则》中关于违

---

① 参见王泽鉴：《民法学说与判例研究》，北京大学出版社 2009 年版，第 3~4 页。
② 崔建远：《论归责原则与侵权责任方式的关系》，载《中国法学》2010 年第 2 期。

法性要件的规定，只要当事人的行为污染环境且造成损害后果，即应承担相应责任。嗣后，《民法典》第 1229 条亦延续了《侵权责任法》的这一思路。规则上作此改变取决于是因环境类纠纷的特殊性，这种改变对危害型环境公益诉讼而言具有一定借鉴意义。环境保护工作需以预防为主、防患于未然，环境要素的特殊性决定了一旦损害发生波及面难以预测且不可逆，损害几无可能固定在一个稳定范围内。即使能以一定方式修复环境遭受的损害，其成本往往远超以积极手段事前予以预防的花费。在这样的现实情况下，应当确定对于企业合法但仍有危害环境之虞的生产经营行为可通过诉讼途径诉求被告以积极方式规避实际损害发生，即不应以违法性作为排除危害请求权的构成要件。

综上所述，通过对归责原则及违法性要件的排除，作为物权请求权的排除危害请求权应为行为与危害性两要件所构成。

三、危害型环境公益诉讼证明责任分配的具体规则

在解决危害型环境公益诉讼证明责任分配的前提问题后，即可探讨其具体规则的构建。被告有一定行为的证明责任当然地由原告所承担，而危害型环境公益诉讼的价值取向追求使危害性要件的证明责任适用推定成为必要。此外，证明妨碍规则与法院依职权调取证据制度亦应植入危害型环境公益诉讼。

（一）危害性推定

通过考察现行规则可知，侵害型环境公益诉讼证明责任的分配乃是适用证明责任的转换将因果关系要件的证明责任分配于被告，由被告证明因果关系不存在，原告对该要件不承担举证责任，以此平衡双方诉讼力量。而从司法实践方面来看，《侵权责任法》第 66 条（现《民法典》第 1230 条）规定的因果关系转换在环境侵权诉讼中并未具体落实，通过对我国《民事证据规定》施行以来的环境民事裁判文书的检索，以浙江平湖蝌蚪案为代表的司法实践的真实状况是，完全由被告承担因果关系证明责任的情况寥寥无几。[①] 实践中的做法是由原告承担初

---

① 参见张旭东：《环境侵权因果关系证明责任倒置反思与重构：立法、学理及判例》，载《中国地质大学学报（社会科学版）》2015 年第 5 期。

步的主观的证明责任，在原告履行其举证义务后，由被告就因果关系不存在承担高度盖然性的主观的证明责任，在因果关系存在与否真伪不明时，由原告承担客观证明责任。即司法实践所采用的乃是因果关系推定的方式，这对于寻求危害型环境公益诉讼中危害性要件的分配规则具有一定的启示意义。

就危害型环境公益诉讼而言，危害性要件的证明责任绝对地由原告所承担乃是对其不可承受之重。但如若全部分配给被告，原告仅就存在危害行为承担证明责任又极易引发滥诉的风险，导致司法资源的浪费以及对企业正常生产经营的妨碍。解决这一困境的出路即参照侵害型环境公益诉讼因果关系推定的方法采用危害性推定（事实上的危害性推定），在这样的情况下，适用危害性推定而转移提出证据的责任时，由主张推定的原告提出证明基础事实存在的证据，如若法官依据经验法则对此形成内心确信，则对方当事人须负担证明因果关系不存在的主观证明责任。如若法官对原告提出的证明基础事实存在的证据未形成内心确信，抑或对方当事人提出证据而使基础事实存在与否处于真伪不明的状态，则危害性要件视为不成立，由原告承担客观证明责任。譬如，被诉企业向环保部门提交的环境影响评估报告书记载了甲污水处理设备的建设，但原告却发现建筑商为被诉企业基础设施建设所购置材料清单中未有建设甲的材料，人民法院便可据原告所提供的材料清单推定被诉企业的不会建设甲，因而在投产后对周边水域有侵害之虞，判令被诉企业限期改正。

危害性推定实质为法官运用经验法则对基础事实自由心证，经验法则乃是作为法官对待证事实形成内心确信的基础，而经验法则起作用的前提则是存在基础事实，即在危害性推定中用以推论某要件事实存在的已知事实。作为自由心证基础的经验法则既可以是高度盖然性的，亦可以是低度盖然性的，低度盖然性经验法则的选定亦承载着环境保护的高尚社会价值取向，对生态文明社会的塑造、对人们环境保护行为的指引具有巨大的促进作用。[1]

在适用危害性推定时，危害性要件的证明责任分配并未适用所谓的"倒置"规则，只是原告可以通过推定的适用，降低其证明难度，即通过对较易证明的基

---

[1]　参见郑世保：《事实推定与证明责任——从"彭宇案"切入》，载《法律科学》2010年第3期。

础事实的证明，代替相对较难证明的推定事实——危害性——的证明。① 虽然被告未承担证明危害性要件不存在的客观证明责任，但因原告能通过推定更易证明危害性要件的存在，其提出反证以证明危害性不存在的负担在一定程度上加重了。而这种负担上的加重亦会促使作为被告的企业在日常生产经营中履行注意义务，防止环境遭受损害，这与现行《环境保护法》所规定的"环境保护坚持保护优先、预防为主"的本旨相契合。

（二） 证明妨碍规则的适用

所谓证明妨碍，乃指一方当事人"试图通过非正常手段妨碍或不协助他方当事人为举证行为以期待法院作出于其有利的判决"②。《环境民事公益诉讼解释》第 13 条规定："原告请求被告提供其排放的主要污染物名称、排放方式、排放浓度和总量、超标排放情况以及防止污染设施的建设和运行情况等环境信息，法律、法规、规章规定被告应当持有或者有证据证明被告持有而拒不提供，如果原告主张相关事实不利于被告的，人民法院可以推定该主张成立。"但该规则仅规定在被告拒不提供时推定原告不利于被告的主张成立尚有不足，还须将被告以非正常手段妨碍原告取证的情形纳入。譬如，被诉企业违反《环境保护法》第 55 条之规定排放公告以外的污染物乙至某水域，尚未致害水生物，但乙积累至一定浓度即可致害。此时，原告请求被诉企业提供排放物样本，而被诉企业拒不提供或者妨碍原告对排放物取样时，人民法院即可以推定被诉企业排放物含有污染物乙。需要强调的是，用以支撑危害性推定的基础事实的证明亦可适用证明妨碍规则，如前述案例，如若原告向建筑商调取材料清单时遭到被诉企业的妨碍，此时原告的相关主张应受人民法院支持。

（三） 法院依职权调取证据制度的配套

作为以公共利益为价值本位构建的诉讼机制，即法院依职权调取证据制度在

---

① 参见王社坤：《环境侵权因果关系举证责任分配研究——兼论侵权责任法第 66 条的理解与适用》，载《河北法学》2011 年第 2 期。

② 占善刚、刘显鹏：《证据法论》（第四版），武汉大学出版社 2019 年版，第 199～200页。

危害型环境公益诉讼中成为必要。"所谓法院依职权调取证据制度，是指法院不限于当事人主张的事实和提供的证据的范围，依职权主动收集事实和调取证据。"法院依职权调取证据制度在危害型环境公益诉讼运用的正当性已有相关规则作为支撑，我国《民事诉讼法》第 64 条第 2 款规定："当事人及其诉讼代理人因客观原因不能自行收集的证据，或者人民法院认为审理案件需要的证据，人民法院应当调查收集。"《环境民事公益诉讼解释》第 14 条规定："对于审理环境民事公益诉讼案件需要的证据，人民法院认为必要的，应当调查收集。"在危害型环境公益诉讼中，或是原告对于证据的专业性、技术性知识掌握不足，或是证据处于原告所不能掌握的被告控制下的危险领域，导致原告往往不能及时且充分地履行其主观证明责任而承担败诉风险。生态保护预防为主的理念、环境的公益属性要求法院依职权调取证据制度植入危害型环境公益诉讼，法院亦有职责通过诉讼维护公共利益。通过法院依职权调取证据制度的配套，充分发挥司法的能动性作用，用以弥补当事人举证能力上的缺陷与不足，亦能够使得法院对案件事实的认定尽可能接近客观真实。

总之，危害型环境公益诉讼非以环境损害结果发生为要件，作为物权请求权的排除危害请求权不应以债权请求权的过错责任或无过错责任为要件，亦应排除违法性要件；对于危害性要件的证明责任应当采用危害性推定的证明方式为宜，同时纳入证明妨碍规则，而该诉讼的公益性使得法院依职权调取证据制度成为必要，此方符合环境公益诉讼应有价值追求。

第三节　环境民事公益诉讼中的摸索证明

一、摸索证明制度概述

在民事诉讼中，决定当事人胜败与否的证明责任按照一定规则在当事人之间进行分配，一般由对特定事实承担证明责任的当事人承担收集和提供相应证据的任务。但在某些特殊情况下，对特定事实负有证明责任的当事人可能因各种原因无法获知待证事实与相关证据的详细关系，从而难以获取相应的具体证据，进而无法取得有效的证明效果。此时，当事人可就证明主题仅进行一般性、抽象性的主张，经由法院随后的证据调查从对方当事人处获取相关详细的证据资料，从而达到预期的证明效果。此即所谓民事诉讼中的摸索证明。因该种证明活动的对象模糊、手段不定，把握不好即可能损及对方当事人的合法权益，故其能否在诉讼中被采用即存在极大的争议。

（一）摸索证明的含义

摸索证明（Ausforschungsbeweis）又被称为"摸索证据"[1]，最早是德国民事诉讼证据调查程序中的一个概念。所谓摸索证明，是指民事诉讼中负有证明责任的当事人在无法获知待证事实与相关证据的详细关系时，就证明主题仅进行一般性、抽象性的主张，从而期待经由法院的证据调查从对方当事人处获得相关详细证据资料的活动。易言之，在当事人就其主张或抗辩成立所必要的事实和证据未能充分掌握或了解时，可以向法院申请对他方当事人掌握的相关证据进行调查，并试图通过该调查程序获取新事实或新证据，进而以该事实或证据作为支持其请求成立的依据。

在民事诉讼中，双方当事人就某一事实的存否及真伪发生争执是当事人提供证据和法院进行证据调查的前提条件。[2] 即一般来讲，主张权利存在的当事人应首先对可以认定权利存在的事实予以具体说明，当对方当事人对该事实有异议时，法院才有必要进行证据调查。但在特殊情形下，即当相关事实和证据偏重于由主张者的相对方持有时，对该事实负主张责任和对相应证据负证明责任的当事人自然会在证据的提供上出现困难，同时也往往无法就纠纷产生及经过等事实进行具体说明和陈述，从而导致其在主张证据时难以具体、详细地表明应证事实。只有在对方当事人提出某些证据后，通过法院的证据调查活动，当事人才能进一步知悉并掌握可能作为裁判依据的特定案件事实以及相关的其他证据。由于主张特定事实及证据的一方当事人在主张对象上的模糊性和手段上的不确定性，从而使该证据收集和提供的过程充满了探寻及搜索等不确定因素，故被冠之以"摸索

---

① ［德］汉斯·约阿·希姆穆泽拉克：《德国民事诉讼法基础教程》，周翠译，中国政法大学出版社 2005 年版，第 249 页。

② 参见［日］松原弘信：《当事人对立主义论》，载《熊本大学法学》1999 年第 1 期。

证明"之名。摸索证明主要有以下几方面的特征：

首先，从性质来看，摸索证明是一种当事人的证据收集手段。摸索证明并非法院认定案件事实的一种方式，而是作为法院认定案件事实基础的相关证据的收集和提供的手段，[1]即不属于法院认证的范畴，而属于当事人举证的范畴。但与通常举证所不同的是，当事人的通常举证必须目的明确，否则视为未完成举证任务；而摸索证明的目的则并非十分明确，其乃是一种通过举出目的性不甚明确的证据来促使法院敦促对方当事人提供相应证据，进而达到最终举证目的的证据收集手段。

其次，从主体来看，摸索证明是由对特定事实承担主张责任及对相应证据负有证明责任的一方当事人所从事的行为。在法的适用过程中，当事人向法院请求作出具有一定法律效果的判决时，如果不就一定的事实进行主张，法院自然无法将法规规范适用于具体的案件审理之中，即难以将抽象的法律具体化。与之相应，证明责任则要求当事人对自己所主张的事实提供证据予以证明，否则即会承担败诉的不利后果。摸索证明是由对特定事实承担主张责任及对相应证据负有证明责任的一方当事人所从事的行为，而这种行为从外观上看恰是该方当事人未能完成主张责任和证明责任。

再次，从过程来看，摸索证明会引发法院证据调查程序的开启，进而促使对方当事人提供一定的证据。摸索证明虽然只是主张方就证明主题所进行的一般性、抽象性的主张，但由于证明主题和证明过程的特殊性，法院直接会基于此发动证据调查程序，并在证据调查中促使对方当事人提供相应的证据。

最后，从效果来看，摸索证明可在一定程度上减轻主张者提供证据的负担。一般来讲，负有证明责任的当事人必须提供使待定事实得以充分确定为真的证据，而待证事实本身的具体、明确更是无须赘言。而摸索证明下，主张者只需对待证事实予以较为模糊、抽象的说明，而对该事实具体的主张及详细证据的提供则在随后进行的证据调查中由法院督促对方当事人提出，这样自然减轻了主张者提供证据的负担。

最典型的摸索证明存在于非婚生子女对生父所提起的亲子关系确认之诉中。

---

[1]　参见［日］吉田元子：《文书提出义务与民事诉讼法的最新动向》，载《上智大学法学论集》2007 年第 4 期。

原告（非婚生子女）起诉请求法院确认被告为其生父。被告尽管没有具体线索，也不能确定具体的对象，但依然主张原告的生母与除了自己之外的其他男性保持关系。被告为证明其主张，请求法院传唤原告的生母作为证人出庭接受询问并进行特定医学上的鉴定。此案中，被告对原告生母与除自己之外的其他男性保持关系进而要求法院在证据调查程序中对其生母进行询问及鉴定的主张即为摸索证明。

（二）摸索证明的主要形态

在摸索证明下，当事人的主要目的在于通过法院的证据调查程序获悉有利于己方的新事实和证据，再将此类新事实和证据提交于法院，从而获得对自己有利的裁判结果。细究之下可以发现，摸索证明可因程度的高低表现为不同的形态：

第一，当事人明确陈述待证事实，但未能确定具体证据。如在缔约过失之诉中，原告为证明自己在被告（商场）营业场所跌倒的事实，申请法院传唤当时在场的被告单位某员工出庭作证，其仅能就该员工衣着等做大致描述，未能确定该员工究竟为何人（如姓名、特征及住所等）。再如在违约之诉中，针对原告的主张，被告以原告与第三方签订相关合同为抗辩事由，并要求原告提供商业账簿，以便查明其是否与第三方签订了类似合同。

第二，当事人明确提供相应证据，但对待证事实未能具体确定，仅能概括地作出一般性陈述。如在因拆迁事故导致的侵权损害赔偿之诉中，原告申请在拆迁现场的工人甲出庭作证，待证事实为被告施工单位拆迁时存在过失，但未能主张过失的具体情形或事实，即究竟是何种原因导致过失的存在。

第三，当事人对于待证事实和相应证据均未能予以具体确定。如在因产品质量导致的侵权损害赔偿之诉中，原告仅陈述被告产品存在瑕疵，并表明生产该产品的某些文件可作为证据，但对于瑕疵的具体内容和属性却未能予以具体陈述，同时对于有关证明文件的相应内容也不能予以具体提供。

此外，还有一种最初也属于摸索证明范畴的证明行为，即当事人所陈述的事实纯属凭空臆断，毫无依据。[1] 如李某偶感风寒，即无端怀疑是与其毫无联系的

---

[1]　参见［日］安西明子：《文书提出命令与当事人的主张责任》，载《法政论集》2008年第1期。

邻居张某传染所致，便以此为据诉至法院要求张某予以赔偿。此种行为要么是有意识地违背事实真相，要么是完全没有事实基础的"胡编乱造"，纯属当事人举证不能下的"碰运气"之举，自然不应得到法院支持，更不会导致后续证据调查程序的开启，与上述三种形态实不可同日而语。

二、摸索证明的理论基础和实际运用

（一）传统民事诉讼理论对摸索证明的否定

在摸索证明出现之初，立法和判例并未予以接纳，学界多认为其与大陆法系国家和地区民事诉讼基本准则——辩论主义的内涵相悖。[①] 辩论主义，是指当事人有权决定以什么样的事实和证据来支持自己的主张和请求，法院不得超越当事人选择的事实和证据范围进行认定（英美法系国家和地区虽未使用"辩论主义"一词，但诉讼实践中显然采取相同的做法）。辩论主义具体包含三方面的内容：其一，法院不能采用当事人未主张的事实作为判决的资料；其二，法院应当采用双方当事人无争议的事实作为判决的资料；其三，法院在通过证据对当事人争议的事实进行认定时，应当限于当事人提出的证据。可见，辩论主义从事实的主张和证据的提出角度划定了当事人与法院的角色分工和权利（权力）义务范围，[②] 体现了私权自治的民事诉讼基本理念。而当事人为摸索证明时，显然对特定事实和证据并未作出具体的主张，仅是提供了某些抽象的线索，反将具体事实和证据的发掘寄希望于法院发起的证据调查程序，这自然有违由当事人主导案件事实与证据认定这一辩论主义的精髓，从而与强调私权自治理念的民事诉讼整体构造相抵牾，因而不能承认其效力。

同时，摸索证明也与民事诉讼中当事人的具体化义务相左。具体化义务，是指当事人对于主张或抗辩的相关事实应尽可能作详细或具体的陈述。[③] 为使对方

---

① 参见［德］奥特马·尧厄尼希：《民事诉讼法》，周翠译，法律出版社2003年版，第277页。

② 参见［日］松村和德：《辩论主义考》，载《早稻田法学》1997年第4期。

③ 参见［日］松本博之：《当事人的具体事实陈述与证据提出义务（5）》，载《大阪市立大学法学杂志》2000年第4期。

当事人能够有的放矢，同时使法院的证据调查能够以案件的争议为焦点有针对性地进行，从而最终保证审理的质量，促进诉讼的高效运行，民事诉讼法上一般均要求当事人在主张或抗辩时应使相关事实及相应证据具体化，不能仅流于空洞的泛泛之谈，否则即不能被法院所采纳而进入后续的证据调查程序。而摸索证明却恰恰表现为一种对事实和证据的一般性、抽象性主张，在一定程度上需要进一步的调查方能使之具体化，这自然也与具体化义务的总体要求相矛盾。

（二）民事诉讼理论发展对摸索证明的承认

但随着时代的不断发展，以辩论主义为基础的传统民事诉讼机制日益受到挑战，这也促使民事诉讼理论在对待相关问题的态度上发生转变，而对摸索证明容许性的松动便是该趋势的集中体现。

1. 辩论主义的修正

民事诉讼之所以采辩论主义，是因为在以当事人平等对抗为显著特征的民事诉讼中，其是查明案件真实情况的最佳手段。[1] 在程序保障充分的条件下，当事人基于趋利避害和追求胜诉的心理，一方面会竭力主张、收集和提出相关资料，另一方面也会尽量反对他方提出的不利资料，从而最大限度地促进案件真相的发现。

随着科技的突飞猛进，在物质文明高度发展的同时，也导致了两极分化严重、交通事故频发、环境污染层出、缺陷产品致损及商业秘密盗用等各种新型社会问题的出现。与之相应便出现了诸如污染侵权诉讼、产品缺陷损害诉讼、医疗事故诉讼及专利侵权诉讼等现代型诉讼。在这些诉讼中，民事主体双方的平等性和互换性基本上完全丧失，[2] 侵权和被侵权的主体在社会结构层次上固定下来，原、被告的角色几乎没有互换的可能，而且这种互换性的丧失在诉讼中则常常表现为当事人实质地位和掌握武器的不对等。由于诸多在传统民事诉讼机制确立时所不可想象的原因使原告的举证能力大大弱于被告，如果仍按严格意义上辩论主

---

① 参见［日］二羽和彦：《辩论主义下诉讼各方的地位》，载《高冈法科大学纪要》2001 年第 1 期。

② 参见［日］高田昌宏：《辩论主义的基础与界限》，载《比较法学》2001 年第 1 期。

义的要求进行主张和举证，则原告往往会陷入举证困难或举证不能的境地，从而导致败诉的不利后果，这显然有悖于民事诉讼的实质公平理念。在此背景下，辩论主义的内容得到了部分修正，改变了传统辩论主义完全要求当事人提供诉讼资料、法官不做任何介入的做法，而是在承认由当事人提供诉讼资料的同时，允许法院在必要时对当事人进行阐明（或释明），① 以协助和促使当事人提出诉讼资料，从而更好地发现案件真实，保护当事人的合法权益。

摸索证明也因辩论主义内容的修正得以逐渐融入现代民事诉讼。摸索证明可以使一方当事人在因客观原因难以接触相关事实和证据时，通过证据申请开启证据调查程序，在法院的调查下获得具体的事实和证据，从而实质性地实现诉讼公平。可见，辩论主义的修正解决了特定情形下当事人虽不为具体主张和举证法院却可主动开启证据调查程序的问题，从法院角度确立了摸索证明成立的基础。

2. 事案解明义务的确立

针对现代型诉讼中举证活动所出现的新情况，在修正传统辩论主义以增强法院在证据收集和调查中主动性的同时，民事诉讼理论和实践的发展也对当事人提出了一定要求，即确立了当事人的事案解明义务。事案解明义务，是指对特定事实或证据负有主张及证明责任的当事人因客观原因无法充分主张或举证时，不负主张或证明责任的对方当事人在法定条件下负有一般性的协助解明案件真实的义务。② 因其专属于对特定事实或证据不负主张及证明责任的当事人，故又称"非负证明责任一方当事人的说明义务"③。依此义务之要求，负有证明责任的当事人因非可归责于自身的原因处于无法解明案件真相时，若其对自己的权利主张展现出一定的合理性，且不负证明责任的当事人反而更具解明案件真相的可能性，则不负证明责任的当事人应对事实真相的发现负责任。虽然对于事案解明义务的具体范围目前仍存在不同的认识，④ 但该义务已然成为民事诉讼中推进程序顺利

---

① 参见［日］渡边泰子：《辩论主义与裁判官的释明权》，载《同志社法学》2007 年第 7 期。

② 参见［日］小林秀之：《新证据法》（第 2 版），弘文堂 2003 年版，第 142 页。

③ ［日］伊东俊明：《证明责任的分配与当事人的事案解明义务》，载《商学研究》2001 年第 2 期。

④ 参见［日］安井英俊：《案件解明义务的法律依据与适用范围》，载《同志社法学》2006 年第 7 期。

开展的利器。

事案解明义务的确立使得摸索证明的推进成为可能。当对某一事实承担主张责任及对相应证据负有证明责任的一方当事人因客观原因无法具体获取对方当事人所掌握的信息和证据时，在法定条件下，经由一般性主张开启法院证据调查程序后，继而可依事案解明义务之宗旨要求对方当事人提供某些证据以及明确某些事实，从而获取对己有利的相应结果。可见，事案解明义务的确立解决了特定情形下当事人可要求对方提供具体证据和事实的问题，从对方当事人角度确立了摸索证明成立的基础。

（三）摸索证明的实际运用

大陆法系国家和地区在民事诉讼领域逐渐开始认可摸索证明的价值，并在不同程度上承认了摸索证明的效力。在德国，虽然《德国民事诉讼法》本身尚未认可摸索证明，但在民事实体法上则有相当多的规定（如《德国民法典》第260条、第402条、第444条、第713条、第716条及第799条等）承认民事法律关系中一方当事人有权请求他方当事人提供信息、开示文书资料。甚至在民事实体法上欠缺明文规定时，法院亦基于诚信原则而在个案中承认一方当事人对他方当事人的证据开示请求权。① 而证据开示请求权的行使中便经常包含有摸索证明活动的开展。在日本，由于近年来在开庭前确立了类似于美国法上证据开示制度的当事人照会制度，该种程序已部分具备了庭审中证据调查程序的作用，摸索证明在其中自然可以发挥独特的功效。② 在我国台湾地区，当事人的推测性主张如果具备一定的可能性并提出一定的合理依据，即可开启相应的证据调查程序。③ 而"民事诉讼法"第277条"当事人主张有利于己之事实者，就其事实有举证之责任。但法律别有规定，或依其情形显失公平者，不在此限"中但书部分的规定即可作为承认摸索证明合法性的依据。

---

① 参见［德］罗森贝克、施瓦布、戈特瓦尔德：《德国民事诉讼法》（第16版），李大雪译，中国法制出版社2007年版，第863页。

② 参见［日］高桥宏志：《重点讲义民事诉讼法（下）》，有斐阁2003年版，第80页。

③ 参见姜世明：《摸索证明例外性容许之考量因素》，载《月旦法学教室》2006年第9期。

至于英美法系国家和地区民事诉讼，在证据开示制度下，由于双方当事人均负有提供与诉讼有关的事实和证据的义务，对待证事实和相关证据具体化的要求远低于大陆法系立法例，① 因此摸索证明（fishing expedition）从未被禁止，只是在运用时要考虑相关时间及成本的投入，不能陷入无休止的摸索，从而妨碍诉讼的正常进行。

三、摸索证明在我国环境民事公益诉讼证明责任分配规则中的设置

在对摸索证明据以立足之理论基础进行阐析并对域外相关实例予以解明后，可以发现摸索证明极具实践价值，能够在现代型诉讼中较好地解决双方攻防手段不平衡的问题，同时可以确保诉讼的顺利推进。但在我国环境民事公益诉讼证明责任分配领域确立该制度时，应充分考虑其与我国现有相关制度的协调和融合，从而使该制度得以发挥实效。总的来讲，应从三方面入手来夯实确立摸索证明的基础：

（一）摸索证明与证据交换的融合

现代民事诉讼中，世界各国均在不同程度上要求当事人庭审前的证据收集和提供情况应相互公开，其中最具代表性的便是美国的证据开示制度和日本的当事人照会制度。前者规定任何一方当事人都可以要求对方当事人提出与诉讼标的有关联，并且不属于保密特权的任何资料（《美国联邦民事诉讼规则》第26条第2款）；后者规定当事人为了准备主张或证明所必要的事项，可以向对方当事人提出书面照会，要求其在指定的适当期间内，以书面作出回答（《日本民事诉讼法》第163条）。借鉴这两种制度，最高人民法院在2001年颁布的旧《民事证据规定》规定了我国民事诉讼中的证据交换制度（旧《民事证据规定》第37、38、39、40条），2012年修改后的《民事诉讼法》以及2015年出台的《民诉法解释》均延续了该做法，2019年颁布的现行《民事证据规定》第56、57、58条亦做了进一步明确。如前所述，证据交换制度的确立主要基于两方面因素的考虑：

① 参见［日］户塚贵晴：《民事诉讼法上的文书提出义务研究》，载《金融研究》1999年第3期。

一方面，可以使双方当事人针对他方的主张和证据进行事先准备，使庭审时有的放矢，更快实现诉讼目的，同时使法官了解双方当事人的主张和证据，并据此确立庭审的争点，从而有效地组织、指挥案件的审理，指挥当事人进行举证和质证，避免庭审的拖沓和冗长，加快审理进程，提高诉讼的效率；另一方面，可以使双方当事人在庭审前了解对方的主张和赖以存在的证据，有效地防止对方故意隐藏证据，避免在庭审中出现突袭举证，有助于司法公正的实现。

据此可知，证据交换中，当事人一方面总是担心对方提供的证据不够全面，另一方面又一直唯恐自己提供给对方的过多过细，在这种趋利避害的心理驱使下，交换的整个过程中充满了双方当事人相互猜疑、揣测、比较和试探等不确定因素。正因证据交换这一"相互保留"的显著特质，如果不在适用中引入相应机制加以约束，交换证据无疑会流于浮泛，收效甚微。为了最大化地促使当事人在证据交换中提出证据，可以将摸索证明引入交换程序。"相互保留"的基础是双方当事人认为对方不完全了解己方的攻防手段，而建立在主张一般性和抽象性基础上的摸索证明恰好可以打破这一僵局。在摸索证明下，当事人即便不完全了解对方掌握的事实和证据，但只要其对事实和证据一般性的陈述具有合理性，且不违反诚实信用原则，即可导致法院要求对方当事人对相应事实予以具体陈述并提出相关证据，从而真正使得证据交换能够发挥实效。

（二）　摸索证明与法院查证的协调

我国继承苏联之民诉理念，在证据提供和事实认定上采职权探知主义，即由法官决定证据的提供与认定，强调国家的干预。我国理论和实践中虽确立了辩论原则，但与辩论主义的意旨却大相径庭，其最根本的区别在于，职权探知主义模式下当事人辩论对法官裁判的非约束性。辩论主义之核心乃法官裁判之依据被限制在言词辩论中当事人主张范围内；而辩论原则仅为一种当事人的抽象权利性规范，局限于对当事人辩论权利的认可，当事人之间的辩论仅为法官获取信息的渠道之一，法官对实体问题的判断完全可依自己的调查结果为依据，而不受当事人辩论内容的约束。这在现行《民事诉讼法》第 68 条第 2 款"当事人及其诉讼代理人因客观原因不能自行收集证据，或者人民法院认为审理案件需要的证据，人民法院应当调查收集"之规定中深得体现。虽然职权探知主义因其较为浓厚的职权色彩长期为人所诟病，① 但在诉讼双方证据收集能力和手段失衡之情形日益凸显之现状下，完全放弃法院对民事诉讼的干预亦有违民事诉讼实质公平之本旨，只要法院对证据收集的介入维持在合理的限度内，其积极意义自然甚为明显。因此，《民诉法解释》第 94 条规定对于由国家有关部门保存，当事人及其诉讼代理人无权查阅调取的、涉及国家秘密、商业秘密或者个人隐私的以及当事人及其诉讼代理人确因客观原因不能自行收集的证据，当事人及其诉讼代理人可以申请人民法院调查收集证据；第 96 条规定可能损害国家利益、社会公共利益的、涉及身份关系的、涉及公益诉讼的、当事人有恶意串通损害他人合法权益可能的以及涉及依职权追加当事人、中止诉讼、终结诉讼、回避等程序性事项的证据可由法院依职权主动调查收集。

如前所述，传统辩论主义对当事人主导民事诉讼证据提供的绝对化要求导致了只有对其予以修正、增强法院在证据提供上的主动性后，大陆法系国家和地区民事诉讼中才可容下摸索证明。而这一难题在我国职权探知主义诉讼模式下则可化为无形。也即对于当事人提出的摸索证明，如果法院通过审查认为其具备合理性，同时符合《民诉法解释》第 94 条或第 96 条规定之情形，即可开启证据调查程序，若相关证据由对方当事人掌握，即可要求对方提出，或采取一定强制措施予以调取。如果对方当事人不予配合，则可依据《民事证据规定》第 95 条"一方当事人控制证据无正当理由拒不提交，对待证事实负有举证责任的当事人主张该证据的内容不利于控制人的，人民法院可以认定该主张成立"和《环境民事公益诉讼解释》第 13 条"原告请求被告提供其排放的主要污染物名称、排放方式、排放浓度和总量、超标排放情况以及防治污染设施的建设和运行情况等环境信息，法律、法规、规章规定被告应当持有或者有证据证明被告持有而拒不提供，如果原告主张相关事实不利于被告的，人民法院可以推定该主张成立"之规定，将对方当事人妨碍举证的行为与裁判结果相挂钩，对妨碍人实施妨碍举证行为所欲获得的诉讼上的利益予以削减。可见，在《民诉法解释》明确了法院查证范围的前提下，摸索证明的确立则可为法院查证的具体运行提供可行的径路，从而使

① 参见［日］小岛明美：《职权探知主义的调整——以中国民事诉讼法为研究对象》，载《法政论丛》2008 年第 2 期。

得法院的查证行为更具合理性和可行性。

(三) 摸索证明与证据保全的协作

证据保全，是指在诉讼前或诉讼中，在法定的情形下，法院根据当事人的请求或依职权采取措施对特定证据加以固定和保护并进行调查的程序。我国一直以来便将证据保全的功能界定为保护和固定相关证据，为将来法庭调查中的举证和质证提供保障。相关立法亦秉承该认知，《民事诉讼法》第 84 条和《海事诉讼法》第 62 条均将证据保全看做一种一般情况下法院根据一方当事人单方申请（即不须双方当事人参与）所采取的保存或固定证据的措施。这一观念尚处于对证据保全认识的初级阶段，即仅意识到证据保全具有保全证据以备将来使用的消极功用。① 随着对证据保全认识的不断深入，人们逐渐意识到，证据保全除可以消极固定证据外，法院在实施保全行为过程中实质上即可同时对被保全的证据进行调查，从而有助于法院于审理本案诉讼时发现真实及妥适进行诉讼，以达到审理集中之目的。② 易言之，即将证据保全程序从一种消极的保存程序发展为一种积极的先期证据调查程序，从而得以对事实予以确定。证据保全的结果与本诉讼所进行的证据调查具有相同的效力，如在证据保全过程中对证人进行了询问，则将其视为已经在本案诉讼中进行了证人讯问程序。从大陆法系国家证据保全的发展趋势来看，有逐渐凸显该机能的倾向。如《德国民事诉讼法》上的证据保全部分原名为"证据保全"，1990 年修改后将证据保全的适用期间从诉讼系属中扩展至诉讼系属之前，并将本部分更名为"独立证据程序"，从而显现出证据调查的意味。而我国对证据保全功能定位的滞后也给司法实践带来了诸多不便，如在通过不具证据调查性质的证据保全行为对病危的证人进行询问并制成笔录后，在庭审的证据调查阶段仍应对证人进行询问，否则即不能作为认证的依据，若证人在此之前死亡，则对于该证人的证言即不能进行当庭质证，这必然会影响法庭调查的效果，进而损及认证结果的正当性。

---

① 参见 ［日］ 井上治典：《证据保全——证据的收集 （1）》，载《法学教室》1982 年第 9 期。

② 参见 ［日］ 滨崎录：《起诉前证据收集手段之考察》，载《九州大学法学》2005 年第 3 期。

而在扩大证据保全机能的同时，应该将摸索证明引入保全程序，将摸索证明作为实施证据保全的标准。证据保全毕竟是一种诉前程序，当事人在申请证据保全时因各种条件所限不可能像进入诉讼程序一样对主张的事实和证据通常作具体陈述，此时只要能对特定事实和证据进行一般性、抽象性陈述即可，当然应具备一定的合理性而不能凭空臆造。同时，只有以一种带有证据调查属性的面貌出现，证据保全才能认可法院的证据调查程序，摸索证明方能因此从对方当事人处获取相应的事实和证据，进而推进诉讼的顺利开展。

总之，在我国环境民事公益诉讼证明责任分配领域应当引入摸索证明，这样才能更好地应对当事人因客观原因难以具体举证的难题。在具体设置上，应注意与证据交换、法院查证和证据保全等三项制度的融合和协调，从而使之得以发挥实效。

第四章 检察机关参与环境诉讼诉前程序

第一节 检察机关参与环境民事公益诉讼诉前程序

2020 年 6 月 2 日，最高人民检察院发布了《2019 年全国检察机关主要办案数据》。① 其中，全国各级检察机关共开展民事公益诉讼诉前程序 4913 件，同比上升 185.5%，提起民事公益诉讼 4210 件，诉前程序在维护公共利益方面的作用愈加凸显。作为民事公益诉讼的重要组成部分，环境民事公益诉讼在打击环境侵权行为、维护环境公益方面发挥着至关重要的作用，而作为该诉讼程序的重要组成部分，其诉前程序对后续程序的顺利推进起着举足轻重的作用。目前，规则层面的缺失导致检察机关在环境民事公益诉讼诉前程序履职方面存在诸多问题，从而影响了其应有职能的有效发挥，亦制约了环境民事公益诉讼机制应有效果的充分显现。鉴此，针对环境民事公益诉讼诉前程序当中检察机关的身份定位与职能发挥进行深层次的研究，进而充实与完善环境民事公益诉讼的诉前机制洵属必要。本书在研究当前检察机关参与环境民事公益诉讼诉前程序适用的基础上，探究当下理论规则与现实逻辑之间的抵牾，进而创新性地提出检察机关在环境民事公益诉讼诉前程序阶段告知环境污染者等程序设计，以期推动检察机关参与环境民事公益诉讼诉前程序制度的发展。

一、检察机关参与环境民事公益诉讼诉前程序的规范解释

2015 年 7 月 2 日，最高人民检察院发布了《检察机关提起公益诉讼改革试

---

① 参见最高人民检察院《2019 年全国检察机关主要办案数据》，载最高人民检察院网 https：//www.spp.gov.cn/spp/xwfbh/wsfbt/202006/t20200602_463796.shtml。

点方案》，开始尝试探索由检察机关代表公共利益来介入公益诉讼。2017 年 6 月
27 日修改后的《民事诉讼法》第 55 条（2021 年修订后为第 58 条）正式在基本
法层面确立了检察机关提起民事公益诉讼的主体地位。依据现行《民事诉讼法》
第 58 条之规定，除检察机关可以提起环境民事公益诉讼之外，法律规定的机关
或有关组织同样能够提起该诉讼。现行《环境保护法》第 58 条亦规定，"社会
组织"若符合一定的条件，可以提起环境民事公益诉讼。我们可以认为现行《民
事诉讼法》58 条规定中的"有关组织"就是指满足条件的"社会组织"。[1] 对于
"法律规定的机关"的界定，《民事诉讼法》规定的是检察机关只有在法律规定
的机关以及有关组织放弃起诉的前提下才能代表公共利益提起环境民事公益诉
讼。这里的"法律规定的机关"显然不应当包括检察机关本身，[2] 而应当指拥有
特定行政管理权的相应机关。然而，现有规则层面未对行政机关能否提起环境民
事公益诉讼予以明确，理论界也存在巨大的分歧，尚未形成统一的认识。一言以
蔽之，我国当下环境民事公益诉讼的起诉力量主要由检察机关和社会组织组成。
法律肯定了社会组织在维护环境公益领域的能力并通过立法的形式将其引入到环
境民事公益诉讼的起诉主体之中。但必须看到，由于种种原因，拥有法定起诉权
的社会组织提起环境民事公益诉讼的积极性普遍不高，即便提起诉讼，亦面临重
重困境。作为法定监督机关的检察机关如若能够以适当的方式在诉前介入，则可
以补强社会组织诉讼能力的不足，帮助其克服环境民事公益诉讼起诉过程中的诸
多困难。同时，亦可以增强社会组织提起环境民事公益诉讼的勇气，激发其诉讼
积极性和社会责任感，[3] 使社会组织敢于、勇于通过提起诉讼来对抗环境公益侵
权者，打击环境公益侵权行为。

现行《民事诉讼法》58 条第 2 款亦规定，对于侵害环境公共利益的行为，
检察机关认为应当提起诉讼的，要首先通过诉前程序对法律规定的适格主体进行
督促，提醒其积极提起环境民事公益诉讼来制止环境侵权行为。一旦法律规定的

---

[1] 参见林文学：《环境民事公益诉讼争议问题探讨》，载《法律适用》2014 年第 10 期。

[2] 参见刘显鹏：《环境民事公益诉讼证明责任分配研究》，中国社会科学出版社 2019 年
版，第 18 页。

[3] 参见刘辉、姜昕：《检察机关提起民事公益诉讼试点情况实证研究》，载《国家检察
官学院学报》2017 年第 2 期。

适格主体并未在法定期限内提起诉讼，检察机关便可以作为最终"补位者"直接提起环境民事公益诉讼来追究环境公益侵权者的责任。若相关适格主体有意愿或者已经提起环境民事公益诉讼的，检察机关依然可以支持起诉的方式介入环境民事公益诉讼中，为其提供一定的法律帮助，支持其顺利开展诉讼相关工作。同时，支持起诉原则乃是我国民事诉讼法对社会干预主义的具体化和本土化，① 贯穿诉讼始终，《民事诉讼法》第 58 条将其纳入诉前程序，可以降低检察机关起诉的概率，突出、彰显诉前程序的重要性。鉴此，检察机关在环境民事公益诉讼诉前程序中履职的方式具有明确的法律规定，主要有督促起诉和支持起诉两种，② 并且在程序适用上具有法定的强制适用性。

　　规则制定者将环境民事公益诉讼的起诉权赋予检察机关的初衷，是希望当环境公共利益遭受侵害却没有适格主体愿意承担起诉侵权者并追究其相关责任的情况下，检察机关可以通过诉讼及时制止环境公益侵权行为，从而维护环境公共利益。虽然检察机关在维护环境公共利益的身份和地位方面有其特殊的优越性，但其毕竟属于我国司法力量的一部分，作为法律监督机关，检察机关应审慎地行使自身权力，时刻保持司法的谦抑性。《民事诉讼法》将检察机关环境民事公益诉权后置的设计便是对检察权谦抑性要求的因应。环境民事公益诉讼的最终目的是打击环境公益侵权行为，在众多的适格主体中，让检察机关提起环境民事公益诉讼来追究环境公益侵权者的责任是不得已而为之的一种维护社会公共利益的方式。③ 只有当穷尽一切救济手段仍不能达到维护环境公共利益的目的时，检察机关才可以作为维护公共利益的最终力量来启动环境民事公益诉讼。另外，环境民事公益诉讼诉前程序的设置，使检察机关能够有效地将环境民事公益诉讼案件进行分流，通过督促或支持社会组织优先起诉，减轻检察机关的工作压力，进而达到优化司法资源配置的目的。如此一来，检察机关便可以把更多的时间和精力投

---

　　① 参见陈刚：《支持起诉原则的法理及实践意义再认识》，载《法学研究》2015 年第 5 期。

　　② 参见刘加良：《检察院提起民事公益诉讼诉前程序研究》，载《政治与法律》2017 年第 5 期。

　　③ 参见麻宝宝、张锋：《环境公益诉讼诉前程序研究》，载《山东理工大学学报（社会科学版）》2018 年第 2 期。

入到那些案件影响较大、性质更加复杂从而导致社会组织不能或不愿意提起的重大、疑难公益诉讼案件中去，使其职能能够最大化地得以发挥。

二、检察机关参与环境民事公益诉讼诉前程序制度运行的反思

环境民事公益诉讼领域中，检察机关通过督促或支持起诉的方式推动环境民事公益诉讼的开展。虽然该机制确立的时间不长，但效果却十分明显，有力地促进了我国环境民事公益诉讼的开展。该制度自 2017 年正式确立以来，社会组织的起诉数量逐年增长。2019 年，全国各级法院共受理环境民事公益诉讼案件 491件，其中社会组织起诉数量便达到了 179 件，同比上升 175.4%，[1] 为环境公共利益的保护贡献颇多。但也必须看到的是，现有规定的宽泛与缺漏同样显而易见，进而不同程度地制约了检察机关在诉前程序中履职效果的充分发挥，不同程度地影响了环境民事公益诉讼应有功能的充分施展，若要达到政策制定者的预期目的，则必须对现有制度从各方面予以改进和完善。

（一）运行方式——对于督促起诉效果有限的设想

2015 年的《人民检察院提起公益诉讼试点工作实施办法》第 13 条规定了检察机关可以采用送达督促起诉意见书或者检察建议书的方式督促辖区内法律规定的机关和有关组织进行起诉，并且将督促起诉的回复期限定为 1 个月。该规定引起了理论界与实务界的争议，有观点认为，公益诉讼制度设立的目的之一便是为了赋予无利害关系的适格主体相应的诉权，扩大公共利益的维护力量，依据该制度的设立精神，全国范围内的适格主体皆有权起诉。[2] 仅仅将督促建议的对象限定在辖区内的做法与公益诉讼设立的初衷相悖。2018 年，《最高人民法院最高人民检察院关于检察公益诉讼案件适用法律若干问题的解释》（以下简称《检察公益诉讼解释》）改变了之前的做法，修改了督促建议的对象的地域限制。并且，考虑到实践的可操作性，一并将督促起诉的方式统一调整为以公告的方式履行，

---

① 参见最高人民法院：《中国环境资源审判（2019）》，载最高人民法院网 http：//www. court. gov. cn/zixun-xiangqing-228351. html，最后访问日期：2021 年 3 月 3 日。

② 参见汪莉、杨学飞：《六个方面完善检察机关提起民事公益诉讼诉前程序》，载《检察日报》2017 年 3 月 20 日第 3 版。

同时设置了 30 日的回复期限；期满后，法律规定的机关或有关组织不提起诉讼的，意味着相关起诉主体怠于行使自身的环境民事公益诉权，此时的检察机关应当尽快起诉来维护环境公益；如果法律规定的机关或有关组织在 30 日的期限内主动提起诉讼的，也可以请求检察机关对其以支持起诉的方式提供一定的法律帮助，协助其开展诉讼的具体工作。两者对比来看，2018 年的《检察公益诉讼解释》扩大了督促起诉方式的适用范围，将督促起诉的范围从特定检察机关的辖区范围扩大到了全国，打破了以往督促起诉在地域上的限制，可以让更多的社会组织参与到环境民事公益诉讼的起诉中来，从而大大提高起诉的可能性。然而，仅以公告的方式督促社会组织提起诉讼这一做法的理想主义色彩较为浓厚。鉴于我国幅员辽阔，加之现代社会信息海量且不易筛查，社会组织极易忽略相关公告抑或因种种考量并不提起诉讼，进而导致督促起诉的效果流于浮泛。

《检察公益诉讼解释》规定了检察机关发布督促起诉公告后的公告期为 30 日，这与《人民检察院提起公益诉讼试点工作实施办法》中的特定机关或社会组织收到督促起诉意见书后回复检察机关的 30 日回复期在时间上保持了一致。设置一定明确的回复期有其科学性，可以使程序的进程较为清晰可控，但随之而来的局限性亦不容忽视。环境民事公益诉讼涉及的问题错综复杂，千头万绪，社会组织在考虑是否起诉以及选择诉讼策略时需要具体分析，不一定都能在规则设定的期限内决定是否起诉。此时，公告期若设定得过于刚性就可能影响社会组织作出是否起诉的决定，进而影响检察机关督促起诉的效果。

督促起诉的具体方式决定了检察机关在出现环境公益侵权行为时如何告知社会组织以及告知的效果。针对目前环境民事公益诉讼诉前程序中检察机关督促起诉手段单一且缺乏针对性的问题，笔者建议应当优化督促建议的方式。如前述所言，《检察公益诉讼解释》将督促起诉的方式调整为公告的方式固然可以增加、扩大信息的受众面，能够使更多的社会组织知晓环境公益遭受侵害的客观事实，但相较于试点期间督促起诉意见书的规定而言，丧失了必要的针对性。对于本就对是否起诉而犹豫不决的社会组织而言，公告的方式难以调动其提起诉讼的积极性；对于本就不愿提起诉讼的适格主体而言，公告的方式显然也不能达到其预设的目的。然具体的、有针对性的督促起诉意见书可以很好地解决上述问题，检察机关作为国家司法机关，通过向社会组织发送督促起诉意见书，可以凸显检察机对于该社会组织能力的认可，社会组织在收到检察机关的督促起诉意见书后也会增加自身的社会责任感，强化其提起诉讼的意愿。另外，考虑到实践的可操作性，检察机关不可能对所有社会组织皆采取发送具体文书的方式，应综合考虑案件的性质以及社会组织的具体实力，采取重点督促的策略。就具体规则的布设而言，提起环境民事公益诉讼的社会组织范围较广，针对环境污染的地区差异以及不同地域环境治理成本的差异，面对一个案件时应考虑首先由当地的社会组织来提起环境民事公益诉讼。较之外地的社会组织，本地的社会组织更了解当地的实际情况，加之靠近案件发生地，从起诉以及后续程序的参与来看更为便利，亦更有利于对执行的持续关注和推进。针对本地的特定社会组织，检察机关除进行不特定的公告外，还可以继续沿用公益诉讼试点期间的做法，采用向其发送书面督促起诉意见书的方式来针对性地进行督促建议，鼓励其积极提起环境民事公益诉讼。而对于本地以外的社会组织，检察机关除发布公告外，亦可以选取影响力较大、经验较丰富、实力较强大的社会组织，有针对性地向其发出书面督促起诉意见书。若本地以外的社会组织有兴趣或有愿望来本地提起相关诉讼，则检察机关应予提供各方面的支持和帮助。

同时，在督促起诉的公告期内，检察机关也可以同时向环境公益侵权主体发送检察建议书，限其在一定期限内停止环境公益侵权行为并积极修复被破坏的生态环境，进而消除相应的负面影响。环境民事公益诉讼的制度设计强调以诉讼来解决环境公益侵权行为，通过司法的力量来追究环境公益侵权者的责任以达到修复被破坏环境的效果。诉讼虽然可以起到维护环境公共利益的目的，但却不是最优选择。诉讼一般持续时间较长，环境民事公益诉讼一旦被提起，案件持续时间少则数月，多则数年，而遭到破坏的生态环境却迟迟得不到修复，极易造成环境污染的进一步加剧，并很可能造成不可弥补的后果。检察机关在诉前程序中若向环境公益侵权主体发送检察建议书，一旦侵权主体主动纠正了自身的违法行为，承担了修复生态环境的责任，案件便可以在诉前程序阶段得到解决，节约司法资源的同时也有利于被污染环境的尽快修复。

此外，可以考虑对督促起诉的回复期进行相对灵活的设置。《检察公益诉讼解释》的第 13 条将社会组织提起环境民事公益诉讼的回复期限设定为 30 日，相较于该解释第 21 条将行政公益诉讼回复期明确为两个月并且设置了特殊情况下缩短为 15 日的规定来看，环境民事公益诉讼诉前程序的 30 日期限规定颇为机械。对于情况紧急急需采取措施的环境民事公益侵权案件，或者情况复杂且短期内难以获取初步证据的案件，绝对地将时间限制在 30 日内实在难以满足司法实践的需要。行政机关作为国家专门机关尚且规定了两个月的回复期限，对于社会组织来讲，要求其在 30 日的时间内精准地评估案件性质且作出是否起诉的决定更加失之过苛。鉴于此，应当对社会组织决定是否起诉的回复期进行较为灵活的设置。对于一般的环境民事公益诉讼案件，诉前程序的公告期可以适当延长，笔者认为可以同环境行政公益诉讼中的回复期保持一致，统一设置为两个月；对于一些环境公共利益损害较严重或者损害持续扩大并且经行政机关介入后仍存在公益损害事实的紧急情形需要尽快提起诉讼的，可以将回复期适当缩减为 15 日之内。设置较为灵活的期限可以最大限度地保障社会组织的诉权，使社会组织能够尽可能地参与到环境民事公益诉讼中。

（二）作用对象——关于社会组织起诉意愿不强的思考

依据最高人民法院发布的《中国环境资源审判（2018）》[①] 以及《中国环境资源审判（2019）》[②] 中的相关数据显示，2018 年和 2019 年两年期间，全国各级人民法院共受理环境民事公益诉讼案件 669 件，其中由社会组织提起的案件数量有 244 件，由检察机关提起的案件数量有 425 件。单从数据来看，检察机关在环境民事公益诉讼案件的起诉数量方面已近乎两倍于社会组织的起诉数量。自 2015 年《关于审理环境民事公益诉讼案件适用法律若干问题的解释》（以下简称《环境民事公益诉讼解释》）发布以来，国内致力于水资源保护、环境污染治理等数个领域的符合相关条件的社会组织有七百多家，[③] 但真正提起环境民事公益诉讼的社会组织却屈指可数。上述客观现实反映出从整体而言，社会组织这一适

---

① 参见最高人民法院：《中国环境资源审判（2019）》，载最高人民法院网 http：// www. court. gov. cn/zixun-xiangqing-228351. html，最后访问日期：2021 年 3 月 3 日。

② 参见最高人民法院：《中国环境资源审判（2019）》，载最高人民法院网 http：// www. court. gov. cn/zixun-xiangqing-228351. html，最后访问日期：2021 年 3 月 3 日。

③ 参见李阳：《700 余家环保组织仅提起 3 起公益诉讼》，载《人民法院报》2015 年 3 月 14 日第 6 版。

格主体提起环境民事公益诉讼尚处于休眠状态。较之于检察机关，作为政策制定者预设中环境民事公益诉讼案件起诉中坚力量的社会组织的力量当下普遍较弱。环境民事公益诉讼的被告往往是一些环境污染企业，这些企业通常由于带动就业以及对税收起重要作用等原因受到企业所在地各方力量的保护，这对于作为一般民间机构且力量弱小的社会组织来说，双方实力悬殊巨大。同时，环境民事公益诉讼的调查取证工作相较于其他类型的诉讼来说专业性更强、取证成本更大且难度更高。种种现实的困难制约了社会组织提起诉讼的积极性，导致社会组织不愿提起诉讼来对抗环境公益侵权者。规则制定者要求检察机关参与环境民事公益诉讼诉前程序的目的，主要是督促或支持社会组织踊跃承担社会责任，面对环境公益侵权行为时能够积极地提起诉讼来制止环境污染行为。倘若其根本不愿提起诉讼，那么环境民事公益诉讼机制的设定自然将流于形式。

支持起诉可以弥补社会组织提起环境民事公益诉讼过程中存在的诸多诉讼能力上的不足，也可以以点带面，提升社会组织起诉的整体实力。依据《民事诉讼法》的现有规定，如果法律规定的机关或有关组织已经提起环境民事公益诉讼的，检察机关可以采用支持起诉的方式来参与该诉讼。当前，《民事诉讼法》及相应司法解释对于检察机关能够以何种具体的方式对法律规定的机关和有关组织的起诉进行支持尚无详细、具体的规定。2015 年施行的《环境民事公益诉讼解释》第 11 条仅列举了提供法律咨询、提交法律意见以及协助调查取证等三种方式。依据现有的规定来看，检察机关对社会组织进行支持起诉的重要前提是其已经提起了环境民事公益诉讼。然对于该主体而言，发现环境公共利益遭到侵害后或者知晓督促起诉的公告后首先要有起诉的意愿，然后才会寻求检察机关的帮助。在这种情况下，社会组织在自身实力不足的情况下很难主动承担起诉的责任，尤其是不确定检察机关是否能够提供有效帮助的前提下，很难要求其对于提起环境民事公益诉讼有很高的积极性。支持起诉本身就是为了补强社会组织面对环境民事公益诉讼时能力不足的问题。① 现阶段，对于整个公益诉讼领域来讲，社会组织的力量相对弱小，尤其是在环境民事公益诉讼领域，社会组织所面临的

---

① 参见张丽丽：《论英烈保护公益诉讼的诉前程序》，载《西南政法大学学报》2018 年第 4 期。

多是些经济实力强大甚至伴有地方保护的环境污染企业，没有专业的涉诉能力实在难以应对。倘若没有检察机关的帮助，要想在诉讼中获胜，进而为环境公共利益的维护作出贡献是相当困难的。通过对"中国裁判文书网"的搜索，2015 年至 2018 年 4 年期间，检察机关采用支持起诉的方式参与环境民事公益诉讼的案件数量分别为 2 例、3 例、3 例和 5 例，总共不过 13 例，而到了 2019 年，该类案件数量仅为 1 例。从这些数据不难看出，检察机关在环境民事公益诉讼领域的支持起诉率之低，引人深思。针对我国社会组织力量尚且弱小、起诉意愿较低的现实状态，应该加大检察机关支持起诉的力度，化被动为主动。一旦检察机关发现存在环境公益侵权行为且认为应当提起环境民事公益诉讼时，应首先发布督促起诉的公告。在公告截止日期临近却仍没有社会组织愿意提起诉讼的，其可以主动与特定社会组织进行沟通，明确表示检察机关可以在各方面给予其专业的指导和帮助，使其打消相关顾虑。同时，一旦检察机关以支持起诉的形式参与到诉讼中之后，不能仅仅走过场，应当为社会组织提供切实有效的支持，协助解决社会组织在诉讼策略、证据收集以及专业知识等方面的困难。另外，检察机关以支持起诉人的身份参与到环境民事公益诉讼中以后，同样要严格界定自身的位置，不得利用自身司法机关的地位影响诉讼进程和诉讼结果，[1] 应切实维护司法的独立性。

现有规则层面针对检察机关涉足环境民事公益诉讼领域的角色定位十分清晰，令其提起诉讼乃是维护环境公共利益的最终手段。这种设计一方面是基于司法谦抑性的考虑，另一方面从侧面也可以看出规则制定者认为在更加长远的未来，社会组织才是维护环境公共利益的主要力量。[2] 规定检察机关在环境民事公益诉讼领域履行诉前程序，可以最大限度地保障社会组织的诉权，调动一切有效力量共同参与到环境公益的保护中来，更好地维护环境公共利益。环境民事公益诉讼诉前程序的设定肯定了社会组织优先起诉的诉讼地位。社会组织若能积极行使自身权利并且有效维护环境公共利益固然皆大欢喜，但作为民间机

---

① 参见杨光普：《对检察机关参与公益诉讼的思考》，载《湖北社会科学》2014 年第 5 期。

② 参见陆军、杨学飞：《检察机关民事公益诉讼诉前程序实践检视》，载《国家检察官学院学报》2017 年第 6 期。

构，社会组织亦"存在脱离社会的基本控制、滥用组织权力滋生腐败、威胁社会稳定发展等风险问题"。① 在诉讼过程中，一旦双方地位悬殊，由于案件涉及不同的利益群体，很容易滋生腐败而导致社会组织不当处分环境公共利益实体权利的情况出现，进而致使环境民事公益诉讼的诉讼目的不能实现。因此，在现阶段我国社会组织涉诉能力普遍较弱的背景下，检察机关在环境民事公益诉讼领域应当更多地扮演"扶持者"和"培养者"的角色，支持起诉为检察机关提供了一个很好的契机。通过支持起诉，检察机关可以帮助社会组织参与环境民事公益诉讼，积累诉讼经验，为日后其单独提起诉讼奠定基础。只有社会组织的力量得到不断地壮大，才能真正发挥环境民事公益诉讼诉前程序的价值，实现环境民事公益诉讼的应有之义。同时，检察机关以支持起诉的方式参与环境民事公益诉讼亦可对诉讼过程进行必要的监督，针对社会组织恶意处分环境公共利益的行为进行及时制止并追究其相应的责任，必要时也可以取代社会组织直接提起诉讼，防止诉讼的持续带来不可挽回的损失，避免环境民事公益诉讼的目的落空。

（三）运行保障——针对检察机关调查取证保障措施乏力的建议

环境侵权行为的相关证据对于环境民事公益诉讼案件的审理结果影响重大，检察机关在履职过程中发现环境污染行为时，需要对相关案情有相应程度的了解，通过对案件的认定和评估来决定是否督促或支持社会组织提起环境民事公益诉讼。检察机关对案情的了解是建立在对相关证据一定程度掌握的基础上的，对证据的掌握则有赖于检察机关诉前的调查取证工作。

2015 年颁布的《人民检察院提起公益诉讼试点工作实施办法》第 6 条规定了检察机关调查取证的方式主要有询问当事人与证人、查阅复印相关案件材料以及勘验等方式。同时，该办法严格禁止检察机关采取限制人身自由以及对财产采取查封、扣押、冻结等强制性措施来调查取证。2018 年颁布的《检察公益诉讼解释》中关于检察机关调查取证权的相关规定对比《人民检察院提起公益诉讼试

---

① 参见梁智俊：《行政法视野下社会组织腐败的预防路径》，载《检察日报》2011 年 8 月 16 日第 8 版。

点工作实施办法》更为抽象，并未详细界定该项权利的具体内容，而仅仅只是象征性地声明检察机关在环境民事公益诉讼案件诉前享有调查取证的权力。这种过于抽象和空泛的规定对于检察机关诉前调查取证工作的顺利、有效开展显然十分不利。此外，现有规则对于检察机关调查取证权遭受侵害后的救济措施也同样付之阙如。当检察机关在调查取证的过程中遇到阻挠后可以实施何种行为，以及阻碍调查取证的相关主体应当承担何种不利后果，现有规则亦语焉不详。这种缺乏保障的调查取证权无疑是形同虚设，严重阻碍了检察机关在环境民事公益诉讼诉前程序中履职行为的顺利开展。

环境公共利益遭受侵害的事实认定和证据固定对于环境民事公益诉讼案件的处理结果至关重要。作为此类证据收集的重要一环，若检察机关的调查取证工作无法有效开展，则环境民事公益诉讼的审理效果便会大打折扣。因此，在规则层面对检察机关的调查取证权进行细致、科学的设计洵属必要。《检察公益诉讼解释》中对检察机关调查取证权的现有规定太过抽象，且缺乏有效的收集手段，亦缺乏收集的具体细则。在取证对象实力较强、取证内容专业性较高的双重困境下，检察机关在诉前调查取证的效果着实有限。鉴此，应在规则层面强化检察机关调查取证的效力，赋予其强制力。一方面，在取证对象不配合的情况下，检察机关可以采取一定的强制措施；另一方面，对于取证对象破坏取证内容的情况，检察机关可以对其施以一定的惩戒，这样方能对取证对象形成有效震慑，从而保障取证工作的顺利开展。当下，对于是否应当赋予检察机关强制调查取证权的构想，理论界尚未形成统一认识。反对者认为，环境民事公益诉讼仍应属于民事诉讼的范畴，不宜因诉讼主体的改变而突破民事主体权利的界限，检察机关在环境民事公益诉讼领域不应有超越一般民事主体的权利。[1] 然笔者认为，检察环境民事公益诉讼机制确立之根本目的，乃是希望检察力量能够成为维护环境公共利益的最终手段。作为维护公共利益最行之有效的力量，理应在规则层面赋予其超越一般民事主体的诉讼权利，否则，将难以体现该制度的优越性。同时，检察机关在环境民事公益诉讼领域代表的乃是公

---

① 参见占善刚、王译：《检察机关提起民事公益诉讼的角色困境及其合理解脱——以2018 年〈检察公益诉讼解释〉为中心的分析》，载《学习与探索》2018 年第 10 期。

共利益，应当优先得到保护，赋予其一定的强制调查取证权有其必要性。另外，在强调强化环境民事公益诉讼领域检察机关调查取证权效力的同时，也应对该权力进行一定的合理约束，从而防止该权力的滥用，保护取证对象的合法权益。笔者认为应该赋予被调查人相应的申诉权，当其认为检察机关的强制调查取证行为侵害其合法权益且严重超出检察机关权力行使范围时，可以向该检察机关的上一级检察机关提起申诉。经过相应的调查核实，若取证过程中的检察机关确实存在滥用强制调查取证权的行为而导致相关主体合法权益受到侵害的，应当由国家作为赔偿主体，依据一定标准通过法律程序对合法权益受到侵害的主体进行赔偿。

环境民事公益诉讼诉前程序的设置和实践在我国尚处于起步阶段，现有的机制在保障环境民事公益诉讼开展的同时，其缺失与不足亦不容忽视。就具体制度的完善而言，一则须扩大检察机关督促起诉的履行方式，在公告为主的前提下，增加督促起诉运用的针对性和灵活性，同时赋予检察机关在公告期内督促环境公益侵权者纠正自身违法行为的权力；二则要拓展检察机关支持起诉的方式，加强检察机关对于社会组织提起环境民事公益诉讼的支持力度，尊重其应有诉权的同时助其提升参加诉讼的能力。另外，亦需对社会组织的弊端进行必要、适当的监督，避免环境民事公益诉讼的目的落空；三则要加强对于检察机关调查取证权的必要保障，特殊情形下赋予其一定的刚性手段，进而保障调查取证工作的顺利开展，使诉前程序的运行更能契合环境民事公益诉讼制度的内在机理，实现维护环境公共利益的预设目的。

第二节　检察机关参与环境行政公益诉讼诉前程序

2017 年修订后的《行政诉讼法》第 25 条在规则层面正式确立了检察机关提起环境行政公益诉讼制度。同时，为了平衡检察权与行政权之间的关系、提高环境公益维护工作的效率以及彰显司法的谦抑性，同期构建了诉前程序制度。环境行政公益诉讼诉前程序作为检察机关提起环境行政公益诉讼必经的前置性程序，兼具督促行政机关纠正违法行政行为的作用，对于推动环境公益的保护意义重大。然而，受限于相关规则层面的缺失，我国环境行政公益诉讼诉前程序并未充分发挥其应有的价值追求，相关制度的运行亦暴露出诸多的问题与不足。环境行政公益诉讼诉前程序自试点改革至全国的全面施行，始终受到规则设定者的高度重视，优先于诉讼程序的适用规定导致其在实践当中所发挥的作用甚至一度超过了诉讼程序。① 鉴此，为了满足我国环境行政公益诉讼的现实需要，急需对诉前程序制度进行更深层次的研究。理论联系实践，对于检察机关履行诉前程序面临的困难进行针对性的解决，进而实现环境行政公益诉讼应有的价值预设。

一、检察机关参与环境行政公益诉讼诉前程序的功能定位

环境行政公益诉讼在督促行政机关高效执法、节约司法资源、协调司法权与行政权的关系等方面承担着不可替代的作用。随着检察机关提起环境行政公益诉讼制度在我国的不断成熟，诉前程序的作用将更加举足轻重，不可替代。鉴此，明确其功能定位与制度价值自然是淘属必要。

首先，检察机关在环境行政公益诉讼中通过履行诉前程序，可以以相对柔和的方式提醒行政机关尽快解决环境污染问题，既体现了对于行政权的尊重，也有利于环境污染问题的尽快解决。就环境公益维护的维护方式来看，行政权具有司法权不可比拟的效率优势，行政权的政策性、专业性、及时性的特点，② 能够更快、更高效地介入环境污染源，依靠主动、灵活的行政行为，可以在短期内迅速地解决环境污染问题，及时遏制环境污染行为。环境行政公益诉讼的目的是纠正行政机关的违法行政行为以及行政不作为，诉前程序的制度设立将行政权与司法权的关系进行了合理的平衡，环境行政公益诉讼诉前程序既包含了对于行政机关违法行政的监督职能，也体现了对于行政权的必要尊重。③ 检察机关通过诉前程序的履行可以给予行政机关一次纠正违法行为的机会，突出自身监督权的同时，也为环境破坏的快速修复提供了可能。倘若行政机关在接到检察建议后不以为

---

① 参见王春业：《论行政公益诉讼诉前程序的改革——以适度司法化为导向》，载《当代法学》2020 第 1 期。

② 参见沈开举、邢昕：《检察机关提起行政公益诉讼诉前程序实证研究》，载《行政法学研究》2017 年第 5 期。

③ 参见王春业：《行政公益诉讼"诉前程序"检视》，载《社会科学》2018 年第 6 期。

然，拒绝履行自身职责，检察机关还可以提起诉讼的方式来追究该行政机关的责任。诉前程序能够兼顾尊重行政机关的执法权与监督行政机关依法行政的二元价值，① 更加有利于环境公益侵权案件的妥善解决。

其次，检察机关通过履行诉前程序，使案件在诉前程序阶段便得到妥善解决，实现了案件的科学的分流，达到节约司法资源的目的，从而减轻了检察机关和审判机关的工作压力。一旦环境行政公益诉讼被提起，检察机关必然需要投入巨大的人力、物力资源来支持诉讼的开展，与此同时，法院也将面临大量案件的审判压力。依据时任最高人民检察院检察长张军于 2020 年 5 月 25 日在十三届全国人大三次会议上所作出的《最高人民检察院工作报告》② 来看，仅 2019 年，全国各级检察机关共向行政机关发出诉前检察建议 103076 件，回复整改率达到了 87.5%。该数据表明，绝大多数环境污染问题是在诉前程序阶段便得到了合理的解决，只有相对较少数量的案件需要检察机关提起环境行政公益诉讼。倘若上述如此之多的案件皆需启动诉讼程序才能得到解决，司法资源必将面临巨大的考验。另外，诉讼也并非解决环境污染问题的最优选择，相反，考虑到诉讼的周期性较长的特点，极易出现案件尚在审理阶段而环境污染却进一步加剧的风险。如此一来，环境行政公益诉讼的诉讼目的便会大打折扣，诉讼的目的也必将受到质疑。环境行政公益诉讼诉前程序的制度设置使大部分案件在诉前便得到有效的处理，避免了环境污染的进一步加剧。同时，诉前程序的规定避免了大量案件涌入法院，减轻了检察机关的工作压力，最大限度地提高了司法效率、节约了司法资源，检察机关便可以集中更多的司法力量来提起具有典型性或影响力大的环境行政公益诉讼案件，增强检察机关对于行政机关违法行为的威慑力，③ 反向巩固诉前程序的地位。

最后，环境行政公益诉讼诉前程序的制度设计限制了检察机关的环境行政公益诉讼诉权，使其在提起诉讼的条件上处于被动，符合检察机关法律监督职

---

① 参见刘超：《环境行政公益诉讼诉前程序省思》，载《法学》2018 年第 1 期。

② 参见最高人民检察院：《最高人民检察院工作报告（2018）》，载《检察日报》2020 年 6 月 2 日，第 1 版。

③ 参见张彬、张一博：《行政公益诉讼诉前程序基本理论探析》，载《人民检察》2017 年第 4 期。

能定位。① 作为我国司法力量的重要组成部分，检察权与行政权着本质的区别，后者对于环境污染问题的处理更加高效，还拥有纠正环境污染行为所对应的行政强制力，② 具有明显的主动性特点。环境行政公益诉讼的功能是为了监督行政机关，通过督促政机关积极履行行政行为来制止环境污染行为。作为维护环境公益的最终手段，检察机关应当保持必要的克制，审慎行使自身的权力，尽量让具有相应管理职责的行政机关先行介入环境污染事件，既可以保障环境污染的快速解决、节约大量的司法资源，也可以最终彰显检察权的谦抑性特点，突出法律监督职能。环境行政公益诉讼诉前程序避免了司法过度干预行政权的弊端，对于两者权力的平衡提供了一个必要的缓冲区。

二、检察机关参与环境行政公益诉讼诉前程序的实践反思

环境行政公益诉讼的制度设计为检察机关监督行政机关履行维护环境生态的职能提供了行之有效的途径。诉前程序作为其重要的组成部分，在高效解决环境污染问题、节约司法资源方面同样功不可没。然而，规则层面的缺漏导致诉前程序至今未能完全展现其应有的功能定位，制约了环境行政公益诉讼制度应有功能的充分显现。

（一）案件来源规定模糊

从环境行政公益诉讼案件来源来看，现行《行政诉讼法》第 20 条及 2018 年的《最高人民法院最高人民检察院关于检察公益诉讼案件适用法律若干问题的解释》（以下简称《检察公益诉讼解释》）第 21 条的规定来看，环境行政公益诉讼案件来源于"检察机关履行职责中发现"，在诉前程序履行无效的前提下，可以对违法的行政机关提起环境行政公益诉讼。2015 年的《人民检察院提起公益诉讼试点工作实施办法》第 28 条规定对于检察机关"履职"进行了一定的列举，规定检察机关的履职范围包括职务犯罪侦查、批准或者决定逮捕、审查起

---

① 参见最高人民检察院：《检察机关提起公益诉讼实践与探索》，中国检察出版社 2018 年版，第 109 页。

② 参见吕益军、朱全宝：《诉前程序：秉承谦抑理念彰显监督功能》，载《检察日报》2018 年 11 月 22 日，第 1 版。

诉、控告检察、诉讼监督等5种情形，易言之，案件线索的来源偏向于检察机关主动发现，排除了公民、社会组织提供线索的情形，① 进而导致检察机关接受社会力量提供案件线索的做法缺乏具体的法律依据，该问题在试点期间便十分突出，后续出台的《检察公益诉讼解释》也并未涉及相关规定。实践中，检察机关对于环境行政公益诉讼的案件线索大多由检察机关内部的公诉部门移交以及接受群众举报而来。规则层面对于环境行政公益诉讼案件的规定来源偏向于检察机关的主动发现，这种单一的线索来源，排除了社会大众对于案件线索的提供，十分不利于检察机关在生态环境领域监督权的实现。

（二）　行政机关履职标准认定不明

环境行政公益诉讼诉前程序与诉讼程序皆是为了敦促行政机关积极履行职责，诉前程序与诉讼程序在时间上前后衔接，在作用上相互补充，共同致力于环境公共利益的保护。诉前程序能够提前实现诉讼程序所要追求的预期目的，反之，诉讼程序为诉前程序的有效履行提供了必要的制度保障，检察机关在面对环境行政公益诉讼诉前程序履行不利的情况下，依然可以启动诉讼程序来打击行政机关的违法行为。然而，提起诉讼本身并非最终目的，诉前程序设立的本身也并非为了后续环境行政公益诉讼的提起，与之相反，诉前程序恰恰是为了减少诉讼程序的提起。② 一般情况下，检察机关在履行诉前程序后，行政机关若是及时纠正了自身的违法行为，后续促成了环境污染问题得到合理的解决，便不会被起诉；倘若行政机关在接到检察建议后积极采取了一定的措施，而环境污染问题依旧存在的情形之下，检察机关是否还应当继续提起诉讼便成了不得不考虑的问题。

吉林省白山市人民检察院诉白山市江源区卫生和计划生育局、白山市江源区中医院行政公益附带民事公益诉讼案中，③ 白山市江源区中医院未建设符合环保

---

① 参见朱全宝：《检察机关提起环境行政公益诉讼：试点检视与制度完善》，载《法学杂志》2017年第8期。

② 参见胡卫列、迟晓燕：《从试点情况看行政公益诉讼诉前程序》，载《国家检察官学院学报》2017年第2期。

③ 参见最高人民检察院：《最高人民检察院第八批指导性案例》，载最高人民检察院网http://www.spp.gov.cn/spp/zdgz/201701/t20170104_177546.shtml，最后访问日期：2021年3月3日。

标准的医疗污水处理设施，在改建医院建筑时，未建设污水处理设施便投入使用，通过渗井及渗坑排放医疗污水，造成了严重的环境污染问题。白山市人民检察院在得知此事之后，随即向江源区卫生和计划生育局发出了检察建议，建议其立即对该医院的违法行为进行监管处理，并及时回复检察机关相应的处理情况。然而，江源区卫生和计划生育局虽采取了一定的措施制止，并且制订了长期的整改计划，但始终未能有效制止中医院的违法排污行为，白山市检察院便依法提起了行政公益诉讼。

《检察公益诉讼解释》第21条规定了人民检察院起诉相关行政机关的前提条件是经诉前程序后的行政机关"不依法履行职责"。随之而来的问题是，如何对《检察公益诉讼解释》第21条中的"依法履行职责"进行界定。上述案件中，白山市江源区卫生和计划生育局虽然采取了一定的措施来制止环境污染行为并且及时回复了检察机关，但仍因环境污染问题尚未及时解决而被提起了诉讼，这便涉及到如何界定行政机关依法履职的标准。行政机关是否依法履行职责分为作为的方式和不作为的方式，对于行政机关滥用职权、违法行使行政权导致环境公益遭受侵害的情况，由于存在行政机关主动作为的因素，相对容易发现和辨别。然而，针对行政机关的不作为，因涉及不同的评判标准，难以形成统一的认识。对于检察机关而言，缺乏对于行政机关依法履职的认定必然会影响到后续程序的有效开展，甚至会出现不同地域的环境行政公益诉讼案件的处理方式差异过大的情况。另外，对于行政机关而言，无法具体、实际地判断自身是否符合检察机关对于依法履职的评价标准，也会导致行政机关在面对检察建议时的疑惑和不知所措，造成环境行政公益诉讼诉前程序的目的落空。

（三）检察机关调查取证困难

作为诉前程序的重要部分，环境行政公益诉讼调查取证工作开展的顺利与否将会直接影响检察机关诉前程序的履行效果。规则层面虽明确规定了检察机关在办理公益诉讼案件中拥有调查取证的权力，同时规定了相关主体的协助义务。然而，实践当中，该项权力的开展却并不顺利。最高人民检察院第八检察厅副厅长王莉在最高人民检察院召开的《坚持以人民为中心，全面推进公益诉讼检察工作》① 新闻发布会上认为，当下我国检察机关在公益诉讼领域的调查取证工作还存在诸多的困难，检察机关调查取证权缺乏有效的保障，需要进一步进行针对性的解决。《检察公益诉讼解释》规定的检察机关在公益诉讼领域的调查取证权太过抽象，并未涉及对于违反该条规定所要承担的法律后果。最高人民检察院副检察长张雪樵表示，公益诉讼在全国铺开后，行政机关并不理解检察机关的公益诉讼职能，对其工作存在诸多的情绪抵触。② 对于环境行政公益诉讼案件来说，行政机关的违法证据大多由其自己掌握，出于保护自身的主观原因，加之不存在相应的违法成本，实践当中拒绝配合检察机关调查取证的现象时有发生，严重阻碍了检察机关调查工作的顺利开展。另外，鉴于环境行政公益诉讼调查取证工作涉及诸多专业领域，是一项综合性、技术性的工作，如环境损害程度的鉴定以及环境修复的成本估算等问题，作为法律监督机关的检察机关很难独立胜任，常需要具有相关资质的行政机关予以配合，但如前述所言，许多行政机关对此并不理解，甚至不愿配合。

同时，依据《人民检察院提起公益诉讼试点工作实施办法》第6条规定，检察机关在公益诉讼领域调查取证时，严禁采取限制相关人员的人身自由，并且不得对相关人员的财产采取查封、扣押、冻结等强制性措施。种种规定上的缺失导致检察机关的调查取证权与公民、社会组织无异。检察机关在日常调查取证过程中面对的多为拥有诸多权力的行政机关，缺乏刚性的调查取证权并不能有效地震慑行政机关，在面对行政机关拒绝配合的情况下，检察机关很难进一步掌握相应的证据，实践中甚至出现了检察机关在调查取证过程中遭受人身威胁的情况,③ 严重地阻碍了调查取证的开展。监察体制改革后，检察机关移除了大部分职务犯罪的办案权，严重削弱了其对于行政机关的监督作用，若是不对检察机关的调查

---

① 参见最高人民检察院：《"坚持以人民为中心 全面推进公益诉讼检察工作" 新闻发布会》，载最高人民检察院网 https：//www.spp.gov.cn/spp/zgrmjcyxwfbh/zgjqmtjgyssjcgz/index.shtml，最后访问日期：2021年5月3日。

② 参见最高人民检察院：《"坚持以人民为中心 全面推进公益诉讼检察工作" 新闻发布会》，载最高人民检察院网 https：//www.spp.gov.cn/spp/zgrmjcyxwfbh/zgjqmtjgyssjcgz/index.shtml，最后访问日期：2021年5月3日。

③ 参见李小东：《论检察机关对生态文明的司法保障》，载《广东社会科学》2019年第6期。

工作提供一定的制度性保障，那么环境行政公益诉讼的调查取证工作便不能有效开展，诉前程序的效果也会流于形式。

三、检察机关参与环境行政公益诉讼诉前程序的完善

环境行政公益诉讼诉前程序的制度安排，节约司法资源的同时为环境公共利益的维护提供了新的解决思路。检察机关通过履行诉前程序，可以有效地监督行政机关践行依法行政的践行情况，敦促其积极履行自身应尽的职责。数年的实践证明，该项极具创新的制度性设计在我国取得了巨大的成效，在节约司法资源的同时更加高效地解决了生态环境的污染问题。然而，需要强调的是，我们在环境行政公益诉讼领域肯定诉前程序的同时，也必须正视其在规则的布设层面依然存在诸多的不足。笔者将对现存的问题与不足进行进一步的剖析，寻找完善之法。

（一）明确案件来源渠道

对于检察机关案件来源的规定，除了检察机关主动发现外，还应当明确包括如公民、社会组织等社会力量向检察机关提供案件线索的情形，① 同时重视社会力量对于案件线索的提供。环境公益损害的事实通常具有长期、隐蔽性等特点，产生大面积的环境公益侵权事件也需要一定时间的积累，环境公益侵权行为若是不能够被及时、尽早发现，往往会酿成更大的环境公益损害后果。当下我国司法机关普遍存在案多人少的客观现状，检察机关作为我国司法力量的重要部分，同样面临相应的难题，一味地要求检察机关主动去发现案件线索很有可能事倍功半。此时，社会力量的作用便得到了有效的凸显，作为环境公益侵权行为的直接或间接受害者，由于接近环境污染源头，使得他们能够第一时间发现生态环境遭到破坏的事实。目前，我国并未赋予公民提起环境民事公益诉讼的资格，公民及社会组织发现环境污染后一般也更倾向于向相关行政机关进行反映。然而，行政机关若是及时采取了有效的措施，制止了环境污染行为固然皆大欢喜，倘若行政机关存在怠于履行职责，拖延、包庇环境公益侵权主体等行为，往往会给环境公

---

① 参见周虹、王栋：《检察机关提起行政公益诉讼制度构建中的问题》，载《中国检察官》2018 年第 3 期。

共利益造成更大的损失。因此，为保障环境行政公益诉讼诉前程序应有职能的充分发挥，应明确检察机关获取案件线索的机制，规则对于检察机关"履行职责"进行明确的规定，包括检察机关主动发现以及社会力量的举报，还可以出台相应的司法解释来明确相关规定。此外，检察机关可以为公民和社会组织健全案件线索的反映渠道，保障社会组织及公民能够与检察机关相关部门形成畅通的沟通机制，也可以通过网络来接受社会力量的举报。

（二）完善行政机关依法履职的认定

就起诉的条件而言，检察机关起诉行政机关所要满足的形式要件是行政机关在收到检察建议后的行政不作为行为。针对行政机关的行政不作为的认定问题，笔者认为检察机关可以采用结果加行为并行的认定模式。检察机关依法送达检察建议后，在判断行政机关是否履职的标准方面，应首先考量的是其是否已经履行了其应尽的职责，并且积极将履职情况回复检察机关。其次，还要考量行政机关采取的行政行为是否已经对环境公共利益的修复起到了效果，实践中常常出现行政机关与检察机关对于履职标准认定不一的情形，导致行政机关因履职结果与检察机关预期存在差距进而被提起了环境行政公益诉讼。

内蒙古自治区鄂托克旗人民检察院诉鄂托克旗草原监督管理局行政公益诉讼案中，鄂托克旗阿尔巴斯苏木巴音陶勒盖嘎查敖伦布拉小组村民李某，违法在自家承包的牧场内开垦，造成了草场大面积损毁，严重破坏了生态环境，鄂托克旗草原监督局遂将该案移送至司法机关处理，经鄂尔多斯市中级人民法院裁定李某构成非法占用农用地罪。之后，鄂托克旗草原监督局一直未要求李某恢复草场植被，造成了生态破坏的进一步加剧。鄂托克旗人民检察院知晓此事后向鄂托克旗草原监督局送达了检察建议书，建议其采取有效措施，恢复被破坏的草场植被。鄂托克旗草原监督局 10 日后向李某下达了限期恢复植被通知书，由于被破坏的草原所种农作物正值生长旺盛时期，强行铲除农作物会造成草场环境的进一步恶化，因此鄂托克旗草原监督局暂时先要求李某补种了柠条等多年生优质牧草，来年则不得耕种粮食及经济作物，并且与当事人签订了"恢复草原植被责任状"，事后向检察机关进行了回复。后来检察机关仍以草场仍处于破坏状态为由向鄂托克旗人民法院提起了环境行政公益诉讼。

上述案件可以得出，鄂托克旗草原监督局并非怠于履行自身职责，其在接到检察建议书后迅速反应，不久便制定了相应的解决方案。然而，由于生态恢复的长期性特点，环境生态的保护并不能在短期内迅速见效，导致了三个月后仍旧被检察机关起诉。通过最高人民检察机关在 2020 年 5 月 25 日发布的《最高人民检察院工作报告》来看，2019 年各级检察机关共发出检察建议 103076 件，整体回复率达到了 87.5%，大多环境公益案件在诉前程序阶段便得到了有效解决。表明绝大多数行政机关对于检察机关在环境行政公益诉讼领域履行诉前程序是非常尊重的，在法定期限内都能够及时地回复检察机关。然而，环境生态保护工作涉及的问题错综复杂，生态恢复工作伴随着周期性过长的问题，相应的行政管理工作很难一蹴而就，行政机关的是否依法履行职责也应当进行合理的区分。笔者认为，一般情况下，遵循行为与结果的双重标准，无论哪一项不符合条件，检察机关皆可以认定行政机关并未依法履行职责。具体来说，倘若行政机关在收到检察建议后，积极采取了相应的措施，并且及时回复了检察机关，然未能有效制止环境公益侵权行为，且环境污染持续扩大或者依旧受到威胁的情况下，由于环境污染的结果并未消除，即使其行为符合了要求，检察机关也应当认定其没有依法履行相应的职责，应当对其提起环境行政公益诉讼。另外，特殊情况下，考虑到环境保护工作的特殊性，面对那些长期性的生态恢复工作，如植被、土壤的修复问题等，只要行政机关制定了较长的可行性方案，即使当下在短时间很难做到行之有效，但只要符合生态环境的修复规律，检察机关也应当尊重行政机关的做法，① 认定其依法履行了应尽的职责。

（三）强化检察机关调查取证权

调查取证工作作为环境民事公益诉讼诉前程序的重要一环，影响着检察机关对于案件事实的掌握以及后续检察建议的发出，而缺乏必要保障的调查取证权形同虚设，难以满足检察机关调查取证的实际需求，环境公益的保护涉及利益众

---

① 参见徐全兵：《检察机关提起行政公益诉讼的职能定位与制度构建》，载《行政法学研究》2017 年第 15 期。

多，环境污染者多为企业法人及非法人组织，面对经济利益的损失，极有可能出现当地行政机关为了追究所谓的政绩而存在包庇、维护环境污染者的情况出现，导致检察机关的调查取证工作面临阻碍。当前，检察机关在面对经营性主体进行调查取证时，若是没有行政机关的协助调查，很难得到案件相关的重要证据，严重影响了检察机关后续工作的顺利开展。

为帮助检察机关掌握环境污染的具体情况，严格判断行政机关的行为，迫切需要强化检察机关调查取证的刚性，而要保障检察机关调查取证的刚性，重点是要明确相关主体拒绝或消极配合检察机关调查取证所要承担的不利法律责任。考虑到调查取证的对象以及检察权与行政权的特殊关系，笔者认为可以从两个方面来进行考虑。首先，对于环境污染主体而言，检察机关可以对其妨碍调查取证的行为予以一定的训诫、罚款，构成犯罪的，依法追究其刑事责任。其次，对于证人而言，由于我国尚未规定对于证人不履行作证义务的后果，检察机关现阶段仅能以劝诫的方式争取证人提供相关的证据，而不能施以人身、财产方面的限制。最后，对于行政机关而言，无论是否属于相关污染主体的监管机关，都应当无条件地协助检察机关的调查取证工作。同时，考虑到行政机关不予配合取证工作的可能性更大，可以明确各级政府其行政部门在支持配合检察公益诉讼工作中的责任义务，将其依法支持配合检察机关公益诉讼工作情况作为法治政府建设考核的重要内容。只有明确了相关主体妨碍检察机关调查取证权所要承担的不利后果，才可以对相关调查取证的主体形成强制力，能够在震慑取证主体的同时保障环境行政公益诉讼诉前程序的顺利开展，推动环境行政公益诉讼的发展。

环境行政公益诉讼诉前程序是一项符合我国国情、具有中国特色的制度设计，数年的实践表明，该制度在维护环境公益方面效果显著，是一项行之有效的制度创新。然而，该制度并非完美无缺，我们在表示肯定的同时也应正视其缺失与不足。就制度的完善层面，笔者认为应当从三个方面进行考虑。首先，要明确检察机关案件来源渠道，扩大检察机关获取环境公益案件线索的来源，规则层面要重视公民及社会组织的力量，将其引入环境公共利益的维护中来；其次要明确行政机关的履职标准，采取行为+结果的双重审核标准，结合具体的环境污染案件，综合评价行政机关依法履职的标准；最后，还要从强化检察机关调查取证权方向进行着手，加强其调查取证的刚性，明确妨碍该项权利的不利后果，为保障调查取证工作的开展以及后续诉前程序的质量、效率奠定基础，最终实现环境行政公益诉讼诉前程序应有的价值内涵。

第五章 环境民事公益诉讼中检察机关的调查取证权

第一节 环境公益诉讼中检察机关调查取证权的运行机制

环境公益诉讼中检察机关调查取证权的运行机制，是指环境公益诉讼中检察机关调查取证权的各项构成要素及其相互作用所形成的动态系统。近年来，随着环境污染、生态破坏和野生动植物濒危等各类危害或侵害社会公共利益问题的日益加剧，环境公益诉讼机制在我国应运而生且得到了长足的发展，为检察机关保护生态环境公益提供了切实的制度保障，[1] 而调查取证权的授予则为其准确、全面认定生态环境案件的情况配备了得力的措施。检察机关调查取证权的相关机制设计与其在环境公益诉讼中的职能定位密不可分。[2] 然而，目前我国仍对检察机关在环境公益诉讼中的职能定位莫衷一是，加之现行规则对其调查取证权运行机制的设置缺乏系统性和针对性，此即导致检察机关实际行使调查取证权时存在运行原则不明确、运行要件不细化、运行程序不规范和运行效力不够强等诸方面的现实障碍。为破解这些运行困境，亟须构筑起全方位、系统化、规范化的符合环境公益诉讼应然要求的检察机关调查取证运行机制体系，进而保障检察机关调查取证权的顺利运行，从而推动检察环境公益诉讼活动的有效开展。

---

[1] 参见吴俊：《中国民事公益诉讼年度观察报告》，载《当代法学》2018 年第 5 期。

[2] 参见刘建新：《论检察环境公益诉讼的职能定位及程序优化》，载《中国地质大学学报（社会科学版）》2021 年第 4 期。

一、环境公益诉讼中检察机关调查取证权运行机制的解析

2021 年出台的《人民检察院公益诉讼办案规则》（以下简称《公益诉讼办案规则》）在 2018 年《检察机关民事公益诉讼案件办案指南》（以下简称《办案指南》）的基础之上，对调查取证问题进行了细化，为民事公益诉讼中检察机关行使调查取证权提供了基本指引。环境公益诉讼中检察机关调查取证权，是指检察机关在办理环境公益诉讼案件时，采取各种方式依法调查案件情况并收集、固定、保存和审查相关证据的职权。作为该项职权的具体表现形式，检察机关调查取证权的运行机制，是指检察机关调查取证权的各项构成要素及其相互作用所形成的动态系统。其主要包括四个要素：其一，运行原则是检察机关调查取证权运行的基本规律，引领着调查取证的方向和边界，决定了运行程序的细则和运行效力的强度。其二，运行要件是检察机关调查取证权运行的必要条件，包括调查取证的主体、内容和方式等诸方面。其三，运行程序作为检察机关调查取证权运行的规则和流程，是其运行原则和运行要件在程序上的具体表现方式。其四，运行效力即检察机关调查取证权运行的约束力，是检察机关调查取证权运行机制各项构成要素相互作用所产生的法律效果。在运行原则的适当指引和运行程序的明确规范下，各运行要件方能实现合理配置，从而共同推动检察机关调查取证权的有效运行。上述运行机制的构成要素在相互作用的过程中可以实现相辅相成的效果，对于检察机关调查取证权的设置和运行具有重要的理论价值和现实意义。一方面，运行机制可以体现检察机关调查取证权各项要素的具体建构是否符合民事公益诉讼程序和实体的应然要求。另一方面，其也可以反映检察机关调查取证权的实际运行是否满足环境公益诉讼的现实需要。总之，运行机制是检验环境公益诉讼中检察机关调查取证权实际效果的试金石。

二、环境公益诉讼中检察机关调查取证权运行机制的检视

通过解析环境公益诉讼中检察机关调查取证权运行机制的构成要素及其内在机理，可知各项构成要素之间相互作用，相辅相成，缺一不可。值得注意的是，除了探究检察机关调查取证权运行机制的外在表现形式，还需剖析检察机关调查取证权运行机制的内在影响因素。鉴此，有必要从规则和实践两个层面综合考察

我国环境公益诉讼中检察机关调查取证权运行机制的现有问题，并缕析其相应成因。

（一）检察机关调查取证权的运行原则不明确

运行原则不但可以矫正检察机关调查取证过程中现存的偏误做法，还可以指引检察机关调查取证权运行的应然方向，本应将其置于运行机制的首要地位，但截至目前，我国对于环境公益诉讼中检察机关调查取证权的运行原则尚未给予必要的重视，仅在《公益诉讼办案规则》中规定"人民检察院办理公益诉讼案件，应当依法、客观、全面调查收集证据"，即要求检察机关行使调查取证权遵循程序法定原则和全面客观原则。但鉴于环境公益诉讼案件涉及大气、水、土壤和动植物等诸多环境要素，且受调查技术、时间和经费等各方面条件限制，检察机关实则难以全面调查生态环境受损情况及客观收集固定相关证据材料。由此可知，全面客观原则虽体现了检察机关调查取证权的谦抑性，却失之过苛，明显加重了检察机关调查取证权的运行负担。① 此外，作为检察权的下位概念，环境公益诉讼中检察机关的调查取证权本质上仍属于公权力的范畴，合法原则是公权力运行的基本原则，自然也属于检察机关调查取证权的运行原则之一。但较之于运行已久且具有强烈公权力属性的检察权，处于运行初期且更具当事人权利属性的检察机关调查取证权在运行原则方面应当有其特殊性。而现行规则对于检察机关调查取证权运行原则的设定过于空泛，且缺乏针对性，故亟须明确规定符合环境公益诉讼中检察机关调查取证权本质属性和基本规律的运行原则。

（二）检察机关调查取证权的运行要件不细化

若缺乏调查取证的主体、内容和方式等必要条件，则检察机关的调查取证权将形同虚设。目前，我国规则层面仅规定由检察机关行使调查取证权，对于其内部办案主体之间的职责分配则付之阙如。在实践中，检察机关过多偏重上级检察

① 参见胡婧：《行政公益诉讼领域检察调查核实权之理论证成与体系化建构》，载《甘肃政法学院学报》2020 年第 4 期。

院和检察长的领导决策，普遍采取决策主体与行使主体相分离的取证模式，① 这在一定程度上制约了一线办案检察人员在调查取证过程中的主观能动性和积极性的充分发挥。同时，《办案指南》和《公益诉讼办案规则》中规定的民事公益诉讼中检察机关调查取证的内容与一般侵权案件的构成要件并无二致，包括侵权主体、主观过错、侵权行为、损害事实以及因果关系。这种对构成要件采取穷尽列举的方式看似面面俱到，实则可能因缺乏必要的弹性而导致面面不到。若检察机关必须全面调查每个案件，则会承担更重的取证压力和消耗过多的司法资源。此外，《公益诉讼办案规则》中规定的检察机关调查取证方式多是获取法定证据种类的一般途径，缺乏针对环境公益诉讼中检察机关调查取证特质的必要个性化设置。在实际办案中，受人力、物力和财力等诸方面因素影响，检察机关更倾向于使用询问、调卷、走访以及谈话等强制性较弱的调查方式，很少运用现场勘验、仪器检测或者无人机等技术性调查手段，从而导致其难以应对生态环境类案件中证据材料难获取、损害后果和数额难衡量以及被调查主体不配合等诸多现实困境。可见，我国现有规则对于检察机关调查取证的主体、内容和方式等运行要件的设置过于宽泛，无法有效解决环境公益诉讼涉及的法律、专业以及技术层面的诸项问题。

（三）检察机关调查取证权的运行程序不规范

规范化的运行程序是保障检察机关调查收集的证据材料具备证明能力的前提条件。我国现有规则层面仅静态化地规定了检察机关调查取证权的部分运行原则和运行要件，并未动态化地布设该项职权的具体运行程序。一方面，检察机关调查取证权的启动程序较模糊。《公益诉讼办案规则》将调查程序置于立案程序之后，模糊了检察机关调查取证权的启动边界。此即导致实务中检察机关普遍认为，在立案之后方能启动调查取证权。其实在立案之前，公益诉讼部门对案件线索的真实性和可查性进行初步审查的行为，就已经实质性地启动了检察机关的调查取证权。另一方面，检察机关调查取证权的行使程序未细化。虽然《公益诉讼

---

① 参见刘加良：《检察公益诉讼调查核实权的规则优化》，载《法律与政治》2020 年第10 期。

办案规则》原则性地规定了检察机关调查取证的准备工作,包括制定调查方案、收集相关规则、准备调查设备以及确定调查方式等内容。因其未进一步细化检察机关在环境公益诉讼不同阶段调查取证工作的具体要求,这就难以针对性地解决检察机关调查取证过程中遇到的各种困境。此外,检察机关调查取证权的终结程序亦未分类。《公益诉讼办案规则》中规定了检察机关调查结束的文书形式,即《调查终结报告》,但在检察机关办理公益诉讼案件的实际过程中,调查取证工作包括收集、固定、保存和审查证据等内容,其中审查可分为立案前的初步审查和立案后的调查审查,若统一使用现有的《调查终结报告》,则难以区分检察机关调查取证权在不同诉讼阶段的具体差异。总之,缺乏规范性的运行程序既不符合检察机关调查取证权程序法定原则的要求,亦影响检察机关调取证据的证明能力,进而导致检察机关在举证环节处于不利地位。

(四) 检察机关调查取证权的运行效力不够强

检察机关调查取证权的强制性保障是影响其运行效力的重要因素。然而,我国学界对于公益诉讼中检察机关调查取证权强制性保障的有无、类型和程度等问题存在较大争议,[①] 而且现行规则明确禁止检察机关调查取证采取强制性措施,此即导致检察机关调查取证权在实际运行中的效力不足。具体表现在两个方面:其一,检察机关调查取证权的约束机制不强。《办案指南》和《人民检察院检察建议工作规定》(以下简称《检察建议工作规定》) 引入了司法警察协助调查、检察人员警告、严惩妨碍调查取证和公益诉讼检察建议等强制性措施,[②] 但在实际调查取证过程中,对于严重妨碍检察机关依法开展调查取证工作的有关单位和个人,检察人员的警告并无实质的强制力;公益诉讼检察建议亦有赖于被调查主体的落实,也不具有直接的约束力。其二,检察机关调查取证权的责任机制缺失。在我国现行规则框架下,被调查主体仅有配合义务,却不承担相应的法律责任。相关行政主体掌握的行政执法材料和案外人的证言往往是环境公益诉讼案件

---

① 参见刘加良:《检察公益诉讼调查核实权保障的误判及矫正》,载《检察日报》2020年8月27日,第7版。

② 参见胡卫列、王菁:《关于增强公益诉讼调查核实刚性的几点思考》,载《检察日报》2020年12月24日,第7版。

的重要证据来源。在办理环境公益诉讼案件时，因检察机关调取证据的文书缺乏强制约束力，相关行政主体和案外人通常选择消极拒绝或变相推诿，从而导致检察机关调查取证工作陷入僵局。如前所述，我国检察机关对于不配合调查取证的主体既不得采取强制性措施，亦无法追究其相应的法律责任。这种缺乏约束机制和责任机制的调查取证权不但严重影响了检察机关调查取证工作的权威性，而且明显减弱了检察环境公益诉讼的办案实效。

三、环境公益诉讼中检察机关调查取证权运行机制的完善

我国现行规则对于环境公益诉讼中检察机关调查取证权运行机制的设置缺乏系统性和针对性，导致检察机关实际行使调查取证权时，存在运行原则不明确、运行要件不细化、运行程序不规范和运行效力不够强等诸方面的障碍。为破解这些运行困境，急需合理配置检察机关调查取证权运行机制的各项构成要素，通过明确检察机关调查取证权的运行原则，细化检察机关调查取证权的运行要件，规范检察机关调查取证权的运行程序和加强检察机关调查取证权的运行效力，从而优化各项构成要素及其内在作用方式，进而构筑起全方位、系统化、规范化的符合环境公益诉讼应然要求的检察机关调查取证权运行机制体系。

（一）明确检察机关调查取证权的运行原则

作为检察权的具体表现形式之一，环境公益诉讼中检察机关的调查取证权在本质上仍属于公权力的范畴，鉴此，检察机关行使调查取证权除应遵循合法客观原则这一公权力的共通性原则之外，还应遵守公益诉讼中公益目的原则和比例原则等公益诉讼特有的原则。

合法原则是公权力行使的基本原则。环境公益诉讼中检察机关调查取证权作为公权力之一，其运行自然应当遵循合法原则。检察机关行使调查取证权不仅需在实体上符合法律规定，即调查主体法定、调查对象法定、调查方式法定和调查内容法定，还须在程序上严格守法。譬如，办理环境公益诉讼案件，应当由两名以上检察人员采取调卷、询问、咨询等法定方式，向当事人、案外人和行政机关依照法定程序调查案件情况和收集相关证据。同时，检察权的本质属性决定了环境公益诉讼中检察机关行使调查取证权须遵循客观原则。一方面，检察机关作为

"公益诉讼起诉人"，应当客观判断生态环境利益受损的状态，而不应片面追求于己有利的裁判结果；①另一方面，检察机关参与环境公益诉讼应当避免角色冲突，其在诉讼程序中实际上充当原告的角色，只有在终局裁判作出之后才转化为"法律监督者"身份，② 故检察机关不能以其特殊身份变相影响法院的判定结果，不可利用其职权优势任意侵害相对人的合法权益，避免检察机关参诉破坏民事诉讼程序中审判权中立和当事人诉讼地位平等的基本原则。总之，检察机关遵循合法客观原则，方能确保其调取证据的合法性和合理性。

公益目的是检察机关参与环境公益诉讼的出发点与落脚点。检察环境公益诉讼机制的确立是对保护生态环境公益迫切需求的及时因应。近年来，检察机关参与环境公益诉讼积累的经验也为保护生态环境公益提供了有力的司法保障。而作为保证检察机关顺利参诉的得力措施，环境公益诉讼中检察机关的调查取证权自然也应以公益目的为出发点与落脚点，即要求检察机关行使调查取证权以维护生态环境公益的需要为限，同时须协调公共利益和私人权益的关系，不能借维护公共利益之名侵害私益主体的合法权益。鉴此，应对检察机关调查取证权行使的目的、方式和程度进行合理的限制。譬如，检察机关行使调查取证权是为了及时查证公共利益受损的状态，而非为了直接救济相关案件中的私人权益；又如，检察机关调查取证的强制性不能超过民事公益诉讼案件的必要限度，否则可能会侵害被调查主体的人身权益和财产权益，即与民事诉讼程序中当事人诉讼地位平等原则相悖。此外，为防止检察机关滥用调查取证权，需要设置配套的内、外部监督机制，从而为被调查主体维护自身合法权益提供相应的救济途径。检察机关参与环境公益诉讼的目的是维护公共利益，故检察机关须符合"公共利益维护者"的角色定位，其调查取证应坚持公益目的原则。

依据比例原则中的适当性、必要性和均衡性原理，环境公益诉讼中检察机关行使调查取证权应遵照调查方式的适当性、调查内容的必要性以及调查成本和收益的相称性等基本要求。一方面，检察机关应当对环境公益诉讼案件进行类型化

---

① 参见韩静茹：《民事检察权研究》，北京大学出版社 2018 年版，第 291~293 页。

② 参见占善刚、文艺韵：《民事公益诉讼中检察机关调查核实权性质之检讨》，载《广西政法管理干部学院学报》2020 年第 6 期。

分析，针对不同类型的案件采取不同的调查方式。对于危害范围小、复杂程度低的案件，办案检察人员采取调阅书证、询问或走访等传统调查方式即可查明案件情况和相关证据；对于情况紧急，污染、危害扩散迅速的案件，检察人员除采取上述传统方式外，还需运用现场勘验、检测鉴定或无人机拍照等新型调查手段，从而及时调取流动性和易逝性强的证据材料。另一方面，检察机关的调查内容应遵循必要性原则。不要求检察机关穷尽调查所有的侵权诉讼构成要件，在明确其主要调查内容的基础之上，可以增加兜底的弹性条款，赋予检察机关一定的自由裁量权。此外，检察机关应当注意调查成本和收益的相称性。检察机关要合理配置办案人员，确保其在调查取证过程中充分发挥各自的主观能动性。检察机关在初步审查案件线索时，应提前预估调查取证的困难和风险，对于不存在公共利益受损或公共利益已经提前实现而不需要立案的案件，应当及时终结调查，从而降低司法成本。对于与生态环境有关的专业性问题，检察机关难以确定或者鉴定成本过高的，可以结合案件其他证据，并参考有关生态环境保护领域行政机关的意见或借助专家的专业知识予以认定。总之，遵循比例原则有助于检察机关正确处理案件公正性与司法资源有限性的关系。

（二）细化检察机关调查取证权的运行要件

检察机关调查取证权的有效运行离不开各司其职的检察人员、明确具体的调查取证内容以及丰富多元的调查取证方式。故应从优化办案检察人员的职责配置、赋予检察机关必要的机动调查取证权和丰富检察机关调查取证的方式三个方面进一步细化检察机关调查取证权的运行要件。

其一，优化办案检察人员的职责配置。虽然《公益诉讼办案规则》构建了"检察官+检察辅助人员"的调查取证模式，但尚未具体展开。为提升检察机关调查取证权的运行效率和运行效果，应明确突出检察官在调查取证工作中的主导作用，同时充分发挥检察辅助人员参与调查取证的协助功能。检察官负责认定案件事实和采信相关证据，由其主导调查取证工作符合案件亲历性要求。检察辅助人员包括检察官助理、书记员、检察技术人员和司法警察。检察官助理与书记员共同参与环境公益诉讼案件调查取证工作，有利于应对该类案件中调查周期长、调查范围广和调查人数不足等现实挑战；检察技术人员拥有专业知识和技术手段，能够有效解决环境公益诉讼调查取证中涉及的专门性、技术性问题；司法警察有权配备警械和采取紧急处置措施，可以及时处理妨碍调查取证、危害人身安全和财产安全等违法行为。鉴于上述各类检察人员在调查取证工作中履行各自的职责，故应当根据环境公益诉讼案件的性质采取不同的组合模式：对于案情复杂、影响范围大和技术性强的系列案件，建议采取"专案组"模式，配齐各类检察人员，充分发挥公益诉讼检察职能；对于调查风险和阻碍较大的案件，可以采取"检察官+检察官助理+司法警察"模式；① 对于不涉及技术性和强制性调查手段的案件，可以采取"检察官+检察官助理+书记员"模式。类型化"检察官+检察辅助人员"的调查取证模式，既能有效弥补检察人员在专业技术层面的短板，又能切实解决其在环境公益诉讼调查取证过程中可能遇到的新情况和新问题。

其二，赋予检察机关必要的机动调查取证权。如上所述，全面性原则大大增加检察机关的调查成本，也不符合比例原则，鉴此，应在明确其主要调查内容的基础上，增加弹性的兜底条款。② 检察机关应当重点调查生态环境侵权行为、生态环境损害结果和两者之间的因果关系以及其他必要的内容。从结构上看，发现生态环境侵权行为是检察机关审查案件线索的逻辑起点，认定生态环境损害结果是其追究侵权责任的核心要件，而判断这两者之间因果关系则是影响诉讼结果的关键环节。故生态环境侵权行为、损害结果和两者之间的因果关系应成为检察机关调查取证的主要内容。从功能上看，环境公益诉讼中检察机关调查取证权服务于其证明责任，故检察机关调查取证的内容应满足其证明责任的最低要求。③《民法典》第 1229 条和第 1230 条规定，生态环境和资源保护领域案件不以过错为构成要件，且由被告证明因果关系不存在。此种排除违法性要件和转换因果关系的证明责任分配规则体现了我国加强生态文明建设背景下减轻原告证明责任的

① 参见王新建：《检察公益诉讼调查取证可采取检警协作模式》，载《人民检察》2019 年第 9 期。

② 参见彭志刚、王稳：《民事检察调查权的范围与行使模式》，载《天府新论》2014 年第 1 期。

③ 参见樊华中：《检察公益诉讼的调查核实权研究——基于目的主义视角》，载《中国政法大学学报》2019 年第 3 期。

最新趋势。然而，较之于环境私益诉讼中的普通原告，环境公益诉讼中的检察机关作为掌握一定公权力的国家机关，其调查取证具有技术优势和制度优势。故为维护民事公益诉讼的实质公平，检察机关在实际办案中不能完全套用《民法典》设置的证明责任分配规则。检察机关不必证明侵权行为人的主观过错，但应证明侵权行为与损害结果之间存在初步因果关系，即关联性，只不过无须达到高度盖然性的证明标准。毕竟检察机关的调查取证活动并非审判机关的裁判活动，不能以庭审阶段的证明标准来要求公益诉讼的提起，否则会导致检察机关提起环境公益诉讼的条件过于严苛，进而悖离了检察环境公益诉讼机制的设计初衷。

其三，丰富检察机关调查取证的方式。虑及传统的调查取证方式难以满足检察环境公益诉讼业务的全方位要求，笔者认为有必要拓宽检察机关的调查取证方式。"互联网+检察"是信息技术时代检察改革的必然要求，检察机关可以利用"互联网+"技术，破解案件线索发现难、评估难和管理难等问题。《公益诉讼办案规则》中明确规定检察机关调查取证过程中除了使用照相机、执法记录仪等传统办案设备之外，还可以利用无人机、卫星遥感等现代技术，以克服时空隔离导致的调查障碍。目前，我国部分地区的检察机关已经作出了有效的实践探索。譬如，江阴市检察院研发智慧公益诉讼平台，实现了自动筛查案件线索，利用无人机完成了取证固证及跟进监督工作。[1] 同时，为保障调查取证权的顺利运行，应允许检察机关采取适度强制性的调查取证方式。被调查主体通常包括行政机关、环境污染企业和案外人，三方存在各种利益纠葛，若检察机关不能采取强制调取行政执法卷宗，强制勘验现场，强制传唤案外人等调查措施，则其难以收集证明生态环境损害的程度、范围和后果等初步证据，进而无法获得环境公益诉讼的胜诉结果，从而无法保护生态环境利益。当然，检察机关调查取证的强制性不得超过必要限度，[2] 即不得限制被调查主体的人身自由或正常经营活动，这既是比例原则中调查方式适当性的具体要求，也是民事诉讼保护被调查主体合法权益的应

---

[1]　参见最高人民检察院：《检察机关服务保障长江经济带发展典型案例（第三批）》，载最高人民检察院网 https：//https：//www.spp.gov.cn/xwfbh/wsfbt/202012/t20201211_488711.shtml#2，最后访问日期：2021年6月13日。

[2]　参见赵信会：《再论检察机关的民事证据调查权》，载《河南财经政法大学学报》2020年第1期。

有之义。

（三）规范检察机关调查取证权的运行程序

在运行原则的适当指引和运行程序的明确设定下，各运行要件方能实现合理配置，从而共同推动检察机关调查取证权的有效运行，鉴此，应规范检察机关调查取证权的运行程序。

一方面，要明确检察机关调查取证权的启动程序。环境公益诉讼中检察机关调查取证活动贯穿线索发现、立案调查、诉前程序、诉讼程序和监督执行等各个环节，调查取证权的启动阶段、启动方式和启动主体是影响环境公益诉讼诉讼质效的关键因素。收集、审查和评估案件线索，是检察机关开展公益诉讼调查工作的起点，也是检察机关确立调查方向和范围的前提，故应明确检察机关在线索发现阶段即可启动调查取证权。在发现环境公益受损的情况后，若社会组织起诉有困难，可申请检察机关协助调查取证；若检察机关自行起诉的，可依职权启动调查取证权。检察机关可根据案件的复杂程度采取不同的审批程序：对于一般环境公益诉讼案件，经部门负责人审核，检察长审批，承办检察官可以启动调查取证权；对于重大、复杂和疑难或涉及强制性调查取证方式的案件，须经检委会讨论，检察长审批，承办检察官方能启动调查取证权；对于情况紧急、污染迅速扩散的案件，依据效率原则，检察长可以授权承办检察官，允许其先启动调查取证权，再履行相应的报批程序。

另一方面，要细化检察机关调查取证权的行使程序。检察机关调查取证权在环境公益诉讼各阶段有不同的表现形式，鉴此，明确各个阶段检察机关调查取证工作的具体要求洵属必要。在线索发现阶段，检察机关可以利用案件线索管理平台进行自动筛查，获取初步调查取证的结果，并形成《初步调查报告》，从而判断是否立案。若符合立案要求，根据案情，可以由检察官独任办案或者成立以检察官主导的办案组，充分发挥检察官及其辅助人员的职能优势，研究制定相应的调查取证计划，提前做好准备工作。在诉前程序中，检察机关根据环境公益诉讼案件的复杂程度，预判调查取证的困难和风险，进一步确定调查取证的方向、范围和流程等。为提高诉前程序调查取证的效率，建议检察机关先行调查生态环境相关部门的执法情况。借助相关部门已经掌握的生态环境受损事实，能够避免重复调查取证。通过了解相关部门的履职情况，可向其提出针对性的检察建议，督促其纠正违法行为或履行环境监管职责。若相关部门采取有效措施，实现了保护生态环境的目标，则可终结调查取证。若相关部门履职仍不足以维护生态环境利益，检察机关则继续调查侵权主体的相关情况。此外，为保障被调查主体的合法权益，检察人员在询问侵权行为人、证人或勘验物证、现场时，应使用视频监控、执法记录仪等技术设备，这样既有利于确保被调查主体真实反映案件事实，亦有助于遏制检察机关违法调查取证行为。

此外，要完善检察机关调查取证权的终结程序。检察机关调查取证涵盖了收集、固定、保存和审查证据等诸项内容，其中审查包括案件线索审查、立案后审查和诉前调查等诸多环节。有必要针对不同的审查情形设定相应的终结程序。在线索初查阶段，经查证无环境公益受损的情况，检察机关因不予立案而结束调查取证的，可以发出《不予立案决定书》，将审查意见和结果告知线索提供者，并报案件管理部门备案登记。在立案之后，检察机关在诉前调查了解相关情况，发出检察建议，促使相关行政机关履行环境监管职责或侵权主体主动和解，因无须起诉而结束调查取证的，应当制作《诉前审查报告》，注明案件线索来源、调查取证的过程和结果以及诉前审查意见等内容。经过诉前程序，生态环境公益仍未得到有效救济，检察机关即将准备提起环境公益诉讼的，应当提供《起诉审查报告》，详细记录案件基本情况、诉前程序进展情况、跟进调查情况和起诉审查意见等事项，并附上证据清单，由参与调查的检察人员签字盖章。区分案件线索审查、立案后审查和诉前调查等不同情形中检察机关调查取证终结的文书格式，规范检察机关调查取证结果的形式和内容，能够一目了然地识别出检察机关调查取证工作进展到哪一阶段，从而为检察机关实质性地参与环境公益诉讼提供具有针对性和可操作性的处理方案。

（四）加强检察机关调查取证权的运行效力

检察机关调查取证权的运行效力对于厘清案件事实、收集相应证据和取得胜诉判决具有重大影响。为实现环境公益诉讼的目的，笔者建议从加大检察机关调查取证的约束机制和构建被调查取证主体的责任机制两方面加强检察机关调查取证权的运行效力。

　　一方面，加大检察机关调查取证的约束机制。如前所述，在司法实践中，检察人员警告、公益诉讼检察建议的直接约束力不足，导致检察机关在调查取证过程中难以应对部分行政机关、组织或个人的消极拒绝配合甚至积极抵触调查的行为。鉴此，急需加强检察机关调查取证的约束机制。应将妨碍检察机关调查取证的行为纳入妨害民事诉讼的范畴。① 公益诉讼中被调查主体的证据协力义务，不仅发生在诉讼系属中，也存在于诉讼系属前。② 若被调查主体违反该义务，即构成证明妨碍，属于妨碍诉讼行为之一，检察机关可以参照适用《民事诉讼法》第114条和第117条中法院对妨碍诉讼行为的处治方式。对于伪造、毁灭重要证据或严重危害检察人员人身安全及检察机关财产安全的有关单位或人员，检察机关可以对其予以罚款、拘留；构成犯罪的，依法追究刑事责任。对于有作证义务而不予配合的单位或人员，除了可以采取上述制裁措施外，检察机关还可以向被调查主体的上级行政单位、企事业单位行政主管部门或其所属单位发出检察建议，建议相关单位加强思想沟通工作，责令其主管的单位或人员履行配合义务；同时，明确检察建议的回复期限、回复方式和拒不执行的法律后果，若被建议单位未按照检察建议的要求作出相应的处置措施，则可以对其采取党纪、政纪处分或行政处罚等制裁。通过行政管理体系和社会责任体系，督促被调查主体的相关单位积极采取措施，利用组织管理压力，迫使对被调查主体履行配合义务。

　　另一方面，构建被调查取证主体的责任机制。对于妨碍检察机关调查取证的主体，除设置强制措施和公法上的制裁之外，还可以通过设置相应的责任机制，让其承担诉讼上的不利后果和社会责任中的不利益。2020年新修改的《最高人民法院关于审理环境公益诉讼案件适用法律若干问题的解释》（以下简称《环境公益诉讼解释》）第13条规定，若经原告申请，被告拒不提供不利于己方的证据材料，法院可以作出有利于原告的推定。依据该条司法解释，可以直接将被告妨碍检察机关调查取证的行为与公益诉讼的裁判结果相挂钩，让其承担妨碍调查

① 参见曹建军：《论检察公益调查核实权的强制性》，载《国家检察官学院学报》2020年第2期。

② 参见刘显鹏：《民事证明制度改革的架构与径路研究》，武汉大学出版社2020年版，第79页。

行为在诉讼上的不利后果。[1] 当然，为避免检察机关过度依赖事实不利证据推定制度，检察机关必须提交其发出过调取证据的文书以及证明被调查取证主体应当持有或确实持有该文书中所载明的证据材料。[2] 此外，还可以借助社会舆论力量增强检察机关调查取证权的运行效力。[3] 针对有关单位或个人消极拒绝和变相推诿调查的情况，检察机关可以构建公益诉讼信息公开平台，将有关单位或个人的基本情况、受处分记录以及执行状况等信息予以公示，从而确保社会公众对与其利益密切相关的公益诉讼案件有知情的可能。对于平台上所曝光的受到刑事处罚与行政处分的被调查主体，可以利用社会公众舆论压力，形成对妨碍调查取证主体的否定评价。譬如，取消有关单位和个人评优评先的资格，削减其妨碍检察机关调查取证行为所获取的利益，让其承担由此造成的社会责任中的不利益，从而增强检察机关调查取证权的威慑力和公信力。

我国现行规则对于检察机关调查取证权运行机制的具体建构并不完全符合民事公益诉讼程序和实体的应然要求，从而导致其实际运行效果不尽如人意。鉴此，急需合理配置检察机关调查取证权运行机制的各项构成要素：一是明确检察机关调查取证权的运行原则，遵循合法客观原则、公益目的原则和比例原则；二是细化检察机关调查取证权的运行要件，优化办案检察人员的职责分配，赋予检察机关必要的机动调查取证权，丰富检察机关调查取证的方式；三是规范检察机关调查取证权的运行程序，明确检察机关调查取证权的启动程序、行使程序和终结程序，从而增强检察机关调查获取的证据的证明能力；四是加强检察机关调查取证权的运行效力，通过加大检察机关调查取证的约束机制和构建被调查取证主体的责任机制，提高检察机关调查取证权的威慑力。以此来优化各项构成要素及其内在作用方式，进而构筑起全方位、系统化、规范化的符合环境公益诉讼应然要求的检察机关调查取证权运行机制体系。

---

[1]　参见刘显鹏：《环境民事公益诉讼证明责任分配研究》，中国社会科学出版社 2019 年版，第 125 页。

[2]　参见王慧、樊华中：《检察机关公益诉讼调查核实权强制力保障研究》，载《甘肃政法大学学报》2020 年第 6 期。

[3]　参见赵大维、李金刚、郭聘：《公益诉讼调查的难题与对策》，载《检察日报》2021 年 4 月 22 日，第 7 版。

第二节　环境公益诉讼中检察机关调查取证的保障机制

环境公益诉讼中检察机关调查取证的保障机制，是指为保障检察机关在环境公益诉讼中调查取证活动的顺利开展在人力、物力和财力等诸方面所作的相应配置。近年来，在加强生态文明建设的时代背景下，检察环境公益诉讼机制在我国蓬勃发展起来。在检察机关参与环境公益诉讼的过程中，全面掌握案件情况无疑是其有效推动公益诉讼进程的基础，而作为掌握案件情况的前提——检察机关调查取证，则是重中之重。调查取证是检察机关实质参与摸排线索、查明案情、提起诉讼和监督执行等公益诉讼活动的有力措施。然而，环境公益诉讼中检察机关调查取证的设置和运行在我国尚处于起步阶段，现有规则对于其配套保障机制付之阙如，此即导致检察机关在实际调查取证过程中深受调查组织配置混乱、调查技术支持匮乏和调查资金供给不足等诸方面问题的困扰。为破解这些现实困境，亟须建立健全检察机关调查取证的配套保障机制，从而充分发挥检察机关调查取证程序的预设功能，进而有效推动环境公益诉讼机制的持续发展。

一、环境公益诉讼中检察机关调查取证保障机制的现有布设

2020 年新修改的《最高人民法院、最高人民检察院关于检察公益诉讼案件适用法律若干问题的解释》（以下简称《检察公益诉讼解释》）规定，检察机关办理公益诉讼案件可以调查收集证据材料。作为检察机关参与环境公益诉讼的基础性权力，调查取证权能够确保检察机关了解案件基本情况、掌握相关证据材料，进而启动环境公益诉讼。检察机关调查取证程序的有效运行有赖于相应保障机制的得力配合。环境公益诉讼中检察机关调查取证的保障机制，是指为保障检察机关在环境公益诉讼中调查取证活动的顺利开展在人力、物力和财力等诸方面所作的相应配置。其主要包括三个要素：一是人力保障，检察机构及检察人员是检察机关调查取证权运行的组织载体；二是物力保障，硬件设备和软件技术是检察机关准确认定案件事实和及时收集相应证据的核心要件；三是财力保障，经费供给是影响检察机关调查取证质量和效果的重要因素。以上三个要素在检察机关调查取证权运行时相互作用，相辅相成，缺一不可。从实际情况来看，环境公益

诉讼中检察机关调查取证的保障机制主要体现在以下两个方面：一方面，检察机关作为公益诉讼起诉人，可以与公安机关、行政机关协作办案，其有权调阅刑事司法和行政执法的案件材料，因而具有组织优势；另一方面，检察机关作为掌握一定公权力的国家机关，在调查取证手段、措施与经费等诸方面都有制度保障，较之环保公益诉讼组织，其具有不可比拟的技术优势和制度优势。

目前，我国环境公益诉讼中检察机关调查取证的配套保障机制尚无法律来承载，而是散见在有关检察公益诉讼的司法解释性文件和地方性法规中。2017 年《最高人民检察院关于做好全面开展公益诉讼有关准备工作的通知》中要求，要"加强人才储备，选配有调查取证工作经验的人员，学习调查取证技巧"。2018 年《检察机关民事公益诉讼案件办案指南》（以下简称《办案指南》）中规定了"司法警察协助调查、检察机关警告妨害公务的法律后果和严惩阻碍调查取证"等调查保障举措。2019 年最高人民检察院与生态环境部等九部委会签的《关于在检察公益诉讼中加强协作配合打好污染防治攻坚战的意见》中提出，要"建立沟通协调机制和专业支持机制，探索完善鉴定收费管理和经费保障机制"。至 2021 年 6 月，全国已经出台的关于加强检察公益诉讼工作的相关地方性法规中亦涉及了调查取证的保障机制，主要涵盖公益诉讼检察建议权、司法警察紧急处置权和警械武器使用权以及公安机关查处妨害调查取证行为的义务等内容。[1] 通过梳理这些现有规定，可以发现，其对于检察机关调查取证保障机制的布设过于空泛，仅具有倡导性而缺乏可操作性，未能消解检察机关调查取证过程中面临的诸多困惑，亦未能构建起检察机关调查取证的保障机制体系。调查取证的主体、技术、经费等要素缺位，导致检察机关调查取证程序在实际运行中流于浮泛，进而无法在环境公益诉讼中发挥其应有功用，这不仅背离了检察机关调查取证权的设计初衷，更影响了检察环境公益诉讼业务的预期推进。

二、环境公益诉讼中检察机关调查取证保障机制的现实窘境

如前所述，在环境公益诉讼中，检察机关调查取证保障机制的各项要素相互

---

[1]　参见胡卫列、王菁：《关于增强公益诉讼调查核实刚性的几点思考》，载《检察日报》2020 年 12 月 24 日，第 7 版。

作用，共同推动调查取证程序的顺利运行。但也必须看到，我国检察机关调查取证保障机制的现有设置高度抽象，缺乏可操作性，这就导致检察机关在实际调查取证过程中面临着组织配置和协作不佳、调查取证技术落后以及调查取证资金不足等诸方面的现实困境。

（一）检察机关调查取证的组织保障不健全

由于环境公益诉讼案件涉及大气、水、土壤和动植物等全方位、多角度且强流动的诸多环境要素，一旦错过调查取证时机或遗漏调查取证环节，检察机关即难以全面调查认定生态环境受损事实及有效收集固定相关证据材料。复杂性强和专业性高的环境公益诉讼在一定程度上对我国检察队伍的专业技能水平提出了更高的要求，即办理环境公益诉讼案件的检察人员不仅要了解生态环境领域的相关专业知识，还要掌握相应的调查取证技能。然而，当前我国真正兼备生态环境领域的专业知识和调查技能的检察人员在数量上颇为稀缺。另外，在检察公益诉讼机制的发展初期，公益诉讼检察业务一直由民事行政检察部门负责，可毕竟民事行政检察传统业务与民事公益诉讼检察业务的专业背景与能力要求还是有较大差异，[①] 加之检察机关内部亦未跟进民行检察部门的组织建设，而且各业务部门之间的沟通渠道尚未打通，这就导致检察机关实际在办理环境公益诉讼案件的过程中，调查取证活动受到专业技能、组织协作及人员配置等诸方面的条件制约。检察机构及检察人员配置的相对滞后与环境公益诉讼业务的迅猛发展之间的抵牾日益突出，若检察机关不及时对其组织机构及人员配置进行相应的调整，则其难以满足环境公益诉讼对调查取证活动的多方面要求。

生态环境侵权行为往往具有隐蔽性和持续性，其造成的损害后果波及范围广且影响深远，加之生态环境侵权行为与损害后果之间的因果关系亦是复杂难断。故该类行为在实践中有时既构成破坏环境资源保护罪，也构成环境污染和生态破坏侵权，检察机关在一并提起刑事公诉和附带民事公益诉讼之后，常常需要依靠

---

① 参见刘艺：《我国检察公益诉讼制度的发展态势与制度完善——基于 2017—2019 年数据的实证分析》，载《重庆大学学报（社会科学版）》2020 年第 4 期。

环保部门和侦查机关在执法办案过程中所掌握的相关证据材料，方能查明生态环境损害事实、损害后果以及两者之间的因果关系，从而实现维护生态秩序与生态环境利益这双重目的。但截至目前，我国检察机关与其他相关部门之间的协作机制尚未形成。虑及自身利益，其他相关部门在民事公益诉讼中不配合检察机关调查取证，导致其错过取证、固证最佳时机的现象屡见不鲜。① 另外，当被调查主体采取暴力、威胁或者其他方法干扰、阻碍检察人员调查取证，甚至采取严重危害检察人员人身安全和破坏检察机关调查设备的行为时，无论是检察官还是检察辅助人员均无权采取相应的强制性措施，此即导致调查取证过程中检察人员的人身安全缺乏稳定可靠的保障。从当前的实践状况来看，办案检察人员会为了规避实地调查取证所可能带来的风险，选择询问、调卷以及谈话等强制性较弱的调查方式，从而导致调查取证活动流于形式，进而使得检察机关参与环境公益诉讼的实际效果自然不尽如人意。

（二）检察机关调查取证的技术保障不成熟

环境公益诉讼案件中的废气、污水、粉尘以及辐射等污染和危害很容易分解、扩散或转化，检察机关必须及时采取现场勘验、检测检验和拍照录像等调查方式，否则难以发现和收集与该类案件相关的测量数据、照片和视频资料等证据材料。鉴此，检察机关调查取证需要配备检测勘验仪、执法记录仪和无人机等专门设备和相应的技术人员。目前，我国已有部分地区的检察机关在公益诉讼调查取证的技术问题上，作出了有效的实践探索。譬如，内蒙古的检察院定制了配有摄像机、望远镜和检测仪等辅助设备的"公益诉讼工作车"，② 为其调查取证提供了一定的技术支撑。但在实际调查取证过程中，大多数检察机关受人员、技术和经费等诸方面的条件限制，仍然采用询问、调卷、走访和谈话等传统调查方式。尤其是部分环境污染严重地区的检察机关即使发现了相关案件线索，也因缺乏现场勘查、检测检验和远程取证等专门设备和技术人员，而不能及时调取、固

---

① 参见卢晶：《新时代刑事附带民事检察公益诉讼实践面向研究》，载《中国检察官》2020 年第 4 期。

② 参见沈静芳、王谦：《内蒙古呼伦贝尔海拉尔区：代表委员登上公益诉讼工作车》，载《检察日报》2018 年 5 月 14 日，第 7 版。

定流动性和易逝性强的证据材料，进而导致案件线索和相关证据灭失，从而难以提起环境公益诉讼来保护生态环境。

为破解调查取证所遇到的各种技术性难题，检察机关除了需要配置调查设备和技术人员之外，还需要委托专业机构或专家，通过鉴定、测量、评估以及论证等方式认定环境公益诉讼案件中涉及的专业性事实和相关证据材料。从最高人民检察院发布的环境公益诉讼典型案例来看，生态环境损害司法鉴定无疑是帮助参诉检察机关量化生态环境损害性质、范围、程度以及赔偿数额的重要手段。鉴于环境公益诉讼案件涉及自然科学和社会科学诸多领域的专业知识和技术手段，该类案件对司法鉴定机构的专业性和技术性的要求颇高。现阶段，我国检察机关在调查该类案件时往往面临着生态环境损害司法鉴定机构少且分布不均、鉴定费用畸高和鉴定技术规范不统一等诸方面的现实问题，[①] 此即导致生态环境损害司法鉴定的难度大、性价比低且公信力低，从而难以为检察机关调查取证提供优质高效的技术支持，进而使得检察机关在调查重大、复杂、疑难的环境公益诉讼案件时，常常陷入生态环境损害程度难判断、损害后果和数额难衡量以及因果关系难认定等现实困境。

由上可知，环境公益诉讼案件要求办案检察人员不仅要熟悉该类案件涉及的法律层面问题，还需了解生态环境领域专业、技术层面的问题。然而，检察人员实则难以在短时间内弥补其在生态环境领域专业、技术层面的不足，从而无法有效解决检察机关实际办案过程中遇到的层出不穷的新问题和新情况。譬如，评估、认定生态环境损害司法鉴定结论的科学性和合理性已经大大超出了检察人员传统业务能力的范畴，故必须借助专家辅助人的专业知识和技术来帮助办案检察人员解决相关方面的具体问题。在环境公益诉讼中，专家辅助人具有协助检察机关认定专业性问题、制发公益诉讼检察建议、确定调查取证方向以及完成举证质证等多样化的价值功能。[②] 为解决环境公益诉讼案件中涉及的生态环境领域专门性问题，我国规则层面对专家辅助人制度进行了一定的布设，但在其难免会有些

---

①　参见李清、文国云：《检视与破局：生态环境损害司法鉴定评估制度研究——基于全国 19 个环境民事公益诉讼典型案件的实证分析》，载《中国司法鉴定》2019 年第 6 期。

②　参见马勇：《从公益诉讼视角看我国环境损害司法鉴定》，载《中国司法鉴定》2016 年第 1 期。

许疏漏与不足。此即导致实践中生态环境领域的专家辅助人存在选任标准不统一、权利义务不明确和参诉程序不规范等诸多现实问题。① 这既直接影响了专家辅助人诉讼地位的明确界定，亦间接影响了其在环境公益诉讼调查取证活动中预设功能的充分发挥。

（三）检察机关调查取证的经费保障不充足

环境公益诉讼案件的专业性和技术性决定了检察机关需要借助技术检测、司法鉴定和专家咨询等辅助调查手段，方能及时发现或明确界定涉及生态环境专门性问题的案件事实和证据材料。在实际调查取证过程中，检察机关投入采购技术设备、委托专业机构和聘请专业人员等调查活动的成本相当高昂，这就使得原本预算较少的基层检察机关承担了更大的经费压力。为减轻检察机关在环境公益诉讼中调查取证的经费负担，我国正在积极推行司法鉴定费后缴机制。然而，"先鉴定、后付费"的机制设计只是权宜之计，并非一种科学的长久之策。此外，为保障环境公益诉讼机制的顺利开展，贵阳、昆明和海南等地区创建了环境公益诉讼专项资金制度。环境公益诉讼专项资金是指政府建立的用于承担环境公益诉讼涉及的调查取证、鉴定评估、提起诉讼等合理费用的专项资金。② 目前，环境公益诉讼专项资金制度在我国尚处于探索初期，至今未出台专门性的统一规定，各地对于该专项资金的使用、管理和监督等机制的设置亦缺乏系统性和规范性。③ 在现行制度框架下，由财政部门、环保部门或法院执行账户直接管理环境公益诉讼专项资金的模式，导致实践中该专项资金的使用效率不高且监督力度不强，此即有悖于环境公益诉讼专项资金制度的设立初衷。若无法保障该专项资金真正用于环境公益诉讼的各项活动之中，则可能导致检察机关的调查取证工作因缺乏稳定的经费支持而难以有效开展。

---

① 参见李义松、马翠霞：《探析专家参与环境公益诉讼的路径》，载《环境保护》2015年第 19 期。

② 参见衡飞玲：《环境公益诉讼费用困难分析及对策》，载《河南社会科学》2019 年第 2 期。

③ 参见慕金辉、赵爽：《环境公益诉讼资金保障制度探究》，载《西部法学评论》2014年第 2 期。

三、环境公益诉讼中检察机关调查取证保障机制的完善

我国现行规则对于环境公益诉讼中检察机关调查取证保障机制的布设缺乏可操作性和系统性，导致检察机关在实际调查取证过程中，存在组织配置和协作不佳、调查取证专业技术支持匮乏和经费保障不足等诸方面的现实困境。为破解这些现实困境，急需合理配置检察机关调查取证保障机制的各项构成要素，否则，势必会严重影响检察机关调查取证权预设功能的充分发挥，也会大大制约我国环境公益诉讼机制的长远发展。鉴此，应当通过健全检察机关的组织配置及协作、加大调查取证的专业技术支持以及完善环境公益诉讼专项资金制度等方式，从组织、技术和经费等诸方面构建起完备的环境公益诉讼中检察机关调查取证的保障机制体系。

（一）健全检察机关调查取证的组织配置及协作

人力资源的有效供给和组织机构的科学设置是检察机关调查取证程序顺利运行的基本保障，故须加强检察机关内部机构建设，促进检察机关与其他相关部门的外部协作和提升检察人员的安全保障水平，打造内外联动调查体系，由此形成一体化办案机制。

一方面，要加强检察机关内部机构建设。检察机构及检察人员是调查取证程序运行的组织载体，故优化检察机构及检察人员的专业配置是须考虑的首要问题。建议条件成熟的地方，省级、市级检察机关可以组建环境公益诉讼检察部门或专门机构，基层检察机关可以设置独任检察官或专业化办案组。同时，加强环境公益诉讼检察部门或专门机构的检察人员的办案能力，聘请生态环境领域的专家或学者，帮助检察官及检察辅助人员了解相关领域的专业知识和提升相应的调查取证技能。此外，应从横向和纵向加强检察机关的内部组织协作。刑事公诉部门、民事行政检察部门和公益诉讼检察部门等具体业务部门之间在相互协作的过程中，可以在线索移送和调查取证上实现功能互补。可以尝试构建以基层检察机关为主，省市级检察机关为辅的调查取证模式。基层检察机关通常最接近生态环境损害发生地，更方便调查案件情况和收集相关证据。若基层检察机关遇到复杂疑难问题，可向上级检察机关请求人力和技术支持。我国已有多地检察机关采取

一体化办案机制，实现了线索发现、人员调配和证据收集等方面上下两级联动，① 提升了检察机关参与环境公益诉讼的效率和效果。

另一方面，要促进检察机关与其他相关部门的外部协作。生态环境部门、自然资源部门和水利部门等行政主管部门在履职过程掌握的环保监测数据、环境影响评价报告和鉴定技术报告等相关材料，均属于环境公益诉讼案件中重要的证据来源。检察机关需要通过调取上述证据材料，从而确定生态环境侵权行为的手段、方式和持续性等案件事实，并收集生态环境损害的程度、范围和后果等初步证据，方能符合提起环境公益诉讼的基本条件。故，须促进检察机关与生态环境相关部门的协作，调整以往相互对抗的监督模式，开创共同保护生态环境的新型模式。② 譬如，检察机关可以邀请生态环境相关部门协助其调查专业性问题、指导其保存相关证据、帮助其核算生态环境损害赔偿数额或出庭作证；检察机关还可以与生态环境相关部门联合建立环境公益诉讼信息平台，方便彼此之间共享勘查材料、检测报告和监测数据等案件信息。总之，检察机关通过借助生态环境相关部门的执法经验和技术手段，能够避免重复调查取证，从而实现司法资源的优化配置。

另外，还要提升检察人员的安全保障水平。人身安全保障影响了一线办案检察人员在办案过程中的主观能动性和积极性，若人身安全缺乏必要的保障，则其调查取证难免会有后顾之忧。考虑到我国检察机关缺乏强制性调查取证的方式和保障措施，有必要借助司法警察和公安机关的强制力量来保障检察人员的人身安全。司法警察执法时配备警械，会对被调查主体产生一定的心理威慑作用，从而迫使其配合检察人员调查取证；司法警察可以采取紧急处置措施，能够最大限度制止侵害检察人员人身安全的危险行为。根据检察机关工作的部署和安排，司法警察应重点保护好调查取证过程中检察官及其辅助人员的人身安全、调查设备和证据材料安全，维护现场调查秩序。若发生严重伤害检察人员、破坏调查设备或毁损证据材料等违法行为，司法警察在采取紧急处置措施之后应当及时通知公安

---

① 参见陕西省人民检察院：《一体化办案机制提升公益诉讼检察质效》，载《检察日报》2018 年 8 月 3 日，第 1 版。

② 参见曹建军：《论检察公益调查核实权的强制性》，载《国家检察官学院学报》2020年第 2 期。

机关，借助公安机关的人力和技术，提升检察人员人身安全和检察机关财产安全的保障强度。此外，须建立应急联动机制，对于社会影响重大、调查风险较高的环境公益诉讼案件，司法警察应当提前与当地公安机关协商制订相应的安全防范计划，公安机关也应帮助司法警察队伍提高其应急处置能力，二者合力保障检察人员依法调查取证。

（二）加大检察机关调查取证的专业技术支持

专业化和技术化的调查取证活动对于检察机关准确认定案件事实和有效收集相关证据的意义重大，鉴此，可以从开发先进的调查技术、规范生态环境损害司法鉴定机制和完善专家辅助人制度三个方面加大检察机关调查取证的专业技术支持。

其一，开发先进的调查技术。实施科技强检，既是当前我国检察改革的必然要求，亦是提高检察机关调查取证技能的有效途径。检察机关应当利用现代科技手段，优化调查取证的硬件设备和软件配置，加大无人机、区块链和卫星遥感等科学技术的开发使用。无人机取证具有拍摄面广、立体直观、动态跟踪、高清全面以及细节捕捉等证据优势。[1] 譬如，温州市鹿城区检察院借助无人机勘查现场，追溯污染源头，固定了第一手证据材料，并为生态环境修复工作提供了比对依据。[2] 区块链技术具有不可篡改、全程留痕、可以追溯等技术特性，[3] 能够保障调查收集证据的真实性、完整性和安全性。卫星遥感技术主要以图片、影像和时空数据等可视化的形式呈现出生态环境的前后变化，有利于确保环境公益诉讼相关证据材料的本源性、系统性和全面性。譬如，武汉市检察院运用区块链和卫星遥感技术调取卫星遥感影像图，生成了对应的监测情况报告，动态记录了该地

---

[1]　参见张亮、冯桂娟：《无人机"展翼"》，载《检察日报》2020 年 4 月 8 日，第 12 版。

[2]　参见章洁：《浙江温州：公益诉讼"四化"并举为法律监督"加码"》，载《检察日报》2018 年 2 月 26 日，第 2 版。

[3]　参见蔡长春、刘子阳：《区块链技术辅助司法办案优势明显》，载《法制日报》2019 年 11 月 14 日，第 6 版。

区生态环境受损过程。① 各地检察机关应萃取上述检察机关在实践中可资参考和借鉴的经验，结合各自调查取证的实际情况，优化配置调查技术设备和应用软件，积极推进检察机关调查取证活动的专业化和技术化。

其二，规范生态环境损害司法鉴定机制。生态环境损害司法鉴定对于环境公益诉讼案件的审理程序以及判决结果具有重大影响。虑及当前我国生态环境损害司法鉴定呈现出过度市场化、趋利化和矛盾化等发展态势，亟须规范生态环境损害司法鉴定机制。一方面，相关主管机关应当鼓励现有的鉴定机构进行生态环境损害鉴定业务方面的拓展，逐步加强其在生态环境损害司法鉴定上的能力和技术，努力实现在增长数量的基础上提升鉴定的质量。可以尝试探索政府和社会合作的鉴定模式，适当吸纳公益组织、大专院校和科研院所等专业力量。譬如，2019 年最高人民检察院与中科院合作建立的公益诉讼司法鉴定联合实验室，为生态环境损害司法鉴定作出了"国家队水平"的技术示范。② 同时，应合理设置生态环境损害司法鉴定机构的准入条件，促进司法鉴定机构及其人员的规范化管理。另一方面，构建生态环境损害司法鉴定的技术规范体系。生态环境损害司法鉴定的主管机关可以邀请生态环境领域的专家或学者共同讨论，根据生态环境损害的性质制定类型化的评估标准和技术方法，从而构建具有可行性和科学性的技术规范体系，进而保障生态环境损害司法鉴定结论的专业性和准确性。

其三，完善专家辅助人制度。专家辅助人制度不但可以缩短调查周期、提高调查效率和节约调查成本，而且能够有效弥补生态环境损害司法鉴定机制的不足。鉴此，有必要完善专家辅助人制度，通过合理设置专家辅助人的选任标准，即要求专家辅助人除需具备生态环境领域的专业知识技能和相关国家资格证书之外，还应具有从事该领域司法鉴定工作的实践经验。专家辅助人可以由相关检察技术人员担任，也可以从生态环境领域相关专业人员中聘任。同时，应当明确专家辅助人的权利义务，专家辅助人有权协助检察机关查阅、调取和认定证据材料，并针对相关问题提出专业意见以及参与庭审质证。当然，专家辅助人也应承

---

① 参见周晶晶、汪光吉、陈默：《湖北武汉检察机关公益诉讼引入高科技》，载《检察日报》2018 年 6 月 8 日，第 7 版。

② 参见董凡超：《检察机关护航绿色发展行稳致远》，载《法治日报》2020 年 11 月 5 日，第 6 版。

担相应的义务，包括回避、保密和客观中立等基本义务。此外，还应当规范专家辅助人的参诉程序。在诉前程序中，专家辅助人可以为检察机关提供专业咨询、协助其制发检察建议和确定调查取证的方向；在开庭审理前，专家辅助人可以参加联席会议，解答相关主体对于有关专业性问题的质疑，从而弥补检察机关在专业技术层面的短板；在庭审阶段，专家辅助人可以出庭质证，针对存在异议的鉴定结论发表专业意见，帮助检察机关认定相关鉴定结论。检察机关合理利用专家辅助人的外脑智慧，可以有效解决司法鉴定周期长、难度大和费用高等现实问题，从而满足环境公益诉讼调查取证工作对于专业知识和专业技术的多维需求。

（三）完善环境公益诉讼专项资金制度

在办理环境公益诉讼案件时，检察机关投入采购技术设备、委托专业机构和聘请专业人员等调查活动的成本颇高，若缺乏必要的经费保障，则检察机关调查取证工作将难以有效开展。针对我国检察机关技术设备投入不足、司法鉴定和专家咨询费用高昂等现实问题，建立以检察机关为主导的环境公益诉讼专项资金制度不失为一种较妥当的解决办法。① 从可行性角度看，在我国当前的环境公益诉讼中，检察机关无疑是最重要的起诉主体，为公共利益的切实维护着力颇多。作为公共利益的代表人，检察机关无论是在诉前程序中抑或是在诉讼程序中均发挥着主导作用，故由其负责管理环境公益诉讼专项资金，可以确保该专项资金能够有效投入到环境公益诉讼各项活动之中。从合目的性角度看，调查取证是检察机关有效推进环境公益诉讼全流程以及保证诉讼效果的关键活动，建立以检察机关为主导的环境公益诉讼专项资金制度能为其调查取证提供充足的经费支持，进而保障环境公益诉讼的顺利运行，此即与环境公益诉讼专项资金制度的设立初衷有机契合。

鉴于当前我国环境公益诉讼专项资金的使用效率不高且监督力度不强，对该专项资金的使用、管理和监督等机制进行完善洵属必要。首先，须细化环境公益诉讼专项资金的使用机制。明确检察机关为调查环境公益诉讼案件而投入的技术

---

① 参见刘亚：《汤维建委员：设立统一公益诉讼损害赔偿专项基金》，载《检察日报》2019 年 3 月 6 日，第 6 版。

设备、检测勘验、司法鉴定以及专家咨询等费用应属于该专项资金的使用范围。当然，为防止滥用或违法使用该专项资金，应合理设定各项费用的最大使用额度，从而优化司法资源配置；应具体规定检察机关须提交设备采购明细、鉴定申请书和调查申请书等相关材料，以确保专款专用。同时，应规范环境公益诉讼专项资金的管理机制。由检察机关主导建立专门管理机构，聘请专业管理人员，负责该专项资金的收支、核算和审批等工作。规范的管理机制可以提高该专项资金使用的有效性，从而实现保护生态环境的根本目的。此外，应加强环境公益诉讼专项资金的监督机制，需要设置配套的内、外部监督机制。内部由检察机关负责监督该专项资金的使用、拨付和审计等工作，基于检察机关兼具法定监督机关和生态环境利益受托人这双重身份，故其有权监督环境公益诉讼专项资金。外部由相关行政部门和社会公众进行监督，可以建立环境公益诉讼专项资金管理网站，将每笔资金的使用情况予以公示。信息公开能够增强环境公益诉讼专项资金的透明度，从而提高该项制度的社会公信力。综上，建立以检察机关为主导的环境公益诉讼专项资金制度，有利于破除经费压力对检察机关参与环境公益诉讼的制约。

我国现行规则对于检察机关调查取证配套保障机制的设置缺乏可操作性和系统性，此即导致检察机关调查取证权实际运行不畅。鉴此，亟须合理配置检察机关调查取证保障机制的各项构成要素：一是健全检察机关的组织配置及协作，加强检察机关内部机构建设，促进检察机关与其他相关部门的外部协作，提升检察人员的安全保障水平，形成一体化办案机制；二是加大调查取证的专业技术支持，通过开发先进的调查技术、规范生态环境损害司法鉴定机制和完善专家辅助人制度，提高检察机关调查取证的专业性和准确性；三是完善环境公益诉讼专项资金制度，规范该专项资金的使用、管理与监督等机制，为检察机关调查取证活动提供充足的经费保障。如此方能从组织、技术和经费等诸方面构建起完备的环境公益诉讼中检察机关调查取证的保障机制体系。

参 考 文 献

一、著作

［1］卞建林．证据法学 ［M］．北京：中国政法大学出版社，2000.

［2］姚瑞光．民事诉讼法论 ［M］．台北：大中国图书出版公司，2000.

［3］章武生．司法现代化与民事诉讼制度的构建 ［M］．北京：法律出版社，2000.

［4］蔡彦敏，洪浩．正当程序法律分析——当代美国民事诉讼制度研究 ［M］．北京：中国政法大学出版社，2000.

［5］陈刚．证明责任法研究 ［M］．北京：中国人民大学出版社，2000.

［6］白绿铉编译．日本新民事诉讼法 ［M］．北京：中国法制出版社，2000.

［7］周叔厚．证据法论 ［M］．台北：三民书局，2000.

［8］张文显．法哲学范畴研究（修订版） ［M］．北京：中国政法大学出版社，2001.

［9］樊崇义．证据法学 ［M］．北京：法律出版社，2001.

［10］王泽鉴．民法总则（增订版） ［M］．北京：中国政法大学出版社，2001.

［11］杨建华，郑杰夫．民事诉讼法要论 ［M］．台北：三民书局，2001.

［12］邱联恭．争点整理方法论 ［M］．台北：三民书局，2001.

［13］王亚新．社会变革中的民事诉讼 ［M］．北京：中国法制出版社，2001.

［14］徐国栋．民法基本原则解释 ［M］．北京：中国政法大学出版社，2001.

［15］王明远．环境侵权救济法律制度 ［M］．北京：中国法制出版社，2001。

［16］卞建林．证据法学 ［M］．北京：中国政法大学出版社，2002.

［17］谢怀栻译．德意志联邦共和国民事诉讼法 ［M］．北京：中国法制出版社，

2002.

[18] 肖建华. 民事诉讼当事人研究［M］. 北京：中国政法大学出版社，2002.

[19] 李交发. 中国诉讼法史［M］. 北京：中国检察出版社，2002.

[20] 江伟，邵明，陈刚. 民事诉权研究［M］. 北京：法律出版社，2002.

[21] 王亚新. 对抗与判定——日本民事诉讼的基本结构［M］. 北京：清华大学出版社，2002.

[22] 李国光. 最高人民法院《关于民事诉讼证据的若干规定》的理解与适用［M］. 北京：中国法制出版社，2002.

[23] 黄松有. 民事诉讼证据司法解释的理解与适用［M］. 北京：中国法制出版社，2002.

[24] 王甲乙，杨建华，郑健才. 民事诉讼法新论［M］. 台北：三民书局，2002.

[25] 宋世杰. 证据学新论［M］. 北京：中国检察出版社，2002.

[26] 何家弘. 外国证据法［M］. 北京：法律出版社，2003.

[27] 罗玉珍，高委. 民事证明制度与理论［M］. 北京：法律出版社，2003.

[28] 吕太郎. 民事诉讼之基本理论［M］. 北京：中国政法大学出版社，2003.

[29] 汤维建. 美国民事诉讼规则［M］. 北京：中国检察出版社，2003.

[30] 李浩. 民事证明责任研究［M］. 北京：法律出版社，2003.

[31] 姜世明. 新民事证据法论［M］. 台北：学林文化出版事业有限公司，2003.

[32] 姚瑞光. 民事诉讼法论［M］. 台北：大中国图书出版公司，2004.

[33] 吴明轩. 中国民事诉讼法（修订六版）［M］. 台北：三民书局，2004.

[34] 陈一云. 证据法学［M］. 北京：法律出版社，2004.

[35] 何家弘，刘品新. 证据法学［M］. 北京：法律出版社，2004.

[36] 樊崇义. 证据法学（第三版）［M］. 北京：法律出版社，2004.

[37] 最高人民检察院法律政策研究室编译. 支撑21世纪日本的司法制度——日本司法制度　改革审议会意见书［M］. 北京：中国检察出版社，2004.

[38] 邹雄. 环境侵权救济研究［M］. 北京：中国环境科学出版社，2004.

[39] 江伟. 中国民事诉讼法专论［M］. 北京：中国人民大学出版社，2005.

[40] 何家弘. 证据调查（第二版）［M］. 北京：中国人民大学出版社，2005.

[41] 张永泉. 民事诉讼证据原理研究［M］. 厦门：厦门大学出版社，2005.

［42］肖建华．民事证据法理念与实践［M］．北京：法律出版社，2005.

［43］叶自强．举证责任及其分配标准［M］．北京：法律出版社，2005.

［44］冷罗生．日本公害诉讼理论与案例评析［M］．北京：商务印书馆，2005.

［45］郭卫原，施霖．民事诉讼法释义（二十世纪中华法学文丛）［M］．北京：
中国政法大学出版社，2005.

［46］邵勋，邵锋．中国民事诉讼法论（华东政法学院珍藏民国法律名著丛书）
［M］．北京：中国方正出版社，2005.

［47］陈聪富．侵权归责原则与损害赔偿［M］．北京：北京大学出版社，2005.

［48］石志泉．民事诉讼条例释义（华东政法学院珍藏民国法律名著第二辑）
［M］．北京：中国政法大学出版社，2006.

［49］张新宝．侵权责任法［M］．北京：中国人民大学出版社，2006.

［50］齐树洁．美国司法制度［M］．厦门：厦门大学出版社，2006.

［51］梁书文．关于民事诉讼证据的若干规定新释解［M］．北京：人民法院出版
社，2006.

［52］江伟．民事诉讼法（第三版）［M］．北京：高等教育出版社，2007.

［53］吕忠梅．环境法原理［M］．上海：复旦大学出版社，2007.

［54］毕玉谦．民事证明责任研究［M］．北京：法律出版社，2007.

［55］别涛．环境公益诉讼［M］．北京：法律出版社，2007.

［56］汪劲，严厚福，孙晓璞．环境正义：丧钟为谁而鸣——美国联邦法院环境
诉讼经典判例选［M］．北京：北京大学出版社，2007.

［57］武从斌．环境民事侵权诉讼举证责任问题研究［M］．武汉：武汉大学出版
社，2007.

［58］张艳蕊．民事公益诉讼制度研究——兼论民事诉讼机能的扩大［M］．北
京：北京大学出版社，2007.

［59］李木贵．民事诉讼法［M］．台北：元照出版有限公司，2007.

［60］熊志海．英国成文证据法［M］．北京：中国法制出版社，2007.

［61］奚晓明．最高人民法院关于民事案件诉讼时效司法解释理解与适用［M］．
北京：人民法院出版社，2008.

［62］沈冠伶．诉讼权保障与裁判外纷争处理［M］．北京：北京大学出版社，

2008.

[63] 贺海仁. 公益诉讼的新发展 [M]. 北京：中国社会科学出版社，2008.

[64] 颜运秋. 公益诉讼法律制度研究 [M]. 北京：法律出版社，2008.

[65] 占善刚，刘显鹏. 证据法论 [M]. 武汉：武汉大学出版社，2009.

[66] 陈荣宗，林庆苗. 民事诉讼法（修订五版）[M]. 台北：三民书局股份有限公司，2009.

[67] 齐树洁. 民事审前程序 [M]. 厦门：厦门大学出版社，2009.

[68] 徐祥民，胡中华，梅宏. 环境公益诉讼研究——以制度建设为中心 [M]. 北京：中国法制出版社，2009.

[69] 吕忠梅. 环境公益诉讼：中美之比较 [M]. 北京：法律出版社，2009.

[70] 徐卉. 通向社会正义之路：公益诉讼理论研究 [M]. 北京：法律出版社，2009.

[71] 王雄飞. 检察官证明责任研究 [M]. 北京：中国人民公安大学出版社，2009.

[72] 林莉红. 亚洲六国公益诉讼考察报告 [M]. 北京：中国社会科学出版社，2010.

[73] 赵钢，占善刚，刘学在. 民事诉讼法（第二版）[M]. 武汉：武汉大学出版社，2010.

[74] 陈瑞华. 比较刑事诉讼法 [M]. 北京：中国人民大学出版社，2010.

[75] 邵建东. 德国司法制度 [M]. 厦门：厦门大学出版社，2010.

[76] 李卓. 公益诉讼与社会公正 [M]. 北京：法律出版社，2010.

[77] 项焱. 公益诉讼的理念与实践 [M]. 武汉：武汉大学出版社，2010.

[78] 邹雄. 环境侵权法疑难问题研究 [M]. 厦门：厦门大学出版社，2010.

[79] 蔡颖雯. 环境污染与高度危险 [M]. 北京：中国法制出版社，2010.

[80] 张文显. 法理学（第四版）[M]. 北京：高等教育出版社、北京大学出版社，2011.

[81] 吕忠梅. 理想与现实：中国环境侵权纠纷现状及救济机制构建 [M]. 北京：法律出版社，2011.

[82] 刘年夫，李挚萍. 正义与平衡——环境公益诉讼的深度探索 [M]. 广州：

中山大学出版社，2011.

[83] 徐详民 . 生态文明建设与环境公益诉讼 ［M］. 北京：知识产权出版社，
2011.

[84] 潘申明 . 比较法视野下的民事公益诉讼 ［M］. 北京：法律出版社，2011.

[85] 季桥龙 . 民事举证责任概念研究 ［M］. 北京：中国政法大学出版社，2011.

[86] 王莉 . 环境侵权救济制度研究：以环境正义为视角 ［M］. 郑州：河南人民
出版社，2011.

[87] 叶自强 . 举证责任 ［M］. 北京：法律出版社，2011.

[88] 贾爱玲 . 环境侵权损害赔偿的社会化制度研究 ［M］. 北京：知识产权出版
社，2011.

[89] 王胜明 . 中华人民共和国民事诉讼法释义（最新修正版）［M］. 北京：法
律出版社，2012.

[90] 齐树洁 . 民事诉讼法 ［M］. 厦门：厦门大学出版社，2012.

[91] 张海燕 . 美国联邦民事诉答程序制度研究 ［M］. 北京：中国政法大学出版
社，2012.

[92] 王进喜 . 美国联邦证据规则（2011 年重塑版）条解 ［M］. 北京：中国法
制出版社，2012.

[93] 廖永安等译 . 马萨诸塞州证据规则指南 ［M］. 湘潭：湘潭大学出版社，
2012.

[94] 张式军 . 环境公益诉讼原告资格研究 ［M］. 济南：山东文艺出版社，2012.

[95] 王圣扬 . 诉讼证明责任与证明标准研究 ［M］. 北京：中国人民公安大学出
版社，2012.

[96] 肖建国，包建华 . 证明责任——事实判断的辅助方法 ［M］. 北京：北京大
学出版社，2012.

[97] 陈聪富 . 侵权违法性与损害赔偿 ［M］. 北京：北京大学出版社，2012.

[98] 刘超 . 问题与逻辑：环境侵权救济机制的实证研究 ［M］. 北京：法律出版
社，2012.

[99] 江伟，肖建国 . 民事诉讼法 ［M］. 北京：中国人民大学出版社，2013.

[100] 张卫平 . 民事诉讼法 ［M］. 北京：法律出版社，2013.

［101］杨建华，郑杰夫．民事诉讼法要论［M］．北京：北京大学出版社，2013．

［102］吕忠梅．环境损害赔偿法的理论与实践［M］．北京：中国政法大学出版社，2013．

［103］许士宦．新民事诉讼法［M］．北京：北京大学出版社，2013．

［104］王进喜译．澳大利亚联邦证据法［M］．北京：中国法制出版社，2013．

［105］占善刚，刘显鹏．证据法论（第二版）［M］．武汉：武汉大学出版社，2013．

［106］刘超．环境侵权救济诉求下的环保法庭研究［M］．武汉：武汉大学出版社，2013．

［107］孙洪坤．检察机关参与环境公益诉讼的程序研究［M］．北京：法律出版社，2013．

［108］孙茜．海洋油污侵权责任研究［M］．北京：人民法院出版社，2013．

［109］高翔．海洋石油开发环境污染法律救济机制研究——以美国墨西哥湾漏油事故和我国渤海湾漏油事故为视角［M］．武汉：武汉大学出版社，2013．

［110］杨严炎，章武生．外国环境公益诉讼和集团诉讼案例评析［M］．北京：法律出版社，2014．

［111］段文波．要件事实理论视角下民事案件证明责任分配实证分析［M］．厦门：厦门大学出版社，2014．

［112］孟庆涛．环境权及其诉讼救济［M］．北京：法律出版社，2014．

［113］陈冬．美国环境公民诉讼研究［M］．北京：中国人民大学出版社，2014．

［114］侯佳儒．中国环境侵权责任法基本问题研究［M］．北京：北京大学出版社，2014．

［115］沈德咏．最高人民法院民事诉讼法司法解释理解与适用［M］．北京：人民法院出版社，2015．

［116］占善刚，刘显鹏．证据法论（第三版）［M］．武汉：武汉大学出版社，2015．

［117］奚晓明．最高人民法院关于环境民事公益诉讼司法解释理解与适用［M］．北京：人民法院出版社，2015．

［118］刘学在．民事公益诉讼制度研究［M］．北京：中国政法大学出版社，

2015.

[119] 胡学军．具体举证责任论［M］．北京：法律出版社，2015．

[120] 陈亮．环境公益诉讼研究［M］．北京：法律出版社，2015．

[121] 王灿发，冯嘉．中国环境诉讼典型案例与评析（律师版）［M］．北京：中国政法大学出版社，2015．

[122] 张挺．环境侵权中侵害排除理论研究：以中日法比较为视角［M］．北京：中国社会科学出版社，2015．

[123] 王莉．环境侵权救济研究［M］．上海：复旦大学出版社，2015．

[124] 张辉．美国环境法研究［M］．北京：中国民主法制出版社，2015．

[125] 沈德咏．最高人民法院环境侵权责任纠纷司法解释理解与适用［M］．北京：人民法院出版社，2016．

[126] 赵万一，郑佳宁．《月旦法学》民事法判例研究汇编［M］．北京：北京大学出版社，2016．

[127] 李楯．环境公益诉讼观察报告（2015 年卷）［M］．北京：法律出版社，2016．

[128] 王慧．美国环境法的改革——规制效率与有效执行［M］．北京：法律出版社，2016．

[129] 傅贤国．环境民事公益诉讼制度研究［M］．北京：法律出版社，2016．

[130] 张宝．环境侵权的解释论［M］．北京：中国政法大学出版社，2016．

[131] 陈小平，潘善斌．潘志成环境民事公益诉讼的理论与实践探索［M］．北京：法律出版社，2016．

[132] 白彦．民事公益诉讼理论问题研究［M］．北京：北京大学出版社，2016．

[133] 最高人民检察院民事行政检察厅．检察机关提起公益诉讼实践与探索［M］．北京：中国检察出版社，2017．

[134] 姜世明．举证责任与证明度［M］．厦门：厦门大学出版社，2017．

[135] 胡卫．环境侵权中修复责任的适用研究［M］．北京：法律出版社，2017．

[136] 吴应甲．中国环境公益诉讼主体多元化研究［M］．北京：中国检察出版社，2017．

[137] 杨严炎．环境诉讼：从案例到制度的深层分析［M］．北京：法律出版社，

2017.

［138］ 王翠敏. 环境侵权群体性诉讼制度研究 ［M］. 北京：知识产权出版社，
2017.

［139］ 吴良志，熊靖等. 环境侵权受害者司法保护 ［M］. 北京：中国法制出版
社，2017.

［140］ 田凯. 人民检察院提起公益诉讼立法研究 ［M］. 北京：法律出版社，
2017.

［141］ 柯阳友. 民事公益诉讼重要疑难问题研究 ［M］. 北京：法律出版社，
2017.

［142］ 李楯. 环境公益诉讼观察报告（2016 年卷）［M］. 北京：法律出版社，
2018.

［143］ 张旭东. 环境民事公益诉讼特别程序研究 ［M］. 北京：法律出版社，
2018.

［144］ 孙洪坤. 环境公益诉讼专门立法研究 ［M］. 北京：法律出版社，2018.

［145］ 黄忠顺. 公益性诉讼实施权配置论 ［M］. 北京：社会科学文献出版社，
2018.

［146］ 刘鹏. 生态环境损害法律责任研究——以马克思主义生态文明观为视角
［M］. 武汉：华中科技大学出版社，2018.

［147］ 肖建华. 诉讼证明过程分析（民事诉讼真实与事实发现）［M］. 北京：北
京大学出版社，2018.

［148］ 唐忠辉. 环境共同侵权研究 ［M］. 北京：中国社会科学出版社，2018.

［149］ 王学棉，李倩. 民事诉讼程序实务讲义 ［M］. 北京：北京大学出版社，
2018.

［150］ 颜运秋. 中国特色生态环境公益诉讼理论和制度研究 ［M］. 北京：中国
政法大学出版社，2019.

［151］ 颜运秋. 公益诉讼理念与实践研究 ［M］. 北京：中国政法大学出版社，
2019.

［152］ 吴应甲. 环境公益诉讼原告资格比较研究 ［M］. 郑州：郑州大学出版社，
2019.

［153］ 由然．法经济学视野中的环境侵权法［M］．北京：社会科学文献出版社，2019.

［154］ 张挺．环境侵权中侵害排除理论研究：以中日法比较为视角［M］．北京：中国社会科学出版社，2019.

［155］ 李丽．环境民事公益诉讼程序研究［M］．北京：中国政法大学出版社，2019.

［156］ 刘显鹏．环境民事公益诉讼证明责任分配研究［M］．北京：中国社会科学出版社，2019.

［157］ 最高人民检察院第八检察厅．行政公益诉讼典型案例实务指引：生态环境．资源保护领域（上下）检察公益诉讼工作指导丛书［M］．北京：法院出版社，2019.

［158］ 竺效．环境公益诉讼实案释法［M］．北京：中国人民大学出版社，2019.

［159］ 唐启迪．资源枯竭型城市可持续发展法治研究［M］．北京：法律出版社，2019.

［160］ 段厚省，高鹏．环境民事公益诉讼基本理论研究［M］．上海：复旦大学出版社，2020.

［161］ 张祥伟．环境公益诉讼司法运行理论与实践研究［M］．北京：中国政法大学出版社，2020.

［162］ 汪劲，严厚福，孙晓璞．环境正义：丧钟为谁而鸣——美国联邦法院环境诉讼经典判例选［M］．北京：北京大学出版社，2020.

［163］ 颜运秋．生态环境公益诉讼机制研究［M］．北京：经济科学出版社，2020.

［164］ 中华人民共和国最高人民法院．中国环境资源审判（2019）依法公正审理案环境公益诉讼环境审判制度体系审判能力现代化司法案例与司法解释［M］．北京：人民法院出版社，2020.

［165］ 于鲁平．环境行政公益诉讼起诉主体研究［M］．北京：法律出版社，2020.

［166］ 乔刚．泰州1.6亿元天价环境公益案诉讼手记［M］．北京：法律出版社，2020.

［167］最高人民法院研究所．最高人民法院司法研究重大课题报告环境资源审判卷［M］．北京：人民法院出版社，2020．

［168］尤明青．中国转型时期的环境侵权救济问题研究［M］．北京：北京大学出版社，2020．

［169］贾爱玲．"环境问题"法律救济研究：以侵权责任法为视角［M］．北京：法律出版社，2020．

［170］秘明杰．中国环保社会组织民事公益诉讼法律问题研究［M］．北京：中国政法大学出版社，2020．

［171］潘牧天，孙彩虹．司法体制改革视域下环境公益诉讼制度研究［M］．北京：法律出版社，2021．

［172］练育强．中国公益诉讼案例发展报告［M］．北京：法律出版社，2021．

［173］秦天宝．环境法评论（第3辑）［M］．北京：中国社会科学出版社，2021．

［174］吕忠梅．沟通与协调之途——公民环境权的民法保护［M］．北京：法律出版社，2021．

［175］曹明德等．生态文明法律体系的构建及实施保障研究［M］．北京：法律出版社，2021．

［176］王新．民事诉讼证据运用与实务技巧［M］．北京：法律出版社，2021．

［177］李庆保．环境民事诉讼证据制度研究［M］．北京：法律出版社，2021．

［178］林英．时代责任——绿家园环境公益诉讼案例集［M］．北京：中国政法大学出版社，2021．

［179］廖怀俊，胡永平．环境侵权纠纷案例与实务［M］．北京：清华大学出版社，2021．

［180］竺效．环境公益诉讼案例精编［M］．北京：中国人民大学出版社，2021．

［181］高桂林．京津冀大气污染联合防治法律机制研究［M］．北京：法律出版社，2021．

［182］朱晋峰．环境损害司法鉴定管理及鉴定意见的形成与采信：以民事公益诉讼为对象的分析［M］．北京：法律出版社，2021．

［183］［美］史蒂文・苏本，玛格瑞特・伍．美国民事诉讼的真谛：从历史、文化、实务的视角［M］．蔡彦敏，徐卉译．北京：法律出版社，2002．

[184] ［美］戴斯·贾丁斯.环境伦理学—环境哲学导论［M］.林官明、杨爱民译.北京：北京大学出版社，2002.

[185] ［美］杰克·H.弗兰德泰尔，玛丽·凯·凯恩，阿瑟·R.米勒.民事诉讼法（第三版）［M］.夏登峻，黄娟，唐前宏，王衡译.北京：中国政法大学出版社，2003.

[186] ［美］梅利曼.大陆法系［M］.顾培东，禄正平译.北京：法律出版社，2004.

[187] ［美］麦考密克.麦考密克论证据（第五版）［M］.汤维建等译.北京：中国政法大学出版社，2004.

[188] ［美］戈尔德堡.纠纷解决——谈判、调解和其他机制［M］.蔡彦敏等译.北京：中国政法大学出版社，2004.

[189] ［美］苏本等.民事诉讼法：原理、实务与运作环境［M］.傅郁林等译.北京：中国政法大学出版社，2004.

[190] ［美］罗纳德·J.艾伦，理查德·B.库恩斯，埃莉诺·斯威夫特.证据法（文本、问题和案例）（第3版）［M］.张保生，王进喜，赵滢译.北京：高等教育出版社，2006.

[191] ［美］柯芬.美国上诉程序——法庭、代理、裁判［M］.傅郁林译.北京：中国政法大学出版社，2009.

[192] ［美］约瑟夫·L.萨克斯.保卫环境——公民诉讼战略［M］.王小钢译.北京：中国政法大学出版社，2011.

[193] ［美］安德森等.证据分析（第二版）［M］.张保生等译.北京：中国人民大学出版社，2012.

[194] ［美］波斯纳.中国环境法律制度的经济学分析［M］.蒋兆康译.北京：法律出版社，2012.

[195] ［美］乔纳凯特.美国陪审团制度［M］.屈文生译.北京：法律出版社，2013.

[196] ［美］弗里尔.美国民事诉讼法（第2版）［M］.张利民等译.北京：商务印书馆，2013.

[197] ［美］罗纳德·J.艾伦.艾伦教授论证据法［M］.张保生，王进喜，汪

诸豪译．北京：中国人民大学出版社，2014.

[198] ［美］罗伯特·V.珀西瓦尔．美国环境法——联邦法院法官教程［M］.
赵绘宇译．北京：法律出版社，2014.

[199] ［美］詹姆斯·萨尔兹曼，巴顿·汤普森．美国环境法（第四版）［M］.
徐卓然，胡慕云译．北京：北京大学出版社，2016.

[200] ［美］吉恩·马基雅弗利·艾根．毒物侵权法精要（第4版）［M］.李冰
强译．天津：南开大学出版社，2016.

[201] ［美］丹尼尔·A.法伯，罗杰·W.芬德利．环境法精要（第8版）
［M］.田其云，黄彪译．天津：南开大学出版社，2016.

[202] ［美］乔治（洛克）·普林，凯瑟琳（凯蒂）·普林．环境法院和法庭
［M］.周迪译．北京：中国社会科学出版社，2017.

[203] ［美］乔纳森·M.哈里斯．环境与自然资源经济学：现代方法（引进版）
［M］.孙星译．上海：上海财经大学出版社，2017.

[204] ［美］哈克．环境法故事［M］.曹明德等译.北京：中国人民大学出版社，
2020.

[205] ［英］艾伦．英国证据法实务指南（第四版）［M］.王进喜译．北京：中
国法制出版社，2012.

[206] ［英］劳瑙．编织环境法之网：IUCN环境法项目的贡献［M］.王曦等译.
北京：法律出版社，2012.

[207] ［英］马克·韦尔德．环境损害的民事责任——欧洲和美国法律与政策比
较［M］.张一心译．北京：商务印书馆，2020.

[208] ［德］汉斯·普维庭．现代证明责任问题［M］.吴越译．北京：法律出版
社，2000.

[209] ［德］狄特·克罗林庚．德国民事诉讼法律与实务［M］.刘汉富译．北
京：法律出版社，2000.

[210] ［德］罗森贝克．证明责任论：以德国民法典和民事诉讼法典为基础撰写
（第四版）［M］.庄敬华译．北京：中国法制出版社，2002.

[211] ［德］K.茨威格特，H.克茨．比较法总论［M］.潘汉典，米健，高鸿
钧，贺卫方译．北京：法律出版社，2003.

［212］［德］奥特马·尧厄尼希．民事诉讼法（第27版）［M］．周翠译．北京：法律出版社，2003.

［213］［德］克劳思·罗科信．刑事诉讼法学（第24版）［M］．吴丽琪译．北京：法律出版社，2003.

［214］［德］汉斯·约阿希姆·穆泽拉克．德国民事诉讼法基础教程［M］．周翠译．北京：中国政法大学出版社，2005.

［215］［德］马克西米利安·福克斯．侵权行为法［M］．齐晓琨译．北京：法律出版社，2006.

［216］［德］拉德布鲁赫．法律哲学概论［M］．徐苏中译．北京：中国政法大学出版社，2007.

［217］［德］罗森贝克，施瓦布，戈特瓦尔德．德国民事诉讼法［M］．李大雪译．北京：中国法制出版社，2007.

［218］［德］康拉德·赫尔维格．诉权与诉的可能性：当代民事诉讼基本问题［M］．任重译．北京：法律出版社，2018.

［219］［德］马克斯·卡泽尔，罗尔夫·克努特尔．罗马私法［M］．田士永译．北京：法律出版社，2021.

［220］［法］特鲁仕．法国司法制度［M］．丁伟译．北京：北京大学出版社，2012.

［221］［法］格拉松．法国民事诉讼程序的起源［M］．巢志雄译．北京：北京大学出版社，2013.

［222］［意］莫诺·卡佩莱蒂等．当事人基本程序保障权与未来的民事诉讼［M］．徐昕译．北京：法律出版社，2000.

［223］［意］意大利环境法典［M］．李钧，李修琼，蔡洁译．北京：法律出版社，2021.

［224］［日］小岛武司．诉讼制度改革的法理与实证［M］．陈刚，郭美松译．北京：法律出版社，2001.

［225］［日］中村英郎．新民事诉讼法讲义［M］．陈刚，林剑锋，郭美松译．北京：法律出版社，2001.

［226］［日］藤原弘道．民事裁判与证明［M］．东京：有信堂，2001.

［227］［日］北川秀樹．中国の環境問題と法・政策：東アジアの持続可能な発展に向けて［M］．京都：法律文化社，2008.

［228］［日］寺尾忠能．資源環境政策の形成過程：「初期」の制度と組織を中心に［M］．東京：経済研究所，2019.

［229］［日］谷口安平．程序的正义与诉讼（增补本）［M］．王亚新，刘荣军译．北京：中国政法大学出版社，2002.

［230］［日］萩原金美．诉讼中主张证明的法理［M］．东京：信山社，2002.

［231］［日］梅本吉彦．民事诉讼法［M］．东京：信山社，2002.

［232］［日］小林秀之．新证据法（第2版）［M］．东京：弘文堂，2003.

［233］［日］小室直人等．新民事诉讼法（Ⅱ）［M］．东京：日本评论社，2003.

［234］［日］高桥宏志．民事诉讼法——制度与理论的深层分析［M］．林剑锋译．北京：法律出版社，2003.

［235］［日］中野贞一郎，松浦馨，铃木正裕．新民事诉讼法讲义（第2版）［M］．东京：有斐阁，2004.

［236］［日］高桥宏志．重点讲义民事诉讼法（下）［M］．东京：有斐阁，2004.

［237］［日］伊藤真．民事诉讼法（第3版）［M］．东京：有斐阁，2004.

［238］［日］门口正人编集代表．民事证据法大系（第2卷）［M］．东京：青林书院，2004.

［239］［日］上田徹一郎．民事诉讼法（第4版）［M］．东京：法学书院，2004.

［240］［日］松岗义正．民事证据论［M］．张知本译．北京：中国政法大学出版社，2004.

［241］［日］新堂幸司．新民事诉讼法（第3版补正版）［M］．东京：弘文堂，2005.

［242］［日］松本博之，上野泰男．民事诉讼法（第4版）［M］．东京：弘文堂，2005.

［243］［日］高桥宏志．重点讲义民事诉讼法［M］．张卫平，许可译．北京：法律出版社，2007.

［244］［日］新堂幸司．新民事诉讼法［M］．林剑锋译．北京：法律出版社，2008.

［245］［日］伊藤滋夫．要件事实讲义［M］．东京：商事法务株式会社，2008.

［246］［日］田山辉明．日本侵权行为法［M］．顾祝轩，丁相顺译．北京：北京大学出版社，2011.

［247］［日］王灿发．日本公害环境诉讼典型案例与评析［M］．皇甫景山译．北京：中国政法大学出版社，2011.

［248］［日］中西又三等．21世纪日本法的展望［M］．江利红译．北京：中国政法大学出版社，2012.

［249］［日］交告尚史等．日本环境法概论［M］．田林等译．北京：中国法制出版社，2014.

［250］［日］田中成明．现代社会与审判：民事诉讼的地位和作用［M］．郝振江译．北京：北京大学出版社，2016.

［251］［日］日本民事诉讼法典［M］．曹云吉译．厦门：厦门大学出版社，2017.

［252］［日］本间靖规，中野俊一郎，酒井一．国际民事诉讼法（第2版）［M］．柴裕红译．北京：商务印书馆，2020.

［253］［日］前田达明，原田刚．共同侵权行为法论［M］．罗丽，赵兰学译．北京：商务印书馆，2020.

［254］［日］高桥宏志．民事诉讼法重点讲义导读版［M］．张卫平，许可译．北京：法律出版社，2021.

［255］［日］伊藤真．民事诉讼法（第四版）［M］．曹云吉译．北京：北京大学出版社，2021.

二、论文

［1］王利明．惩罚性赔偿研究［J］．中国社会科学，2000（4）.

［2］苏家成，明军．公益诉讼制度初探［J］．法律适用，2000（10）.

［3］陈刚．证明责任法与"当面点清"原则评析［J］．法学，2000（1）.

［4］赵钢．略论我国民事诉讼证据规则之应然体系［J］．法学家，2000（5）.

［5］邱联恭．争点整理方法论序（下）——概述其与民事诉讼法有关促进审理

集中化修正条文之关联［J］. 月旦法学杂志，2000（5）.

［6］沈冠伶. 论民事诉讼程序中当事人之不知陈述［J］. 政大法学评论，2000（3）.

［7］沈冠伶. 论民事诉讼法修正条文中法官之阐明义务与当事人之事案解明义务［J］. 万国法律，2000（6）.

［8］陈刚. 证明责任理论中若干误区之反思［J］. 中央政法管理干部学院学报，2000（2）.

［9］章武生，张其山. 论证明责任分配规则［J］. 河南省政法管理干部学院学报，2000（6）.

［10］聂明根. 民事诉讼法上诚实信用原则研究［A］. 陈光中，江伟. 诉讼法论丛（第4卷）［C］. 北京：法律出版社，2000.

［11］彭海青. 对民事诉讼适用诚信原则的质疑［J］. 东方论坛，2000（4）.

［12］张卫平. 证明责任概念解析［J］. 郑州大学学报，2000（6）.

［13］齐树洁，冷根源. 英国《1998年民事诉讼规则》述评［J］. 法学家，2000（2）.

［14］骆永家. 证明妨碍［J］. 月旦法学杂志，2001（2）.

［15］张家慧. 当事人诉讼行为与诚实信用原则［A］. 陈光中，江伟. 诉讼法论丛（第6卷）［C］. 北京：法律出版社，2001.

［16］黄娟. 对在我国民事诉讼法中确立诚实信用原则的冷思考［J］. 法商研究，2001（6）.

［17］叶自强. 举证责任的确定性［J］. 法学研究，2001（3）.

［18］叶自强. 英美证明责任分层理论与我国证明责任概念［J］. 环球法律评论，2001（3）.

［19］张卫平. 证明责任倒置辨析［J］. 人民司法，2001（8）.

［20］陈刚. 抗辩与否认在证明责任法学领域中的意义［J］. 政法论坛，2001（3）.

［21］［韩］李时润，金玄卿. 论民事诉讼中的举证妨害行为［A］. 何家弘. 证据学论坛（第三卷）［C］. 北京：中国检察出版社，2001.

［22］赵钢，刘学在. 实务性诠释与学理性批判——《最高人民法院关于民事诉

讼证据的若干规定》初步研习之心得 ［A］．珞珈法学论坛 ［C］．2002.

［23］ 齐树洁．德国民事司法改革及其借鉴意义 ［N］．人民法院报，2002-6-4
（3）.

［24］ 徐昕．英国民事诉讼中的审前程序 ［A］．陈刚．比较民事诉讼法 ［C］．北
京：中国人民大学出版社，2002.

［25］ 姜世明．论民事程序之武器平等原则 ［J］．辅仁法学，2002（3）.

［26］ 徐以祥．论环境民事侵权的证明责任 ［J］．现代法学，2002（5）.

［27］ 翁里，王晓．环境法的民事侵权归责原则和举证责任——兼论环境法民事
责任的公平适用 ［J］．法学评论，2002（4）.

［28］ 熊跃敏．日本民事诉讼的文书提出命令制度及其对我国的启示 ［A］．陈光
中，江伟．诉讼法论丛 ［C］．2002.

［29］ 叶峰，叶自强．推定对举证责任分担的影响 ［J］．法学研究，2002（3）.

［30］ 肖建国．论民事举证责任分配的价值蕴涵 ［J］．法律科学，2002（3）.

［31］ 单国军．民事举证责任倒置研究——兼谈民事举证责任的“正置” ［J］．
法律适用，2002（2）.

［32］ 姜世明．民事诉讼法失权规定之基本要件及其举证责任 ［A］．姜世明．新
民事证据法论 ［C］．台北：学林出版社，2002.

［33］ 姜炳俊．2002 年德国民事诉讼法改革（上诉制度） ［J］．月旦法学教室，
2002（1）.

［34］ 何乃刚．试论我国建立民事行政公益诉讼制度的必要性和可行性 ［J］．华
东政法学院学报，2002（6）.

［35］ 董伟威．民事公益诉讼人的法律问题 ［J］．人民司法，2002（12）.

［36］ 张明华．环境公益诉讼制度刍议 ［J］．法学论坛，2002（6）.

［37］ 冯敬尧．环境公益诉讼的理论与实践探析 ［J］．湖北社会科学，2003
（10）.

［38］ 赵钢．民事诉讼证据制度的新发展——兼述举证时限与证据交换制度 ［J］．
河南大学学报，2003（1）.

［39］ 许士宦．逾时提出攻击防御方法之失权 ［A］．许士宦．程序保障与阐明义
务 ［C］．台北：学林出版社，2003.

［40］许士宦. 第二审新攻击防御方法之提出［A］. 许士宦. 程序保障与阐明义务［C］. 台北：学林出版社，2003.

［41］许士宦. 诉之变更、追加与阐明［J］. 台大法学论丛，2003（3）.

［42］许士宦. 逾时提出之驳回与责问权之行使［J］. 月旦法学教室，2003（3）.

［43］姜世明. 迟延提出攻击防御方法之失权［Z］. 姜世明. 民事程序法之发展与宪法原则［Z］. 台北：元照出版有限公司，2003.

［44］姜世明. 民事诉讼法新修正——上诉审及其他程序部分［J］. 月旦法学教室，2003（5）.

［45］魏大喨. 第二审新攻击防御方法提出之禁止与缓和——从德、日新法检讨我国新制［J］. 月旦法学杂志，2003（5）.

［46］戴森雄. 民事诉讼有关建构金字塔型诉讼制度重要条文之修正及其评述［J］. 台北本土法学杂志，2003（10）.

［47］王丹锋. 证明责任分配的价值取向［J］. 当代法学，2003（9）.

［48］霍海红. 证明责任：一个“功能”的分析［J］. 华东政法学院学报，2003（5）.

［49］翁晓斌. 论我国民事诉讼证明责任分配的一般原则［J］. 现代法学，2003（4）.

［50］李浩. 证明责任与不适用规范说——罗森贝克的学说及其意义［J］. 现代法学，2003（4）.

［51］杨素娟. 论环境侵权诉讼中的因果关系推定［J］. 法学评论，2003（4）.

［52］李浩. 举证责任倒置：学理分析与问题研究［J］. 法商研究，2003（4）.

［53］黄永，蒋丽华. 论证明责任在程序上的顺序性［J］. 法制与社会发展，2003（4）.

［54］包冰锋. 证明责任之经济分析［J］. 西南政法大学学报，2003（4）.

［55］周国均. 证明责任与举证责任及其适用［J］. 山西大学学报，2003（3）.

［56］周团结，张建军. 论民事诉讼举证责任分配与民事责任归责制度的衔接［J］. 当代法学，2003（2）.

［57］赵钢，华桦. 民事诉讼中当事人商定举证期限与法院指定举证期限之应然关系［J］. 法学论坛，2004（6）.

［58］最高人民法院诉讼调解规范化研究课题组．关于人民法院调解工作的调研报告［R］．杨润时．最高人民法院民事调解工作司法解释的理解与适用［Z］．北京：人民法院出版社，2004．

［59］李秀芬．民事诉讼中证明的种类及证明责任的分配［J］．山东大学学报，2004（4）．

［60］翁晓斌，王宓．论我国民事诉讼中根据证明责任规范判决的前提［J］．法律适用，2004（11）．

［61］管斌，王全兴．社会法在中国的界定与意义［A］．经济法论丛（第二卷）［C］．2005．

［62］赵钢，王杏飞．我国法院调解制度的新发展——对《关于人民法院民事调解工作若干问题的规定》的初步解读［J］．法学评论，2005（6）．

［63］赵钢．论法官对诉讼请求变更事项的告知义务——以《关于民事诉讼证据的若干规定》第35条为分析基础［J］．法商研究，2005（6）．

［64］蔡虹．释明权：基础透视与制度构建［J］．法学评论，2005（1）．

［65］侯利阳．举证责任分配理论之重构［J］．北京理工大学学报，2005（1）．

［66］惠丛冰．论环境污染侵权诉讼中因果关系的证明标准——德国环境责任法给我们的启迪［J］．人民司法，2005（5）．

［67］张弢，王小林．论我国证明责任理论与制度之重构——评英美证明责任理论和制度的借鉴价值［J］．现代法学，2005（2）．

［68］王永明．论两大法系证明责任理论的差异［J］．求索，2005（3）．

［69］卢申玲．对民事诉讼证明责任分配的实证分析［J］．政治与法律，2005（1）．

［70］张永泉．递进主张事实的证明责任分配——从个案分析入手［J］．法律适用，2005（8）．

［71］胡中华．环境污染侵权责任成立的举证责任分配［J］．法学杂志，2005（5）．

［72］肖建华，王德新．证明责任判决的裁判方法论意义——兼评传统证明责任观之谬误［J］．北京科技大学学报，2005（2）．

［73］霍海红．证明责任：一个功能的视角［J］．北大法律评论，2005（1）．

［74］马栩生，吕忠梅．环境侵权诉讼中的举证责任分配［J］．法律科学，2005（2）．

［75］许士宦．民事诉讼上之适时审判请求权［J］．台大法学论丛，2005（5）．

［76］沈冠伶．诉讼权保障与民事诉讼［J］．台大法学论丛，2005（5）．

［77］吴从周．论迟误准备程序之失权［J］．东吴法律学报，2005（3）．

［78］吴从周．阐明时效抗辩与法官回避——浏览与备忘 2004 年以来德国学说与实务见解的最新发展［J］．台北本土法学杂志，2005（10）．

［79］王亚新．我国民事诉讼不宜引进"答辩失权［N］．人民法院报，2005-4-6（B1）．

［80］王亚新．再论"答辩失权"与"不应诉判决"［N］．人民法院报，2005-5-11（B1）．

［81］裴苍龄．再论推定［J］．法学研究，2005（3）．

［82］唐力．有序与效率：日本民事诉讼"计划审理制度"介评［J］．法学评论，2005（5）．

［83］阎朝秀．司法认知：证明责任的新视角［J］．河北法学，2006（12）．

［84］刘雪荣，刘立霞．论环境污染侵权诉讼中的证明责任［J］．河北法学，2006（10）．

［85］段文波．民事要件事实与民事证明责任分配［J］．学海，2006（5）．

［86］宋世杰．论举证责任及其科学概念的表述［J］．河北法学，2006（10）．

［87］罗筱琦．证明责任分配与要件事实理论——兼议我国传统民法规范的转换［J］．河北法学，2006（9）．

［88］张丽．试论民事诉讼中的证明责任［J］．政治与法律，2006（4）．

［89］赵大伟．证明责任与其功能［J］．江西社会科学，2006（6）．

［90］胡学军．证明责任虚无主义及其弊害分析——对我国司法实践中证明责任运用情况的实证考察［J］．前沿，2006（5）．

［91］邱联恭．民事诉讼法修正后之审判实务［J］．法学丛刊杂志社．跨世纪法学新思维：法学丛刊创刊五十周年［Z］．台北：法学丛刊杂志社，2006．

［92］肖建华．回归真实：民事诉讼法的真谛——对《关于民事诉讼证据的若干规定》的批判［J］．河南省政法管理干部学院学报，2006（1）．

［93］姜世明．摸索证明例外性容许之考量因素［J］．月旦法学教室，2006（9）．

［94］吴从周．"集中审理原则"实施满五周年再考——着重于回顾其在德国民事诉讼法史上之起源与在台湾之双重继受［A］．杨日然教授纪念文集编辑委员会．杨日然教授纪念文集［C］．台北：元照出版有限公司，2006．

［95］吴从周．第二审失权与补充第一审之攻击防御方法［J］．台北本土法学杂志，2006（8）．

［96］齐树洁．诉权保障与当事人适格之扩张［J］．西南民族大学学报，2006（12）．

［97］纪敏．全面理解和正确适用证据失权［N］．人民法院报，2006-12-25（5）．

［98］苏泽林．在党的十六届六中全会精神指引下开创人民法院立案审判工作新局面——在全国法院立案审判实务座谈会上的讲话．苏泽林．立案工作指导（2006年第2辑）［Z］．北京：人民法院出版社，2007．

［99］姜世明．争点简化协议之效力——着重于其与诉之变更追加等制度之体系冲突［J］．台北本土法学杂志，2007（5）．

［100］宋朝武．证明责任倒置新论［J］．证据科学，2007（1）．

［101］毕玉谦．试论表见证明的基本属性与应用功能之界定［J］．证据科学，2007（1）．

［102］徐卫．论诉讼信托［J］．河北法学，2007（1）．

［103］单峰．公益诉讼权论［J］．河北法学，2007（3）．

［104］孙义刚，段文波．民事诉讼中证明责任论争及启示［J］．政治与法律，2007（6）．

［105］罗飞云．文书提出义务与我国书证立法的完善［J］．江西社会科学，2007（10）．

［106］刘磊．重构民事诉讼证明责任——对"法律要件分类说"的反思性检讨［J］．江苏行政学院学报，2007（6）．

［107］李玲，蒋银华．在理性有限与法治价值之间——以民事举证责任制度设立之法理念为视角的实证分析［J］．中国地质大学学报，2007（1）．

［108］裴苍龄，魏虹．举证责任不能倒置［J］．政治与法律，2007（1）．

［109］宋艳菊．证明责任分配的特殊规则［J］．河南省政法管理干部学院学报，

2007（6）.

[110] 叶名怡. 过错及因果关系推定与证明责任倒置——从事实到价值的思考 [J]. 北方法学，2007（4）.

[111] 裴苍龄. 构建全面的证明责任体系 [J]. 法商研究，2007（5）.

[112] 段后省. 证明责任、证明标准和证明评价的实践互动与制度协调 [J]. 南京师大学报，2007（3）.

[113] 奚玮，余茂玉. 论民事诉讼中的证明妨碍 [J]. 河北法学，2007（3）.

[114] 肖建国，谢俊. 诉讼时效证明责任分配问题研究 [J]. 北京科技大学学报，2007（1）.

[115] 许士宦. 法律关系之晓谕义务 [J]. 台北本土法学杂志，2007（9）.

[116] 姜世明. 法官阐明制度发展之评估 [J]. 台北本土法学杂志，2007（11）.

[117] 赵钢. 仓促的修订 局部的完善——对《关于修改中华人民共和国民事诉讼法的决定》的初步解读 [J]. 法学评论，2008（1）.

[118] 许士宦. 法律见解之表明义务 [J]. 台北法学杂志，2008（8）.

[119] 姜世明. 准备程序之失权及其举证责任 [A]. 姜世明. 民事证据法实例研习 [Z]. 台北：新学林出版股份有限公司，2008.

[120] 吴从周. 迟误准备程序期日、不预纳诉讼费用与视为合意停止诉讼程序 [J]. 台北法学杂志，2008（3）.

[121] 吴从周. 再论第二审失权与补充第一审之攻击防御方法 [J]. 台北法学杂志，2008（12）.

[122] 黄国昌. 逾时提出攻击防御方法之失衡制裁：是"效率"还是"公平" [J]. 台大法学论丛，2008（2）.

[123] 陶婷. 文书提出命令的适用范围探讨 [J]. 西南政法大学学报，2008（2）.

[124] 宋晓明，刘竹梅，张雪楳.《最高人民法院关于审理民事案件适用诉讼时效制度若干问题的规定》的理解与适用 [J]. 人民司法，2008（11）.

[125] 周成泓. 证明责任的本质：事实真伪不明时的裁判方法论——以民事诉讼为分析对象 [J]. 学术论坛，2008（8）.

[126] 毕玉谦. 解读民事证明责任在语义上的表述与基本属性 [J]. 法律适用，

2008（7）.

[127] 龙云辉，段文波. 略论证明责任与主张责任的相互关系 [J]. 法学评论，2008（3）.

[128] 霍海红. 论证明责任机制的限度 [J]. 当代法学，2008（3）.

[129] 占善刚. 证据协力义务之比较法分析 [J]. 法学研究，2008（5）.

[130] 占善刚. 论民事诉讼中的当事人之文书提出义务 [J]. 求索，2008（3）.

[131] 占善刚. 第三人之文书提出义务初探 [J]. 华中科技大学学报，2008（3）.

[132] 何家弘. 从自然推定到人造推定——关于推定范畴的反思 [J]. 法学研究，2008（4）.

[133] 周成泓. 论民事诉讼中的摸索证明 [J]. 法律科学，2008（4）.

[134] 王国征. 民事证明责任中的罗森贝克规范说述评 [J]. 山东社会科学，2008（5）.

[135] 郑世保. 环境民事诉讼举证责任分配之重构 [J]. 求索，2008（7）.

[136] 胡忠惠. 证明责任分配契约探讨 [J]. 法学论坛，2008（1）.

[137] 许可. 要件事实论的实体法基础：证明责任理论 [A]. 民事程序法研究 [Z]. 2008.

[138] 李浩. 民事诉讼法典修改后的"新证据"——《审监解释》对"新证据"界定的可能意义 [J]. 中国法学，2009（3）.

[139] 李后龙，花玉军，葛文. 再审新证据认定和运用的实证分析 [J]. 人民司法，2009（21）.

[140] 赵耀斌. 略论证明责任的法律适用 [J]. 法学评论，2009（1）.

[141] 夏良田. 证明责任分配法理分析 [J]. 社会科学家，2009（1）.

[142] 潘牧天. 民事法律事实与民诉举证责任规则的配置 [J]. 苏州大学学报，2009（1）.

[143] 常淑静，韩玲. 举证责任分配自由裁量规则在民事诉讼中的适用 [J]. 山东审判，2009（1）.

[144] 郑显芳. 再论环境侵权行为的举证责任 [J]. 河北法学，2009（5）.

[145] 段文波. 利益裁量与要件规制：美国民事证明责任理论与启示 [J]. 南京

社会科学，2009（3）.

[146] 张睿. 环境侵权民事诉讼举证责任分配之比较研究［J］. 河北法学，2009
（3）.

[147] 韩波. 论证据收集力强弱与证明责任轻重［J］. 证据科学，2009（2）.

[148] 赵耀斌. 证明责任适用条件再探讨［J］. 岭南学刊，2009（5）.

[149] 王合静. 论当事人之诉讼促进义务［J］. 河北法学，2009（6）.

[150] 王学棉. 事实推定：事实认定困境克服之手段［J］. 清华法学，2009
（4）.

[151] 肖建华，周伟. 民事证明责任分配体系刍论［J］. 北京科技大学学报，
2009（4）.

[152] 张保生. 推定是证明过程的中断［J］. 法学研究，2009（5）.

[153] 霍海红. 证明责任概念的分立论——基于中国语境的考察［J］. 社会科
学，2009（6）.

[154] 杨晓玲. 经度与纬度之争：法官运用"经验法则"推定事实——以"彭
宇案"为逻辑分析起点［J］. 中外法学，2009（6）.

[155] 刘辉. 民事检察实务中证明责任理论的应用［J］. 中国检察官，2009
（5）.

[156] 许士宦. 集中审理制度之新审理原则［J］. 台大法学论丛，2009（2）.

[157] 姜世明. 论民事诉讼法失权规定之缓和与逃避［A］. 姜世明. 任意诉讼
及部分程序争议问题［Z］. 2009.

[158] 姜世明. 释明之研究——以其证明度为中心［J］. 东吴法律学报，2009
（1）.

[159] 吕太郎. 民事诉讼阐明之理论及其趋向［A］. 吕太郎. 民事诉讼之基本
理论［Z］. 2009.

[160] 吴从周. 案件迟延之逆袭——从防止"逃避争点简化协议"与"逃避失
权"之角度出发整理与观察相关"最高法院"判决［J］. 台北法学杂志，
2009（5）.

[161] 刘英明. 环境侵权证明责任倒置合理性论证［J］. 北方法学，2010（2）.

[162] 牟爱华. 论罗马法侵权归责原则及其举证责任［J］. 求索，2010（5）.

［163］张友好．论证明妨碍法律效果之择定——以文书提出妨碍为例［J］．法律科学，2010（5）．

［164］郑世保．事实推定与证明责任——从"彭宇案"切入［J］．法律科学，2010（3）．

［165］包冰锋，陶婷．证据收集程序之保障：文书提出命令制度［J］．南通大学学报，2010（3）．

［166］刘璐，缪宇．环境污染责任的构成与举证责任的分配——侵权责任法第8章"环境污染责任"的理解与适用［J］．政治与法律，2010（5）．

［167］肖建国．书证的真实性及其举证责任［J］．中国审判，2010（7）．

［168］叶自强．我国举证责任概念的模糊性问题［J］．证据科学，2010（6）．

［169］霍海红．证明责任配置裁量权之反思［J］．法学研究，2010（1）．

［170］刘萍．论民事诉讼当事人之诉讼促进义务［J］．天津大学学报，2010（1）．

［171］刘哲玮．论美国法上的证明责任——以诉讼程序为视角［J］．当代法学，2010（3）．

［172］占善刚．证明妨害论——以德国法为中心的考察［J］．中国法学，2010（3）．

［173］卢佩．民事诉讼证明责任分配规则实证分析［J］．昆明理工大学学报，2010（2）．

［174］徐桂芹．论环境侵权诉讼证明责任的分配［J］．山东社会科学，2010（8）．

［175］胡学军．法官分配证明责任：一个法学迷思概念的分析［J］．清华法学，2010（4）．

［176］周翠．侵权责任法体系下的证明责任倒置与减轻规范与德国法的比较［J］．中外法学，2010（5）．

［177］傅郁林．证明责任的特别规则及其正当性［J］．中外法学，2010（5）．

［178］褚福民．事实推定的客观存在及其正当性质疑［J］．中外法学，2010（5）．

［179］毕玉谦．关于创设民事诉讼证明妨碍制度的基本视野［J］．证据科学，

2010（5）.

[180] 邵明．侵权证明责任分配释论 [J]．人民司法，2010（19）.

[181] 陈文华．我国检察机关提起民事公益诉讼的实务评析与程序设计 [J]．法学杂志，2010（12）.

[182] 刘超．论检察机关作为环境公益诉讼原告的权力基础 [J]．重庆工商大学学报（社会科学版），2010（6）.

[183] 张颖．论美国环境公民诉讼制度中的原告资格 [J]．湖南工业大学学报（社会科学版），2010（6）.

[184] 刘萍．环境公益诉讼中我国法院的公共政策形成功能 [J]．理论导刊，2010（12）.

[185] 胡中华．论美国环境公益诉讼中的环境损害救济方式及保障制度 [J]．武汉大学学报（哲学社会科学版），2010（6）.

[186] 杨朝霞．环境民事公益诉讼：环保部门怎么做? [J]．环境保护，2010（22）.

[187] 何云．我国环境公益诉讼法制构建建议 [J]．环境保护，2010（22）.

[188] 喻永红．环境公益诉讼必要性和可行性分析 [J]．长沙大学学报，2010（6）.

[189] 符建敏，谷德近．环境公益诉讼的类型和功能 [J]．环境保护，2010（21）.

[190] 梅宏，李浩梅．论人民检察院提起环境公益诉讼的原告主体资格 [J]．中国海洋大学学报（社会科学版），2010（6）.

[191] 梁磊，陈晨，解成威．环境公益诉讼在我国建立的可行性研究 [J]．中国环境管理干部学院学报，2010（5）.

[192] 曹和平，尚永昕．西方环境行政公益诉讼制度研究 [J]．人民论坛，2010（29）.

[193] 邓小云．我国环境诉讼适格原告探析 [J]．郑州大学学报（哲学社会科学版），2010（5）.

[194] 吴卫星．印度环境公益诉讼制度及其启示 [J]．华东政法大学学报，2010（5）.

[195] 张式军. 环境公益诉讼制度辨析 [J]. 科技与法律, 2010 (4).

[196] 李爱年. 中国环境公益诉讼的立法选择 [J]. 法学杂志, 2010 (8).

[197] 何燕, 江朔. 环境公益诉讼——立法亟待与实践同步 [J]. 法学杂志, 2010 (8).

[198] 张百灵, 范娟. 环境公益诉讼的理论解读 [J]. 云南大学学报 (法学版), 2010 (4).

[199] 李传轩. 环境诉讼原告资格的扩展及其合理边界 [J]. 法学论坛, 2010 (4).

[200] 李挚萍. 论由国家机关提起的环境民事公益诉讼 [J]. 法治论坛, 2010 (2).

[201] 吴如巧. 论环境公益诉讼起诉主体的一元化构建 [J]. 法治论坛, 2010 (2).

[202] 崔金星. 环境公益诉讼的后现代性解读与架构 [J]. 西南科技大学学报 (哲学社会科学版), 2010 (3).

[203] 张敏纯, 陈国芳. 环境公益诉讼的原告类型探究 [J]. 法学杂志, 2010 (8).

[204] 何燕, 江朔. 环境公益诉讼——立法亟待与实践同步 [J]. 法学杂志, 2010 (8).

[205] 张锋. 环境公益诉讼原告资格分析 [J]. 政法论丛, 2010 (3).

[206] 郝海青. 环境公益诉讼中的前置程序研究 [J]. 中国海洋大学学报 (社会科学版), 2010 (2).

[207] 吴邦国. 形成中国特色社会主义法律体系的重大意义和基本经验 [J]. 求是, 2011 (3).

[208] 赵钢, 王杏飞. 论民事司法权中的司法规则创制权 [J]. 中国法学, 2011 (3).

[209] 褚福民. 准法律推定——事实推定与法律推定的中间领域 [J]. 当代法学, 2011 (5).

[210] 包冰锋. 多元化适用: 证明妨碍法律效果的选择路径 [J]. 现代法学, 2011 (5).

[211] 吴满昌，罗薇．云南环境公益诉讼第一案孰是孰非？——以环境证据为视角 [J]．环境保护，2011（14）．

[212] 毕玉谦．"一强多元"模式下的证明责任学说——以克服"规范说"局限性为重心 [J]．政法论坛，2011（2）．

[213] 李友根．论产品召回制度的法律责任属性——兼论预防性法律责任的生成 [J]．法商研究，2011（6）．

[214] 朱孝彦．民事诉讼证明责任与证明标准关系新探 [J]．河南科技大学学报，2011（4）．

[215] 陈浩．再论民事诉讼证明责任的转移 [J]．政法论丛，2011（4）．

[216] 王社坤．环境侵权因果关系举证责任分配研究——兼论侵权责任法第66条的理解与适用 [J]．河北法学，2011（2）．

[217] 肖爱，李昌杰．论环境民事侵权诉讼中的举证责任倒置 [J]．吉首大学学报（社会科学版），2011（2）．

[218] 包冰锋．民事诉讼证明妨碍制度的法理基础 [J]．南通大学学报，2011（2）．

[219] 叶自强．举证责任倒置规则的构成要素与适用 [J]．河北法学，2011（5）．

[220] 李浩．民事诉讼法修订中的举证责任问题 [J]．清华法学，2011（3）．

[221] 袁小荣．举证责任倒置在环境侵权诉讼中的适用 [J]．人民司法，2011（20）．

[222] 胡中华．我国环境公益诉讼制度的限度 [J]．武汉理工大学学报（社会科学版），2011（6）．

[223] 李劲．国外环境公益诉讼主体资格的确定及其借鉴 [J]．法学杂志，2011（10）．

[224] 马明飞．我国海洋环境公益诉讼研究 [J]．环境保护，2011（7）．

[225] 廖柏明．检察机关介入环境公益诉讼的思考与建议 [J]．法学杂志，2011（6）．

[226] 章礼明．检察机关不宜作为环境公益诉讼的原告 [J]．法学，2011（6）．

[227] 蔡彦敏．中国环境民事公益诉讼的检察担当 [J]．中外法学，2011（1）．

[228] 高雁，高桂林．环境公益诉讼原告资格的扩展与限制 [J]．河北法学，2011（3）．

[229] 张翠梅．环境公益诉讼制度构建的法理分析 [J]．河北法学，2011（4）．

[230] 黄娜．试论我国环境民事公益诉讼制度的完善 [J]．学理论，2011（10）．

[231] 徐振梁．环境公益诉讼：现实困境与制度突破 [J]．环境保护，2011（13）．

[232] 唐艳秋．我国环境公益诉讼制度研究的新探索——《环境公益诉讼研究》述评 [J]．政法论丛，2011（4）．

[233] 史佳欣．环境公益诉讼制度初探 [J]．学理论，2011（24）．

[234] 张永进，彭嫚丽．检察机关参与环境公益诉讼的理论与实践 [J]．上海政法学院学报（法治论丛），2011（5）．

[235] 梁亚，赵存耀．从"康菲事件"看检察机关开展环境公益诉讼 [J]．河北法学，2012（1）．

[236] 杜承秀．论民事诉讼证明责任判决制度及其适用 [J]．学术论坛，2012（1）．

[237] 胡学军．从"抽象证明责任"到"具体举证责任"——德、日民事证据法研究的实践转向及其对我国的启示 [J]．法学家，2012（2）．

[238] 包建华．论我国"证明责任倒置"规则 [J]．东北大学学报，2012（6）．

[239] 韩静茹．民事诉讼证明妨碍问题之反思——理论、实践及制度优化语境下的思考 [J]．时代法学，2012（6）．

[240] 张家骥．侵权责任法中的举证责任倒置问题——以权利保障方式的不同为分析视角 [J]．中国政法大学学报，2012（2）．

[241] 曹树青．环境公益诉讼破解环境行政执法难题——基于农村秸秆禁焚执法的证据困境 [J]．环境保护，2012（24）．

[242] 刘冬京，葛丹．环境公益诉讼制度原告资格的规范分析 [J]．南昌大学学报（人文社会科学版），2012（6）．

[243] 别涛．环境公益诉讼立法的新起点——兼论《环境保护法》修改应当纳入环境公益诉讼 [J]．环境保护，2012（21）．

[244] 庹继光，李缨．我国环境公益诉讼主体立法掣肘与破解 [J]．西南民族大

学学报（人文社会科学版），2012（11）.

[245] 刘超．擎制与突围：法院受理环境公益诉讼案件动力机制的缺陷与重塑 [J]．河北法学，2012（6）.

[246] 伊媛媛，王树义．论中国环境公益诉讼制度之原告选择 [J]．河南财经政法大学学报，2012（5）.

[247] 邓蕊．环境公益诉讼原告资格比较研究 [J]．华北电力大学学报（社会科学版），2012（1）.

[248] 马明飞．自然遗产保护中的环境公益诉讼 [J]．求索，2012（2）.

[249] 陈晓景．环境公益诉讼研究的创新探索——兼评《环境公益诉讼研究——以制度建设为中心》[J]．河南财经政法大学学报，2012（2）.

[250] 曹树青．"怠于行政职责论"之辩——环保行政部门环境公益诉讼原告资格之论见 [J]．学术界，2012（3）.

[251] 张海燕．论环境公益诉讼的原告范围及其诉权顺位 [J]．理论学刊，2012（5）.

[252] 郑莉．环境公益诉讼社会公众参与合理性探析 [J]．理论与改革，2012（5）.

[253] 崔庆林，魏汉涛．论检察机关在环境公益诉讼中的法律地位 [J]．学术探索，2012（12）.

[254] 张海燕．推定：事实真伪不明困境克服之优位选择 [J]．山东大学学报，2012（2）.

[255] 高雁．环境公益诉讼制度：美国的经验与中国的制度选择 [J]．求索，2012（9）.

[256] 赵信会，韩清．民事诉讼证明妨碍制度的构建——以协同主义理论为视角 [J]．河北法学，2012（9）.

[257] 张锋，陈晓阳．论我国环境公益诉讼制度的构建 [J]．山东社会科学，2012（8）.

[258] 齐树洁．我国公益诉讼主体之界定——兼论公益诉讼当事人适格之扩张 [J]．河南财经政法大学学报，2013（1）.

[259] 刘学在．民事公益诉讼原告资格解析 [J]．国家检察官学院学报，2013

（2）.

[260] 郑春笋，李文桥，张吉来. 鉴定不能时的证明责任分析 [J]. 山东审判，2013（6）.

[261] 包冰锋. 实体与程序之调和：证明妨碍的客观要件探究 [J]. 证据科学，2013（6）.

[262] 胡学军. 具体举证责任视角下举证妨碍理论与制度的重构 [J]. 证据科学，2013（6）.

[263] 孙远. 论事实推定 [J]. 证据科学，2013（6）.

[264] 毕玉谦. 民事公益诉讼中的证明责任问题 [J]. 法律适用，2013（10）.

[265] 白迎春. 严格区分"证明责任"与"提供证据的责任"[J]. 前沿，2013（16）.

[266] 石达理，朱亚滨. 自由心证适用问题研究——以自由心证与证明责任关系为视角 [J]. 河南社会科学，2013（8）.

[267] 李美燕. 论证明责任的阶段性 [J]. 北京航空航天大学学报，2013（4）.

[268] 谭嘉臻. 论举证责任倒置制度的适用范围 [J]. 宁夏大学学报，2013（3）.

[269] 胡学军. 举证妨碍救济制度的重构 [J]. 甘肃政法学院学报，2013（3）.

[270] 胡学军. 从"证明责任分配"到"证明责任减轻"——论证明责任理论的现代发展趋势 [J]. 南昌大学学报，2013（2）.

[271] 魏庆玉. 摸索证明论 [J]. 当代法学，2013（2）.

[272] 韩艳. 我国民事证明责任分配的理性重构——事实真伪不明时法官的抉择 [J]. 法治研究，2013（9）.

[273] 孙洪坤，张姣. 论环境民事公益诉讼中的调解制度 [J]. 广西社会科学，2013（9）.

[274] 别涛. 环境公益诉讼立法的新起点——民诉法修改之评析与环保法修改之建议 [J]. 法学评论，2013（1）.

[275] 于鹏. 民事诉讼证明妨碍救济与制裁比较研究 [J]. 法律适用，2013（12）.

[276] 吴如巧. 摸索证明与民事诉讼证据收集开示的协作 [J]. 西南政法大学学

报，2013（6）.

[277] 阮丽娟．环境公益诉讼的性质识别、原告寻找与审理机关专门化［J］.北方法学，2013（6）.

[278] 刘澜平，向亮．环境民事公益诉讼被告反诉问题探讨［J］.法律适用，2013（11）.

[279] 李劲．环境公益诉讼的理论基础及制度构建［J］.渤海大学学报（哲学社会科学版），2013（5）.

[280] 王兰．环境管理机关公益诉讼原告资格理论与实践之辨［J］.西南政法大学学报，2013（4）.

[281] 丁晓华．我国开展环境公益民事诉讼的司法障碍［J］.上海政法学院学报（法治论丛），2013（4）.

[282] 颜运秋，罗婷．生态环境保护公益诉讼的激励约束机制研究［J］.中南大学学报（社会科学版），2013（3）.

[283] 张颖．环境公益诉讼费用规则的思考［J］.法学，2013（7）.

[284] 陈亮．环境公益诉讼"零受案率"之反思［J］.法学，2013（7）.

[285] 成依怡．论环境公益诉讼原告主体的多元化［J］.中南林业科技大学学报（社会科学版），2013（4）.

[286] 王翠敏．美国环境公益诉讼起诉标准上的回归与启示［J］.云南大学学报（法学版），2013（1）.

[287] 武文文，张帆．论明确环境公益诉讼制度的主体［J］.河北科技大学学报（社会科学版），2012（4）.

[288] 龚学德．环境公益诉讼的角色解读与反思［J］.河南师范大学学报（哲学社会科学版），2013（2）.

[289] 张加林．检察机关参与环境公益诉讼的实证分析［J］.河北法学，2013（5）.

[290] 杨朝霞．论环境公益诉讼的权利基础和起诉顺位——兼谈自然资源物权和环境权的理论要点［J］.法学论坛，2013（3）.

[291] 刘恒，王姣．检察机关作为民事公益诉讼原告的基础——以"云南省首例环境民事公益诉讼案件"为例［J］.中国检察官，2013（16）.

[292] 时军．建立我国环境公益诉讼制度的诉讼法解释路径［J］．法学论坛，2013（6）．

[293] 蔡守秋．从环境权到国家环境保护义务和环境公益诉讼［J］．现代法学，2013（6）．

[294] 宋宗宇，郭金虎．扩展与限制：我国环境民事公益诉讼原告资格之确立［J］．法学评论，2013（6）．

[295] 张辉．论环境民事公益诉讼的责任承担方式［J］．法学论坛，2014（6）．

[296] 林文学．环境民事公益诉讼争议问题探讨［J］．法律适用，2014（10）．

[297] 杨严炎，廖海清．印度环境公益诉讼制度及实践的启示——以印度恒河环境污染公益诉讼案为例［J］．东方法学，2014（5）．

[298] 张娇东．环境公益诉讼困境检视与制度构建［J］．人民司法，2014（17）．

[299] 郑少锋，杨敬栓．环境公益诉讼案件审理中的若干法律疑难问题［J］．山东审判，2014（4）．

[300] 纪鹏辉，张营营．环境公益诉讼证明标准降低之探析——基于近十年环境公益诉讼典型案例的实证分析［J］．山东审判，2014（4）．

[301] 刘学锋，马黎．环境民事公益诉讼程序的法院职权干预［J］．人民司法，2014（15）．

[302] 行军安．环境公益诉讼程序七题［J］．中国律师，2014（8）．

[303] 王灿发，程多威．新环境保护法下环境公益诉讼面临的困境及其破解［J］．法律适用，2014（8）．

[304] 丁宝同，张美美．环境公益诉讼之诉前鉴定机制研究［J］．中国司法鉴定，2014（3）．

[305] 赵信会．论证明妨碍救济措施之创设——以对英美法律制度的分析为参照［J］．证据科学，2014（3）．

[306] 徐祥民，张明君．建立我国环境公益诉讼制度的便捷路径［J］．河北法学，2014（6）．

[307] 肖建国，黄忠顺．环境公益诉讼基本问题研究［J］．法律适用，2014（4）．

[308] 刘鹏飞. 修正辩论主义与武器平等的证明责任 [J]. 证据科学, 2014 (6).

[309] 付奇艺. 证明责任与举证责任的辨析 [J]. 温州大学学报, 2014 (6).

[310] 胡学军. 表见证明理论批判 [J]. 法律科学, 2014 (4).

[311] 周勇, 郗华晓. 民事公益诉讼证明责任初探——以环境民事诉讼为视角 [J]. 中共郑州市委党校学报, 2014 (4).

[312] 谢文哲, 宋春龙. 论主观证明责任的独立品格 [J]. 天津法学, 2014 (2).

[313] 吐火加, 包建华, 陈宝贵. 论证据调查与证明责任的关系 [J]. 法律适用, 2014 (5).

[314] 胡学军. 拥抱抑或拒斥: 摸索证明论的中国境遇 [J]. 东方法学, 2014 (5).

[315] 王国征. 证明责任应为一般侵权责任与特殊侵权责任的划分标准 [J]. 齐鲁学刊, 2014 (1).

[316] 王亚新. 民事诉讼中的举证责任 [J]. 证据科学, 2014 (1).

[317] 王国征. 侵权责任法视野下证明责任倒置的适用 [J]. 湘潭大学学报 (哲学社会科学版), 2014 (1).

[318] 郑春笋, 李文桥, 张吉来. 鉴定不能时的证明责任该如何分配 [J]. 中国审判, 2014 (1).

[319] 韩艳. 我国民事证明责任分配规则之正本清源——以"规范说"为理论基础 [J]. 政治与法律, 2014 (1).

[320] 周翠. 从事实推定走向表见证明 [J]. 现代法学, 2014 (6).

[321] 杨春桃. 论自然人提起环境公益诉讼 [J]. 北京航空航天大学学报 (社会科学版), 2014 (6).

[322] 孙洪坤. 检察机关参与环境公益诉讼的实证分析 [J]. 苏州大学学报 (法学版), 2014 (4).

[323] 湛念. 论环境公益诉讼的地域管辖 [J]. 中南林业科技大学学报 (社会科学版), 2014 (6).

[324] 颜运秋, 余彦. 生态环境保护公益诉讼机制的存在基础及司法实践 [J].

河北科技大学学报（社会科学版），2014（3）.

[325] 吴勇.论环保法庭的举证责任分配规则 [J].环境保护，2014（16）.

[326] 樊振华.公共产品背景下环境公益诉讼原告制度构建——基于《环境保护法》修改的思考 [J].学海，2014（4）.

[327] 颜运秋，李明耀."美丽中国"语境下塑造环境公益诉讼立案机制之策略 [J].法治研究，2014（7）.

[328] 何熊.环境公益诉讼中原告资格问题研究 [J].长江大学学报（社科版），2014（6）.

[329] 杨春桃.环境公益损害的法律救济现状及对策研究 [J].环境保护，2014（9）.

[330] 马强.环境民事诉讼研究 [J].河南财经政法大学学报，2014（3）.

[331] 刘莘.公法视野下的环境公益诉讼 [J].南京工业大学学报（社会科学版），2014（1）.

[332] 范红霞.环保社会组织的公益诉讼原告资格分析 [J].深圳大学学报（人文社会科学版），2014（2）.

[333] 阮丽娟.环境公益诉讼原告诉权的限制 [J].政治与法律，2014（1）.

[334] 许国庆，李文军，王秀梅.检察机关参与环境公益诉讼的构想 [J].中国检察官，2014（4）.

[335] 张慧杰，贺慧春，王育才.论我国环境公益诉讼的适格主体 [J].商业时代，2014（7）.

[336] 曹明德.中美环境公益诉讼比较研究 [J].比较法研究，2015（4）.

[337] 张忠民.论环境公益诉讼的审判对象 [J].法律科学，2015（4）.

[338] 秦鹏，鄢德奎.关于环境公益诉讼制度实施的若干思考——基于国内首例跨省界环境公益诉讼案的分析 [J].环境保护，2015（13）.

[339] 彭君，胡建伟论环境公益诉讼中的法律困境与出路 [J].河北法学，2015（8）.

[340] 马勇，沈海滨.环境公益诉讼实践中应关注的几个问题 [J].世界环境2015（3）.

[341] 傅贤国.环境民事公益诉讼证明责任分配研究 [J].甘肃政法学院学报，

2015（3）.

［342］薄晓波．论我国环境民事公益诉讼中法律责任的完善——以中华环保联合会诉德州晶华公司为例［J］．环境保护，2015（10）.

［343］颜运秋，余彦．我国环境民事公益诉讼制度的亮点、不足及完善——以2014年12月最高人民法院通过的"两解释"为分析重点［J］．湘潭大学学报（哲学社会科学版），2015（3）.

［344］李劲，吴永科．检察机关支持社会组织提起环境民事公益诉讼的法律问题研究——基于最高人民法院司法解释的思考［J］．辽宁大学学报（哲学社会科学版），2015（3）.

［345］秦鹏，陈幸欢．环境公益诉讼中的法院角色、逆向选择与社会结构——以泰州1.6亿赔偿案为样本的法社会学分析［J］．西南民族大学学报（人文社科版），2015（5）.

［346］张海燕．推定在书证真实性判断中的适用——以部分大陆法系国家和地区立法为借鉴［J］．环球法律评论，2015（4）.

［347］李义松，朱强．新环保法背景下的环境公益诉讼［J］．湖北社会科学，2015（4）.

［348］赵信会．美国证明妨碍推定的理论与实践［J］．证据科学，2015（4）.

［349］王嘎利．环境公益诉讼中科学证据效力之认定［J］．公民与法（法学版），2015（1）.

［350］徐淑琳，冷罗生．反思环境公益诉讼中的举证责任倒置——以法定原告资格为视角［J］．中国地质大学学报（社会科学版），2015（1）.

［351］刘广林．证明责任分配之基础：诉讼主张的识别［J］．西南民族大学学报，2015（10）.

［352］王雷．我国民法典中证据规范的配置——以证明责任规范为中心［J］．法商研究，2015（5）.

［353］张旭东．环境侵权因果关系证明责任倒置反思与重构：立法、学理及判例［J］．中国地质大学学报（社会科学版），2015（5）.

［354］袁中华．证明责任分配的一般原则及其适用——民事诉讼法司法解释第91条之述评［J］．法律适用，2015（8）.

[355] 白迎春．证明责任内涵的重新定位 [J]．河北法学，2015（6）．

[356] 吴伟华．文书提出命令制度司法适用研究 [J]．河北学刊，2015（6）．

[357] 罗发兴．环境侵权证明责任的司法实践现状与评析——以 60 个真实案件为样本分析 [J]．北方法学，2015（1）．

[358] 周成泓．证明责任：徘徊在行为责任与结果责任之间——以民事诉讼为视角 [J]．河南财经政法大学学报，2015（1）．

[359] 陈召坤．举证责任转换若干规则的归纳与应用 [J]．山东审判，2015（5）．

[360] 庞小菊，徐英倩．不负证明责任当事人的事案解明义务 [J]．国家检察官学院学报，2015（3）．

[361] 李云波．侵权方就排除因果关系举证不充分应承担民事责任 [J]．人民司法，2015（10）．

[362] 李云波．侵权方就排除因果关系举证不充分应承担民事责任 [J]．人民司法，2015（10）．

[363] 张宝．环境侵权诉讼中受害人举证义务研究——对侵权责任法第 66 条的解释 [J]．政治与法律，2015（2）．

[364] 梁春艳．我国环境公益诉讼的模式选择 [J]．郑州大学学报（哲学社会科学版），2015（6）．

[365] 陈贤贵，林志杰．论不负举证责任一方当事人的事案解明义务 [J]．河南财经政法大学学报，2015（6）．

[366] 马龙．论德国民事诉讼中的证明妨碍制度——以德国联邦法院的判例为考察对象 [J]．证据科学，2015（6）．

[367] 张旭东．环境民事公益诉讼"三要件"研究 [J]．大连理工大学学报（社会科学版），2015（4）．

[368] 侯佳儒．环境公益诉讼的美国蓝本与中国借鉴 [J]．交大法学，2015（4）．

[369] 行军安，李婧．环境民事公益诉讼证明责任倒置证据规则问题探讨 [J]．中国律师，2016（10）．

[370] 张晏．环境公益诉讼的法律适用——基于对环境公益诉讼功能定位的思考

[J].南京工业大学学报（社会科学版），2016（4）.

[371] 赵晨笑.环境公益诉讼实践现状与发展的调研分析——以福建涉水生态公益诉讼案件为分析样本［J］.山东审判，2016（6）.

[372] 杜鸣晓.环境民事公益诉讼司法解释的证据学分析［J］.河北科技大学学报（社会科学版），2016（3）.

[373] 张忠民.环境公益诉讼被告的局限及其克服［J］.环球法律评论，2016（5）.

[374] 杨解君，卢淦明.公益诉讼试点若干重大理论问题探讨——以环境公益诉讼为重点［J］.中国地质大学学报（社会科学版），2016（6）.

[375] 刘芳.我国环境公益诉讼的现状分析与完善建议［J］.学习与实践，2016（1）.

[376] 程多威，王灿发.论生态环境损害赔偿制度与环境公益诉讼的衔接［J］.环境保护，2016（2）.

[377] 于家富，王惠.环境民事公益诉讼的新趋势及解决之道［J］.环境保护，2016（1）.

[378] 单红军，王恒斯，王婷婷.论我国海洋环境公益诉讼的若干法律问题——以"大连环保志愿者协会诉大连中石油公司等案"为视角［J］.环境保护，2016（1）.

[379] 蔡先凤."康菲溢油案"首启环境公益诉讼的法律焦点问题解析［J］.环境保护，2016（1）.

[380] 孙洪坤.检察机关提起环境行政公益诉讼的破局及启示［J］.环境保护，2016（1）.

[381] 孟根巴根.环境公益诉讼制度的立法现状及其新课题［J］.求是学刊，2016（2）.

[382] 马勇.从公益诉讼视角看我国环境损害司法鉴定［J］.中国司法鉴定，2016（1）.

[383] 杜群，梁春艳.我国环境公益诉讼单一模式及比较视域下的反思［J］.法律适用，2016（1）.

[384] 袁学红.构建我国环境公益诉讼生态修复机制实证研究——以昆明中院的

实践为视角 [J]. 法律适用, 2016 (2).

[385] 竺效. 论环境民事公益诉讼救济的实体公益 [J]. 中国人民大学学报, 2016 (2).

[386] 黄忠顺. 环境公益诉讼制度扩张解释论 [J]. 中国人民大学学报, 2016 (2).

[387] 肖建国. 利益交错中的环境公益诉讼原理 [J]. 中国人民大学学报, 2016 (2).

[388] 周珂, 林潇潇. 论环境民事公益诉讼案件程序与实体法律的衔接 [J]. 黑龙江社会科学, 2016 (2).

[389] 孙海涛, 赵国栋. 印度环境公益诉讼制度评析及启示 [J]. 河海大学学报 (哲学社会科学版), 2016 (1).

[390] 李艳芳, 吴凯杰. 论检察机关在环境公益诉讼中的角色与定位——兼评检察机关提起公益诉讼改革试点方案 [J]. 中国人民大学学报, 2016 (2).

[391] 任宇宁. 环境公益诉讼的逻辑机理及其制度创新 [J]. 东南学术, 2016 (1).

[392] 王曦, 章楚加. 完善我国环境公益诉讼制度的思考 [J]. 中州学刊, 2016 (3).

[393] 蔡守秋, 张文松. 检察机关在突破环境民事公益诉讼难局中的法律困境与规则建构——基于公益诉讼改革试点方案的思考 [J]. 中国地质大学学报 (社会科学版), 2016 (3).

[394] 吕忠梅. 环境司法理性不能止于"天价"赔偿: 泰州环境公益诉讼案评析 [J]. 中国法学, 2016 (3).

[395] 孙洪坤, 翁如强. 论环境公益诉讼证明标准的认定——以"天价环境污染赔偿案"为例 [J]. 环境保护, 2016 (10).

[396] 常纪文. 美国环境公民诉讼判例法的发展及对我国环境公益诉讼制度改革的启示 (一) ——兼论环境公益诉讼在国家环境治理中的作用 [J]. 中国环境监察, 2016 (3).

[397] 常纪文. 美国环境公民诉讼判例法的发展及对我国环境公益诉讼制度改革的启示 (二) ——兼论环境公益诉讼在国家环境治理中的作用 [J]. 中

国环境监察，2016（4）.

[398] 肖建国，宋春龙．环境民事公益诉讼程序问题研究——以不同环境利益的交织与协调为切入点［J］．法律适用，2016（7）.

[399] 陈磊．不负证明责任当事人之事案解明义务研究［J］．学术论坛，2016（7）.

[400] 孙茜．我国环境公益诉讼制度的司法实践与反思［J］．法律适用，2016（7）.

[401] 胡静．环保组织提起的公益诉讼之功能定位——兼评我国环境公益诉讼的司法解释［J］．法学评论，2016（4）.

[402] 陈亮．环境公益诉讼激励机制的法律构造——以传统民事诉讼与环境公益诉讼的当事人结构差异为视角［J］．现代法学，2016（4）.

[403] 李天相．环境公益诉讼原告利益的维度——以环保民间组织为视角［J］．法学杂志，2016（8）.

[404] 段厚省．海洋环境公益诉讼四题初探——从浦东环保局诉密斯姆公司等船舶污染损害赔偿案谈起［J］．东方法学，2016（5）.

[405] 巩固．2015 年中国环境民事公益诉讼的实证分析［J］．法学，2016（9）.

[406] 李兴宇．论我国环境民事公益诉讼中的"赔偿损失"［J］．政治与法律，2016（10）.

[407] 袁琳．证明责任视角下的抗辩与否认界别［J］．现代法学，2016（6）.

[408] 许尚豪．证明责任理论的证据语境批判［J］．政治与法律，2016（11）.

[409] 潘剑锋．民事证明责任论纲——对民事证明责任基本问题的认识［J］．政治与法律，2016（11）.

[410] 王刚．"两维度"证明责任分配标准的运用［J］．人民司法，2016（28）.

[411] 胡东海．民事证明责任分配的实质性原则［J］．中国法学，2016（4）.

[412] 胡学军．我国民事证明责任分配理论重述［J］．法学，2016（5）.

[413] 胡东海．民事证明责任分配的实质性原则［J］．中国法学，2016（4）.

[414] 李昌盛．积极抗辩事由的证明责任：误解与澄清［J］．法学研究，2016（2）.

[415] 丁朋超．民事诉讼中的摸索证明论［J］．大连理工大学学报，2016（2）.

［416］赵小军．我国民事诉讼中举证责任分配契约研究［J］．证据科学，2016
（6）．

［417］周龙．环境侵权因果关系中原告的举证责任研究［J］．湘湘论坛，2016
（5）．

［418］罗丽．我国环境公益诉讼制度的建构问题与解决对策［J］．中国法学，
2017（3）．

［419］吴伟华，李素娟．民事诉讼证据收集制度的演进与发展——兼评环境公益
诉讼证明困境的克服［J］．河北法学，2017（7）．

［420］刘海鸥，罗珊．中美环境公益诉讼立法比较研究［J］．湘潭大学学报（哲
学社会科学版），2017（3）．

［421］吴凯杰．论预防性环境公益诉讼［J］．理论与改革，2017（3）．

［422］刘庆，秦天宝．环境公益诉讼中检察机关的权力运行与保障——基于三起
典型案例的实证分析［J］．环境保护，2017（9）．

［423］梅宏．海洋生态环境损害赔偿的新问题及其解释论［J］．法学论坛，2017
（3）．

［424］江国华，张彬．中国环境民事公益诉讼的七个基本问题——从“某市环
保联合会诉某化工公司环境污染案”说开去［J］．政法论丛，2017（2）．

［425］巩固．大同小异抑或貌合神离？中美环境公益诉讼比较研究［J］．比较法
研究，2017（2）．

［426］石春雷．论环境民事公益诉讼中的生态环境修复——兼评最高人民法院司
法解释相关规定的合理性［J］．郑州大学学报（哲学社会科学版），2017
（2）．

［427］徐以祥，王宏．论我国环境民事公益诉讼赔偿数额的确定［J］．法学杂
志，2017（3）．

［428］张锋．环境公益诉讼起诉主体的顺位设计刍议［J］．法学论坛，2017
（2）．

［429］栗楠．环保组织发展困境与对策研究——以环境民事公益诉讼为视角
［J］．河南大学学报（社会科学版），2017（2）．

［430］颜运，杨志华．环境公益诉讼两造结构模式研究［J］．江西社会科学，

2017（2）.

[431] 胡学军 . 证明责任"规范说"理论重述 [J]. 法学家，2017（1）.

[432] 王倩 . 环境侵权因果关系举证责任分配规则阐释 [J]. 法学，2017（4）.

[433] 吴怡 . 浅析环境公益司法救济路径之选择 [J]. 中国人口·资源与环境，2017（2）.

[434] 徐以祥，周骁然 . 论环境民事公益诉讼目的及其解释适用——以"常州毒地"公益诉讼案一审判决为切入点 [J]. 中国人口·资源与环境，2017（12）.

[435] 詹蔚，李雨 . 环境公益诉讼的律师费用分配制度——美国蓝本与中国借鉴 [J]. 吉首大学学报（社会科学版），2017（2）.

[436] 孙洪坤，胡杉杉 . 环境公益诉讼中虚拟治理成本法律适用的认定 [J]. 浙江工业大学学报（社会科学版），2017（4）.

[437] 李义松，霍玉静，刘铮 . 环境公益诉讼专门性问题解决机制的实证分析 [J]. 环境保护，2017（24）.

[438] 郭颂彬，刘显鹏 . 危害型环境公益诉讼证明责任分配探析 [J]. 大连海事大学学报（社会科学版），2017（6）.

[439] 李浩 . 论检察机关在民事公益诉讼中的地位 [J]. 法学，2017（11）.

[440] 周书敏 . 我国环境公益诉讼的实证分析 [J]. 中南林业科技大学学报（社会科学版），2017（5）.

[441] 汪夜丰 . 检察机关提起环境民事公益诉讼现状考察与实践操作 [J]. 中国检察官，2017（21）.

[442] 胥楠，王育才 . 环境公益诉讼激励及域外借鉴——以 ENGO 为例 [J]. 生态经济，2017（11）.

[443] 颜运秋 . 我国环境公益诉讼的发展趋势——对新《环境保护法》实施以来 209 件案件的统计分析 [J]. 求索，2017（10）.

[444] 廖建凯 . 生态损害救济中环保组织的错位与归位——以"中国绿发会诉中铝民事公益诉讼案"为切入点 [J]. 求索，2017（10）.

[445] 徐以祥 . 我国环境公益诉讼的模式选择——兼评环境行政公益诉讼为主模式论 [J]. 西南民族大学学报（人文社科版），2017（10）.

［446］廖建凯. 生态损害救济中环保组织的定位与功能——以几个典型环境公益诉讼案件为切入点［J］. 社会科学家，2017（10）.

［447］曹晓燕. 海洋污染环境公益诉讼原告主体资格之选择［J］. 甘肃社会科学，2017（5）.

［448］苗阳，陈兰，邢文杰，鲍健强. 环境NGO介入环境公益诉讼的必要性和复杂性研究［J］. 环境科学与管理，2017（9）.

［449］刘超. 论环境民事公益诉讼证据调查之展开［J］. 江西社会科学，2017（9）.

［450］颜运秋. 中国环境公益诉讼专家陪审制度的确立与完善［J］. 法治研究，2017（5）.

［451］石春雷. 前诉裁判确认事实对后诉的预决效力——环境民事公益诉讼司法解释第30条的释义及其展开［J］. 政治与法律，2017（9）.

［452］柯阳友，蒋楠. 环境侵权诉讼中因果关系证明的质疑与反思［J］. 河北工业大学学报（社会科学版），2017（3）.

［453］姜红，赵莎莎. 环境损害鉴定评估制度的司法困境及破解路径——以10件环境民事公益诉讼案为例［J］. 贵州大学学报（社会科学版），2017（4）.

［454］程林，奚敬之. 论环境公益诉讼的主要困境与现实出路——以水污染司法治理模式构建为视角［J］. 重庆理工大学学报（社会科学），2017（8）.

［455］郭颂彬，刘显鹏. 证明责任减轻：环境民事公益诉讼证明责任分配之应然路径［J］. 学习与实践，2017（8）.

［456］孙思琪，金怡雯. 中国海洋环境民事公益诉讼法律依据论辩——以《海洋环境保护法》第89条第2款的解释论为中心［J］. 浙江海洋大学学报（人文科学版），2017（4）.

［457］刘超. 环境行政公益诉讼受案范围之实践考察与体系展开［J］. 政法论丛，2017（4）.

［458］张百灵. 检察机关提起环境公益诉讼的困境与完善——以《人民检察院提起公益诉讼试点工作实施办法》为蓝本［J］. 江苏大学学报（社会科学版），2017（4）.

[459] 马腾. 我国环境公益诉讼制度完善研究——对常州毒地案一审判决的法理思考 [J]. 中国政法大学学报, 2017 (4).

[460] 张旭东. 预防性环境民事公益诉讼程序规则思考 [J]. 法律科学 (西北政法大学学报), 2017 (4).

[461] 巩固, 陈瑶. 以禁令制度弥补环境公益诉讼民事责任之不足——美国经验的启示与借鉴 [J]. 河南财经政法大学学报, 2017 (4).

[462] 刘小飞, 刘慧慧, 陈乾. 深化环境公益诉讼理论与实务研究 提升环境公共利益法治保障水平——"环境公益诉讼理论与实务研讨会"综述 [J]. 法律适用, 2017 (13).

[463] 张明哲. 检察机关提起环境民事公益诉讼制度反思——以检察机关职能的特殊性为切入点 [J]. 东南大学学报 (哲学社会科学版), 2017 (1).

[464] 闻雯. 公民提起环境行政公益诉讼的合理性研究 [J]. 三峡大学学报 (人文社会科学版), 2017 (1).

[465] 陈海嵩. 环境民事公益诉讼程序规则的争议与完善 [J]. 政法论丛, 2017 (3).

[466] 王丽萍. 突破环境公益诉讼启动的瓶颈: 适格原告扩张与激励机制构建 [J]. 法学论坛, 2017 (3).

[467] 张祥伟. 环境公益诉权之权源探析——一种新型诉权的权源追溯 [J]. 南海法学, 2017 (2).

[468] 王文革. 检察机关环境公益诉讼专题研究 [J]. 江苏大学学报 (社会科学版), 2017 (4).

[469] 肖爱, 曾云芳. 村民委员会环境民事公益诉讼原告资格研究 [J]. 时代法学, 2018 (6).

[470] 任欣. 环境公益诉讼驱动困境与应变 [J]. 中国环境管理干部学院学报, 2018 (6).

[471] 徐中华. 检察机关提起环境民事公益诉讼相关问题研究 [J]. 河南司法警官职业学院学报, 2018 (4).

[472] 李桂明. 论食品安全刑事附带民事公益诉讼起诉条件 [J]. 中国检察官, 2018 (22).

［473］ 林莉红. 论检察机关提起民事公益诉讼的制度空间［J］. 行政法学研究，
2018（6）.

［474］ 黄潇筱. 上海首例获判环境公益诉讼案的指导意义［J］. 检察风云，2018
（22）.

［475］ 李延生，刘光辉. 浅议检察公益诉讼的办案流程［J］. 中国检察官，2018
（21）.

［476］ 黄大芬，张辉. 论生态环境损害赔偿磋商与环境民事公益诉讼调解、和解
的衔接［J］. 环境保护，2018（21）.

［477］ 张锋. 检察环境公益诉讼之诉前程序研究［J］. 政治与法律，2018（11）.

［478］ 刘清生. 论环境公益诉讼的非传统性［J］. 法律科学（西北政法大学学
报），2019（1）.

［479］ 黄大芬，张辉. 环境私益诉讼与环境公益诉讼的界分——回归诉讼本来面
貌［J］. 河南科技大学学报（社会科学版），2018（5）.

［480］ 李媛辉，刘芳琳. 环境行政公益诉讼案件多发原因及对策探析［J］. 环境
保护，2018（20）.

［481］ 宋丽容. 生态环境损害赔偿与社会组织公益诉讼之衔接［J］. 中国环境管
理干部学院学报，2018（5）.

［482］ 刘巧儿. 环境行政公益诉讼检察建议的法律进路［J］. 中国环境管理干部
学院学报，2018（5）.

［483］ 徐英兰. 完善环境行政公益诉讼制度之探究——以检察机关原告资格为切
入点［J］. 行政与法，2018（10）.

［484］ 李铁，邹俊波. 云南省普洱市人民检察院诉景谷矿冶有限公司环境民事公
益诉讼案［J］. 中国检察官，2018（20）.

［485］ 吴媛媛，杨威. 路荣太环境民事公益诉讼案［J］. 中国检察官，2018
（20）.

［486］ 洪泉寿. 我国环境民事公益诉讼原告资格研究［J］. 南海法学，2018
（5）.

［487］ 曹奕阳. 检察机关提起环境行政公益诉讼的实践反思与制度优化［J］. 江
汉论坛，2018（10）.

[488] 曾哲，梭娅．环境行政公益诉讼原告主体多元化路径探究——基于诉讼客观化视角 [J]．学习与实践，2018（10）．

[489] 尹哲．中国环境公益诉讼立法的回顾、反思与展望 [J]．齐齐哈尔大学学报（哲学社会科学版），2018（10）．

[490] 张旭东．环境民事公私益诉讼并行审理的困境与出路 [J]．中国法学，2018（5）．

[491] 占善刚，王译．检察机关提起民事公益诉讼的角色困境及其合理解脱——以 2018 年《检察公益诉讼解释》为中心的分析 [J]．学习与探索，2018（10）．

[492] 卢杰昌．长江流域生态现状及公益诉讼若干问题研究——以 E 市长江水系调查为视角 [J]．中国检察官，2018（19）．

[493] 张薰尹，许士友．大数据司法办案下的公益诉讼 [J]．中国检察官，2018（19）．

[494] 杨馥溢．论检察机关提起民事公益诉讼中的主体地位 [J]．广西政法管理干部学院学报，2018（5）．

[495] 卢超．从司法过程到组织激励：行政公益诉讼的中国试验 [J]．法商研究，2018（5）．

[496] 蔡辉．论我国公益诉讼起诉主体制度的完善 [J]．江西师范大学学报（哲学社会科学版），2018（5）．

[497] 谢明睿．行政公益诉讼制度若干疑难问题探讨 [J]．湖北经济学院学报（人文社会科学版），2018（9）．

[498] 付淑娥．内蒙古环境公益诉讼司法实践研究 [J]．内蒙古民族大学学报（社会科学版），2018（5）．

[499] 吴俊．中国民事公益诉讼年度观察报告（2017）[J]．当代法学，2018（5）．

[500] 刘开俊，张源．检察机关提起公益诉讼试点情况实证研究 [J]．中国检察官，2018（17）．

[501] 宋卫东，王子涵．行政公益诉讼管辖权的配置 [J]．中国检察官，2018（17）．

[502] 张广源，韩陞贤．环境公益诉讼激励机制的法律构建 [J]．中国环境管理干部学院学报，2018（4）．

[503] 贾永健．中国检察机关提起行政公益诉讼模式重构论 [J]．武汉大学学报（哲学社会科学版），2018（5）．

[504] 郑朋树．我国检察机关提起行政公益诉讼的试点分析与相关制度完善 [J]．行政与法，2018（8）．

[505] 李丽峰，乔茹．论环境民事公益诉讼之诉讼请求 [J]．山东法官培训学院学报，2018（4）．

[506] 韩平静．论行政公益诉讼起诉期限的设置 [J]．中国检察官，2018（16）．

[507] 王旭光，刘小飞，叶阳，吴凯敏，李兵．《中国生物多样性保护与绿色发展基金会诉宁夏瑞泰科技股份有限公司环境污染公益诉讼案》的理解与参照——社会组织是否具备环境民事公益诉讼原告主体资格的认定 [J]．人民司法（案例），2018（23）．

[508] 李华琪．环境公益诉讼：制度缺失与完善策略——基于环境人权保障视角 [J]．湖南农业大学学报（社会科学版），2018（4）．

[509] 黄辉．检察机关提起环境行政公益诉讼的司法裁判标准研究 [J]．法学杂志，2018（8）．

[510] 龙圣锦，陶弈成．环境公益诉讼损害赔偿利益归属研究——基于已公开判决的实证研究 [J]．南京航空航天大学学报（社会科学版），2018（3）．

[511] 邵世星．民事公益诉讼中检察权运行机制 [J]．中国检察官，2018（15）．

[512] 刘艺．民事公益诉讼制度的运行实践 [J]．中国检察官，2018（15）．

[513] 郭雪慧．环境公益诉讼视角下的立案登记制 [J]．社会科学家，2018（8）．

[514] 黄娜，杜家明．社会组织参与环境公益诉讼的优化路径 [J]．河北法学，2018（9）．

[515] 杨志弘．公益诉讼主体扩张的制度反思——以检察机关作为公益诉讼原告为切入点 [J]．青海社会科学，2018（4）．

[516] 邢昕．行政公益诉讼启动标准：基于 74 份裁判文书的省思 [J]．行政法学研究，2018（6）．

[517] 刘健，付焱．人民检察院提起环境公益诉讼制度之完善［J］．中南林业科技大学学报（社会科学版），2018（4）．

[518] 秦鹏，何建祥．检察环境行政公益诉讼受案范围的实证分析［J］．浙江工商大学学报，2018（4）．

[519] 刘超．环境行政公益诉讼判决形式的疏失及其完善——从试点期间典型案例切入［J］．浙江工商大学学报，2018（5）．

[520] 张硕．论行政公益诉讼证明标准［J］．哈尔滨工业大学学报（社会科学版），2018（4）．

[521] 甘力，张旭东．环境民事公益诉讼程序定位及立法模式选择研究［J］．重庆大学学报（社会科学版），2018（4）．

[522] 李成，赵维刚．困境与突破：行政公益诉讼线索发现机制研究［J］．四川师范大学学报（社会科学版），2018（4）．

[523] 章晓科．环境民事公益诉讼的最新发展 全国首例"七人合议制"环境民事公益诉讼相关法律法规解读［J］．中国律师，2018（7）．

[524] 邵世星．检察民事公益诉讼的若干重点问题［J］．中国检察官，2018（13）．

[525] 周浩，赵韵韵．证明标准修正：行政公益诉讼之应然路径［J］．中国检察官，2018（13）．

[526] 秦鹏，何建祥．论环境行政公益诉讼的启动制度——基于检察机关法律监督权的定位［J］．暨南学报（哲学社会科学版），2018（5）．

[527] 任有情．以环境权证成公民提起环境公益诉讼的正当性［J］．中国环境管理干部学院学报，2018（3）．

[528] 王春花．公益诉讼诉前程序的功能定位与制度完善——以民事公益诉讼为例［J］．东南大学学报（哲学社会科学版），2018（1）．

[529] 范伟．我国环境行政公益诉讼程序规则体系的构建［J］．南京工业大学学报（社会科学版），2018（3）．

[530] 王春业．行政公益诉讼"诉前程序"检视［J］．社会科学，2018（6）．

[531] 王春业．论检察机关提起行政公益诉讼的"诉前程序"［J］．江汉大学学报（社会科学版），2018（3）．

［532］李丽．论村民委员会在环境民事公益诉讼中的原告资格［J］.环境保护，
2018（10）．

［533］邓辉，张满洋．中国环境民事公益诉讼起诉权的冲突与重置［J］.江西财
经大学学报，2018（3）．

［534］李洁伟．美国环境公益诉讼：经验及对中国的启示——以"自然资源保
护协会诉迪克森郡案"为切入点［J］.中国检察官，2018（10）．

［535］何勤华，王梦奇．我国生态环境保护诉讼的历史演进及评析——以
2006—2016年相关案件为线索［J］.上海政法学院学报（法治论丛），
2018（3）．

［536］吴迪．环境公益诉讼理想与现实的思考［J］.哈尔滨师范大学社会科学学
报，2018（3）．

［537］刘艺．构建行政公益诉讼的客观诉讼机制［J］.法学研究，2018（3）．

［538］李潇潇．民事公益诉讼的撤诉［J］.新疆大学学报（哲学·人文社会科学
版），2018（3）．

［539］刘汉天，刘俊．公民环境公益诉讼主体资格的法理基础及路径选择［J］.
江海学刊，2018（3）．

［540］王刚，吴洪江．检察机关提起环境公益诉讼中的法律衔接问题探析［J］.
中国检察官，2018（9）．

［541］齐钦，梁国武．检察机关提起公益诉讼若干重要问题解析［J］.中国检察
官，2018（9）．

［542］宋婧，王吉春．检察机关在环境民事公益诉讼中的作用探讨——以浙江首
例检察院提起的环境民事公益诉讼案为例［J］.环境保护，2018（8）．

［543］孙跃．环保公益诉讼判例中的司法方法研究——基于生态文明建设司法保
护的分析与构建［J］.南海法学，2018（2）．

［544］程飞鸿，吴满昌．论环境公益诉讼赔偿金的法律属性与所有权归属［J］.
大连理工大学学报（社会科学版），2018（3）．

［545］余彦，马竞遥．环境公益诉讼起诉主体二元序位新论——基于对起诉主体
序位主流观点的评判［J］.社会科学家，2018（4）．

［546］陈惠珍，白续辉．海洋环境民事公益诉讼中的适格原告确定：困境及其解

决路径 [J]. 华南师范大学学报（社会科学版），2018（2）.

[547] 赵先飞. 我国环境公益诉讼面临的困境及破解——基于 50 起典型案例的实证分析 [J]. 浙江树人大学学报（人文社会科学），2018（2）.

[548] 周骁然. 论环境民事公益诉讼中惩罚性赔偿制度的构建 [J]. 中南大学学报（社会科学版），2018（2）.

[549] 李敏，周训芳. 论森林生态损害公益诉讼的主体 [J]. 中南大学学报（社会科学版），2018（2）.

[550] 吴勇，王聪. 环境民事公益诉讼的调解适用辨析 [J]. 湘潭大学学报（哲学社会科学版），2018（2）.

[551] 王译. 环境公益诉讼起诉资格范围之检讨 [J]. 河南财经政法大学学报，2018（2）.

[552] 乔刚，赵洋. 我国环境民事公益诉讼的可诉范围研究 [J]. 河南财经政法大学学报，2018（2）.

[553] 李劲. 环境行政公益诉讼证明责任问题研究 [J]. 渤海大学学报（哲学社会科学版），2018（2）.

[554] 吴海潮，胡公枢. 检察机关提起环境民事公益诉讼的问题检视 [J]. 中国检察官，2018（4）.

[555] 喻怀峰. 环境民事公益诉讼的结构性失衡及其矫正机制 [J]. 南通大学学报（社会科学版），2018（2）.

[556] 王慧. 环境民事公益诉讼案件执行程序专门化之探讨 [J]. 甘肃政法学院学报，2018（1）.

[557] 叶肖华，刘延炀. 论我国环境民事公益诉讼的实践难题——基于法治浙江的调研 [J]. 环境保护，2018（2）.

[558] 高桂林，刘燊. 我国环境行政公益诉讼前置程序研究 [J]. 广西社会科学，2018（1）.

[559] 刘超. 环境行政公益诉讼诉前程序省思 [J]. 法学，2018（1）.

[560] 刘韵. 同心圆理论视阈下环境公益诉讼原告主体的建构 [J]. 大连理工大学学报（社会科学版），2018（1）.

[561] 王万华. 完善检察机关 提起行政公益诉讼制度的若干问题 [J]. 法学杂

志，2018（1）.

[562] 侯丽艳，刘峻岩. 我国环境公益诉讼制度的再推进 [J]. 河北经贸大学学报（综合版），2018（4）.

[563] 刘丽莉. 社会组织参与环境公益诉讼的实证研究——基于法律机会结构的视角 [J]. 复旦公共行政评论，2019（2）.

[564] 马小花，何宇航. 检察机关提起环境民事公益诉讼主体资格及相关问题探究 [J]. 陕西理工大学学报（社会科学版），2019（6）.

[565] 孙昌华，刘杰，邹培. 浅析环境民事公益诉讼中检察机关举证责任 [J]. 中国检察官，2019（24）.

[566] 罗明玥. 论自然资源民事公益诉讼的合理性 [J]. 东南大学学报（哲学社会科学版），2019（2）.

[567] 朱凌珂. 环境民事公益诉讼中原告资格的制度缺陷及其改进 [J]. 学术界，2019（12）.

[568] 张婧. 自然资源部视角下的海洋环境公益诉讼多元原告协作机制探索 [J]. 浙江海洋大学学报（人文科学版），2019（6）.

[569] 陈晓景. 新时期检察环境公益诉讼发展定位及优化进路 [J]. 政法论丛，2019（6）.

[570] 刘超. 环境行政公益诉讼的绩效检视与规则剖释——以 2018 年 140 份环境行政公益诉讼判决书为研究样本 [J]. 甘肃政法学院学报，2019（6）.

[571] 李会勋，刘一霏. 行政公益诉讼诉前程序之完善 [J]. 山东科技大学学报（社会科学版），2019（6）.

[572] 顾向一. 受司法保护的公共利益界定标准及完善——基于环境民事公益诉讼判决的分析 [J]. 学海，2019（6）.

[573] 靖传忠，杨青. 行政公益诉讼诉讼请求的实证分析 [J]. 中国检察官，2019（22）.

[574] 汪隽，朱红，敖旸. 农村饮用水污染行政公益诉讼案件办理与思考——湖北省首例检察机关提起的自来水检测数据超标行政公益诉讼案实例分析 [J]. 中国检察官，2019（22）.

[575] 乌兰. 行政附带民事公益诉讼若干问题研究——基于最高人民检察院检例

第 29 号指导性案例的分析 [J]. 法律适用, 2019 (22).

[576] 冷罗生, 李树训. 生态环境损害赔偿制度与环境民事公益诉讼研究——基于法律权利和义务的衡量 [J]. 法学杂志, 2019 (11).

[577] 陈杭平, 周晗隽. 公益诉讼"国家化"的反思 [J]. 北方法学, 2019 (6).

[578] 蒋玮, 李震, 朱刚. 检察机关提起环境民事公益诉讼证明责任分配 [J]. 人民检察, 2019 (21).

[579] 刘慧慧. 生态环境损害赔偿诉讼衔接问题研究 [J]. 法律适用, 2019 (21).

[580] 赵悦. 气候变化诉讼在中国的路径探究——基于 41 个大气污染公益诉讼案件的实证分析 [J]. 山东大学学报 (哲学社会科学版), 2019 (6).

[581] 余明洋, 杨进. 环境行政公益诉讼的实践考察及问题检视 [J]. 中国环境管理干部学院学报, 2019 (5).

[582] 郭丹妮, 向东春. 环境民事公益诉讼附带私益诉讼解决机制的构建 [J]. 中国环境管理干部学院学报, 2019 (5).

[583] 武丽君. 论环境公益诉讼的利益属性 [J]. 山西大同大学学报 (社会科学版), 2019 (5).

[584] 王飞. 论"诉的利益"在环境民事公益诉讼中的实现——兼评《生态环境损害赔偿制度改革方案》[J]. 南海法学, 2019 (5).

[585] 刘杰, 张杨, 洪媛媛, 马萌, 邹培, 汪倩如. 环境民事公益诉讼案件实践与问题 [J]. 中国检察官, 2019 (18).

[586] 江润民, 朱晖. 环境民事公益诉讼中司法权与行政权关系反思 [J]. 沈阳农业大学学报 (社会科学版), 2019 (5).

[587] 谢凡. 环境民事公益诉讼当事人地位论——从该诉的特殊性出发 [J]. 新疆大学学报 (哲学·人文社会科学版), 2019 (5).

[588] 赵吟. 检察民事公益诉讼的功能定位及实现路径 [J]. 法治研究, 2019 (5).

[589] 刘辉. 检察公益诉讼的目的与构造 [J]. 法学论坛, 2019 (5).

[590] 王一彧. 检察机关提起环境行政公益诉讼现状检视与制度完善 [J]. 中国

政法大学学报, 2019 (5).

[591] 田雯娟. 刑事附带环境民事公益诉讼的实践与反思 [J]. 兰州学刊, 2019 (9).

[592] 彭晓霞, 周伯煌. "惩罚性赔偿"在环境民事公益诉讼中的适用 [J]. 中国环境管理干部学院学报, 2019 (4).

[593] 庞新燕. 环境行政公益诉讼执行制度之探究 [J]. 环境保护, 2019 (16).

[594] 姜红舸, 孟祥凤. 检察机关开展长江生态环境资源保护公益诉讼实务研究 [J]. 中国检察官, 2019 (16).

[595] 牛颖秀. 环境民事公益诉讼判决的既判力问题研究 [J]. 天津大学学报 (社会科学版), 2019 (5).

[596] 张式军, 赵妮. 环境行政公益诉讼中的和解制度探究 [J]. 中州学刊, 2019 (8).

[597] 曹婧. 当好环境公益诉讼中的"绿色守护人"——以两则案例为视角谈环保律师作用 [J]. 中国律师, 2019 (8).

[598] 关保英. 行政公益诉讼中的公益拓展研究 [J]. 政治与法律, 2019 (8).

[599] 林燕梅. 美国民间"护水者"的环境公益诉讼实践 [J]. 中国检察官, 2019 (15).

[600] 李树训, 冷罗生. 论环境民事公益诉讼的诉讼时效 [J]. 中国地质大学学报 (社会科学版), 2019 (4).

[601] 吴良志. 论生态环境损害赔偿诉讼的诉讼标的及其识别 [J]. 中国地质大学学报 (社会科学版), 2019 (4).

[602] 彭中遥. 论生态环境损害赔偿诉讼与环境公益诉讼之衔接 [J]. 重庆大学学报 (社会科学版), 2021 (3).

[603] 李浩. 生态损害赔偿诉讼的本质及相关问题研究——以环境民事公益诉讼为视角的分析 [J]. 行政法学研究, 2019 (4).

[604] 刁舜. 论环境公益诉讼原告资格的扩张——自然物原告资格的确立 [J]. 三峡大学学报 (人文社会科学版), 2019 (4).

[605] 阚占文, 黄笑翀. 论惩罚性赔偿在环境诉讼中的适用 [J]. 河南财经政法大学学报, 2019 (4).

［606］黄亚洲，孔金萍．环境民事公益诉讼原告资格的破与立——法律拟制的程序中利益主体［J］．沈阳工业大学学报（社会科学版），2019（6）.

［607］唐瑭．风险社会下环境公益诉讼的价值阐释及实现路径——基于预防性司法救济的视角［J］．上海交通大学学报（哲学社会科学版），2019（3）.

［608］吴静茹，李媛辉．涉林行政公益诉讼案件实证分析［J］．环境保护，2019（12）.

［609］鲁俊华．公益诉讼中环境损害赔偿数额确定之反思［J］．中国检察官，2019（12）.

［610］孟庆瑜，张思茵．环境行政公益诉讼中行刑责任衔接问题研究——关于沐阳县农业委员会不履行法定职责行政公益诉讼案的探讨［J］．法律适用，2019（12）.

［611］邓少旭．论我国环境公益诉讼动力机制的构建路径［J］．环境保护，2019（11）.

［612］薄晓波．环境民事公益诉讼救济客体之厘清［J］．中国地质大学学报（社会科学版），2019（3）.

［613］张永明．环境污染防治与环境公益诉讼在台湾的实践——以台湾地区废弃物清理法的规定与司法实务为例［J］．治理研究，2019（3）.

［614］巩固．环境民事公益诉讼性质定位省思［J］．法学研究，2019（3）.

［615］樊华中．检察公益诉讼的调查核实权研究——基于目的主义视角［J］．中国政法大学学报，2019（3）.

［616］郭雪慧．社会组织提起环境民事公益诉讼研究——以激励机制为视角［J］．浙江大学学报（人文社会科学版），2019（3）.

［617］陈为永，赵岩．利益救济视域下环境民事公益诉讼责任承担方式［J］．中国检察官，2019（9）.

［618］张伟华，裴章艺．环境行政公益诉讼的困境及解决进路——台湾地区环境行政公益诉讼借鉴［J］．中国检察官，2019（9）.

［619］王晓朵．环境行政公益诉讼诉前程序价值的实现［J］．中国环境管理干部学院学报，2019（2）.

［620］李丽．论破坏环境资源保护罪相关民事公益诉讼的提起［J］．环境保护，

2019（8）.

[621] 郭莉，徐炜，韩荣．环境民事公益诉讼案件线索收集与共享的路径探索
[J].中国检察官，2019（8）.

[622] 张鹏．环境公益诉讼惩罚性赔偿制度研究[J].环境与发展，2019（3）.

[623] 王秀卫．我国环境民事公益诉讼举证责任分配的反思与重构[J].法学评
论，2019（2）.

[624] 王磊．公民纳入环境民事公益诉讼主体之合理性[J].中国环境管理干部
学院学报，2019（1）.

[625] 肖琪畅．法律修订视角下环境民事公益诉讼主体问题探索[J].时代法
学，2019（1）.

[626] 张陈果．论德国示范确认之诉改革对我国环境公益诉讼的启示与借鉴
[J].法律适用，2019（3）.

[627] 马春娟，李明．论环境民事公益诉讼的调解适用——以广州土壤修复案为
切入点[J].河南科技大学学报（社会科学版），2019（1）.

[628] 赵爽，王中政．论我国环境民事公益诉讼裁判的执行——基于最高人民法
院环境民事公益诉讼典型案例的思考[J].行政与法，2019（1）.

[629] 颜运秋．生态环境公益诉讼的司法模式与司法组织探讨[J].法治研究，
2019（1）.

[630] 梁平．环境公益诉讼的理论分析、司法运行与具体完善——基于《民事
诉讼法》第55条而展开[J].山东社会科学，2019（1）.

[631] 吴如巧，雷嘉，郭成．论环境民事公益诉讼与私益诉讼的共通性——以最
高人民法院相关司法解释为视角的分析[J].重庆大学学报（社会科学
版），2019（5）.

[632] 吕凤国，苏福．论环境民事公益诉讼案件执行制度的建构[J].法律适
用，2019（1）.

[633] 周科，郭继光，刘英．环境民事公益诉讼中"诉讼请求全部实现"的司
法审查[J].法律适用，2019（1）.

[634] 江必新．中国环境公益诉讼的实践发展及制度完善[J].法律适用，2019
（1）.

［635］黄雪．我国预防性环境民事公益诉讼的现实困境及其出路［J］．江西理工大学学报，2020（6）．

［636］高文英．环境行政公益诉讼诉前程序研究——以检察机关的调查取证为视角［J］．中国人民公安大学学报（社会科学版），2020（6）．

［637］赵谦，余月．主体、属性与实践：公益诉讼诉前程序要义考略［J］．河北法学，2021（2）．

［638］唐璨．公益行政诉讼模式的理论分析与制度化建议［J］．法律科学（西北政法大学学报），2021（1）．

［639］丁晓华．《民法典》与环境民事公益诉讼赔偿范围的扩张与完善［J］．法律适用，2020（23）．

［640］李华琪，潘云志．环境民事公益诉讼中惩罚性赔偿的适用问题研究［J］．法律适用，2020（6）．

［641］王慧，樊华中．检察机关公益诉讼调查核实权强制力保障研究［J］．甘肃政法大学学报，2020（6）．

［642］秦天宝．论环境民事公益诉讼中的支持起诉［J］．行政法学研究，2020（6）．

［643］刘艺．检察公益诉讼败诉案件中的客观诉讼法理［J］．行政法学研究，2020（6）．

［644］潘牧天．生态环境损害赔偿诉讼与环境民事公益诉讼的诉权冲突与有效衔接［J］．法学论坛，2020（6）．

［645］王炜，张源．民事公益诉讼请求实证研究［J］．中国检察官，2020（21）．

［646］丁国民，郭仕捷．环境侵权诉讼中公益私益界定难题及策略选择［J］．社会科学战线，2020（11）．

［647］白彦．民事公益诉讼主体的理论扩张与制度构建［J］．法律适用，2020（21）．

［648］赵玲，刘洋．生态环境损害救济中环境行政公益诉讼的研究［J］．环境与发展，2020（10）．

［649］赵旭．检察环境民事公益诉讼举证责任分配问题研究［J］．环境与发展，2020（10）．

［650］ 王锐，李爱年. 我国生态环境民事公益诉讼的问题及对策——基于 187 份典型裁判文书的分析［J］. 中南林业科技大学学报（社会科学版），2020（5）.

［651］ 祝颖. 环境民事公益诉讼请求释明规则的理论反思［J］. 杭州电子科技大学学报（社会科学版），2020（5）.

［652］ 刘艺. 检察公益诉讼典型案例评析［J］. 中国法律评论，2020（5）.

［653］ 汤维建. 检察机关支持公益诉讼的制度体系——东莞市人民检察院支持东莞市环境科学学会诉袁某某等三人环境污染民事公益诉讼案评析［J］. 中国法律评论，2020（5）.

［654］ 杨建顺. 拓展检察行政公益诉讼范围和路径的积极探索——赤壁市人民检察院诉赤壁市水利局怠于履行饮用水安全监管职责案评析［J］. 中国法律评论，2020（5）.

［655］ 戴小俊，马蕾. 新森林法背景下环境行政公益诉讼制度检视与理性进路［J］. 林业资源管理，2020（5）.

［656］ 朱谦，谌杨. "生态环境损害赔偿诉讼优先论"之思辨——兼论与环境民事公益诉讼的顺位问题［J］. 学术论坛，2020（5）.

［657］ 刘加良. 检察公益诉讼调查核实权的规则优化［J］. 政治与法律，2020（10）.

［658］ 王琦. 论民事公益诉讼中的证据调查协力义务［J］. 政法论丛，2020（5）.

［659］ 黄学贤，李凌云. 论行政公益诉讼受案范围的拓展［J］. 江苏社会科学，2020（5）.

［660］ 吴良志. 环境公益诉讼中释明权的扩张与规制［J］. 大连理工大学学报（社会科学版），2020（6）.

［661］ 周勇飞. 生态环境损害赔偿诉讼与环境民事公益诉讼的界分——功能主义的视角［J］. 湖南师范大学社会科学学报，2020（5）.

［662］ 王静. 生态环境损害赔偿刑法规制研究——以环境损害赔偿与环境民事公益诉讼顺位考量为视角［J］. 法学杂志，2020（9）.

［663］ 蒋敏，袁艺，牟其香. 从无到有与从有到精：环境检察公益诉讼的困局与

破局——以 C 市刑事附带民事环境检察公益诉讼案件为实证研究范式 [J]. 法律适用，2020（18）.

[664] 薄晓波. 三元模式归于二元模式——论环境公益救济诉讼体系之重构 [J]. 中国地质大学学报（社会科学版），2020（4）.

[665] 李劲. 检察机关提起环境刑事附带民事公益诉讼问题研究 [J]. 渤海大学学报（哲学社会科学版），2020（5）.

[666] 欧恒，张琪. 环境民事公私益诉讼融合的问题与路径 [J]. 环境保护，2020（16）.

[667] 孙海涛，张志祥. 论我国环境公益诉讼原告主体资格的拓展与抑制 [J]. 河海大学学报（哲学社会科学版），2020（4）.

[668] 俞蕾，黄潇筱. 生态环境刑事附带民事公益诉讼的证据规则与衔接机制研究——以上海地区检察公益诉讼为例 [J]. 中国检察官，2020（16）.

[669] 唐绍均，魏雨. 环境民事公益诉讼中"技改抵扣"的淆乱与矫正 [J]. 中州学刊，2020（8）.

[670] 黄亚洲. 论环境民事公益诉讼的救济客体 [J]. 中南林业科技大学学报（社会科学版），2020（4）.

[671] 熊丽娟. 论环境公益诉讼制度中主体互动关系的完善 [J]. 中南林业科技大学学报（社会科学版），2020（4）.

[672] 叶榅平，毕雅辉. 建立环境公益诉讼基金制度的法理思考 [J]. 浙江海洋大学学报（人文科学版），2020（4）.

[673] 徐祥民.《环保法（2014）》对环境公益诉讼制度建设的推进与再改进 [J]. 政法论丛，2020（4）.

[674] 秦传熙，丁鑫. 环境民事公益诉讼诉前调解机制之制度价值和体系架构 [J]. 人民司法，2020（22）.

[675] 秦天宝，黄成. 类型化视野下环境公益诉讼案件范围之纵深拓展 [J]. 中国应用法学，2020（4）.

[676] 张楚漪. 我国环境民事公益诉讼中主体障碍及其改进 [J]. 环境与发展，2020（7）.

[677] 段厚省. 检察民事公益诉讼的内在张力 [J]. 郑州大学学报（哲学社会科

学版），2020（4）.

[678] 徐雷昶，李惠婧．生态环境民事公益诉讼中诉前赔偿制度的适用初探
[J]．中国检察官，2020（14）.

[679] 黄辉，王雨荣．论环境民事公益诉讼中环保行政机关的证人角色 [J]．福
州大学学报（哲学社会科学版），2020（4）.

[680] 李树训．生态环境损害赔偿诉讼管辖：误区与对策 [J]．大连海事大学学
报（社会科学版），2020（3）.

[681] 唐绍均，王嘉琪．环境民事公益诉讼中支持起诉制度的异化与匡正 [J]．
深圳大学学报（人文社会科学版），2020（3）.

[682] 薄晓波．环境公益损害救济请求权基础研究 [J]．甘肃政法学院学报，
2020（3）.

[683] 林海伟，陈丽霞，尹志望．环境公益诉讼集中管辖：理论基点、制度缺陷
与完善路径 [J]．环境保护，2020（10）.

[684] 刘卫先，张帆．环境行政公益诉讼中行政主管机关不作为违法及其裁判的
实证研究 [J]．苏州大学学报（法学版），2020（2）.

[685] 薛艳华．论环境公益诉讼与环境行政执法之冲突与消解 [J]．中国软科
学，2020（4）.

[686] 张洋，毋爱斌．论预防性环境民事公益诉讼中"重大风险"的司法认定
[J]．中国环境管理，2020（2）.

[687] 向往，秦鹏．生态环境损害赔偿诉讼与民事公益诉讼衔接规则的检讨与完
善 [J]．重庆大学学报（社会科学版），2021（1）.

[688] 王世进，张维娅．论生态环境损害赔偿诉讼与环境民事公益诉讼的衔接
[J]．时代法学，2020（2）.

[689] 陈微．气候变化诉讼比较研究——基于两起"弃风弃光"环境公益诉讼
案展开的分析 [J]．法律适用，2020（8）.

[690] 黄锡生，王中政．海洋环境民事公益诉讼：识别、困境与进路——从
《海洋环境保护法》第89条切入 [J]．中国海商法研究，2020（1）.

[691] 王春业．论公益诉讼中检察机关的调查取证权 [J]．浙江社会科学，2020
（3）.

［692］王清军．环境行政公益诉讼中行政不作为的审查基准［J］．清华法学，2020（2）．

［693］李庆保．论环境公益诉讼的起诉期限［J］．中国政法大学学报，2020（2）．

［694］检察公益诉讼实践发展与理论聚焦［J］．国家检察官学院学报，2020（2）．

［695］罗丽．生态环境损害赔偿诉讼与环境民事公益诉讼关系实证研究［J］．法律适用，2020（4）．

［696］浙江省湖州市中级人民法院与中国人民大学法学院联合课题组，李艳芳．生态环境损害赔偿诉讼的目的、比较优势与立法需求［J］．法律适用，2020（4）．

［697］李亚菲．检察机关提起环境行政公益诉讼的制度困境及其因应［J］．社会科学家，2020（2）．

［698］林莉红，邓嘉咏．论生态环境损害赔偿诉讼与环境民事公益诉讼之关系定位［J］．南京工业大学学报（社会科学版），2020（1）．

［699］关保英．检察机关在行政公益诉讼中应享有取证权［J］．法学，2020（1）．

［700］鲁俊华．刑事附带民事环境公益诉讼责任认定问题研究［J］．中国检察官，2020（2）．

［701］章剑生．论行政公益诉讼的证明责任及其分配［J］．浙江社会科学，2020（1）．

［702］章剑生．行政公益诉讼程序结构与规则［J］．浙江社会科学，2020（1）．

［703］刘飞，徐泳和．检察机关在行政公益诉讼中的公诉人地位及其制度构建［J］．浙江社会科学，2020（1）．

［704］曹明德．检察院提起公益诉讼面临的困境和推进方向［J］．法学评论，2020（1）．

［705］何江．论环境规制中的法院角色——从环境公益诉讼的模式选择说开去［J］．北京理工大学学报（社会科学版），2020（1）．

［706］李浩．民事公益诉讼起诉主体的变迁［J］．江海学刊，2020（1）．

[707] 杰克·图侯斯基，宋京霖．美国流域治理与公益诉讼司法实践及其启示[J]．国家检察官学院学报，2020（1）．

[708] 周海源．行政公益诉讼中检察机关调查核实权的界定[J]．安徽师范大学学报（人文社会科学版），2021（5）．

[709] 吴卫星，何钰琳．论惩罚性赔偿在生态环境损害赔偿诉讼中的审慎适用[J]．南京社会科学，2021（9）．

[710] 王树义，龚雄艳．环境侵权惩罚性赔偿争议问题研究[J]．河北法学，2021（10）．

[711] 胡婧．行政监督管理职责公益诉讼检察监督的限度分析——以2017—2020年行政公益诉讼判决书为研究样本[J]．河北法学，2021（10）．

[712] 杨会新．公益诉讼惩罚性赔偿问题研究[J]．比较法研究，2021（4）．

[713] 郭宗才．公益诉讼检察听证问题研究[J]．中国检察官，2021（15）．

[714] 庄玮．刑事附带民事公益诉讼制度理论与实践问题研究[J]．中国应用法学，2021（4）．

[715] 徐忠麟，夏虹．生态环境损害赔偿与环境民事公益诉讼的冲突与协调[J]．江西社会科学，2021（7）．

[716] 刘建新．论检察环境公益诉讼的职能定位及程序优化[J]．中国地质大学学报（社会科学版），2021（4）．

[717] 上海市杨浦区人民检察院课题组，王洋．公益诉讼检察调查核实权优化路径[J]．中国检察官，2021（14）．

[718] 宋歌．我国环境公益诉讼行刑衔接理论与实践完善研究[J]．法学杂志，2021（7）．

[719] 潘剑锋，牛正浩．检察公益诉讼案件范围拓展研究[J]．湘潭大学学报（哲学社会科学版），2021（4）．

[720] 刘伟，范文雨．公益诉讼提升了城市的环境治理绩效吗？——基于287个地级市微观数据的实证研究[J]．上海财经大学学报，2021（4）．

[721] 刘艺．行政公益诉讼管辖机制的实践探索与理论反思[J]．国家检察官学院学报，2021（4）．

[722] 上海市杨浦区人民检察院课题组，王洋．公益诉讼检察调查核实权优化

路径 [J]. 中国检察官，2021（13）.

[723] 田阳. 检察公益诉讼调查核实权制度浅析 [J]. 法制与社会，2021（18）.

[724] 王传良，张晏瑢. 检察机关提起海洋生态环境民事公益诉讼刍议 [J]. 中国海商法研究，2021（2）.

[725] 刘怡. 生态文明背景下的补偿类环境民事公益诉讼 [J]. 湖北经济学院学报（人文社会科学版），2021（7）.

[726] 颜运秋. 中国特色公益诉讼制度体系化构建 [J]. 甘肃社会科学，2021（3）.

[727] 陈学敏. 环境刑事附带民事公益诉讼制度的检视与完善 [J]. 华南理工大学学报（社会科学版），2021（3）.

[728] 朱伯玉，李洋. 检察环境民事公益诉讼的证明标准 [J]. 山东理工大学学报（社会科学版），2021（3）.

[729] 欧阳庆芳，文爱蓉. 民法典时代检察机关在环境民事公益诉讼中的职能发挥 [J]. 三峡大学学报（人文社会科学版），2021（3）.

[730] 刘宇晨，陈士莉. 检察机关支持社会组织提起环境民事公益诉讼的困境与突围 [J]. 中国检察官，2021（9）.

[731] 刘梦瑶. 预防性环境公益诉讼的理路与进路——以环境风险的规范阐释为中心 [J]. 南京工业大学学报（社会科学版），2021（2）.

[732] 侯志强，王宏. 环境民事公益诉讼中行政机关角色的再认识 [J]. 环境保护，2021（7）.

[733] 龚文静. 论我国环境民事公益诉讼的证明责任 [J]. 湖北警官学院学报，2021（2）.

[734] 曹明德，马腾. 生态环境损害赔偿诉讼和环境公益诉讼的法理关系探微 [J]. 海南大学学报（人文社会科学版），2021（2）.

[735] 汤维建，王德良. 论公益诉讼中的支持起诉 [J]. 理论探索，2021（2）.

[736] 张翔. 关注治理效果：环境公益诉讼制度发展新动向 [J]. 江西社会科学，2021（1）.

[737] 张晓萍，郑鹏. 海洋环境民事公益诉讼适格原告的确定 [J]. 海南大学学报（人文社会科学版），2021（1）.

[738] 夏云娇，尚将．环境行政公益诉讼判决方式的检视及其完善 ［J］．南京工业大学学报（社会科学版），2021（3）.

[739] 吴凯杰．论预防性检察环境公益诉讼的性质定位 ［J］．中国地质大学学报（社会科学版），2021（1）.

[740] 李义松，刘永丽．我国环境公益诉讼制度现状检视及路径优化 ［J］．南京社会科学，2021（1）.

[741] ［德］迪特尔·莱波尔德．当事人的诉讼促进义务与法官的责任 ［A］．［德］米夏埃尔·施蒂尔纳．德国民事诉讼法学文萃 ［C］．赵秀举译．北京：中国政法大学出版社，2005.

[742] ［德］马克斯·福尔考默．在民事诉讼中引入听审责问载 ［A］．［德］米夏埃尔·施蒂尔纳．德国民事诉讼法学文萃 ［C］．赵秀举译．北京：中国政法大学出版社，2005.

[743] ［德］布鲁诺·里梅尔施帕赫尔．控诉审中的事实和证据手段 ［A］．［德］米夏埃尔·施蒂尔纳．德国民事诉讼法学文萃 ［C］．赵秀举译．北京：中国政法大学出版社，2005.

[744] ［日］伊东俊明．证明责任的分配与当事人的事案解明义务 ［J］．商学研究，2001（2）.

[745] ［日］高桥宏志．证据调べについて（十二）［J］．法学教室，2002（1）.

[746] ［日］奥田隆艾．司法研修所教育及对法学教育的期望 ［J］．丁相顺译．法律适用，2002（6）.

[747] ［日］吉田大助．E-ディスカバリーに関する米国連邦民事訴訟規則の改正 ［J］．国際商事法務，2006（11）.

[748] ［日］安井英俊．案件解明义务的法律依据与适用范围 ［J］．同志社法学，2006（7）.

[749] ［日］伊藤美穂子．インドにおける公益訴訟，その発展と展開——環境権の確立とその救済手続の発達を中心に ［J］．横浜国際社会科学研究，2006（9）.

[750] ［日］櫻井次郎．中国環境公益訴訟の現状と課題 ［J］．汪勁译．龍谷法学，2007（12）.

［751］［日］大久保規子．環境公益訴訟と行政訴訟の原告適格——EU 各国における［J］．展開阪大法学，2008（11）．

［752］［日］金子宏直．E-DISCOVERYと米国裁判所によるサンクションの問題［A］．法と経済学学会第 7 回全国大会文集［C］．2009.

［753］［日］兼平裕子．英国司法審査における環境公益訴訟［J］．愛媛法学会雑誌，2014（3）．

［754］［日］劉明全．中国の環境公益訴訟についての一考察［J］．早稲田大学大学院法研論集［C］．2014.

［755］［日］鳥谷部壤．環境公益訴訟：成功のための条件（特集 グリーンアクセスの実効的保障をめざして）［J］．行政法研究，2014（3）．

［756］［日］大久保規子．中国「環境保護法」改正後の環境公益訴訟：新たな挑戦と展望［J］．王燦発，曽天译．阪大法学，2015（11）．

［757］［日］蔡秀卿．台湾における環境公益訴訟の現状：環境影響評価法上の公益訴訟（市民訴訟）を中心に［J］．政策科学，2017（3）．

［758］［日］矢澤久純．「中国における環境公益訴訟の道程とその典型的事例の分析：『自然の友』による環境公益訴訟の実践を例として」［J］．葛楓译．北九州市立大学法政論集［C］．2018（12）．

［759］［日］劉芸，石龍潭．中国における「検察公益訴訟」［J］．東アジア研究，2020（3）．

［760］［日］矢澤久純．「環境公益訴訟の非伝統性について」［J］．劉清生译．北九州市立大学法政論集［C］．2020（3）．

附　　录

中华人民共和国民事诉讼法

（1991 年 4 月 9 日第七届全国人民代表大会第四次会议通过 根据 2007 年 10 月 28 日第十届全国人民代表大会常务委员会第三十次会议《关于修改〈中华人民共和国民事诉讼法〉的决定》第一次修正 根据 2012 年 8 月 31 日第十一届全国人民代表大会常务委员会第二十八次会议《关于修改〈中华人民共和国民事诉讼法〉的决定》第二次修正 根据 2017 年 6 月 27 日第十二届全国人民代表大会常务委员会第二十八次会议《关于修改〈中华人民共和国民事诉讼法〉和〈中华人民共和国行政诉讼法〉的决定》第三次修正 根据 2021 年 12 月 24 日第十三届全国人民代表大会常务委员会第三十二次会议《关于修改〈中华人民共和国民事诉讼法〉的决定》第四次修正 根据 2023 年 9 月 1 日第十四届全国人民代表大会常务委员会第五次会议《关于修改〈中华人民共和国民事诉讼法〉的决定》第五次修正）

目　　录

第一编　总　　则

第一章　任务、适用范围和基本原则

第一条　中华人民共和国民事诉讼法以宪法为根据，结合我国民事审判工作的经验和实际情况制定。

第二条　中华人民共和国民事诉讼法的任务，是保护当事人行使诉讼权利，保证人民法院查明事实，分清是非，正确适用法律，及时审理民事案件，确认民事权利义务关系，制裁民事违法行为，保护当事人的合法权益，教育公民自觉遵守法律，维护社会秩序、经济秩序，保障社会主义建设事业顺利进行。

第三条　人民法院受理公民之间、法人之间、其他组织之间以及他们相互之间因财产关系和人身关系提起的民事诉讼，适用本法的规定。

第四条　凡在中华人民共和国领域内进行民事诉讼，必须遵守本法。

第五条　外国人、无国籍人、外国企业和组织在人民法院起诉、应诉，同中华人民共和国公民、法人和其他组织有同等的诉讼权利义务。

外国法院对中华人民共和国公民、法人和其他组织的民事诉讼权利加以限制的，中华人民共和国人民法院对该国公民、企业和组织的民事诉讼权利，实行对等原则。

第六条　民事案件的审判权由人民法院行使。

人民法院依照法律规定对民事案件独立进行审判，不受行政机关、社会团体和个人的干涉。

第七条　人民法院审理民事案件，必须以事实为根据，以法律为准绳。

第八条　民事诉讼当事人有平等的诉讼权利。人民法院审理民事案件，应当保障和便利当事人行使诉讼权利，对当事人在适用法律上一律平等。

第九条　人民法院审理民事案件，应当根据自愿和合法的原则进行调解；调解不成的，应当及时判决。

第十条　人民法院审理民事案件，依照法律规定实行合议、回避、公开审判和两审终审制度。

第十一条　各民族公民都有用本民族语言、文字进行民事诉讼的权利。

在少数民族聚居或者多民族共同居住的地区，人民法院应当用当地民族通用的语言、文字进行审理和发布法律文书。

人民法院应当对不通晓当地民族通用的语言、文字的诉讼参与人提供翻译。

第十二条　人民法院审理民事案件时，当事人有权进行辩论。

第十三条　民事诉讼应当遵循诚信原则。

当事人有权在法律规定的范围内处分自己的民事权利和诉讼权利。

第十四条　人民检察院有权对民事诉讼实行法律监督。

第十五条　机关、社会团体、企业事业单位对损害国家、集体或者个人民事权益的行为，可以支持受损害的单位或者个人向人民法院起诉。

第十六条　经当事人同意，民事诉讼活动可以通过信息网络平台在线进行。

民事诉讼活动通过信息网络平台在线进行的，与线下诉讼活动具有同等法律效力。

第十七条　民族自治地方的人民代表大会根据宪法和本法的原则，结合当地民族的具体情况，可以制定变通或者补充的规定。自治区的规定，报全国人民代表大会常务委员会批准。自治州、自治县的规定，报省或者自治区的人民代表大会常务委员会批准，并报全国人民代表大会常务委员会备案。

第二章　管　辖

第一节　级别管辖

第十八条　基层人民法院管辖第一审民事案件，但本法另有规定的除外。

第十九条　中级人民法院管辖下列第一审民事案件：

（一）重大涉外案件；

（二）在本辖区有重大影响的案件；

（三）最高人民法院确定由中级人民法院管辖的案件。

第二十条　高级人民法院管辖在本辖区有重大影响的第一审民事案件。

第二十一条　最高人民法院管辖下列第一审民事案件：

（一）在全国有重大影响的案件；

（二）认为应当由本院审理的案件。

第二节　地域管辖

第二十二条　对公民提起的民事诉讼，由被告住所地人民法院管辖；被告住所地与经常居住地不一致的，由经常居住地人民法院管辖。

对法人或者其他组织提起的民事诉讼，由被告住所地人民法院管辖。

同一诉讼的几个被告住所地、经常居住地在两个以上人民法院辖区的，各该人民法院都有管辖权。

第二十三条　下列民事诉讼，由原告住所地人民法院管辖；原告住所地与经常居住地不一致的，由原告经常居住地人民法院管辖：

（一）对不在中华人民共和国领域内居住的人提起的有关身份关系的诉讼；

（二）对下落不明或者宣告失踪的人提起的有关身份关系的诉讼；

（三）对被采取强制性教育措施的人提起的诉讼；

（四）对被监禁的人提起的诉讼。

第二十四条　因合同纠纷提起的诉讼，由被告住所地或者合同履行地人民法院管辖。

第二十五条　因保险合同纠纷提起的诉讼，由被告住所地或者保险标的物所在地人民法院管辖。

第二十六条　因票据纠纷提起的诉讼，由票据支付地或者被告住所地人民法院管辖。

第二十七条　因公司设立、确认股东资格、分配利润、解散等纠纷提起的诉讼，由公司住所地人民法院管辖。

第二十八条　因铁路、公路、水上、航空运输和联合运输合同纠纷提起的诉讼，由运输始发地、目的地或者被告住所地人民法院管辖。

第二十九条　因侵权行为提起的诉讼，由侵权行为地或者被告住所地人民法院管辖。

第三十条　因铁路、公路、水上和航空事故请求损害赔偿提起的诉讼，由事故发生地或者车辆、船舶最先到达地、航空器最先降落地或者被告住所地人民法院管辖。

第三十一条　因船舶碰撞或者其他海事损害事故请求损害赔偿提起的诉讼，由碰撞发生地、碰撞船舶最先到达地、加害船舶被扣留地或者被告住所地人民法院管辖。

第三十二条　因海难救助费用提起的诉讼，由救助地或者被救助船舶最先到达地人民法院管辖。

第三十三条　因共同海损提起的诉讼，由船舶最先到达地、共同海损理算地或者航程终止地的人民法院管辖。

第三十四条　下列案件，由本条规定的人民法院专属管辖：

（一）因不动产纠纷提起的诉讼，由不动产所在地人民法院管辖；

（二）因港口作业中发生纠纷提起的诉讼，由港口所在地人民法院管辖；

（三）因继承遗产纠纷提起的诉讼，由被继承人死亡时住所地或者主要遗产所在地人民法院管辖。

第三十五条　合同或者其他财产权益纠纷的当事人可以书面协议选择被告住所地、合同履行地、合同签订地、原告住所地、标的物所在地等与争议有实际联系的地点的人民法院管辖，但不得违反本法对级别管辖和专属管辖的规定。

第三十六条　两个以上人民法院都有管辖权的诉讼，原告可以向其中一个人民法院起诉；原告向两个以上有管辖权的人民法院起诉的，由最先立案的人民法院管辖。

第三节　移送管辖和指定管辖

第三十七条　人民法院发现受理的案件不属于本院管辖的，应当移送有管辖权的人民法院，受移送的人民法院应当受理。受移送的人民法院认为受移送的案件依照规定不属于本院管辖的，应当报请上级人民法院指定管辖，不得再自行移送。

第三十八条　有管辖权的人民法院由于特殊原因，不能行使管辖权的，由上级人民法院指定管辖。

人民法院之间因管辖权发生争议，由争议双方协商解决；协商解决不了的，报请它们的共同上级人民法院指定管辖。

第三十九条　上级人民法院有权审理下级人民法院管辖的第一审民事案件；确有必要将本院管辖的第一审民事案件交下级人民法院审理的，应当报请其上级人民法院批准。

下级人民法院对它所管辖的第一审民事案件，认为需要由上级人民法院审理的，可以报请上级人民法院审理。

第三章　审 判 组 织

第四十条　人民法院审理第一审民事案件，由审判员、人民陪审员共同组成合议庭或者由审判员组成合议庭。合议庭的成员人数，必须是单数。

适用简易程序审理的民事案件，由审判员一人独任审理。基层人民法院审理的基本事实清楚、权利义务关系明确的第一审民事案件，可以由审判员一人适用普通程序独任审理。

人民陪审员在参加审判活动时，除法律另有规定外，与审判员有同等的权利义务。

第四十一条　人民法院审理第二审民事案件，由审判员组成合议庭。合议庭的成员人数，必须是单数。

中级人民法院对第一审适用简易程序审结或者不服裁定提起上诉的第二审民事案件，事实清楚、权利义务关系明确的，经双方当事人同意，可以由审判员一人独任审理。

发回重审的案件，原审人民法院应当按照第一审程序另行组成合议庭。

审理再审案件，原来是第一审的，按照第一审程序另行组成合议庭；原来是第二审的或者是上级人民法院提审的，按照第二审程序另行组成合议庭。

第四十二条　人民法院审理下列民事案件，不得由审判员一人独任审理：

（一）涉及国家利益、社会公共利益的案件；

（二）涉及群体性纠纷，可能影响社会稳定的案件；

（三）人民群众广泛关注或者其他社会影响较大的案件；

（四）属于新类型或者疑难复杂的案件；

（五）法律规定应当组成合议庭审理的案件；

（六）其他不宜由审判员一人独任审理的案件。

第四十三条　人民法院在审理过程中，发现案件不宜由审判员一人独任审理的，应当裁定转由合议庭审理。

当事人认为案件由审判员一人独任审理违反法律规定的，可以向人民法院提出异议。人民法院对当事人提出的异议应当审查，异议成立的，裁定转由合议庭审理；异议不成立的，裁定驳回。

第四十四条　合议庭的审判长由院长或者庭长指定审判员一人担任；院长或者庭长参加审判的，由院长或者庭长担任。

第四十五条　合议庭评议案件，实行少数服从多数的原则。评议应当制作笔录，由合议庭成员签名。评议中的不同意见，必须如实记入笔录。

第四十六条　审判人员应当依法秉公办案。

审判人员不得接受当事人及其诉讼代理人请客送礼。

审判人员有贪污受贿，徇私舞弊，枉法裁判行为的，应当追究法律责任；构成犯罪的，依法追究刑事责任。

第四章　回　　避

第四十七条　审判人员有下列情形之一的，应当自行回避，当事人有权用口头或者书面方式申请他们回避：

（一）是本案当事人或者当事人、诉讼代理人近亲属的；

（二）与本案有利害关系的；

（三）与本案当事人、诉讼代理人有其他关系，可能影响对案件公正审理的。

审判人员接受当事人、诉讼代理人请客送礼，或者违反规定会见当事人、诉讼代理人的，当事人有权要求他们回避。

审判人员有前款规定的行为的，应当依法追究法律责任。

前三款规定，适用于法官助理、书记员、司法技术人员、翻译人员、鉴定人、勘验人。

第四十八条　当事人提出回避申请，应当说明理由，在案件开始审理时提出；回避事由在案件开始审理后知道的，也可以在法庭辩论终结前提出。

被申请回避的人员在人民法院作出是否回避的决定前，应当暂停参与本案的工作，但案件需要采取紧急措施的除外。

第四十九条　院长担任审判长或者独任审判员时的回避，由审判委员会决定；审判人员的回避，由院长决定；其他人员的回避，由审判长或者独任审判员决定。

第五十条　人民法院对当事人提出的回避申请，应当在申请提出的三日内，以口头或者书面形式作出决定。申请人对决定不服的，可以在接到决定时申请复议一次。复议期间，被申请回避的人员，不停止参与本案的工作。人民法院对复议申请，应当在三日内作出复议决定，并通知复议申请人。

第五章　诉讼参加人

第一节　当　事　人

第五十一条　公民、法人和其他组织可以作为民事诉讼的当事人。

法人由其法定代表人进行诉讼。其他组织由其主要负责人进行诉讼。

第五十二条　当事人有权委托代理人，提出回避申请，收集、提供证据，进行辩论，请求调解，提起上诉，申请执行。

当事人可以查阅本案有关材料，并可以复制本案有关材料和法律文书。查阅、复制本案有关材料的范围和办法由最高人民法院规定。

当事人必须依法行使诉讼权利，遵守诉讼秩序，履行发生法律效力的判决书、裁定书和调解书。

第五十三条　双方当事人可以自行和解。

第五十四条　原告可以放弃或者变更诉讼请求。被告可以承认或者反驳诉讼请求，有权提起反诉。

第五十五条　当事人一方或者双方为二人以上，其诉讼标的是共同的，或者诉讼标的是同一种类、人民法院认为可以合并审理并经当事人同意的，为共同诉讼。

共同诉讼的一方当事人对诉讼标的有共同权利义务的，其中一人的诉讼行为经其他共同诉讼人承认，对其他共同诉讼人发生效力；对诉讼标的没有共同权利义务的，其中一人的诉讼行为对其他共同诉讼人不发生效力。

第五十六条　当事人一方人数众多的共同诉讼，可以由当事人推选代表人进行诉讼。代表人的诉讼行为对其所代表的当事人发生效力，但代表人变更、放弃诉讼请求或者承认对方当事人的诉讼请求，进行和解，必须经被代表的当事人同意。

第五十七条　诉讼标的是同一种类、当事人一方人数众多在起诉时人数尚未确定的，人民法院可以发出公告，说明案件情况和诉讼请求，通知权利人在一定期间向人民法院登记。

向人民法院登记的权利人可以推选代表人进行诉讼；推选不出代表人的，人民法院可以与参加登记的权利人商定代表人。

代表人的诉讼行为对其所代表的当事人发生效力，但代表人变更、放弃诉讼请求或者承认对方当事人的诉讼请求，进行和解，必须经被代表的当事人同意。

人民法院作出的判决、裁定，对参加登记的全体权利人发生效力。未参加登记的权利人在诉讼时效期间提起诉讼的，适用该判决、裁定。

第五十八条　对污染环境、侵害众多消费者合法权益等损害社会公共利益的行为，法律规定的机关和有关组织可以向人民法院提起诉讼。

人民检察院在履行职责中发现破坏生态环境和资源保护、食品药品安全领域侵害众多消费者合法权益等损害社会公共利益的行为，在没有前款规定的机关和组织或者前款规定的机关和组织不提起诉讼的情况下，可以向人民法院提起诉讼。前款规定的机关或者组织提起诉讼的，人民检察院可以支持起诉。

第五十九条　对当事人双方的诉讼标的，第三人认为有独立请求权的，有权提起诉讼。

对当事人双方的诉讼标的，第三人虽然没有独立请求权，但案件处理结果同他有法律上的利害关系的，可以申请参加诉讼，或者由人民法院通知他参加诉讼。人民法院判决承担民事责任的第三人，有当事人的诉讼权利义务。

前两款规定的第三人，因不能归责于本人的事由未参加诉讼，但有证据证明发生法律效力的判决、裁定、调解书的部分或者全部内容错误，损害其民事权益的，可以自知道或者应当知道其民事权益受到损害之日起六个月内，向作出该判决、裁定、调解书的人民法院提起诉讼。人民法院经审理，诉讼请求成立的，应当改变或者撤销原判决、裁定、调解书；诉讼请求不成立的，驳回诉讼请求。

第二节　诉讼代理人

第六十条　无诉讼行为能力人由他的监护人作为法定代理人代为诉讼。法定代理人之间互相推诿代理责任的，由人民法院指定其中一人代为诉讼。

第六十一条　当事人、法定代理人可以委托一至二人作为诉讼代理人。

下列人员可以被委托为诉讼代理人：

（一）律师、基层法律服务工作者；

（二）当事人的近亲属或者工作人员；

（三）当事人所在社区、单位以及有关社会团体推荐的公民。

第六十二条　委托他人代为诉讼，必须向人民法院提交由委托人签名或者盖章的授权委托书。

授权委托书必须记明委托事项和权限。诉讼代理人代为承认、放弃、变更诉讼请求，进行和解，提起反诉或者上诉，必须有委托人的特别授权。

侨居在国外的中华人民共和国公民从国外寄交或者托交的授权委托书，必须经中华人民共和国驻该国的使领馆证明；没有使领馆的，由与中华人民共和国有外交关系的第三国驻该国的使领馆证明，再转由中华人民共和国驻该第三国使领馆证明，或者由当地的爱国华侨团体证明。

第六十三条　诉讼代理人的权限如果变更或者解除，当事人应当书面告知人民法院，并由人民法院通知对方当事人。

第六十四条　代理诉讼的律师和其他诉讼代理人有权调查收集证据，可以查阅本案有关材料。查阅本案有关材料的范围和办法由最高人民法院规定。

第六十五条　离婚案件有诉讼代理人的，本人除不能表达意思的以外，仍应出庭；确因特殊情况无法出庭的，必须向人民法院提交书面意见。

第六章　证　据

第六十六条　证据包括：

（一）当事人的陈述；

（二）书证；

（三）物证；

（四）视听资料；

（五）电子数据；

（六）证人证言；

（七）鉴定意见；

（八）勘验笔录。

证据必须查证属实，才能作为认定事实的根据。

第六十七条　当事人对自己提出的主张，有责任提供证据。

当事人及其诉讼代理人因客观原因不能自行收集的证据，或者人民法院认为审理案件需要的证据，人民法院应当调查收集。

人民法院应当按照法定程序，全面地、客观地审查核实证据。

第六十八条　当事人对自己提出的主张应当及时提供证据。

人民法院根据当事人的主张和案件审理情况，确定当事人应当提供的证据及其期限。当事人在该期限内提供证据确有困难的，可以向人民法院申请延长期限，人民法院根据当事人的申请适当延长。当事人逾期提供证据的，人民法院应当责令其说明理由；拒不说明理由或者理由不成立的，人民法院根据不同情形可以不予采纳该证据，或者采纳该证据但予以训诫、罚款。

第六十九条　人民法院收到当事人提交的证据材料，应当出具收据，写明证据名称、页数、份数、原件或者复印件以及收到时间等，并由经办人员签名或者盖章。

第七十条　人民法院有权向有关单位和个人调查取证，有关单位和个人不得拒绝。

人民法院对有关单位和个人提出的证明文书，应当辨别真伪，审查确定其效力。

第七十一条　证据应当在法庭上出示，并由当事人互相质证。对涉及国家秘密、商业秘密和个人隐私的证据应当保密，需要在法庭出示的，不得在公开开庭时出示。

第七十二条　经过法定程序公证证明的法律事实和文书，人民法院应当作为认定事实的根据，但有相反证据足以推翻公证证明的除外。

第七十三条　书证应当提交原件。物证应当提交原物。提交原件或者原物确有困难的，可以提交复制品、照片、副本、节录本。

提交外文书证，必须附有中文译本。

第七十四条　人民法院对视听资料，应当辨别真伪，并结合本案的其他证据，审查确定能否作为认定事实的根据。

第七十五条　凡是知道案件情况的单位和个人，都有义务出庭作证。有关单位的负责人应当支持证人作证。

不能正确表达意思的人，不能作证。

第七十六条　经人民法院通知，证人应当出庭作证。有下列情形之一的，经人民法院许可，可以通过书面证言、视听传输技术或者视听资料等方式作证：

（一）因健康原因不能出庭的；

（二）因路途遥远，交通不便不能出庭的；

（三）因自然灾害等不可抗力不能出庭的；

（四）其他有正当理由不能出庭的。

第七十七条　证人因履行出庭作证义务而支出的交通、住宿、就餐等必要费用以及误工损失，由败诉一方当事人负担。当事人申请证人作证的，由该当事人先行垫付；当事人没有申请，人民法院通知证人作证的，由人民法院先行垫付。

第七十八条　人民法院对当事人的陈述，应当结合本案的其他证据，审查确定能否作为认定事实的根据。

当事人拒绝陈述的，不影响人民法院根据证据认定案件事实。

第七十九条　当事人可以就查明事实的专门性问题向人民法院申请鉴定。当事人申请鉴定的，由双方当事人协商确定具备资格的鉴定人；协商不成的，由人民法院指定。

当事人未申请鉴定，人民法院对专门性问题认为需要鉴定的，应当委托具备资格的鉴定人进行鉴定。

第八十条　鉴定人有权了解进行鉴定所需要的案件材料，必要时可以询问当事人、证人。

鉴定人应当提出书面鉴定意见，在鉴定书上签名或者盖章。

第八十一条　当事人对鉴定意见有异议或者人民法院认为鉴定人有必要出庭的，鉴定人应当出庭作证。经人民法院通知，鉴定人拒不出庭作证的，鉴定意见不得作为认定事实的根据；支付鉴定费用的当事人可以要求返还鉴定费用。

第八十二条　当事人可以申请人民法院通知有专门知识的人出庭，就鉴定人作出的鉴定意见或者专业问题提出意见。

第八十三条　勘验物证或者现场，勘验人必须出示人民法院的证件，并邀请当地基层组织或者当事人所在单位派人参加。当事人或者当事人的成年家属应当到场，拒不到场的，不影响勘验的进行。

有关单位和个人根据人民法院的通知，有义务保护现场，协助勘验工作。

勘验人应当将勘验情况和结果制作笔录，由勘验人、当事人和被邀参加人签名或者盖章。

第八十四条　在证据可能灭失或者以后难以取得的情况下，当事人可以在诉讼过程中向人民法院申请保全证据，人民法院也可以主动采取保全措施。

因情况紧急，在证据可能灭失或者以后难以取得的情况下，利害关系人可以在提起诉讼或者申请仲裁前向证据所在地、被申请人住所地或者对案件有管辖权的人民法院申请保全证据。

证据保全的其他程序，参照适用本法第九章保全的有关规定。

第七章　期间、送达

第一节　期　　间

第八十五条　期间包括法定期间和人民法院指定的期间。

期间以时、日、月、年计算。期间开始的时和日，不计算在期间内。

期间届满的最后一日是法定休假日的，以法定休假日后的第一日为期间届满的日期。

期间不包括在途时间，诉讼文书在期满前交邮的，不算过期。

第八十六条　当事人因不可抗拒的事由或者其他正当理由耽误期限的，在障碍消除后的十日内，可以申请顺延期限，是否准许，由人民法院决定。

第二节　送　　达

第八十七条　送达诉讼文书必须有送达回证，由受送达人在送达回证上记明收到日期，签名或者盖章。

受送达人在送达回证上的签收日期为送达日期。

第八十八条　送达诉讼文书，应当直接送交受送达人。受送达人是公民的，本人不在交他的同住成年家属签收；受送达人是法人或者其他组织的，应当由法人的法定代表人、其他组织的主要负责人或者该法人、组织负责收件的人签收；受送达人有诉讼代理人的，可以送交其代理人签收；受送达人已向人民法院指定代收人的，送交代收人签收。

受送达人的同住成年家属，法人或者其他组织的负责收件的人，诉讼代理人或者代收人在送达回证上签收的日期为送达日期。

第八十九条　受送达人或者他的同住成年家属拒绝接收诉讼文书的，送达人可以邀请有关基层组织或者所在单位的代表到场，说明情况，在送达回证上记明拒收事由和日期，由送达人、见证人签名或者盖章，把诉讼文书留在受送达人的住所；也可以把诉讼文书留在受送达人的住所，并采用拍照、录像等方式记录送达过程，即视为送达。

第九十条　经受送达人同意，人民法院可以采用能够确认其收悉的电子方式送达诉讼文书。通过电子方式送达的判决书、裁定书、调解书，受送达人提出需要纸质文书的，人民法院应当提供。

采用前款方式送达的，以送达信息到达受送达人特定系统的日期为送达日期。

第九十一条　直接送达诉讼文书有困难的，可以委托其他人民法院代为送达，或者邮寄送达。邮寄送达的，以回执上注明的收件日期为送达日期。

第九十二条　受送达人是军人的，通过其所在部队团以上单位的政治机关转交。

第九十三条　受送达人被监禁的，通过其所在监所转交。

受送达人被采取强制性教育措施的，通过其所在强制性教育机构转交。

第九十四条　代为转交的机关、单位收到诉讼文书后，必须立即交受送达人签收，以在送达回证上的签收日期，为送达日期。

第九十五条　受送达人下落不明，或者用本节规定的其他方式无法送达的，公告送达。自发出公告之日起，经过三十日，即视为送达。

公告送达，应当在案卷中记明原因和经过。

第八章　调　解

第九十六条　人民法院审理民事案件，根据当事人自愿的原则，在事实清楚的基础上，分清是非，进行调解。

第九十七条　人民法院进行调解，可以由审判员一人主持，也可以由合议庭主持，并尽可能就地进行。

人民法院进行调解，可以用简便方式通知当事人、证人到庭。

第九十八条　人民法院进行调解，可以邀请有关单位和个人协助。被邀请的单位和个人，应当协助人民法院进行调解。

第九十九条　调解达成协议，必须双方自愿，不得强迫。调解协议的内容不得违反法律规定。

第一百条　调解达成协议，人民法院应当制作调解书。调解书应当写明诉讼请求、案件的事实和调解结果。

调解书由审判人员、书记员署名，加盖人民法院印章，送达双方当事人。

调解书经双方当事人签收后，即具有法律效力。

第一百零一条　下列案件调解达成协议，人民法院可以不制作调解书：

（一）调解和好的离婚案件；

（二）调解维持收养关系的案件；

（三）能够即时履行的案件；

（四）其他不需要制作调解书的案件。

对不需要制作调解书的协议，应当记入笔录，由双方当事人、审判人员、书记员签名或者盖章后，即具有法律效力。

第一百零二条　调解未达成协议或者调解书送达前一方反悔的，人民法院应当及时判决。

第九章　保全和先予执行

第一百零三条　人民法院对于可能因当事人一方的行为或者其他原因，使判决难以执行或者造成当事人其他损害的案件，根据对方当事人的申请，可以裁定对其财产进行保全、责令其作出一定行为或者禁止其作出一定行为；当事人没有提出申请的，人民法院在必要时也可以裁定采取保全措施。

人民法院采取保全措施，可以责令申请人提供担保，申请人不提供担保的，裁定驳回申请。

人民法院接受申请后，对情况紧急的，必须在四十八小时内作出裁定；裁定采取保全措施的，应当立即开始执行。

第一百零四条　利害关系人因情况紧急，不立即申请保全将会使其合法权益受到难以弥补的损害的，可以在提起诉讼或者申请仲裁前向被保全财产所在地、被申请人住所地或者对案件有管辖权的人民法院申请采取保全措施。申请人应当提供担保，不提供担保的，裁定驳回申请。

人民法院接受申请后，必须在四十八小时内作出裁定；裁定采取保全措施的，应当立即开始执行。

申请人在人民法院采取保全措施后三十日内不依法提起诉讼或者申请仲裁的，人民法院应当解除保全。

第一百零五条　保全限于请求的范围，或者与本案有关的财物。

第一百零六条　财产保全采取查封、扣押、冻结或者法律规定的其他方法。人民法院保全财产后，应当立即通知被保全财产的人。

财产已被查封、冻结的，不得重复查封、冻结。

第一百零七条　财产纠纷案件，被申请人提供担保的，人民法院应当裁定解除保全。

第一百零八条　申请有错误的，申请人应当赔偿被申请人因保全所遭受的损失。

第一百零九条　人民法院对下列案件，根据当事人的申请，可以裁定先予执行：

（一）追索赡养费、扶养费、抚养费、抚恤金、医疗费用的；

（二）追索劳动报酬的；

（三）因情况紧急需要先予执行的。

第一百一十条　人民法院裁定先予执行的，应当符合下列条件：

（一）当事人之间权利义务关系明确，不先予执行将严重影响申请人的生活或者生产经营的；

（二）被申请人有履行能力。

人民法院可以责令申请人提供担保，申请人不提供担保的，驳回申请。申请人败诉的，应当赔偿被申请人因先予执行遭受的财产损失。

第一百一十一条　当事人对保全或者先予执行的裁定不服的，可以申请复议一次。复议期间不停止裁定的执行。

第十章　对妨害民事诉讼的强制措施

第一百一十二条　人民法院对必须到庭的被告，经两次传票传唤，无正当理由拒不到庭的，可以拘传。

第一百一十三条　诉讼参与人和其他人应当遵守法庭规则。

人民法院对违反法庭规则的人，可以予以训诫，责令退出法庭或者予以罚款、拘留。

人民法院对哄闹、冲击法庭，侮辱、诽谤、威胁、殴打审判人员，严重扰乱法庭秩序的人，依法追究刑事责任；情节较轻的，予以罚款、拘留。

第一百一十四条　诉讼参与人或者其他人有下列行为之一的，人民法院可以根据情节轻重予以罚款、拘留；构成犯罪的，依法追究刑事责任：

（一）伪造、毁灭重要证据，妨碍人民法院审理案件的；

（二）以暴力、威胁、贿买方法阻止证人作证或者指使、贿买、胁迫他人作伪证的；

（三）隐藏、转移、变卖、毁损已被查封、扣押的财产，或者已被清点并责令其保管的财产，转移已被冻结的财产的；

（四）对司法工作人员、诉讼参加人、证人、翻译人员、鉴定人、勘验人、协助执行的人，进行侮辱、诽谤、诬陷、殴打或者打击报复的；

（五）以暴力、威胁或者其他方法阻碍司法工作人员执行职务的；

（六）拒不履行人民法院已经发生法律效力的判决、裁定的。

人民法院对有前款规定的行为之一的单位，可以对其主要负责人或者直接责任人员予以罚款、拘留；构成犯罪的，依法追究刑事责任。

第一百一十五条　当事人之间恶意串通，企图通过诉讼、调解等方式侵害国家利益、社会公共利益或者他人合法权益的，人民法院应当驳回其请求，并根据情节轻重予以罚款、拘留；构成犯罪的，依法追究刑事责任。

当事人单方捏造民事案件基本事实，向人民法院提起诉讼，企图侵害国家利益、社会公共利益或者他人合法权益的，适用前款规定。

第一百一十六条　被执行人与他人恶意串通，通过诉讼、仲裁、调解等方式逃避履行法律文书确定的义务的，人民法院应当根据情节轻重予以罚款、拘留；构成犯罪的，依法追究刑事责任。

第一百一十七条　有义务协助调查、执行的单位有下列行为之一的，人民法院除责令其履行协助义务外，并可以予以罚款：

（一）有关单位拒绝或者妨碍人民法院调查取证的；

（二）有关单位接到人民法院协助执行通知书后，拒不协助查询、扣押、冻结、划拨、变价财产的；

（三）有关单位接到人民法院协助执行通知书后，拒不协助扣留被执行人的收入、办理有关财产权证照转移手续、转交有关票证、证照或者其他财产的；

（四）其他拒绝协助执行的。

人民法院对有前款规定的行为之一的单位，可以对其主要负责人或者直接责任人员予以罚款；对仍不履行协助义务的，可以予以拘留；并可以向监察机关或者有关机关提出予以纪律处分的司法建议。

第一百一十八条　对个人的罚款金额，为人民币十万元以下。对单位的罚款金额，为人民币五万元以上一百万元以下。

拘留的期限，为十五日以下。

被拘留的人，由人民法院交公安机关看管。在拘留期间，被拘留人承认并改正错误的，人民法院可以决定提前解除拘留。

第一百一十九条　拘传、罚款、拘留必须经院长批准。

拘传应当发拘传票。

罚款、拘留应当用决定书。对决定不服的，可以向上一级人民法院申请复议一次。复议期间不停止执行。

第一百二十条　采取对妨害民事诉讼的强制措施必须由人民法院决定。任何单位和个人采取非法拘禁他人或者非法私自扣押他人财产追索债务的，应当依法追究刑事责任，或者予以拘留、罚款。

第十一章　诉讼费用

第一百二十一条　当事人进行民事诉讼，应当按照规定交纳案件受理费。财产案件除交纳案件受理费外，并按照规定交纳其他诉讼费用。

当事人交纳诉讼费用确有困难的，可以按照规定向人民法院申请缓交、减交或者免交。

收取诉讼费用的办法另行制定。

第二编　审　判　程　序

第十二章　第一审普通程序

第一节　起诉和受理

第一百二十二条　起诉必须符合下列条件：

（一）原告是与本案有直接利害关系的公民、法人和其他组织；

（二）有明确的被告；

（三）有具体的诉讼请求和事实、理由；

（四）属于人民法院受理民事诉讼的范围和受诉人民法院管辖。

第一百二十三条　起诉应当向人民法院递交起诉状，并按照被告人数提出副本。

书写起诉状确有困难的，可以口头起诉，由人民法院记入笔录，并告知对方当事人。

第一百二十四条　起诉状应当记明下列事项：

（一）原告的姓名、性别、年龄、民族、职业、工作单位、住所、联系方式，法人或者其他组织的名称、住所和法定代表人或者主要负责人的姓名、职务、联系方式；

（二）被告的姓名、性别、工作单位、住所等信息，法人或者其他组织的名称、住所等信息；

（三）诉讼请求和所根据的事实与理由；

（四）证据和证据来源，证人姓名和住所。

第一百二十五条　当事人起诉到人民法院的民事纠纷，适宜调解的，先行调解，但当事人拒绝调解的除外。

第一百二十六条　人民法院应当保障当事人依照法律规定享有的起诉权利。对符合本法第一百二十二条的起诉，必须受理。符合起诉条件的，应当在七日内立案，并通知当事人；不符合起诉条件的，应当在七日内作出裁定书，不予受理；原告对裁定不服的，可以提起上诉。

第一百二十七条　人民法院对下列起诉，分别情形，予以处理：

（一）依照行政诉讼法的规定，属于行政诉讼受案范围的，告知原告提起行政诉讼；

（二）依照法律规定，双方当事人达成书面仲裁协议申请仲裁、不得向人民法院起诉的，告知原告向仲裁机构申请仲裁；

（三）依照法律规定，应当由其他机关处理的争议，告知原告向有关机关申请解决；

（四）对不属于本院管辖的案件，告知原告向有管辖权的人民法院起诉；

（五）对判决、裁定、调解书已经发生法律效力的案件，当事人又起诉的，告知原告申请再审，但人民法院准许撤诉的裁定除外；

（六）依照法律规定，在一定期限内不得起诉的案件，在不得起诉的期限内起诉的，不予受理；

（七）判决不准离婚和调解和好的离婚案件，判决、调解维持收养关系的案件，没有新情况、新理由，原告在六个月内又起诉的，不予受理。

第二节　审理前的准备

第一百二十八条　人民法院应当在立案之日起五日内将起诉状副本发送被告，被告应当在收到之日起十五日内提出答辩状。答辩状应当记明被告的姓名、性别、年龄、民族、职业、工作单位、住所、联系方式；法人或者其他组织的名称、住所和法定代表人或者主要负责人的姓名、职务、联系方式。人民法院应当在收到答辩状之日起五日内将答辩状副本发送原告。

被告不提出答辩状的，不影响人民法院审理。

第一百二十九条　人民法院对决定受理的案件，应当在受理案件通知书和应诉通知书中向当事人告知有关的诉讼权利义务，或者口头告知。

第一百三十条　人民法院受理案件后，当事人对管辖权有异议的，应当在提交答辩状期间提出。人民法院对当事人提出的异议，应当审查。异议成立的，裁定将案件移送有管辖权的人民法院；异议不成立的，裁定驳回。

当事人未提出管辖异议，并应诉答辩或者提出反诉的，视为受诉人民法院有管辖权，但违反级别管辖和专属管辖规定的除外。

第一百三十一条　审判人员确定后，应当在三日内告知当事人。

第一百三十二条　审判人员必须认真审核诉讼材料，调查收集必要的证据。

第一百三十三条　人民法院派出人员进行调查时，应当向被调查人出示证件。

调查笔录经被调查人校阅后，由被调查人、调查人签名或者盖章。

第一百三十四条　人民法院在必要时可以委托外地人民法院调查。

委托调查，必须提出明确的项目和要求。受委托人民法院可以主动补充调查。

受委托人民法院收到委托书后，应当在三十日内完成调查。因故不能完成的，应当在上述期限内函告委托人民法院。

第一百三十五条　必须共同进行诉讼的当事人没有参加诉讼的，人民法院应当通知其参加诉讼。

第一百三十六条　人民法院对受理的案件，分别情形，予以处理：

（一）当事人没有争议，符合督促程序规定条件的，可以转入督促程序；

（二）开庭前可以调解的，采取调解方式及时解决纠纷；

（三）根据案件情况，确定适用简易程序或者普通程序；

（四）需要开庭审理的，通过要求当事人交换证据等方式，明确争议焦点。

第三节　开庭审理

第一百三十七条　人民法院审理民事案件，除涉及国家秘密、个人隐私或者法律另有规定的以外，应当公开进行。

离婚案件，涉及商业秘密的案件，当事人申请不公开审理的，可以不公开审理。

第一百三十八条　人民法院审理民事案件，根据需要进行巡回审理，就地办案。

第一百三十九条　人民法院审理民事案件，应当在开庭三日前通知当事人和其他诉讼参与人。公开审理的，应当公告当事人姓名、案由和开庭的时间、地点。

第一百四十条　开庭审理前，书记员应当查明当事人和其他诉讼参与人是否到庭，宣布法庭纪律。

开庭审理时，由审判长或者独任审判员核对当事人，宣布案由，宣布审判人员、法官助理、书记员等的名单，告知当事人有关的诉讼权利义务，询问当事人是否提出回避申请。

第一百四十一条　法庭调查按照下列顺序进行：

（一）当事人陈述；

（二）告知证人的权利义务，证人作证，宣读未到庭的证人证言；

（三）出示书证、物证、视听资料和电子数据；

（四）宣读鉴定意见；

（五）宣读勘验笔录。

第一百四十二条　当事人在法庭上可以提出新的证据。

当事人经法庭许可，可以向证人、鉴定人、勘验人发问。

当事人要求重新进行调查、鉴定或者勘验的，是否准许，由人民法院决定。

第一百四十三条　原告增加诉讼请求，被告提出反诉，第三人提出与本案有关的诉讼请求，可以合并审理。

第一百四十四条　法庭辩论按照下列顺序进行：

（一）原告及其诉讼代理人发言；

（二）被告及其诉讼代理人答辩；

（三）第三人及其诉讼代理人发言或者答辩；

（四）互相辩论。

法庭辩论终结，由审判长或者独任审判员按照原告、被告、第三人的先后顺序征询各方最后意见。

第一百四十五条　法庭辩论终结，应当依法作出判决。判决前能够调解的，还可以进行调解，调解不成的，应当及时判决。

第一百四十六条　原告经传票传唤，无正当理由拒不到庭的，或者未经法庭许可中途退庭的，可以按撤诉处理；被告反诉的，可以缺席判决。

第一百四十七条　被告经传票传唤，无正当理由拒不到庭的，或者未经法庭许可中途退庭的，可以缺席判决。

第一百四十八条　宣判前，原告申请撤诉的，是否准许，由人民法院裁定。

人民法院裁定不准许撤诉的，原告经传票传唤，无正当理由拒不到庭的，可以缺席判决。

第一百四十九条　有下列情形之一的，可以延期开庭审理：

（一）必须到庭的当事人和其他诉讼参与人有正当理由没有到庭的；

（二）当事人临时提出回避申请的；

（三）需要通知新的证人到庭，调取新的证据，重新鉴定、勘验，或者需要补充调查的；

（四）其他应当延期的情形。

第一百五十条　书记员应当将法庭审理的全部活动记入笔录，由审判人员和书记员签名。

法庭笔录应当当庭宣读，也可以告知当事人和其他诉讼参与人当庭或者在五日内阅读。当事人和其他诉讼参与人认为对自己的陈述记录有遗漏或者差错的，有权申请补正。如果不予补正，应当将申请记录在案。

法庭笔录由当事人和其他诉讼参与人签名或者盖章。拒绝签名盖章的，记明情况附卷。

第一百五十一条　人民法院对公开审理或者不公开审理的案件，一律公开宣告判决。

当庭宣判的，应当在十日内发送判决书；定期宣判的，宣判后立即发给判决书。

宣告判决时，必须告知当事人上诉权利、上诉期限和上诉的法院。

宣告离婚判决，必须告知当事人在判决发生法律效力前不得另行结婚。

第一百五十二条　人民法院适用普通程序审理的案件，应当在立案之日起六个月内审结。有特殊情况需要延长的，经本院院长批准，可以延长六个月；还需要延长的，报请上级人民法院批准。

第四节　诉讼中止和终结

第一百五十三条　有下列情形之一的，中止诉讼：

（一）一方当事人死亡，需要等待继承人表明是否参加诉讼的；

（二）一方当事人丧失诉讼行为能力，尚未确定法定代理人的；

（三）作为一方当事人的法人或者其他组织终止，尚未确定权利义务承受人的；

（四）一方当事人因不可抗拒的事由，不能参加诉讼的；

（五）本案必须以另一案的审理结果为依据，而另一案尚未审结的；

（六）其他应当中止诉讼的情形。

中止诉讼的原因消除后，恢复诉讼。

第一百五十四条　有下列情形之一的，终结诉讼：

（一）原告死亡，没有继承人，或者继承人放弃诉讼权利的；

（二）被告死亡，没有遗产，也没有应当承担义务的人的；

（三）离婚案件一方当事人死亡的；

（四）追索赡养费、扶养费、抚养费以及解除收养关系案件的一方当事人死亡的。

第五节　判决和裁定

第一百五十五条　判决书应当写明判决结果和作出该判决的理由。判决书内容包括：

（一）案由、诉讼请求、争议的事实和理由；

（二）判决认定的事实和理由、适用的法律和理由；

（三）判决结果和诉讼费用的负担；

（四）上诉期间和上诉的法院。

判决书由审判人员、书记员署名，加盖人民法院印章。

第一百五十六条　人民法院审理案件，其中一部分事实已经清楚，可以就该部分先行判决。

第一百五十七条　裁定适用于下列范围：

（一）不予受理；

（二）对管辖权有异议的；

（三）驳回起诉；

（四）保全和先予执行；

（五）准许或者不准许撤诉；

（六）中止或者终结诉讼；

（七）补正判决书中的笔误；

（八）中止或者终结执行；

（九）撤销或者不予执行仲裁裁决；

（十）不予执行公证机关赋予强制执行效力的债权文书；

（十一）其他需要裁定解决的事项。

对前款第一项至第三项裁定，可以上诉。

裁定书应当写明裁定结果和作出该裁定的理由。裁定书由审判人员、书记员署名，加盖人民法院印章。口头裁定的，记入笔录。

第一百五十八条　最高人民法院的判决、裁定，以及依法不准上诉或者超过上诉期没有上诉的判决、裁定，是发生法律效力的判决、裁定。

第一百五十九条　公众可以查阅发生法律效力的判决书、裁定书，但涉及国家秘密、商业秘密和个人隐私的内容除外。

第十三章　简易程序

第一百六十条　基层人民法院和它派出的法庭审理事实清楚、权利义务关系明确、争议不大的简单的民事案件，适用本章规定。

基层人民法院和它派出的法庭审理前款规定以外的民事案件，当事人双方也可以约定适用简易程序。

第一百六十一条　对简单的民事案件，原告可以口头起诉。

当事人双方可以同时到基层人民法院或者它派出的法庭，请求解决纠纷。基层人民法院或者它派出的法庭可以当即审理，也可以另定日期审理。

第一百六十二条　基层人民法院和它派出的法庭审理简单的民事案件，可以用简便方式传唤当事人和证人、送达诉讼文书、审理案件，但应当保障当事人陈述意见的权利。

第一百六十三条　简单的民事案件由审判员一人独任审理，并不受本法第一百三十九条、第一百四十一条、第一百四十四条规定的限制。

第一百六十四条　人民法院适用简易程序审理案件，应当在立案之日起三个月内审结。有特殊情况需要延长的，经本院院长批准，可以延长一个月。

第一百六十五条　基层人民法院和它派出的法庭审理事实清楚、权利义务关系明确、争议不大的简单金钱给付民事案件，标的额为各省、自治区、直辖市上年度就业人员年平均工资百分之五十以下的，适用小额诉讼的程序审理，实行一审终审。

基层人民法院和它派出的法庭审理前款规定的民事案件，标的额超过各省、自治区、直辖市上年度就业人员年平均工资百分之五十但在二倍以下的，当事人双方也可以约定适用小额诉讼的程序。

第一百六十六条　人民法院审理下列民事案件，不适用小额诉讼的程序：

（一）人身关系、财产确权案件；

（二）涉外案件；

（三）需要评估、鉴定或者对诉前评估、鉴定结果有异议的案件；

（四）一方当事人下落不明的案件；

（五）当事人提出反诉的案件；

（六）其他不宜适用小额诉讼的程序审理的案件。

第一百六十七条　人民法院适用小额诉讼的程序审理案件，可以一次开庭审结并且当庭宣判。

第一百六十八条　人民法院适用小额诉讼的程序审理案件，应当在立案之日起两个月内审结。有特殊情况需要延长的，经本院院长批准，可以延长一个月。

第一百六十九条　人民法院在审理过程中，发现案件不宜适用小额诉讼的程序的，应当适用简易程序的其他规定审理或者裁定转为普通程序。

当事人认为案件适用小额诉讼的程序审理违反法律规定的，可以向人民法院提出异议。人民法院对当事人提出的异议应当审查，异议成立的，应当适用简易程序的其他规定审理或者裁定转为普通程序；异议不成立的，裁定驳回。

第一百七十条　人民法院在审理过程中，发现案件不宜适用简易程序的，裁定转为普通程序。

第十四章　第二审程序

第一百七十一条　当事人不服地方人民法院第一审判决的，有权在判决书送达之日起十五日内向上一级人民法院提起上诉。

当事人不服地方人民法院第一审裁定的，有权在裁定书送达之日起十日内向上一级人民法院提起上诉。

第一百七十二条　上诉应当递交上诉状。上诉状的内容，应当包括当事人的姓名，法人的名称及其法定代表人的姓名或者其他组织的名称及其主要负责人的姓名；原审人民法院名称、案件的编号和案由；上诉的请求和理由。

第一百七十三条　上诉状应当通过原审人民法院提出，并按照对方当事人或者代表人的人数提出副本。

当事人直接向第二审人民法院上诉的，第二审人民法院应当在五日内将上诉状移交原审人民法院。

第一百七十四条　原审人民法院收到上诉状，应当在五日内将上诉状副本送达对方当事人，对方当事人在收到之日起十五日内提出答辩状。人民法院应当在收到答辩状之日起五日内将副本送达上诉人。对方当事人不提出答辩状的，不影响人民法院审理。

原审人民法院收到上诉状、答辩状，应当在五日内连同全部案卷和证据，报送第二审人民法院。

第一百七十五条　第二审人民法院应当对上诉请求的有关事实和适用法律进行审查。

第一百七十六条　第二审人民法院对上诉案件应当开庭审理。经过阅卷、调查和询问当事人，对没有提出新的事实、证据或者理由，人民法院认为不需要开庭审理的，可以不开庭审理。

第二审人民法院审理上诉案件，可以在本院进行，也可以到案件发生地或者原审人民法院所在地进行。

第一百七十七条　第二审人民法院对上诉案件，经过审理，按照下列情形，分别处理：

（一）原判决、裁定认定事实清楚，适用法律正确的，以判决、裁定方式驳回上诉，维持原判决、裁定；

（二）原判决、裁定认定事实错误或者适用法律错误的，以判决、裁定方式依法改判、撤销或者变更；

（三）原判决认定基本事实不清的，裁定撤销原判决，发回原审人民法院重审，或者查清事实后改判；

（四）原判决遗漏当事人或者违法缺席判决等严重违反法定程序的，裁定撤销原判决，发回原审人民法院重审。

原审人民法院对发回重审的案件作出判决后，当事人提起上诉的，第二审人民法院不得再次发回重审。

第一百七十八条　第二审人民法院对不服第一审人民法院裁定的上诉案件的处理，一律使用裁定。

第一百七十九条　第二审人民法院审理上诉案件，可以进行调解。调解达成协议，应当制作调解书，由审判人员、书记员署名，加盖人民法院印章。调解书送达后，原审人民法院的判决即视为撤销。

第一百八十条　第二审人民法院判决宣告前，上诉人申请撤回上诉的，是否准许，由第二审人民法院裁定。

第一百八十一条　第二审人民法院审理上诉案件，除依照本章规定外，适用第一审普通程序。

第一百八十二条　第二审人民法院的判决、裁定，是终审的判决、裁定。

第一百八十三条　人民法院审理对判决的上诉案件，应当在第二审立案之日起三个月内审结。有特殊情况需要延长的，由本院院长批准。

人民法院审理对裁定的上诉案件，应当在第二审立案之日起三十日内作出终审裁定。

第十五章　特别程序

第一节　一般规定

第一百八十四条　人民法院审理选民资格案件、宣告失踪或者宣告死亡案件、指定遗产管理人案件、认定公民无民事行为能力或者限制民事行为能力案件、认定财产无主案件、确认调解协议案件和实现担保物权案件，适用本章规定。本章没有规定的，适用本法和其他法律的有关规定。

第一百八十五条　依照本章程序审理的案件，实行一审终审。选民资格案件或者重大、疑难的案件，由审判员组成合议庭审理；其他案件由审判员一人独任审理。

第一百八十六条　人民法院在依照本章程序审理案件的过程中，发现本案属于民事权益争议的，应当裁定终结特别程序，并告知利害关系人可以另行起诉。

第一百八十七条　人民法院适用特别程序审理的案件，应当在立案之日起三十日内或者公告期满后三十日内审结。有特殊情况需要延长的，由本院院长批准。但审理选民资格的案件除外。

第二节　选民资格案件

第一百八十八条　公民不服选举委员会对选民资格的申诉所作的处理决定，可以在选举日的五日以前向选区所在地基层人民法院起诉。

第一百八十九条　人民法院受理选民资格案件后，必须在选举日前审结。

审理时，起诉人、选举委员会的代表和有关公民必须参加。

人民法院的判决书，应当在选举日前送达选举委员会和起诉人，并通知有关公民。

第三节　宣告失踪、宣告死亡案件

第一百九十条　公民下落不明满二年，利害关系人申请宣告其失踪的，向下落不明人住所地基层人民法院提出。

申请书应当写明失踪的事实、时间和请求，并附有公安机关或者其他有关机关关于该公民下落不明的书面证明。

第一百九十一条　公民下落不明满四年，或者因意外事件下落不明满二年，或者因意外事件下落不明，经有关机关证明该公民不可能生存，利害关系人申请宣告其死亡的，向下落不明人住所地基层人民法院提出。

申请书应当写明下落不明的事实、时间和请求，并附有公安机关或者其他有关机关关于该公民下落不明的书面证明。

第一百九十二条　人民法院受理宣告失踪、宣告死亡案件后，应当发出寻找下落不明人的公告。宣告失踪的公告期间为三个月，宣告死亡的公告期间为一年。因意外事件下落不明，经有关机关证明该公民不可能生存的，宣告死亡的公告期间为三个月。

公告期间届满，人民法院应当根据被宣告失踪、宣告死亡的事实是否得到确认，作出宣告失踪、宣告死亡的判决或者驳回申请的判决。

第一百九十三条　被宣告失踪、宣告死亡的公民重新出现，经本人或者利害关系人申请，人民法院应当作出新判决，撤销原判决。

第四节　指定遗产管理人案件

第一百九十四条　对遗产管理人的确定有争议，利害关系人申请指定遗产管理人的，向被继承人死亡时住所地或者主要遗产所在地基层人民法院提出。

申请书应当写明被继承人死亡的时间、申请事由和具体请求，并附有被继承人死亡的相关证据。

第一百九十五条　人民法院受理申请后，应当审查核实，并按照有利于遗产管理的原则，判决指定遗产管理人。

第一百九十六条　被指定的遗产管理人死亡、终止、丧失民事行为能力或者存在其他无法继续履行遗产管理职责情形的，人民法院可以根据利害关系人或者本人的申请另行指定遗产管理人。

第一百九十七条　遗产管理人违反遗产管理职责，严重侵害继承人、受遗赠人或者债权人合法权益的，人民法院可以根据利害关系人的申请，撤销其遗产管理人资格，并依法指定新的遗产管理人。

第五节　认定公民无民事行为能力、限制民事行为能力案件

第一百九十八条　申请认定公民无民事行为能力或者限制民事行为能力，由利害关系人或者有关组织向该公民住所地基层人民法院提出。

申请书应当写明该公民无民事行为能力或者限制民事行为能力的事实和根据。

第一百九十九条　人民法院受理申请后，必要时应当对被请求认定为无民事行为能力或者限制民事行为能力的公民进行鉴定。申请人已提供鉴定意见的，应当对鉴定意见进行审查。

第二百条　人民法院审理认定公民无民事行为能力或者限制民事行为能力的案件，应当由该公民的近亲属为代理人，但申请人除外。近亲属互相推诿的，由人民法院指定其中一人为代理人。该公民健康情况许可的，还应当询问本人的意见。

人民法院经审理认定申请有事实根据的，判决该公民为无民事行为能力或者限制民事行为能力人；认定申请没有事实根据的，应当判决予以驳回。

第二百零一条　人民法院根据被认定为无民事行为能力人、限制民事行为能力人本人、利害关系人或者有关组织的申请，证实该公民无民事行为能力或者限制民事行为能力的原因已经消除的，应当作出新判决，撤销原判决。

第六节　认定财产无主案件

第二百零二条　申请认定财产无主，由公民、法人或者其他组织向财产所在地基层人民法院提出。

申请书应当写明财产的种类、数量以及要求认定财产无主的根据。

第二百零三条　人民法院受理申请后，经审查核实，应当发出财产认领公告。公告满一年无人认领的，判决认定财产无主，收归国家或者集体所有。

第二百零四条　判决认定财产无主后，原财产所有人或者继承人出现，在民法典规定的诉讼时效期间可以对财产提出请求，人民法院审查属实后，应当作出新判决，撤销原判决。

第七节　确认调解协议案件

第二百零五条　经依法设立的调解组织调解达成调解协议，申请司法确认的，由双方当事人自调解协议生效之日起三十日内，共同向下列人民法院提出：

（一）人民法院邀请调解组织开展先行调解的，向作出邀请的人民法院提出；

（二）调解组织自行开展调解的，向当事人住所地、标的物所在地、调解组织所在地的基层人民法院提出；调解协议所涉纠纷应当由中级人民法院管辖的，向相应的中级人民法院提出。

第二百零六条　人民法院受理申请后，经审查，符合法律规定的，裁定调解协议有效，一方当事人拒绝履行或者未全部履行的，对方当事人可以向人民法院申请执行；不符合法律规定的，裁定驳回申请，当事人可以通过调解方式变更原调解协议或者达成新的调解协议，也可以向人民法院提起诉讼。

第八节　实现担保物权案件

第二百零七条　申请实现担保物权，由担保物权人以及其他有权请求实现担保物权的人依照民法典等法律，向担保财产所在地或者担保物权登记地基层人民法院提出。

第二百零八条　人民法院受理申请后，经审查，符合法律规定的，裁定拍卖、变卖担保财产，当事人依据该裁定可以向人民法院申请执行；不符合法律规定的，裁定驳回申请，当事人可以向人民法院提起诉讼。

第十六章　审判监督程序

第二百零九条　各级人民法院院长对本院已经发生法律效力的判决、裁定、调解书，发现确有错误，认为需要再审的，应当提交审判委员会讨论决定。

最高人民法院对地方各级人民法院已经发生法律效力的判决、裁定、调解书，上级人民法院对下级人民法院已经发生法律效力的判决、裁定、调解书，发现确有错误的，有权提审或者指令下级人民法院再审。

第二百一十条　当事人对已经发生法律效力的判决、裁定，认为有错误的，可以向上一级人民法院申请再审；当事人一方人数众多或者当事人双方为公民的案件，也可以向原审人民法院申请再审。当事人申请再审的，不停止判决、裁定的执行。

第二百一十一条　当事人的申请符合下列情形之一的，人民法院应当再审：

（一）有新的证据，足以推翻原判决、裁定的；

（二）原判决、裁定认定的基本事实缺乏证据证明的；

（三）原判决、裁定认定事实的主要证据是伪造的；

（四）原判决、裁定认定事实的主要证据未经质证的；

（五）对审理案件需要的主要证据，当事人因客观原因不能自行收集，书面申请人民法院调查收集，人民法院未调查收集的；

（六）原判决、裁定适用法律确有错误的；

（七）审判组织的组成不合法或者依法应当回避的审判人员没有回避的；

（八）无诉讼行为能力人未经法定代理人代为诉讼或者应当参加诉讼的当事人，因不能归责于本人或者其诉讼代理人的事由，未参加诉讼的；

（九）违反法律规定，剥夺当事人辩论权利的；

（十）未经传票传唤，缺席判决的；

（十一）原判决、裁定遗漏或者超出诉讼请求的；

（十二）据以作出原判决、裁定的法律文书被撤销或者变更的；

（十三）审判人员审理该案件时有贪污受贿，徇私舞弊，枉法裁判行为的。

第二百一十二条　当事人对已经发生法律效力的调解书，提出证据证明调解违反自愿原则或者调解协议的内容违反法律的，可以申请再审。经人民法院审查属实的，应当再审。

第二百一十三条　当事人对已经发生法律效力的解除婚姻关系的判决、调解书，不得申请再审。

第二百一十四条　当事人申请再审的，应当提交再审申请书等材料。人民法院应当自收到再审申请书之日起五日内将再审申请书副本发送对方当事人。对方当事人应当自收到再审申请书副本之日起十五日内提交书面意见；不提交书面意见的，不影响人民法院审查。人民法院可以要求申请人和对方当事人补充有关材料，询问有关事项。

第二百一十五条　人民法院应当自收到再审申请书之日起三个月内审查，符合本法规定的，裁定再审；不符合本法规定的，裁定驳回申请。有特殊情况需要延长的，由本院院长批准。

因当事人申请裁定再审的案件由中级人民法院以上的人民法院审理，但当事人依照本法第二百零六条的规定选择向基层人民法院申请再审的除外。最高人民法院、高级人民法院裁定再审的案件，由本院再审或者交其他人民法院再审，也可以交原审人民法院再审。

第二百一十六条　当事人申请再审，应当在判决、裁定发生法律效力后六个月内提出；有本法第二百零七条第一项、第三项、第十二项、第十三项规定情形的，自知道或者应当知道之日起六个月内提出。

第二百一十七条　按照审判监督程序决定再审的案件，裁定中止原判决、裁定、调解书的执行，但追索赡养费、扶养费、抚养费、抚恤金、医疗费用、劳动报酬等案件，可以不中止执行。

第二百一十八条 人民法院按照审判监督程序再审的案件，发生法律效力的判决、裁定是由第一审法院作出的，按照第一审程序审理，所作的判决、裁定，当事人可以上诉；发生法律效力的判决、裁定是由第二审法院作出的，按照第二审程序审理，所作的判决、裁定，是发生法律效力的判决、裁定；上级人民法院按照审判监督程序提审的，按照第二审程序审理，所作的判决、裁定是发生法律效力的判决、裁定。

人民法院审理再审案件，应当另行组成合议庭。

第二百一十九条 最高人民检察院对各级人民法院已经发生法律效力的判决、裁定，上级人民检察院对下级人民法院已经发生法律效力的判决、裁定，发现有本法第二百零七条规定情形之一的，或者发现调解书损害国家利益、社会公共利益的，应当提出抗诉。

地方各级人民检察院对同级人民法院已经发生法律效力的判决、裁定，发现有本法第二百零七条规定情形之一的，或者发现调解书损害国家利益、社会公共利益的，可以向同级人民法院提出检察建议，并报上级人民检察院备案；也可以提请上级人民检察院向同级人民法院提出抗诉。

各级人民检察院对审判监督程序以外的其他审判程序中审判人员的违法行为，有权向同级人民法院提出检察建议。

第二百二十条 有下列情形之一的，当事人可以向人民检察院申请检察建议或者抗诉：

（一）人民法院驳回再审申请的；

（二）人民法院逾期未对再审申请作出裁定的；

（三）再审判决、裁定有明显错误的。

人民检察院对当事人的申请应当在三个月内进行审查，作出提出或者不予提出检察建议或者抗诉的决定。当事人不得再次向人民检察院申请检察建议或者抗诉。

第二百二十一条 人民检察院因履行法律监督职责提出检察建议或者抗诉的需要，可以向当事人或者案外人调查核实有关情况。

第二百二十二条　人民检察院提出抗诉的案件，接受抗诉的人民法院应当自收到抗诉书之日起三十日内作出再审的裁定；有本法第二百零七条第一项至第五项规定情形之一的，可以交下一级人民法院再审，但经该下一级人民法院再审的除外。

第二百二十三条　人民检察院决定对人民法院的判决、裁定、调解书提出抗诉的，应当制作抗诉书。

第二百二十四条　人民检察院提出抗诉的案件，人民法院再审时，应当通知人民检察院派员出席法庭。

第十七章　督促程序

第二百二十五条　债权人请求债务人给付金钱、有价证券，符合下列条件的，可以向有管辖权的基层人民法院申请支付令：

（一）债权人与债务人没有其他债务纠纷的；

（二）支付令能够送达债务人的。

申请书应当写明请求给付金钱或者有价证券的数量和所根据的事实、证据。

第二百二十六条　债权人提出申请后，人民法院应当在五日内通知债权人是否受理。

第二百二十七条　人民法院受理申请后，经审查债权人提供的事实、证据，对债权债务关系明确、合法的，应当在受理之日起十五日内向债务人发出支付令；申请不成立的，裁定予以驳回。

债务人应当自收到支付令之日起十五日内清偿债务，或者向人民法院提出书面异议。

债务人在前款规定的期间不提出异议又不履行支付令的，债权人可以向人民法院申请执行。

第二百二十八条　人民法院收到债务人提出的书面异议后，经审查，异议成立的，应当裁定终结督促程序，支付令自行失效。

支付令失效的，转入诉讼程序，但申请支付令的一方当事人不同意提起诉讼的除外。

第十八章　公示催告程序

第二百二十九条　按照规定可以背书转让的票据持有人,因票据被盗、遗失或者灭失,可以向票据支付地的基层人民法院申请公示催告。依照法律规定可以申请公示催告的其他事项,适用本章规定。

申请人应当向人民法院递交申请书,写明票面金额、发票人、持票人、背书人等票据主要内容和申请的理由、事实。

第二百三十条　人民法院决定受理申请,应当同时通知支付人停止支付,并在三日内发出公告,催促利害关系人申报权利。公示催告的期间,由人民法院根据情况决定,但不得少于六十日。

第二百三十一条　支付人收到人民法院停止支付的通知,应当停止支付,至公示催告程序终结。

公示催告期间,转让票据权利的行为无效。

第二百三十二条　利害关系人应当在公示催告期间向人民法院申报。

人民法院收到利害关系人的申报后,应当裁定终结公示催告程序,并通知申请人和支付人。

申请人或者申报人可以向人民法院起诉。

第二百三十三条　没有人申报的,人民法院应当根据申请人的申请,作出判决,宣告票据无效。判决应当公告,并通知支付人。自判决公告之日起,申请人有权向支付人请求支付。

第二百三十四条　利害关系人因正当理由不能在判决前向人民法院申报的,自知道或者应当知道判决公告之日起一年内,可以向作出判决的人民法院起诉。

第三编　执　行　程　序

第十九章　一　般　规　定

第二百三十五条　发生法律效力的民事判决、裁定,以及刑事判决、裁定中的财产部分,由第一审人民法院或者与第一审人民法院同级的被执行的财产所在地人民法院执行。

法律规定由人民法院执行的其他法律文书，由被执行人住所地或者被执行的财产所在地人民法院执行。

第二百三十六条　当事人、利害关系人认为执行行为违反法律规定的，可以向负责执行的人民法院提出书面异议。当事人、利害关系人提出书面异议的，人民法院应当自收到书面异议之日起十五日内审查，理由成立的，裁定撤销或者改正；理由不成立的，裁定驳回。当事人、利害关系人对裁定不服的，可以自裁定送达之日起十日内向上一级人民法院申请复议。

第二百三十七条　人民法院自收到申请执行书之日起超过六个月未执行的，申请执行人可以向上一级人民法院申请执行。上一级人民法院经审查，可以责令原人民法院在一定期限内执行，也可以决定由本院执行或者指令其他人民法院执行。

第二百三十八条　执行过程中，案外人对执行标的提出书面异议的，人民法院应当自收到书面异议之日起十五日内审查，理由成立的，裁定中止对该标的的执行；理由不成立的，裁定驳回。案外人、当事人对裁定不服，认为原判决、裁定错误的，依照审判监督程序办理；与原判决、裁定无关的，可以自裁定送达之日起十五日内向人民法院提起诉讼。

第二百三十九条　执行工作由执行员进行。

采取强制执行措施时，执行员应当出示证件。执行完毕后，应当将执行情况制作笔录，由在场的有关人员签名或者盖章。

人民法院根据需要可以设立执行机构。

第二百四十条　被执行人或者被执行的财产在外地的，可以委托当地人民法院代为执行。受委托人民法院收到委托函件后，必须在十五日内开始执行，不得拒绝。执行完毕后，应当将执行结果及时函复委托人民法院；在三十日内如果还未执行完毕，也应当将执行情况函告委托人民法院。

受委托人民法院自收到委托函件之日起十五日内不执行的，委托人民法院可以请求受委托人民法院的上级人民法院指令受委托人民法院执行。

第二百四十一条　在执行中，双方当事人自行和解达成协议的，执行员应当将协议内容记入笔录，由双方当事人签名或者盖章。

申请执行人因受欺诈、胁迫与被执行人达成和解协议，或者当事人不履行和解协议的，人民法院可以根据当事人的申请，恢复对原生效法律文书的执行。

第二百四十二条　在执行中，被执行人向人民法院提供担保，并经申请执行人同意的，人民法院可以决定暂缓执行及暂缓执行的期限。被执行人逾期仍不履行的，人民法院有权执行被执行人的担保财产或者担保人的财产。

第二百四十三条　作为被执行人的公民死亡的，以其遗产偿还债务。作为被执行人的法人或者其他组织终止的，由其权利义务承受人履行义务。

第二百四十四条　执行完毕后，据以执行的判决、裁定和其他法律文书确有错误，被人民法院撤销的，对已被执行的财产，人民法院应当作出裁定，责令取得财产的人返还；拒不返还的，强制执行。

第二百四十五条　人民法院制作的调解书的执行，适用本编的规定。

第二百四十六条　人民检察院有权对民事执行活动实行法律监督。

第二十章　执行的申请和移送

第二百四十七条　发生法律效力的民事判决、裁定，当事人必须履行。一方拒绝履行的，对方当事人可以向人民法院申请执行，也可以由审判员移送执行员执行。

调解书和其他应当由人民法院执行的法律文书，当事人必须履行。一方拒绝履行的，对方当事人可以向人民法院申请执行。

第二百四十八条　对依法设立的仲裁机构的裁决，一方当事人不履行的，对方当事人可以向有管辖权的人民法院申请执行。受申请的人民法院应当执行。

被申请人提出证据证明仲裁裁决有下列情形之一的，经人民法院组成合议庭审查核实，裁定不予执行：

（一）当事人在合同中没有订有仲裁条款或者事后没有达成书面仲裁协议的；

（二）裁决的事项不属于仲裁协议的范围或者仲裁机构无权仲裁的；

（三）仲裁庭的组成或者仲裁的程序违反法定程序的；

（四）裁决所根据的证据是伪造的；

（五）对方当事人向仲裁机构隐瞒了足以影响公正裁决的证据的；

（六）仲裁员在仲裁该案时有贪污受贿，徇私舞弊，枉法裁决行为的。

人民法院认定执行该裁决违背社会公共利益的，裁定不予执行。

裁定书应当送达双方当事人和仲裁机构。

仲裁裁决被人民法院裁定不予执行的，当事人可以根据双方达成的书面仲裁协议重新申请仲裁，也可以向人民法院起诉。

第二百四十九条　对公证机关依法赋予强制执行效力的债权文书，一方当事人不履行的，对方当事人可以向有管辖权的人民法院申请执行，受申请的人民法院应当执行。

公证债权文书确有错误的，人民法院裁定不予执行，并将裁定书送达双方当事人和公证机关。

第二百五十条　申请执行的期间为二年。申请执行时效的中止、中断，适用法律有关诉讼时效中止、中断的规定。

前款规定的期间，从法律文书规定履行期间的最后一日起计算；法律文书规定分期履行的，从最后一期履行期限届满之日起计算；法律文书未规定履行期间的，从法律文书生效之日起计算。

第二百五十一条　执行员接到申请执行书或者移交执行书，应当向被执行人发出执行通知，并可以立即采取强制执行措施。

第二十一章　执　行　措　施

第二百五十二条　被执行人未按执行通知履行法律文书确定的义务，应当报告当前以及收到执行通知之日前一年的财产情况。被执行人拒绝报告或者虚假报告的，人民法院可以根据情节轻重对被执行人或者其法定代理人、有关单位的主要负责人或者直接责任人员予以罚款、拘留。

第二百五十三条　被执行人未按执行通知履行法律文书确定的义务，人民法院有权向有关单位查询被执行人的存款、债券、股票、基金份额等财产情况。人民法院有权根据不同情形扣押、冻结、划拨、变价被执行人的财产。人民法院查询、扣押、冻结、划拨、变价的财产不得超出被执行人应当履行义务的范围。

人民法院决定扣押、冻结、划拨、变价财产，应当作出裁定，并发出协助执行通知书，有关单位必须办理。

第二百五十四条　被执行人未按执行通知履行法律文书确定的义务，人民法院有权扣留、提取被执行人应当履行义务部分的收入。但应当保留被执行人及其所扶养家属的生活必需费用。

人民法院扣留、提取收入时，应当作出裁定，并发出协助执行通知书，被执行人所在单位、银行、信用合作社和其他有储蓄业务的单位必须办理。

第二百五十五条　被执行人未按执行通知履行法律文书确定的义务，人民法院有权查封、扣押、冻结、拍卖、变卖被执行人应当履行义务部分的财产。但应当保留被执行人及其所扶养家属的生活必需品。

采取前款措施，人民法院应当作出裁定。

第二百五十六条　人民法院查封、扣押财产时，被执行人是公民的，应当通知被执行人或者他的成年家属到场；被执行人是法人或者其他组织的，应当通知其法定代表人或者主要负责人到场。拒不到场的，不影响执行。被执行人是公民的，其工作单位或者财产所在地的基层组织应当派人参加。

对被查封、扣押的财产，执行员必须造具清单，由在场人签名或者盖章后，交被执行人一份。被执行人是公民的，也可以交他的成年家属一份。

第二百五十七条　被查封的财产，执行员可以指定被执行人负责保管。因被执行人的过错造成的损失，由被执行人承担。

第二百五十八条　财产被查封、扣押后，执行员应当责令被执行人在指定期间履行法律文书确定的义务。被执行人逾期不履行的，人民法院应当拍卖被查封、扣押的财产；不适于拍卖或者当事人双方同意不进行拍卖的，人民法院可以委托有关单位变卖或者自行变卖。国家禁止自由买卖的物品，交有关单位按照国家规定的价格收购。

第二百五十九条　被执行人不履行法律文书确定的义务，并隐匿财产的，人民法院有权发出搜查令，对被执行人及其住所或者财产隐匿地进行搜查。

采取前款措施，由院长签发搜查令。

第二百六十条　法律文书指定交付的财物或者票证，由执行员传唤双方当事人当面交付，或者由执行员转交，并由被交付人签收。

有关单位持有该项财物或者票证的，应当根据人民法院的协助执行通知书转交，并由被交付人签收。

有关公民持有该项财物或者票证的，人民法院通知其交出。拒不交出的，强制执行。

第二百六十一条　强制迁出房屋或者强制退出土地，由院长签发公告，责令被执行人在指定期间履行。被执行人逾期不履行的，由执行员强制执行。

强制执行时，被执行人是公民的，应当通知被执行人或者他的成年家属到场；被执行人是法人或者其他组织的，应当通知其法定代表人或者主要负责人到场。拒不到场的，不影响执行。被执行人是公民的，其工作单位或者房屋、土地所在地的基层组织应当派人参加。执行员应当将强制执行情况记入笔录，由在场人签名或者盖章。

强制迁出房屋被搬出的财物，由人民法院派人运至指定处所，交给被执行人。被执行人是公民的，也可以交给他的成年家属。因拒绝接收而造成的损失，由被执行人承担。

第二百六十二条　在执行中，需要办理有关财产权证照转移手续的，人民法院可以向有关单位发出协助执行通知书，有关单位必须办理。

第二百六十三条　对判决、裁定和其他法律文书指定的行为，被执行人未按执行通知履行的，人民法院可以强制执行或者委托有关单位或者其他人完成，费用由被执行人承担。

第二百六十四条　被执行人未按判决、裁定和其他法律文书指定的期间履行给付金钱义务的，应当加倍支付迟延履行期间的债务利息。被执行人未按判决、裁定和其他法律文书指定的期间履行其他义务的，应当支付迟延履行金。

第二百六十五条　人民法院采取本法第二百四十九条、第二百五十条、第二百五十一条规定的执行措施后，被执行人仍不能偿还债务的，应当继续履行义务。债权人发现被执行人有其他财产的，可以随时请求人民法院执行。

第二百六十六条　被执行人不履行法律文书确定的义务的，人民法院可以对其采取或者通知有关单位协助采取限制出境，在征信系统记录、通过媒体公布不履行义务信息以及法律规定的其他措施。

第二十二章　执行中止和终结

第二百六十七条　有下列情形之一的，人民法院应当裁定中止执行：

（一）申请人表示可以延期执行的；

（二）案外人对执行标的提出确有理由的异议的；

（三）作为一方当事人的公民死亡，需要等待继承人继承权利或者承担义务的；

（四）作为一方当事人的法人或者其他组织终止，尚未确定权利义务承受人的；

（五）人民法院认为应当中止执行的其他情形。

中止的情形消失后，恢复执行。

第二百六十八条　有下列情形之一的，人民法院裁定终结执行：

（一）申请人撤销申请的；

（二）据以执行的法律文书被撤销的；

（三）作为被执行人的公民死亡，无遗产可供执行，又无义务承担人的；

（四）追索赡养费、扶养费、抚养费案件的权利人死亡的；

（五）作为被执行人的公民因生活困难无力偿还借款，无收入来源，又丧失劳动能力的；

（六）人民法院认为应当终结执行的其他情形。

第二百六十九条　中止和终结执行的裁定，送达当事人后立即生效。

第四编　涉外民事诉讼程序的特别规定

第二十三章　一般原则

第二百七十条　在中华人民共和国领域内进行涉外民事诉讼，适用本编规定。本编没有规定的，适用本法其他有关规定。

第二百七十一条　中华人民共和国缔结或者参加的国际条约同本法有不同规定的，适用该国际条约的规定，但中华人民共和国声明保留的条款除外。

第二百七十二条　对享有外交特权与豁免的外国人、外国组织或者国际组织提起的民事诉讼，应当依照中华人民共和国有关法律和中华人民共和国缔结或者参加的国际条约的规定办理。

第二百七十三条　人民法院审理涉外民事案件，应当使用中华人民共和国通用的语言、文字。当事人要求提供翻译的，可以提供，费用由当事人承担。

第二百七十四条　外国人、无国籍人、外国企业和组织在人民法院起诉、应诉，需要委托律师代理诉讼的，必须委托中华人民共和国的律师。

第二百七十五条　在中华人民共和国领域内没有住所的外国人、无国籍人、外国企业和组织委托中华人民共和国律师或者其他人代理诉讼，从中华人民共和国领域外寄交或者托交的授权委托书，应当经所在国公证机关证明，并经中华人民共和国驻该国使领馆认证，或者履行中华人民共和国与该所在国订立的有关条约中规定的证明手续后，才具有效力。

第二十四章　管　　辖

第二百七十六条　因涉外民事纠纷，对在中华人民共和国领域内没有住所的被告提起除身份关系以外的诉讼，如果合同签订地、合同履行地、诉讼标的物所在地、可供扣押财产所在地、侵权行为地、代表机构住所地位于中华人民共和国领域内的，可以由合同签订地、合同履行地、诉讼标的物所在地、可供扣押财产所在地、侵权行为地、代表机构住所地人民法院管辖。

除前款规定外，涉外民事纠纷与中华人民共和国存在其他适当联系的，可以由人民法院管辖。

第二百七十七条　涉外民事纠纷的当事人书面协议选择人民法院管辖的，可以由人民法院管辖。

第二百七十八条　当事人未提出管辖异议，并应诉答辩或者提出反诉的，视为人民法院有管辖权。

第二百七十九条　下列民事案件，由人民法院专属管辖：

（一）因在中华人民共和国领域内设立的法人或者其他组织的设立、解散、清算，以及该法人或者其他组织作出的决议的效力等纠纷提起的诉讼；

（二）因与在中华人民共和国领域内审查授予的知识产权的有效性有关的纠纷提起的诉讼；

（三）因在中华人民共和国领域内履行中外合资经营企业合同、中外合作经营企业合同、中外合作勘探开发自然资源合同发生纠纷提起的诉讼。

第二百八十条　当事人之间的同一纠纷，一方当事人向外国法院起诉，另一方当事人向人民法院起诉，或者一方当事人既向外国法院起诉，又向人民法院起诉，人民法院依照本法有管辖权的，可以受理。当事人订立排他性管辖协议选择外国法院管辖且不违反本法对专属管辖的规定，不涉及中华人民共和国主权、安全或者社会公共利益的，人民法院可以裁定不予受理；已经受理的，裁定驳回起诉。

第二百八十一条　人民法院依据前条规定受理案件后，当事人以外国法院已经先于人民法院受理为由，书面申请人民法院中止诉讼的，人民法院可以裁定中止诉讼，但是存在下列情形之一的除外：

（一）当事人协议选择人民法院管辖，或者纠纷属于人民法院专属管辖；

（二）由人民法院审理明显更为方便。

外国法院未采取必要措施审理案件，或者未在合理期限内审结的，依当事人的书面申请，人民法院应当恢复诉讼。

外国法院作出的发生法律效力的判决、裁定，已经被人民法院全部或者部分承认，当事人对已经获得承认的部分又向人民法院起诉的，裁定不予受理；已经受理的，裁定驳回起诉。

第二百八十二条　人民法院受理的涉外民事案件，被告提出管辖异议，且同时有下列情形的，可以裁定驳回起诉，告知原告向更为方便的外国法院提起诉讼：

（一）案件争议的基本事实不是发生在中华人民共和国领域内，人民法院审理案件和当事人参加诉讼均明显不方便；

（二）当事人之间不存在选择人民法院管辖的协议；

（三）案件不属于人民法院专属管辖；

（四）案件不涉及中华人民共和国主权、安全或者社会公共利益；

（五）外国法院审理案件更为方便。

裁定驳回起诉后，外国法院对纠纷拒绝行使管辖权，或者未采取必要措施审理案件，或者未在合理期限内审结，当事人又向人民法院起诉的，人民法院应当受理。

第二十五章　送达、调查取证、期间

第二百八十三条　人民法院对在中华人民共和国领域内没有住所的当事人送达诉讼文书，可以采用下列方式：

（一）依照受送达人所在国与中华人民共和国缔结或者共同参加的国际条约中规定的方式送达；

（二）通过外交途径送达；

（三）对具有中华人民共和国国籍的受送达人，可以委托中华人民共和国驻受送达人所在国的使领馆代为送达；

（四）向受送达人在本案中委托的诉讼代理人送达；

（五）向受送达人在中华人民共和国领域内设立的独资企业、代表机构、分支机构或者有权接受送达的业务代办人送达；

（六）受送达人为外国人、无国籍人，其在中华人民共和国领域内设立的法人或者其他组织担任法定代表人或者主要负责人，且与该法人或者其他组织为共同被告的，向该法人或者其他组织送达；

（七）受送达人为外国法人或者其他组织，其法定代表人或者主要负责人在中华人民共和国领域内的，向其法定代表人或者主要负责人送达；

（八）受送达人所在国的法律允许邮寄送达的，可以邮寄送达，自邮寄之日起满三个月，送达回证没有退回，但根据各种情况足以认定已经送达的，期间届满之日视为送达；

（九）采用能够确认受送达人收悉的电子方式送达，但是受送达人所在国法律禁止的除外；

（十）以受送达人同意的其他方式送达，但是受送达人所在国法律禁止的除外。

不能用上述方式送达的，公告送达，自发出公告之日起，经过六十日，即视为送达。

第二百八十四条　当事人申请人民法院调查收集的证据位于中华人民共和国领域外，人民法院可以依照证据所在国与中华人民共和国缔结或者共同参加的国际条约中规定的方式，或者通过外交途径调查收集。

在所在国法律不禁止的情况下，人民法院可以采用下列方式调查收集：

（一）对具有中华人民共和国国籍的当事人、证人，可以委托中华人民共和国驻当事人、证人所在国的使领馆代为取证；

（二）经双方当事人同意，通过即时通讯工具取证；

（三）以双方当事人同意的其他方式取证。

第二百八十五条　被告在中华人民共和国领域内没有住所的，人民法院应当将起诉状副本送达被告，并通知被告在收到起诉状副本后三十日内提出答辩状。被告申请延期的，是否准许，由人民法院决定。

第二百八十六条　在中华人民共和国领域内没有住所的当事人，不服第一审人民法院判决、裁定的，有权在判决书、裁定书送达之日起三十日内提起上诉。被上诉人在收到上诉状副本后，应当在三十日内提出答辩状。当事人不能在法定期间提起上诉或者提出答辩状，申请延期的，是否准许，由人民法院决定。

第二百八十七条　人民法院审理涉外民事案件的期间，不受本法第一百五十二条、第一百八十三条规定的限制。

第二十六章　仲　　裁

第二百八十八条　涉外经济贸易、运输和海事中发生的纠纷，当事人在合同中订有仲裁条款或者事后达成书面仲裁协议，提交中华人民共和国涉外仲裁机构或者其他仲裁机构仲裁的，当事人不得向人民法院起诉。

当事人在合同中没有订有仲裁条款或者事后没有达成书面仲裁协议的，可以向人民法院起诉。

第二百八十九条　当事人申请采取保全的，中华人民共和国的涉外仲裁机构应当将当事人的申请，提交被申请人住所地或者财产所在地的中级人民法院裁定。

第二百九十条　经中华人民共和国涉外仲裁机构裁决的，当事人不得向人民法院起诉。一方当事人不履行仲裁裁决的，对方当事人可以向被申请人住所地或者财产所在地的中级人民法院申请执行。

　　第二百九十一条　对中华人民共和国涉外仲裁机构作出的裁决，被申请人提出证据证明仲裁裁决有下列情形之一的，经人民法院组成合议庭审查核实，裁定不予执行：

　　（一）当事人在合同中没有订有仲裁条款或者事后没有达成书面仲裁协议的；

　　（二）被申请人没有得到指定仲裁员或者进行仲裁程序的通知，或者由于其他不属于被申请人负责的原因未能陈述意见的；

　　（三）仲裁庭的组成或者仲裁的程序与仲裁规则不符的；

　　（四）裁决的事项不属于仲裁协议的范围或者仲裁机构无权仲裁的。

　　人民法院认定执行该裁决违背社会公共利益的，裁定不予执行。

　　第二百九十二条　仲裁裁决被人民法院裁定不予执行的，当事人可以根据双方达成的书面仲裁协议重新申请仲裁，也可以向人民法院起诉。

第二十七章　司法协助

　　第二百九十三条　根据中华人民共和国缔结或者参加的国际条约，或者按照互惠原则，人民法院和外国法院可以相互请求，代为送达文书、调查取证以及进行其他诉讼行为。

　　外国法院请求协助的事项有损于中华人民共和国的主权、安全或者社会公共利益的，人民法院不予执行。

　　第二百九十四条　请求和提供司法协助，应当依照中华人民共和国缔结或者参加的国际条约所规定的途径进行；没有条约关系的，通过外交途径进行。

　　外国驻中华人民共和国的使领馆可以向该国公民送达文书和调查取证，但不得违反中华人民共和国的法律，并不得采取强制措施。

　　除前款规定的情况外，未经中华人民共和国主管机关准许，任何外国机关或者个人不得在中华人民共和国领域内送达文书、调查取证。

　　第二百九十五条　外国法院请求人民法院提供司法协助的请求书及其所附文件，应当附有中文译本或者国际条约规定的其他文字文本。

　　人民法院请求外国法院提供司法协助的请求书及其所附文件，应当附有该国文字译本或者国际条约规定的其他文字文本。

第二百九十六条　人民法院提供司法协助，依照中华人民共和国法律规定的程序进行。外国法院请求采用特殊方式的，也可以按照其请求的特殊方式进行，但请求采用的特殊方式不得违反中华人民共和国法律。

第二百九十七条　人民法院作出的发生法律效力的判决、裁定，如果被执行人或者其财产不在中华人民共和国领域内，当事人请求执行的，可以由当事人直接向有管辖权的外国法院申请承认和执行，也可以由人民法院依照中华人民共和国缔结或者参加的国际条约的规定，或者按照互惠原则，请求外国法院承认和执行。

在中华人民共和国领域内依法作出的发生法律效力的仲裁裁决，当事人请求执行的，如果被执行人或者其财产不在中华人民共和国领域内，当事人可以直接向有管辖权的外国法院申请承认和执行。

第二百九十八条　外国法院作出的发生法律效力的判决、裁定，需要人民法院承认和执行的，可以由当事人直接向有管辖权的中级人民法院申请承认和执行，也可以由外国法院依照该国与中华人民共和国缔结或者参加的国际条约的规定，或者按照互惠原则，请求人民法院承认和执行。

第二百九十九条　人民法院对申请或者请求承认和执行的外国法院作出的发生法律效力的判决、裁定，依照中华人民共和国缔结或者参加的国际条约，或者按照互惠原则进行审查后，认为不违反中华人民共和国法律的基本原则且不损害国家主权、安全、社会公共利益的，裁定承认其效力；需要执行的，发出执行令，依照本法的有关规定执行。

第三百条　对申请或者请求承认和执行的外国法院作出的发生法律效力的判决、裁定，人民法院经审查，有下列情形之一的，裁定不予承认和执行：

（一）依据本法第三百零一条的规定，外国法院对案件无管辖权；

（二）被申请人未得到合法传唤或者虽经合法传唤但未获得合理的陈述、辩论机会，或者无诉讼行为能力的当事人未得到适当代理；

（三）判决、裁定是通过欺诈方式取得；

（四）人民法院已对同一纠纷作出判决、裁定，或者已经承认第三国法院对同一纠纷作出的判决、裁定；

（五）违反中华人民共和国法律的基本原则或者损害国家主权、安全、社会公共利益。

第三百零一条　有下列情形之一的，人民法院应当认定该外国法院对案件无管辖权：

（一）外国法院依照其法律对案件没有管辖权，或者虽然依照其法律有管辖权但与案件所涉纠纷无适当联系；

（二）违反本法对专属管辖的规定；

（三）违反当事人排他性选择法院管辖的协议。

第三百零二条　当事人向人民法院申请承认和执行外国法院作出的发生法律效力的判决、裁定，该判决、裁定涉及的纠纷与人民法院正在审理的纠纷属于同一纠纷的，人民法院可以裁定中止诉讼。

外国法院作出的发生法律效力的判决、裁定不符合本法规定的承认条件的，人民法院裁定不予承认和执行，并恢复已经中止的诉讼；符合本法规定的承认条件的，人民法院裁定承认其效力；需要执行的，发出执行令，依照本法的有关规定执行；对已经中止的诉讼，裁定驳回起诉。

第三百零三条　当事人对承认和执行或者不予承认和执行的裁定不服的，可以自裁定送达之日起十日内向上一级人民法院申请复议。

第三百零四条　在中华人民共和国领域外作出的发生法律效力的仲裁裁决，需要人民法院承认和执行的，当事人可以直接向被执行人住所地或者其财产所在地的中级人民法院申请。被执行人住所地或者其财产不在中华人民共和国领域内的，当事人可以向申请人住所地或者与裁决的纠纷有适当联系的地点的中级人民法院申请。人民法院应当依照中华人民共和国缔结或者参加的国际条约，或者按照互惠原则办理。

第三百零五条　涉及外国国家的民事诉讼，适用中华人民共和国有关外国国家豁免的法律规定；有关法律没有规定的，适用本法。

第三百零六条　本法自公布之日起施行，《中华人民共和国民事诉讼法（试行）》同时废止。

最高人民法院关于适用《中华人民共和国民事诉讼法》的解释（2022修正）

（2014年12月18日最高人民法院审判委员会第1636次会议通过；根据2020年12月23日最高人民法院审判委员会第1823次会议通过的《最高人民法院关于修改〈最高人民法院关于人民法院民事调解工作若干问题的规定〉等十九件民事诉讼类司法解释的决定》第一次修正；根据2022年3月22日最高人民法院审判委员会第1866次会议通过的《最高人民法院关于修改〈最高人民法院关于适用《中华人民共和国民事诉讼法》的解释〉的决定》第二次修正，该修正自2022年4月10日起施行）

一、管　　辖

第一条　民事诉讼法第十九条第一项规定的重大涉外案件，包括争议标的额大的案件、案情复杂的案件，或者一方当事人人数众多等具有重大影响的案件。

第二条　专利纠纷案件由知识产权法院、最高人民法院确定的中级人民法院和基层人民法院管辖。

海事、海商案件由海事法院管辖。

第三条　公民的住所地是指公民的户籍所在地，法人或者其他组织的住所地是指法人或者其他组织的主要办事机构所在地。

法人或者其他组织的主要办事机构所在地不能确定的，法人或者其他组织的注册地或者登记地为住所地。

第四条　公民的经常居住地是指公民离开住所地至起诉时已连续居住一年以上的地方，但公民住院就医的地方除外。

第五条　对没有办事机构的个人合伙、合伙型联营体提起的诉讼，由被告注册登记地人民法院管辖。没有注册登记，几个被告又不在同一辖区的，被告住所地的人民法院都有管辖权。

第六条　被告被注销户籍的，依照民事诉讼法第二十三条规定确定管辖；原告、被告均被注销户籍的，由被告居住地人民法院管辖。

　　第七条　当事人的户籍迁出后尚未落户，有经常居住地的，由该地人民法院管辖；没有经常居住地的，由其原户籍所在地人民法院管辖。

　　第八条　双方当事人都被监禁或者被采取强制性教育措施的，由被告原住所地人民法院管辖。被告被监禁或者被采取强制性教育措施一年以上的，由被告被监禁地或者被采取强制性教育措施地人民法院管辖。

　　第九条　追索赡养费、扶养费、抚养费案件的几个被告住所地不在同一辖区的，可以由原告住所地人民法院管辖。

　　第十条　不服指定监护或者变更监护关系的案件，可以由被监护人住所地人民法院管辖。

　　第十一条　双方当事人均为军人或者军队单位的民事案件由军事法院管辖。

　　第十二条　夫妻一方离开住所地超过一年，另一方起诉离婚的案件，可以由原告住所地人民法院管辖。

　　夫妻双方离开住所地超过一年，一方起诉离婚的案件，由被告经常居住地人民法院管辖；没有经常居住地的，由原告起诉时被告居住地人民法院管辖。

　　第十三条　在国内结婚并定居国外的华侨，如定居国法院以离婚诉讼须由婚姻缔结地法院管辖为由不予受理，当事人向人民法院提出离婚诉讼的，由婚姻缔结地或者一方在国内的最后居住地人民法院管辖。

　　第十四条　在国外结婚并定居国外的华侨，如定居国法院以离婚诉讼须由国籍所属国法院管辖为由不予受理，当事人向人民法院提出离婚诉讼的，由一方原住所地或者在国内的最后居住地人民法院管辖。

　　第十五条　中国公民一方居住在国外，一方居住在国内，不论哪一方向人民法院提起离婚诉讼，国内一方住所地人民法院都有权管辖。国外一方在居住国法院起诉，国内一方向人民法院起诉的，受诉人民法院有权管辖。

　　第十六条　中国公民双方在国外但未定居，一方向人民法院起诉离婚的，应由原告或者被告原住所地人民法院管辖。

　　第十七条　已经离婚的中国公民，双方均定居国外，仅就国内财产分割提起诉讼的，由主要财产所在地人民法院管辖。

　　第十八条　合同约定履行地点的，以约定的履行地点为合同履行地。

　　合同对履行地点没有约定或者约定不明确，争议标的为给付货币一方所在地为合同履行地；交付不动产的，不动产所在地为合同履行地；其他标的，履行义务一方所在地为合同履行地。即时结清的合同，交易行为地为合同履行地。

合同没有实际履行，当事人双方住所地都不在合同约定的履行地的，由被告住所地人民法院管辖。

第十九条　财产租赁合同、融资租赁合同以租赁物使用地为合同履行地。合同对履行地有约定的，从其约定。

第二十条　以信息网络方式订立的买卖合同，通过信息网络交付标的的，以买受人住所地为合同履行地；通过其他方式交付标的的，收货地为合同履行地。合同对履行地有约定的，从其约定。

第二十一条　因财产保险合同纠纷提起的诉讼，如果保险标的物是运输工具或者运输中的货物，可以由运输工具登记注册地、运输目的地、保险事故发生地人民法院管辖。

因人身保险合同纠纷提起的诉讼，可以由被保险人住所地人民法院管辖。

第二十二条　因股东名册记载、请求变更公司登记、股东知情权、公司决议、公司合并、公司分立、公司减资、公司增资等纠纷提起的诉讼，依照民事诉讼法第二十七条规定确定管辖。

第二十三条　债权人申请支付令，适用民事诉讼法第二十二条规定，由债务人住所地基层人民法院管辖。

第二十四条　民事诉讼法第二十九条规定的侵权行为地，包括侵权行为实施地、侵权结果发生地。

第二十五条　信息网络侵权行为实施地包括实施被诉侵权行为的计算机等信息设备所在地，侵权结果发生地包括被侵权人住所地。

第二十六条　因产品、服务质量不合格造成他人财产、人身损害提起的诉讼，产品制造地、产品销售地、服务提供地、侵权行为地和被告住所地人民法院都有管辖权。

第二十七条　当事人申请诉前保全后没有在法定期间起诉或者申请仲裁，给被申请人、利害关系人造成损失引起的诉讼，由采取保全措施的人民法院管辖。

当事人申请诉前保全后在法定期间内起诉或者申请仲裁，被申请人、利害关系人因保全受到损失提起的诉讼，由受理起诉的人民法院或者采取保全措施的人民法院管辖。

第二十八条　民事诉讼法第三十四条第一项规定的不动产纠纷是指因不动产的权利确认、分割、相邻关系等引起的物权纠纷。

农村土地承包经营合同纠纷、房屋租赁合同纠纷、建设工程施工合同纠纷、政策性房屋买卖合同纠纷，按照不动产纠纷确定管辖。

不动产已登记的，以不动产登记簿记载的所在地为不动产所在地；不动产未登记的，以不动产实际所在地为不动产所在地。

第二十九条　民事诉讼法第三十五条规定的书面协议，包括书面合同中的协议管辖条款或者诉讼前以书面形式达成的选择管辖的协议。

第三十条　根据管辖协议，起诉时能够确定管辖法院的，从其约定；不能确定的，依照民事诉讼法的相关规定确定管辖。

管辖协议约定两个以上与争议有实际联系的地点的人民法院管辖，原告可以向其中一个人民法院起诉。

第三十一条　经营者使用格式条款与消费者订立管辖协议，未采取合理方式提请消费者注意，消费者主张管辖协议无效的，人民法院应予支持。

第三十二条　管辖协议约定由一方当事人住所地人民法院管辖，协议签订后当事人住所地变更的，由签订管辖协议时的住所地人民法院管辖，但当事人另有约定的除外。

第三十三条　合同转让的，合同的管辖协议对合同受让人有效，但转让时受让人不知道有管辖协议，或者转让协议另有约定且原合同相对人同意的除外。

第三十四条　当事人因同居或者在解除婚姻、收养关系后发生财产争议，约定管辖的，可以适用民事诉讼法第三十五条规定确定管辖。

第三十五条　当事人在答辩期间届满后未应诉答辩，人民法院在一审开庭前，发现案件不属于本院管辖的，应当裁定移送有管辖权的人民法院。

第三十六条　两个以上人民法院都有管辖权的诉讼，先立案的人民法院不得将案件移送给另一个有管辖权的人民法院。人民法院在立案前发现其他有管辖权的人民法院已先立案的，不得重复立案；立案后发现其他有管辖权的人民法院已先立案的，裁定将案件移送给先立案的人民法院。

第三十七条　案件受理后，受诉人民法院的管辖权不受当事人住所地、经常居住地变更的影响。

第三十八条　有管辖权的人民法院受理案件后，不得以行政区域变更为由，将案件移送给变更后有管辖权的人民法院。判决后的上诉案件和依审判监督程序提审的案件，由原审人民法院的上级人民法院进行审判；上级人民法院指令再审、发回重审的案件，由原审人民法院再审或者重审。

第三十九条　人民法院对管辖异议审查后确定有管辖权的，不因当事人提起反诉、增加或者变更诉讼请求等改变管辖，但违反级别管辖、专属管辖规定的除外。

人民法院发回重审或者按第一审程序再审的案件，当事人提出管辖异议的，人民法院不予审查。

第四十条　依照民事诉讼法第三十八条第二款规定，发生管辖权争议的两个人民法院因协商不成报请它们的共同上级人民法院指定管辖时，双方为同属一个地、市辖区的基层人民法院的，由该地、市的中级人民法院及时指定管辖；同属一个省、自治区、直辖市的两个人民法院的，由该省、自治区、直辖市的高级人民法院及时指定管辖；双方为跨省、自治区、直辖市的人民法院，高级人民法院协商不成的，由最高人民法院及时指定管辖。

依照前款规定报请上级人民法院指定管辖时，应当逐级进行。

第四十一条　人民法院依照民事诉讼法第三十八条第二款规定指定管辖的，应当作出裁定。

对报请上级人民法院指定管辖的案件，下级人民法院应当中止审理。指定管辖裁定作出前，下级人民法院对案件作出判决、裁定的，上级人民法院应当在裁定指定管辖的同时，一并撤销下级人民法院的判决、裁定。

第四十二条　下列第一审民事案件，人民法院依照民事诉讼法第三十九条第一款规定，可以在开庭前交下级人民法院审理：

（一）破产程序中有关债务人的诉讼案件；

（二）当事人人数众多且不方便诉讼的案件；

（三）最高人民法院确定的其他类型案件。

人民法院交下级人民法院审理前，应当报请其上级人民法院批准。上级人民法院批准后，人民法院应当裁定将案件交下级人民法院审理。

二、回　避

第四十三条　审判人员有下列情形之一的，应当自行回避，当事人有权申请其回避：

（一）是本案当事人或者当事人近亲属的；

（二）本人或者其近亲属与本案有利害关系的；

（三）担任过本案的证人、鉴定人、辩护人、诉讼代理人、翻译人员的；

（四）是本案诉讼代理人近亲属的；

（五）本人或者其近亲属持有本案非上市公司当事人的股份或者股权的；

（六）与本案当事人或者诉讼代理人有其他利害关系，可能影响公正审理的。

第四十四条　审判人员有下列情形之一的，当事人有权申请其回避：

（一）接受本案当事人及其受托人宴请，或者参加由其支付费用的活动的；

（二）索取、接受本案当事人及其受托人财物或者其他利益的；

（三）违反规定会见本案当事人、诉讼代理人的；

（四）为本案当事人推荐、介绍诉讼代理人，或者为律师、其他人员介绍代理本案的；

（五）向本案当事人及其受托人借用款物的；

（六）有其他不正当行为，可能影响公正审理的。

第四十五条　在一个审判程序中参与过本案审判工作的审判人员，不得再参与该案其他程序的审判。

发回重审的案件，在一审法院作出裁判后又进入第二审程序的，原第二审程序中审判人员不受前款规定的限制。

第四十六条　审判人员有应当回避的情形，没有自行回避，当事人也没有申请其回避的，由院长或者审判委员会决定其回避。

第四十七条　人民法院应当依法告知当事人对合议庭组成人员、独任审判员和书记员等人员有申请回避的权利。

第四十八条　民事诉讼法第四十七条所称的审判人员，包括参与本案审理的人民法院院长、副院长、审判委员会委员、庭长、副庭长、审判员和人民陪审员。

第四十九条　书记员和执行员适用审判人员回避的有关规定。

三、诉讼参加人

第五十条　法人的法定代表人以依法登记的为准，但法律另有规定的除外。依法不需要办理登记的法人，以其正职负责人为法定代表人；没有正职负责人的，以其主持工作的副职负责人为法定代表人。

法定代表人已经变更，但未完成登记，变更后的法定代表人要求代表法人参加诉讼的，人民法院可以准许。

其他组织，以其主要负责人为代表人。

第五十一条　在诉讼中，法人的法定代表人变更的，由新的法定代表人继续进行诉讼，并应向人民法院提交新的法定代表人身份证明书。原法定代表人进行的诉讼行为有效。

前款规定，适用于其他组织参加的诉讼。

第五十二条　民事诉讼法第五十一条规定的其他组织是指合法成立、有一定的组织机构和财产，但又不具备法人资格的组织，包括：

（一）依法登记领取营业执照的个人独资企业；

（二）依法登记领取营业执照的合伙企业；

（三）依法登记领取我国营业执照的中外合作经营企业、外资企业；

（四）依法成立的社会团体的分支机构、代表机构；

（五）依法设立并领取营业执照的法人的分支机构；

（六）依法设立并领取营业执照的商业银行、政策性银行和非银行金融机构的分支机构；

（七）经依法登记领取营业执照的乡镇企业、街道企业；

（八）其他符合本条规定条件的组织。

第五十三条　法人非依法设立的分支机构，或者虽依法设立，但没有领取营业执照的分支机构，以设立该分支机构的法人为当事人。

第五十四条　以挂靠形式从事民事活动，当事人请求由挂靠人和被挂靠人依法承担民事责任的，该挂靠人和被挂靠人为共同诉讼人。

　　第五十五条　在诉讼中,一方当事人死亡,需要等待继承人表明是否参加诉讼的,裁定中止诉讼。人民法院应当及时通知继承人作为当事人承担诉讼,被继承人已经进行的诉讼行为对承担诉讼的继承人有效。

　　第五十六条　法人或者其他组织的工作人员执行工作任务造成他人损害的,该法人或者其他组织为当事人。

　　第五十七条　提供劳务一方因劳务造成他人损害,受害人提起诉讼的,以接受劳务一方为被告。

　　第五十八条　在劳务派遣期间,被派遣的工作人员因执行工作任务造成他人损害的,以接受劳务派遣的用工单位为当事人。当事人主张劳务派遣单位承担责任的,该劳务派遣单位为共同被告。

　　第五十九条　在诉讼中,个体工商户以营业执照上登记的经营者为当事人。有字号的,以营业执照上登记的字号为当事人,但应同时注明该字号经营者的基本信息。

　　营业执照上登记的经营者与实际经营者不一致的,以登记的经营者和实际经营者为共同诉讼人。

　　第六十条　在诉讼中,未依法登记领取营业执照的个人合伙的全体合伙人为共同诉讼人。个人合伙有依法核准登记的字号的,应在法律文书中注明登记的字号。全体合伙人可以推选代表人;被推选的代表人,应由全体合伙人出具推选书。

　　第六十一条　当事人之间的纠纷经人民调解委员会或者其他依法设立的调解组织调解达成协议后,一方当事人不履行调解协议,另一方当事人向人民法院提起诉讼的,应以对方当事人为被告。

　　第六十二条　下列情形,以行为人为当事人:

　　(一)法人或者其他组织应登记而未登记,行为人即以该法人或者其他组织名义进行民事活动的;

　　(二)行为人没有代理权、超越代理权或者代理权终止后以被代理人名义进行民事活动的,但相对人有理由相信行为人有代理权的除外;

　　(三)法人或者其他组织依法终止后,行为人仍以其名义进行民事活动的。

　　第六十三条　企业法人合并的,因合并前的民事活动发生的纠纷,以合并后的企业为当事人；企业法人分立的，因分立前的民事活动发生的纠纷，以分立后的企业为共同诉讼人。

第六十四条　企业法人解散的，依法清算并注销前，以该企业法人为当事人；未依法清算即被注销的，以该企业法人的股东、发起人或者出资人为当事人。

第六十五条　借用业务介绍信、合同专用章、盖章的空白合同书或者银行账户的，出借单位和借用人为共同诉讼人。

第六十六条　因保证合同纠纷提起的诉讼，债权人向保证人和被保证人一并主张权利的，人民法院应当将保证人和被保证人列为共同被告。保证合同约定为一般保证，债权人仅起诉保证人的，人民法院应当通知被保证人作为共同被告参加诉讼；债权人仅起诉被保证人的，可以只列被保证人为被告。

第六十七条　无民事行为能力人、限制民事行为能力人造成他人损害的，无民事行为能力人、限制民事行为能力人和其监护人为共同被告。

第六十八条　居民委员会、村民委员会或者村民小组与他人发生民事纠纷的，居民委员会、村民委员会或者有独立财产的村民小组为当事人。

第六十九条　对侵害死者遗体、遗骨以及姓名、肖像、名誉、荣誉、隐私等行为提起诉讼的，死者的近亲属为当事人。

第七十条　在继承遗产的诉讼中，部分继承人起诉的，人民法院应通知其他继承人作为共同原告参加诉讼；被通知的继承人不愿意参加诉讼又未明确表示放弃实体权利的，人民法院仍应将其列为共同原告。

第七十一条　原告起诉被代理人和代理人，要求承担连带责任的，被代理人和代理人为共同被告。

原告起诉代理人和相对人，要求承担连带责任的，代理人和相对人为共同被告。

第七十二条　共有财产权受到他人侵害，部分共有权人起诉的，其他共有权人为共同诉讼人。

第七十三条　必须共同进行诉讼的当事人没有参加诉讼的，人民法院应当依照民事诉讼法第一百三十五条的规定，通知其参加；当事人也可以向人民法院申请追加。人民法院对当事人提出的申请，应当进行审查，申请理由不成立的，裁定驳回；申请理由成立的，书面通知被追加的当事人参加诉讼。

第七十四条　人民法院追加共同诉讼的当事人时，应当通知其他当事人。应当追加的原告，已明确表示放弃实体权利的，可不予追加；既不愿意参加诉讼，又不放弃实体权利的，仍应追加为共同原告，其不参加诉讼，不影响人民法院对案件的审理和依法作出判决。

第七十五条　民事诉讼法第五十六条、第五十七条和第二百零六条规定的人数众多，一般指十人以上。

第七十六条　依照民事诉讼法第五十六条规定，当事人一方人数众多在起诉时确定的，可以由全体当事人推选共同的代表人，也可以由部分当事人推选自己的代表人；推选不出代表人的当事人，在必要的共同诉讼中可以自己参加诉讼，在普通的共同诉讼中可以另行起诉。

第七十七条　根据民事诉讼法第五十七条规定，当事人一方人数众多在起诉时不确定的，由当事人推选代表人。当事人推选不出的，可以由人民法院提出人选与当事人协商；协商不成的，也可以由人民法院在起诉的当事人中指定代表人。

第七十八条　民事诉讼法第五十六条和第五十七条规定的代表人为二至五人，每位代表人可以委托一至二人作为诉讼代理人。

第七十九条　依照民事诉讼法第五十七条规定受理的案件，人民法院可以发出公告，通知权利人向人民法院登记。公告期间根据案件的具体情况确定，但不得少于三十日。

第八十条　根据民事诉讼法第五十七条规定向人民法院登记的权利人，应当证明其与对方当事人的法律关系和所受到的损害。证明不了的，不予登记，权利人可以另行起诉。人民法院的裁判在登记的范围内执行。未参加登记的权利人提起诉讼，人民法院认定其请求成立的，裁定适用人民法院已作出的判决、裁定。

第八十一条　根据民事诉讼法第五十九条的规定，有独立请求权的第三人有权向人民法院提出诉讼请求和事实、理由，成为当事人；无独立请求权的第三人，可以申请或者由人民法院通知参加诉讼。

第一审程序中未参加诉讼的第三人，申请参加第二审程序的，人民法院可以准许。

第八十二条　在一审诉讼中，无独立请求权的第三人无权提出管辖异议，无权放弃、变更诉讼请求或者申请撤诉，被判决承担民事责任的，有权提起上诉。

第八十三条　在诉讼中，无民事行为能力人、限制民事行为能力人的监护人是他的法定代理人。事先没有确定监护人的，可以由有监护资格的人协商确定；协商不成的，由人民法院在他们之中指定诉讼中的法定代理人。当事人没有民法典第二十七条、第二十八条规定的监护人的，可以指定民法典第三十二条规定的有关组织担任诉讼中的法定代理人。

第八十四条　无民事行为能力人、限制民事行为能力人以及其他依法不能作为诉讼代理人的，当事人不得委托其作为诉讼代理人。

第八十五条　根据民事诉讼法第六十一条第二款第二项规定，与当事人有夫妻、直系血亲、三代以内旁系血亲、近姻亲关系以及其他有抚养、赡养关系的亲属，可以当事人近亲属的名义作为诉讼代理人。

第八十六条　根据民事诉讼法第六十一条第二款第二项规定，与当事人有合法劳动人事关系的职工，可以当事人工作人员的名义作为诉讼代理人。

第八十七条　根据民事诉讼法第六十一条第二款第三项规定，有关社会团体推荐公民担任诉讼代理人的，应当符合下列条件：

（一）社会团体属于依法登记设立或者依法免予登记设立的非营利性法人组织；

（二）被代理人属于该社会团体的成员，或者当事人一方住所地位于该社会团体的活动地域；

（三）代理事务属于该社会团体章程载明的业务范围；

（四）被推荐的公民是该社会团体的负责人或者与该社会团体有合法劳动人事关系的工作人员。

专利代理人经中华全国专利代理人协会推荐，可以在专利纠纷案件中担任诉讼代理人。

第八十八条　诉讼代理人除根据民事诉讼法第六十二条规定提交授权委托书外，还应当按照下列规定向人民法院提交相关材料：

（一）律师应当提交律师执业证、律师事务所证明材料；

（二）基层法律服务工作者应当提交法律服务工作者执业证、基层法律服务所出具的介绍信以及当事人一方位于本辖区内的证明材料；

（三）当事人的近亲属应当提交身份证件和与委托人有近亲属关系的证明材料；

（四）当事人的工作人员应当提交身份证件和与当事人有合法劳动人事关系的证明材料；

（五）当事人所在社区、单位推荐的公民应当提交身份证件、推荐材料和当事人属于该社区、单位的证明材料；

（六）有关社会团体推荐的公民应当提交身份证件和符合本解释第八十七条规定条件的证明材料。

第八十九条　当事人向人民法院提交的授权委托书，应当在开庭审理前送交人民法院。授权委托书仅写"全权代理"而无具体授权的，诉讼代理人无权代为承认、放弃、变更诉讼请求，进行和解，提出反诉或者提起上诉。

适用简易程序审理的案件，双方当事人同时到庭并径行开庭审理的，可以当场口头委托诉讼代理人，由人民法院记入笔录。

四、证　　据

第九十条　当事人对自己提出的诉讼请求所依据的事实或者反驳对方诉讼请求所依据的事实，应当提供证据加以证明，但法律另有规定的除外。

在作出判决前，当事人未能提供证据或者证据不足以证明其事实主张的，由负有举证证明责任的当事人承担不利的后果。

第九十一条　人民法院应当依照下列原则确定举证证明责任的承担，但法律另有规定的除外：

（一）主张法律关系存在的当事人，应当对产生该法律关系的基本事实承担举证证明责任；

（二）主张法律关系变更、消灭或者权利受到妨害的当事人，应当对该法律关系变更、消灭或者权利受到妨害的基本事实承担举证证明责任。

第九十二条　一方当事人在法庭审理中，或者在起诉状、答辩状、代理词等书面材料中，对于己不利的事实明确表示承认的，另一方当事人无需举证证明。

对于涉及身份关系、国家利益、社会公共利益等应当由人民法院依职权调查的事实，不适用前款自认的规定。

自认的事实与查明的事实不符的，人民法院不予确认。

第九十三条　下列事实，当事人无须举证证明：

（一）自然规律以及定理、定律；

（二）众所周知的事实；

（三）根据法律规定推定的事实；

（四）根据已知的事实和日常生活经验法则推定出的另一事实；

（五）已为人民法院发生法律效力的裁判所确认的事实；

（六）已为仲裁机构生效裁决所确认的事实；

（七）已为有效公证文书所证明的事实。

前款第二项至第四项规定的事实，当事人有相反证据足以反驳的除外；第五项至第七项规定的事实，当事人有相反证据足以推翻的除外。

第九十四条　民事诉讼法第六十七条第二款规定的当事人及其诉讼代理人因客观原因不能自行收集的证据包括：

（一）证据由国家有关部门保存，当事人及其诉讼代理人无权查阅调取的；

（二）涉及国家秘密、商业秘密或者个人隐私的；

（三）当事人及其诉讼代理人因客观原因不能自行收集的其他证据。

当事人及其诉讼代理人因客观原因不能自行收集的证据，可以在举证期限届满前书面申请人民法院调查收集。

第九十五条　当事人申请调查收集的证据，与待证事实无关联、对证明待证事实无意义或者其他无调查收集必要的，人民法院不予准许。

第九十六条　民事诉讼法第六十七条第二款规定的人民法院认为审理案件需要的证据包括：

（一）涉及可能损害国家利益、社会公共利益的；

（二）涉及身份关系的；

（三）涉及民事诉讼法第五十八条规定诉讼的；

（四）当事人有恶意串通损害他人合法权益可能的；

（五）涉及依职权追加当事人、中止诉讼、终结诉讼、回避等程序性事项的。

除前款规定外，人民法院调查收集证据，应当依照当事人的申请进行。

第九十七条　人民法院调查收集证据，应当由两人以上共同进行。调查材料要由调查人、被调查人、记录人签名、捺印或者盖章。

第九十八条　当事人根据民事诉讼法第八十四条第一款规定申请证据保全的，可以在举证期限届满前书面提出。

证据保全可能对他人造成损失的，人民法院应当责令申请人提供相应的担保。

第九十九条　人民法院应当在审理前的准备阶段确定当事人的举证期限。举证期限可以由当事人协商，并经人民法院准许。

人民法院确定举证期限，第一审普通程序案件不得少于十五日，当事人提供新的证据的第二审案件不得少于十日。

举证期限届满后，当事人对已经提供的证据，申请提供反驳证据或者对证据来源、形式等方面的瑕疵进行补正的，人民法院可以酌情再次确定举证期限，该期限不受前款规定的限制。

第一百条　当事人申请延长举证期限的，应当在举证期限届满前向人民法院提出书面申请。

申请理由成立的，人民法院应当准许，适当延长举证期限，并通知其他当事人。延长的举证期限适用于其他当事人。

申请理由不成立的，人民法院不予准许，并通知申请人。

第一百零一条　当事人逾期提供证据的，人民法院应当责令其说明理由，必要时可以要求其提供相应的证据。

当事人因客观原因逾期提供证据，或者对方当事人对逾期提供证据未提出异议的，视为未逾期。

第一百零二条　当事人因故意或者重大过失逾期提供的证据，人民法院不予采纳。但该证据与案件基本事实有关的，人民法院应当采纳，并依照民事诉讼法第六十八条、第一百一十八条第一款的规定予以训诫、罚款。

当事人非因故意或者重大过失逾期提供的证据，人民法院应当采纳，并对当事人予以训诫。

当事人一方要求另一方赔偿因逾期提供证据致使其增加的交通、住宿、就餐、误工、证人出庭作证等必要费用的，人民法院可予支持。

第一百零三条　证据应当在法庭上出示，由当事人互相质证。未经当事人质证的证据，不得作为认定案件事实的根据。

当事人在审理前的准备阶段认可的证据，经审判人员在庭审中说明后，视为质证过的证据。

涉及国家秘密、商业秘密、个人隐私或者法律规定应当保密的证据，不得公开质证。

第一百零四条　人民法院应当组织当事人围绕证据的真实性、合法性以及与待证事实的关联性进行质证，并针对证据有无证明力和证明力大小进行说明和辩论。

能够反映案件真实情况、与待证事实相关联、来源和形式符合法律规定的证据，应当作为认定案件事实的根据。

第一百零五条　人民法院应当按照法定程序，全面、客观地审核证据，依照法律规定，运用逻辑推理和日常生活经验法则，对证据有无证明力和证明力大小进行判断，并公开判断的理由和结果。

第一百零六条　对以严重侵害他人合法权益、违反法律禁止性规定或者严重违背公序良俗的方法形成或者获取的证据，不得作为认定案件事实的根据。

第一百零七条　在诉讼中，当事人为达成调解协议或者和解协议作出妥协而认可的事实，不得在后续的诉讼中作为对其不利的根据，但法律另有规定或者当事人均同意的除外。

第一百零八条　对负有举证证明责任的当事人提供的证据，人民法院经审查并结合相关事实，确信待证事实的存在具有高度可能性的，应当认定该事实存在。

对一方当事人为反驳负有举证证明责任的当事人所主张事实而提供的证据，人民法院经审查并结合相关事实，认为待证事实真伪不明的，应当认定该事实不存在。

法律对于待证事实所应达到的证明标准另有规定的，从其规定。

第一百零九条　当事人对欺诈、胁迫、恶意串通事实的证明，以及对口头遗嘱或者赠与事实的证明，人民法院确信该待证事实存在的可能性能够排除合理怀疑的，应当认定该事实存在。

第一百一十条　人民法院认为有必要的，可以要求当事人本人到庭，就案件有关事实接受询问。在询问当事人之前，可以要求其签署保证书。

保证书应当载明据实陈述、如有虚假陈述愿意接受处罚等内容。当事人应当在保证书上签名或者捺印。

负有举证证明责任的当事人拒绝到庭、拒绝接受询问或者拒绝签署保证书，待证事实又欠缺其他证据证明的，人民法院对其主张的事实不予认定。

第一百一十一条　民事诉讼法第七十三条规定的提交书证原件确有困难，包括下列情形：

（一）书证原件遗失、灭失或者毁损的；

（二）原件在对方当事人控制之下，经合法通知提交而拒不提交的；

（三）原件在他人控制之下，而其有权不提交的；

（四）原件因篇幅或者体积过大而不便提交的；

（五）承担举证证明责任的当事人通过申请人民法院调查收集或者其他方式无法获得书证原件的。

前款规定情形，人民法院应当结合其他证据和案件具体情况，审查判断书证复制品等能否作为认定案件事实的根据。

第一百一十二条　书证在对方当事人控制之下的，承担举证证明责任的当事人可以在举证期限届满前书面申请人民法院责令对方当事人提交。

申请理由成立的，人民法院应当责令对方当事人提交，因提交书证所产生的费用，由申请人负担。对方当事人无正当理由拒不提交的，人民法院可以认定申请人所主张的书证内容为真实。

第一百一十三条　持有书证的当事人以妨碍对方当事人使用为目的，毁灭有关书证或者实施其他致使书证不能使用行为的，人民法院可以依照民事诉讼法第一百一十四条规定，对其处以罚款、拘留。

第一百一十四条　国家机关或者其他依法具有社会管理职能的组织，在其职权范围内制作的文书所记载的事项推定为真实，但有相反证据足以推翻的除外。必要时，人民法院可以要求制作文书的机关或者组织对文书的真实性予以说明。

第一百一十五条　单位向人民法院提出的证明材料，应当由单位负责人及制作证明材料的人员签名或者盖章，并加盖单位印章。人民法院就单位出具的证明材料，可以向单位及制作证明材料的人员进行调查核实。必要时，可以要求制作证明材料的人员出庭作证。

单位及制作证明材料的人员拒绝人民法院调查核实，或者制作证明材料的人员无正当理由拒绝出庭作证的，该证明材料不得作为认定案件事实的根据。

第一百一十六条 视听资料包括录音资料和影像资料。

电子数据是指通过电子邮件、电子数据交换、网上聊天记录、博客、微博客、手机短信、电子签名、域名等形成或者存储在电子介质中的信息。

存储在电子介质中的录音资料和影像资料，适用电子数据的规定。

第一百一十七条 当事人申请证人出庭作证的，应当在举证期限届满前提出。

符合本解释第九十六条第一款规定情形的，人民法院可以依职权通知证人出庭作证。

未经人民法院通知，证人不得出庭作证，但双方当事人同意并经人民法院准许的除外。

第一百一十八条 民事诉讼法第七十七条规定的证人因履行出庭作证义务而支出的交通、住宿、就餐等必要费用，按照机关事业单位工作人员差旅费用和补贴标准计算；误工损失按照国家上年度职工日平均工资标准计算。

人民法院准许证人出庭作证申请的，应当通知申请人预缴证人出庭作证费用。

第一百一十九条 人民法院在证人出庭作证前应当告知其如实作证的义务以及作伪证的法律后果，并责令其签署保证书，但无民事行为能力人和限制民事行为能力人除外。

证人签署保证书适用本解释关于当事人签署保证书的规定。

第一百二十条 证人拒绝签署保证书的，不得作证，并自行承担相关费用。

第一百二十一条 当事人申请鉴定，可以在举证期限届满前提出。申请鉴定的事项与待证事实无关联，或者对证明待证事实无意义的，人民法院不予准许。

人民法院准许当事人鉴定申请的，应当组织双方当事人协商确定具备相应资格的鉴定人。当事人协商不成的，由人民法院指定。

符合依职权调查收集证据条件的，人民法院应当依职权委托鉴定，在询问当事人的意见后，指定具备相应资格的鉴定人。

第一百二十二条　当事人可以依照民事诉讼法第八十二条的规定，在举证期限届满前申请一至二名具有专门知识的人出庭，代表当事人对鉴定意见进行质证，或者对案件事实所涉及的专业问题提出意见。

具有专门知识的人在法庭上就专业问题提出的意见，视为当事人的陈述。

人民法院准许当事人申请的，相关费用由提出申请的当事人负担。

第一百二十三条　人民法院可以对出庭的具有专门知识的人进行询问。经法庭准许，当事人可以对出庭的具有专门知识的人进行询问，当事人各自申请的具有专门知识的人可以就案件中的有关问题进行对质。

具有专门知识的人不得参与专业问题之外的法庭审理活动。

第一百二十四条　人民法院认为有必要的，可以根据当事人的申请或者依职权对物证或者现场进行勘验。勘验时应当保护他人的隐私和尊严。

人民法院可以要求鉴定人参与勘验。必要时，可以要求鉴定人在勘验中进行鉴定。

五、期间和送达

第一百二十五条　依照民事诉讼法第八十五条第二款规定，民事诉讼中以时起算的期间从次时起算；以日、月、年计算的期间从次日起算。

第一百二十六条　民事诉讼法第一百二十六条规定的立案期限，因起诉状内容欠缺通知原告补正的，从补正后交人民法院的次日起算。由上级人民法院转交下级人民法院立案的案件，从受诉人民法院收到起诉状的次日起算。

第一百二十七条　民事诉讼法第五十九条第三款、第二百一十二条以及本解释第三百七十二条、第三百八十二条、第三百九十九条、第四百二十条、第四百二十一条规定的六个月，民事诉讼法第二百三十条规定的一年，为不变期间，不适用诉讼时效中止、中断、延长的规定。

第一百二十八条　再审案件按照第一审程序或者第二审程序审理的，适用民事诉讼法第一百五十二条、第一百八十三条规定的审限。审限自再审立案的次日起算。

第一百二十九条　对申请再审案件，人民法院应当自受理之日起三个月内审查完毕，但公告期间、当事人和解期间等不计入审查期限。有特殊情况需要延长的，由本院院长批准。

第一百三十条　向法人或者其他组织送达诉讼文书，应当由法人的法定代表人、该组织的主要负责人或者办公室、收发室、值班室等负责收件的人签收或者盖章，拒绝签收或者盖章的，适用留置送达。

民事诉讼法第八十九条规定的有关基层组织和所在单位的代表，可以是受送达人住所地的居民委员会、村民委员会的工作人员以及受送达人所在单位的工作人员。

第一百三十一条　人民法院直接送达诉讼文书的，可以通知当事人到人民法院领取。当事人到达人民法院，拒绝签署送达回证的，视为送达。审判人员、书记员应当在送达回证上注明送达情况并签名。

人民法院可以在当事人住所地以外向当事人直接送达诉讼文书。当事人拒绝签署送达回证的，采用拍照、录像等方式记录送达过程即视为送达。审判人员、书记员应当在送达回证上注明送达情况并签名。

第一百三十二条　受送达人有诉讼代理人的，人民法院既可以向受送达人送达，也可以向其诉讼代理人送达。受送达人指定诉讼代理人为代收人的，向诉讼代理人送达时，适用留置送达。

第一百三十三条　调解书应当直接送达当事人本人，不适用留置送达。当事人本人因故不能签收的，可由其指定的代收人签收。

第一百三十四条　依照民事诉讼法第九十一条规定，委托其他人民法院代为送达的，委托法院应当出具委托函，并附需要送达的诉讼文书和送达回证，以受送达人在送达回证上签收的日期为送达日期。

委托送达的，受委托人民法院应当自收到委托函及相关诉讼文书之日起十日内代为送达。

第一百三十五条　电子送达可以采用传真、电子邮件、移动通信等即时收悉的特定系统作为送达媒介。

民事诉讼法第九十条第二款规定的到达受送达人特定系统的日期，为人民法院对应系统显示发送成功的日期，但受送达人证明到达其特定系统的日期与人民法院对应系统显示发送成功的日期不一致的，以受送达人证明到达其特定系统的日期为准。

第一百三十六条　受送达人同意采用电子方式送达的，应当在送达地址确认书中予以确认。

第一百三十七条　当事人在提起上诉、申请再审、申请执行时未书面变更送达地址的，其在第一审程序中确认的送达地址可以作为第二审程序、审判监督程序、执行程序的送达地址。

第一百三十八条　公告送达可以在法院的公告栏和受送达人住所地张贴公告，也可以在报纸、信息网络等媒体上刊登公告，发出公告日期以最后张贴或者刊登的日期为准。对公告送达方式有特殊要求的，应当按要求的方式进行。公告期满，即视为送达。

人民法院在受送达人住所地张贴公告的，应当采取拍照、录像等方式记录张贴过程。

第一百三十九条　公告送达应当说明公告送达的原因；公告送达起诉状或者上诉状副本的，应当说明起诉或者上诉要点，受送达人答辩期限及逾期不答辩的法律后果；公告送达传票，应当说明出庭的时间和地点及逾期不出庭的法律后果；公告送达判决书、裁定书的，应当说明裁判主要内容，当事人有权上诉的，还应当说明上诉权利、上诉期限和上诉的人民法院。

第一百四十条　适用简易程序的案件，不适用公告送达。

第一百四十一条　人民法院在定期宣判时，当事人拒不签收判决书、裁定书的，应视为送达，并在宣判笔录中记明。

六、调　解

第一百四十二条　人民法院受理案件后，经审查，认为法律关系明确、事实清楚，在征得当事人双方同意后，可以径行调解。

第一百四十三条　适用特别程序、督促程序、公示催告程序的案件，婚姻等身份关系确认案件以及其他根据案件性质不能进行调解的案件，不得调解。

第一百四十四条　人民法院审理民事案件，发现当事人之间恶意串通，企图通过和解、调解方式侵害他人合法权益的，应当依照民事诉讼法第一百一十五条的规定处理。

第一百四十五条　人民法院审理民事案件，应当根据自愿、合法的原则进行调解。当事人一方或者双方坚持不愿调解的，应当及时裁判。

人民法院审理离婚案件，应当进行调解，但不应久调不决。

第一百四十六条　人民法院审理民事案件，调解过程不公开，但当事人同意公开的除外。

调解协议内容不公开，但为保护国家利益、社会公共利益、他人合法权益，人民法院认为确有必要公开的除外。

主持调解以及参与调解的人员，对调解过程以及调解过程中获悉的国家秘密、商业秘密、个人隐私和其他不宜公开的信息，应当保守秘密，但为保护国家利益、社会公共利益、他人合法权益的除外。

第一百四十七条　人民法院调解案件时，当事人不能出庭的，经其特别授权，可由其委托代理人参加调解，达成的调解协议，可由委托代理人签名。

离婚案件当事人确因特殊情况无法出庭参加调解的，除本人不能表达意志的以外，应当出具书面意见。

第一百四十八条　当事人自行和解或者调解达成协议后，请求人民法院按照和解协议或者调解协议的内容制作判决书的，人民法院不予准许。

无民事行为能力人的离婚案件，由其法定代理人进行诉讼。法定代理人与对方达成协议要求发给判决书的，可根据协议内容制作判决书。

第一百四十九条　调解书需经当事人签收后才发生法律效力的，应当以最后收到调解书的当事人签收的日期为调解书生效日期。

第一百五十条　人民法院调解民事案件，需由无独立请求权的第三人承担责任的，应当经其同意。该第三人在调解书送达前反悔的，人民法院应当及时裁判。

第一百五十一条　根据民事诉讼法第一百零一条第一款第四项规定，当事人各方同意在调解协议上签名或者盖章后即发生法律效力的，经人民法院审查确认后，应当记入笔录或者将调解协议附卷，并由当事人、审判人员、书记员签名或者盖章后即具有法律效力。

前款规定情形，当事人请求制作调解书的，人民法院审查确认后可以制作调解书送交当事人。当事人拒收调解书的，不影响调解协议的效力。

七、保全和先予执行

第一百五十二条　人民法院依照民事诉讼法第一百零三条、第一百零四条规定，在采取诉前保全、诉讼保全措施时，责令利害关系人或者当事人提供担保的，应当书面通知。

利害关系人申请诉前保全的，应当提供担保。申请诉前财产保全的，应当提供相当于请求保全数额的担保；情况特殊的，人民法院可以酌情处理。申请诉前行为保全的，担保的数额由人民法院根据案件的具体情况决定。

在诉讼中，人民法院依申请或者依职权采取保全措施的，应当根据案件的具体情况，决定当事人是否应当提供担保以及担保的数额。

第一百五十三条　人民法院对季节性商品、鲜活、易腐烂变质以及其他不宜长期保存的物品采取保全措施时，可以责令当事人及时处理，由人民法院保存价款；必要时，人民法院可予以变卖，保存价款。

第一百五十四条　人民法院在财产保全中采取查封、扣押、冻结财产措施时，应当妥善保管被查封、扣押、冻结的财产。不宜由人民法院保管的，人民法院可以指定被保全人负责保管；不宜由被保全人保管的，可以委托他人或者申请保全人保管。

查封、扣押、冻结担保物权人占有的担保财产，一般由担保物权人保管；由人民法院保管的，质权、留置权不因采取保全措施而消灭。

第一百五十五条　由人民法院指定被保全人保管的财产，如果继续使用对该财产的价值无重大影响，可以允许被保全人继续使用；由人民法院保管或者委托他人、申请保全人保管的财产，人民法院和其他保管人不得使用。

第一百五十六条　人民法院采取财产保全的方法和措施，依照执行程序相关规定办理。

第一百五十七条　人民法院对抵押物、质押物、留置物可以采取财产保全措施，但不影响抵押权人、质权人、留置权人的优先受偿权。

第一百五十八条　人民法院对债务人到期应得的收益，可以采取财产保全措施，限制其支取，通知有关单位协助执行。

第一百五十九条　债务人的财产不能满足保全请求，但对他人有到期债权的，人民法院可以依债权人的申请裁定该他人不得对本案债务人清偿。该他人要求偿付的，由人民法院提存财物或者价款。

第一百六十条　当事人向采取诉前保全措施以外的其他有管辖权的人民法院起诉的，采取诉前保全措施的人民法院应当将保全手续移送受理案件的人民法院。诉前保全的裁定视为受移送人民法院作出的裁定。

第一百六十一条　对当事人不服一审判决提起上诉的案件，在第二审人民法院接到报送的案件之前，当事人有转移、隐匿、出卖或者毁损财产等行为，必须采取保全措施的，由第一审人民法院依当事人申请或者依职权采取。第一审人民法院的保全裁定，应当及时报送第二审人民法院。

第一百六十二条　第二审人民法院裁定对第一审人民法院采取的保全措施予以续保或者采取新的保全措施的，可以自行实施，也可以委托第一审人民法院实施。

再审人民法院裁定对原保全措施予以续保或者采取新的保全措施的，可以自行实施，也可以委托原审人民法院或者执行法院实施。

第一百六十三条　法律文书生效后，进入执行程序前，债权人因对方当事人转移财产等紧急情况，不申请保全将可能导致生效法律文书不能执行或者难以执行的，可以向执行法院申请采取保全措施。债权人在法律文书指定的履行期间届满后五日内不申请执行的，人民法院应当解除保全。

第一百六十四条　对申请保全人或者他人提供的担保财产，人民法院应当依法办理查封、扣押、冻结等手续。

第一百六十五条　人民法院裁定采取保全措施后，除作出保全裁定的人民法院自行解除或者其上级人民法院决定解除外，在保全期限内，任何单位不得解除保全措施。

第一百六十六条　裁定采取保全措施后，有下列情形之一的，人民法院应当作出解除保全裁定：

（一）保全错误的；

（二）申请人撤回保全申请的；

（三）申请人的起诉或者诉讼请求被生效裁判驳回的；

（四）人民法院认为应当解除保全的其他情形。

解除以登记方式实施的保全措施的，应当向登记机关发出协助执行通知书。

第一百六十七条　财产保全的被保全人提供其他等值担保财产且有利于执行的，人民法院可以裁定变更保全标的物为被保全人提供的担保财产。

第一百六十八条　保全裁定未经人民法院依法撤销或者解除，进入执行程序后，自动转为执行中的查封、扣押、冻结措施，期限连续计算，执行法院无需重新制作裁定书，但查封、扣押、冻结期限届满的除外。

第一百六十九条　民事诉讼法规定的先予执行，人民法院应当在受理案件后终审判决作出前采取。先予执行应当限于当事人诉讼请求的范围，并以当事人的生活、生产经营的急需为限。

第一百七十条　民事诉讼法第一百零九条第三项规定的情况紧急，包括：

（一）需要立即停止侵害、排除妨碍的；

（二）需要立即制止某项行为的；

（三）追索恢复生产、经营急需的保险理赔费的；

（四）需要立即返还社会保险金、社会救助资金的；

（五）不立即返还款项，将严重影响权利人生活和生产经营的。

第一百七十一条　当事人对保全或者先予执行裁定不服的，可以自收到裁定书之日起五日内向作出裁定的人民法院申请复议。人民法院应当在收到复议申请后十日内审查。裁定正确的，驳回当事人的申请；裁定不当的，变更或者撤销原裁定。

第一百七十二条　利害关系人对保全或者先予执行的裁定不服申请复议的，由作出裁定的人民法院依照民事诉讼法第一百一十一条规定处理。

第一百七十三条　人民法院先予执行后，根据发生法律效力的判决，申请人应当返还因先予执行所取得的利益的，适用民事诉讼法第二百四十条的规定。

八、对妨害民事诉讼的强制措施

第一百七十四条　民事诉讼法第一百一十二条规定的必须到庭的被告，是指负有赡养、抚育、扶养义务和不到庭就无法查清案情的被告。

人民法院对必须到庭才能查清案件基本事实的原告，经两次传票传唤，无正当理由拒不到庭的，可以拘传。

第一百七十五条　拘传必须用拘传票，并直接送达被拘传人；在拘传前，应当向被拘传人说明拒不到庭的后果，经批评教育仍拒不到庭的，可以拘传其到庭。

第一百七十六条　诉讼参与人或者其他人有下列行为之一的，人民法院可以适用民事诉讼法第一百一十三条规定处理：

（一）未经准许进行录音、录像、摄影的；

（二）未经准许以移动通信等方式现场传播审判活动的；

（三）其他扰乱法庭秩序，妨害审判活动进行的。

有前款规定情形的，人民法院可以暂扣诉讼参与人或者其他人进行录音、录像、摄影、传播审判活动的器材，并责令其删除有关内容；拒不删除的，人民法院可以采取必要手段强制删除。

第一百七十七条　训诫、责令退出法庭由合议庭或者独任审判员决定。训诫的内容、被责令退出法庭者的违法事实应当记入庭审笔录。

第一百七十八条　人民法院依照民事诉讼法第一百一十三条至第一百一十七条的规定采取拘留措施的，应经院长批准，作出拘留决定书，由司法警察将被拘留人送交当地公安机关看管。

第一百七十九条　被拘留人不在本辖区的，作出拘留决定的人民法院应当派员到被拘留人所在地的人民法院，请该院协助执行，受委托的人民法院应当及时派员协助执行。被拘留人申请复议或者在拘留期间承认并改正错误，需要提前解除拘留的，受委托人民法院应当向委托人民法院转达或者提出建议，由委托人民法院审查决定。

第一百八十条　人民法院对被拘留人采取拘留措施后，应当在二十四小时内通知其家属；确实无法按时通知或者通知不到的，应当记录在案。

第一百八十一条　因哄闹、冲击法庭，用暴力、威胁等方法抗拒执行公务等紧急情况，必须立即采取拘留措施的，可在拘留后，立即报告院长补办批准手续。院长认为拘留不当的，应当解除拘留。

第一百八十二条　被拘留人在拘留期间认错悔改的，可以责令其具结悔过，提前解除拘留。提前解除拘留，应报经院长批准，并作出提前解除拘留决定书，交负责看管的公安机关执行。

第一百八十三条　民事诉讼法第一百一十三条至第一百一十六条规定的罚款、拘留可以单独适用，也可以合并适用。

第一百八十四条　对同一妨害民事诉讼行为的罚款、拘留不得连续适用。发生新的妨害民事诉讼行为的，人民法院可以重新予以罚款、拘留。

第一百八十五条　被罚款、拘留的人不服罚款、拘留决定申请复议的，应当自收到决定书之日起三日内提出。上级人民法院应当在收到复议申请后五日内作出决定，并将复议结果通知下级人民法院和当事人。

第一百八十六条　上级人民法院复议时认为强制措施不当的，应当制作决定书，撤销或者变更下级人民法院作出的拘留、罚款决定。情况紧急的，可以在口头通知后三日内发出决定书。

第一百八十七条　民事诉讼法第一百一十四条第一款第五项规定的以暴力、威胁或者其他方法阻碍司法工作人员执行职务的行为，包括：

（一）在人民法院哄闹、滞留，不听从司法工作人员劝阻的；

（二）故意毁损、抢夺人民法院法律文书、查封标志的；

（三）哄闹、冲击执行公务现场，围困、扣押执行或者协助执行公务人员的；

（四）毁损、抢夺、扣留案件材料、执行公务车辆、其他执行公务器械、执行公务人员服装和执行公务证件的；

（五）以暴力、威胁或者其他方法阻碍司法工作人员查询、查封、扣押、冻结、划拨、拍卖、变卖财产的；

（六）以暴力、威胁或者其他方法阻碍司法工作人员执行职务的其他行为。

第一百八十八条　民事诉讼法第一百一十四条第一款第六项规定的拒不履行人民法院已经发生法律效力的判决、裁定的行为，包括：

（一）在法律文书发生法律效力后隐藏、转移、变卖、毁损财产或者无偿转让财产、以明显不合理的价格交易财产、放弃到期债权、无偿为他人提供担保等，致使人民法院无法执行的；

（二）隐藏、转移、毁损或者未经人民法院允许处分已向人民法院提供担保的财产的；

（三）违反人民法院限制高消费令进行消费的；

（四）有履行能力而拒不按照人民法院执行通知履行生效法律文书确定的义

务的；

（五）有义务协助执行的个人接到人民法院协助执行通知书后，拒不协助执行的。

第一百八十九条　诉讼参与人或者其他人有下列行为之一的，人民法院可以适用民事诉讼法第一百一十四条的规定处理：

（一）冒充他人提起诉讼或者参加诉讼的；

（二）证人签署保证书后作虚假证言，妨碍人民法院审理案件的；

（三）伪造、隐藏、毁灭或者拒绝交出有关被执行人履行能力的重要证据，妨碍人民法院查明被执行人财产状况的；

（四）擅自解冻已被人民法院冻结的财产的；

（五）接到人民法院协助执行通知书后，给当事人通风报信，协助其转移、隐匿财产的。

第一百九十条　民事诉讼法第一百一十五条规定的他人合法权益，包括案外人的合法权益、国家利益、社会公共利益。

第三人根据民事诉讼法第五十九条第三款规定提起撤销之诉，经审查，原案当事人之间恶意串通进行虚假诉讼的，适用民事诉讼法第一百一十五条规定处理。

第一百九十一条　单位有民事诉讼法第一百一十五条或者第一百一十六条规定行为的，人民法院应当对该单位进行罚款，并可以对其主要负责人或者直接责任人员予以罚款、拘留；构成犯罪的，依法追究刑事责任。

第一百九十二条　有关单位接到人民法院协助执行通知书后，有下列行为之一的，人民法院可以适用民事诉讼法第一百一十七条规定处理：

（一）允许被执行人高消费的；

（二）允许被执行人出境的；

（三）拒不停止办理有关财产权证照转移手续、权属变更登记、规划审批等手续的；

（四）以需要内部请示、内部审批，有内部规定等为由拖延办理的。

第一百九十三条　人民法院对个人或者单位采取罚款措施时，应当根据其实施妨害民事诉讼行为的性质、情节、后果，当地的经济发展水平，以及诉讼标的额等因素，在民事诉讼法第一百一十八条第一款规定的限额内确定相应的罚款金额。

九、诉 讼 费 用

第一百九十四条　依照民事诉讼法第五十七条审理的案件不预交案件受理费，结案后按照诉讼标的额由败诉方交纳。

第一百九十五条　支付令失效后转入诉讼程序的，债权人应当按照《诉讼费用交纳办法》补交案件受理费。

支付令被撤销后，债权人另行起诉的，按照《诉讼费用交纳办法》交纳诉讼费用。

第一百九十六条　人民法院改变原判决、裁定、调解结果的，应当在裁判文书中对原审诉讼费用的负担一并作出处理。

第一百九十七条　诉讼标的物是证券的，按照证券交易规则并根据当事人起诉之日前最后一个交易日的收盘价、当日的市场价或者其载明的金额计算诉讼标的金额。

第一百九十八条　诉讼标的物是房屋、土地、林木、车辆、船舶、文物等特定物或者知识产权，起诉时价值难以确定的，人民法院应当向原告释明主张过高或者过低的诉讼风险，以原告主张的价值确定诉讼标的金额。

第一百九十九条　适用简易程序审理的案件转为普通程序的，原告自接到人民法院交纳诉讼费用通知之日起七日内补交案件受理费。

原告无正当理由未按期足额补交的，按撤诉处理，已经收取的诉讼费用退还一半。

第二百条　破产程序中有关债务人的民事诉讼案件，按照财产案件标准交纳诉讼费，但劳动争议案件除外。

第二百零一条　既有财产性诉讼请求，又有非财产性诉讼请求的，按照财产性诉讼请求的标准交纳诉讼费。

有多个财产性诉讼请求的，合并计算交纳诉讼费；诉讼请求中有多个非财产性诉讼请求的，按一件交纳诉讼费。

第二百零二条　原告、被告、第三人分别上诉的，按照上诉请求分别预交二审案件受理费。

同一方多人共同上诉的，只预交一份二审案件受理费；分别上诉的，按照上诉请求分别预交二审案件受理费。

第二百零三条　承担连带责任的当事人败诉的，应当共同负担诉讼费用。

第二百零四条　实现担保物权案件，人民法院裁定拍卖、变卖担保财产的，申请费由债务人、担保人负担；人民法院裁定驳回申请的，申请费由申请人负担。

申请人另行起诉的，其已经交纳的申请费可以从案件受理费中扣除。

第二百零五条　拍卖、变卖担保财产的裁定作出后，人民法院强制执行的，按照执行金额收取执行申请费。

第二百零六条　人民法院决定减半收取案件受理费的，只能减半一次。

第二百零七条　判决生效后，胜诉方预交但不应负担的诉讼费用，人民法院应当退还，由败诉方向人民法院交纳，但胜诉方自愿承担或者同意败诉方直接向其支付的除外。

当事人拒不交纳诉讼费用的，人民法院可以强制执行。

十、第一审普通程序

第二百零八条　人民法院接到当事人提交的民事起诉状时，对符合民事诉讼法第一百二十二条的规定，且不属于第一百二十七条规定情形的，应当登记立案；对当场不能判定是否符合起诉条件的，应当接收起诉材料，并出具注明收到日期的书面凭证。

需要补充必要相关材料的，人民法院应当及时告知当事人。在补齐相关材料后，应当在七日内决定是否立案。

立案后发现不符合起诉条件或者属于民事诉讼法第一百二十七条规定情形的，裁定驳回起诉。

第二百零九条　原告提供被告的姓名或者名称、住所等信息具体明确，足以使被告与他人相区别的，可以认定为有明确的被告。

起诉状列写被告信息不足以认定明确的被告的，人民法院可以告知原告补正。原告补正后仍不能确定明确的被告的，人民法院裁定不予受理。

第二百一十条　原告在起诉状中有谩骂和人身攻击之辞的，人民法院应当告知其修改后提起诉讼。

第二百一十一条　对本院没有管辖权的案件，告知原告向有管辖权的人民法院起诉；原告坚持起诉的，裁定不予受理；立案后发现本院没有管辖权的，应当将案件移送有管辖权的人民法院。

第二百一十二条　裁定不予受理、驳回起诉的案件，原告再次起诉，符合起诉条件且不属于民事诉讼法第一百二十七条规定情形的，人民法院应予受理。

第二百一十三条　原告应当预交而未预交案件受理费，人民法院应当通知其预交，通知后仍不预交或者申请减、缓、免未获批准而仍不预交的，裁定按撤诉处理。

第二百一十四条　原告撤诉或者人民法院按撤诉处理后，原告以同一诉讼请求再次起诉的，人民法院应予受理。

原告撤诉或者按撤诉处理的离婚案件，没有新情况、新理由，六个月内又起诉的，比照民事诉讼法第一百二十七条第七项的规定不予受理。

第二百一十五条　依照民事诉讼法第一百二十七条第二项的规定，当事人在书面合同中订有仲裁条款，或者在发生纠纷后达成书面仲裁协议，一方向人民法院起诉的，人民法院应当告知原告向仲裁机构申请仲裁，其坚持起诉的，裁定不予受理，但仲裁条款或者仲裁协议不成立、无效、失效、内容不明确无法执行的除外。

第二百一十六条　在人民法院首次开庭前，被告以有书面仲裁协议为由对受理民事案件提出异议的，人民法院应当进行审查。

经审查符合下列情形之一的，人民法院应当裁定驳回起诉：

（一）仲裁机构或者人民法院已经确认仲裁协议有效的；

（二）当事人没有在仲裁庭首次开庭前对仲裁协议的效力提出异议的；

（三）仲裁协议符合仲裁法第十六条规定且不具有仲裁法第十七条规定情形的。

第二百一十七条　夫妻一方下落不明，另一方诉至人民法院，只要求离婚，不申请宣告下落不明人失踪或者死亡的案件，人民法院应当受理，对下落不明人公告送达诉讼文书。

第二百一十八条　赡养费、扶养费、抚养费案件，裁判发生法律效力后，因新情况、新理由，一方当事人再行起诉要求增加或者减少费用的，人民法院应作为新案受理。

第二百一十九条　当事人超过诉讼时效期间起诉的，人民法院应予受理。受理后对方当事人提出诉讼时效抗辩，人民法院经审理认为抗辩事由成立的，判决驳回原告的诉讼请求。

第二百二十条　民事诉讼法第七十一条、第一百三十七条、第一百五十九条规定的商业秘密，是指生产工艺、配方、贸易联系、购销渠道等当事人不愿公开的技术秘密、商业情报及信息。

第二百二十一条　基于同一事实发生的纠纷，当事人分别向同一人民法院起诉的，人民法院可以合并审理。

第二百二十二条　原告在起诉状中直接列写第三人的，视为其申请人民法院追加该第三人参加诉讼。是否通知第三人参加诉讼，由人民法院审查决定。

第二百二十三条　当事人在提交答辩状期间提出管辖异议，又针对起诉状的内容进行答辩的，人民法院应当依照民事诉讼法第一百三十条第一款的规定，对管辖异议进行审查。

当事人未提出管辖异议，就案件实体内容进行答辩、陈述或者反诉的，可以认定为民事诉讼法第一百三十条第二款规定的应诉答辩。

第二百二十四条　依照民事诉讼法第一百三十六条第四项规定，人民法院可以在答辩期届满后，通过组织证据交换、召集庭前会议等方式，作好审理前的准备。

第二百二十五条　根据案件具体情况，庭前会议可以包括下列内容：

（一）明确原告的诉讼请求和被告的答辩意见；

（二）审查处理当事人增加、变更诉讼请求的申请和提出的反诉，以及第三人提出的与本案有关的诉讼请求；

（三）根据当事人的申请决定调查收集证据，委托鉴定，要求当事人提供证据，进行勘验，进行证据保全；

（四）组织交换证据；

（五）归纳争议焦点；

（六）进行调解。

第二百二十六条　人民法院应当根据当事人的诉讼请求、答辩意见以及证据交换的情况，归纳争议焦点，并就归纳的争议焦点征求当事人的意见。

第二百二十七条　人民法院适用普通程序审理案件，应当在开庭三日前用传票传唤当事人。对诉讼代理人、证人、鉴定人、勘验人、翻译人员应当用通知书通知其到庭。当事人或者其他诉讼参与人在外地的，应当留有必要的在途时间。

第二百二十八条　法庭审理应当围绕当事人争议的事实、证据和法律适用等焦点问题进行。

第二百二十九条　当事人在庭审中对其在审理前的准备阶段认可的事实和证据提出不同意见的，人民法院应当责令其说明理由。必要时，可以责令其提供相应证据。人民法院应当结合当事人的诉讼能力、证据和案件的具体情况进行审查。理由成立的，可以列入争议焦点进行审理。

第二百三十条　人民法院根据案件具体情况并征得当事人同意，可以将法庭调查和法庭辩论合并进行。

第二百三十一条　当事人在法庭上提出新的证据的，人民法院应当依照民事诉讼法第六十八条第二款规定和本解释相关规定处理。

第二百三十二条　在案件受理后，法庭辩论结束前，原告增加诉讼请求，被告提出反诉，第三人提出与本案有关的诉讼请求，可以合并审理的，人民法院应当合并审理。

第二百三十三条　反诉的当事人应当限于本诉的当事人的范围。

反诉与本诉的诉讼请求基于相同法律关系、诉讼请求之间具有因果关系，或者反诉与本诉的诉讼请求基于相同事实的，人民法院应当合并审理。

反诉应由其他人民法院专属管辖，或者与本诉的诉讼标的及诉讼请求所依据的事实、理由无关联的，裁定不予受理，告知另行起诉。

第二百三十四条　无民事行为能力人的离婚诉讼，当事人的法定代理人应当到庭；法定代理人不能到庭的，人民法院应当在查清事实的基础上，依法作出判决。

第二百三十五条　无民事行为能力的当事人的法定代理人，经传票传唤无正当理由拒不到庭，属于原告方的，比照民事诉讼法第一百四十六条的规定，按撤诉处理；属于被告方的，比照民事诉讼法第一百四十七条的规定，缺席判决。必要时，人民法院可以拘传其到庭。

第二百三十六条　有独立请求权的第三人经人民法院传票传唤，无正当理由拒不到庭的，或者未经法庭许可中途退庭的，比照民事诉讼法第一百四十六条的规定，按撤诉处理。

第二百三十七条　有独立请求权的第三人参加诉讼后，原告申请撤诉，人民法院在准许原告撤诉后，有独立请求权的第三人作为另案原告，原案原告、被告作为另案被告，诉讼继续进行。

第二百三十八条　当事人申请撤诉或者依法可以按撤诉处理的案件，如果当事人有违反法律的行为需要依法处理的，人民法院可以不准许撤诉或者不按撤诉处理。

法庭辩论终结后原告申请撤诉，被告不同意的，人民法院可以不予准许。

第二百三十九条　人民法院准许本诉原告撤诉的，应当对反诉继续审理；被告申请撤回反诉的，人民法院应予准许。

第二百四十条　无独立请求权的第三人经人民法院传票传唤，无正当理由拒不到庭，或者未经法庭许可中途退庭的，不影响案件的审理。

第二百四十一条　被告经传票传唤无正当理由拒不到庭，或者未经法庭许可中途退庭的，人民法院应当按期开庭或者继续开庭审理，对到庭的当事人诉讼请求、双方的诉辩理由以及已经提交的证据及其他诉讼材料进行审理后，可以依法缺席判决。

第二百四十二条　一审宣判后，原审人民法院发现判决有错误，当事人在上诉期内提出上诉的，原审人民法院可以提出原判决有错误的意见，报送第二审人民法院，由第二审人民法院按照第二审程序进行审理；当事人不上诉的，按照审判监督程序处理。

第二百四十三条　民事诉讼法第一百五十二条规定的审限，是指从立案之日起至裁判宣告、调解书送达之日止的期间，但公告期间、鉴定期间、双方当事人和解期间、审理当事人提出的管辖异议以及处理人民法院之间的管辖争议期间不应计算在内。

第二百四十四条　可以上诉的判决书、裁定书不能同时送达双方当事人的，上诉期从各自收到判决书、裁定书之日计算。

第二百四十五条　民事诉讼法第一百五十七条第一款第七项规定的笔误是指法律文书误写、误算，诉讼费用漏写、误算和其他笔误。

第二百四十六条　裁定中止诉讼的原因消除，恢复诉讼程序时，不必撤销原裁定，从人民法院通知或者准许当事人双方继续进行诉讼时起，中止诉讼的裁定即失去效力。

第二百四十七条　当事人就已经提起诉讼的事项在诉讼过程中或者裁判生效后再次起诉，同时符合下列条件的，构成重复起诉：

（一）后诉与前诉的当事人相同；

（二）后诉与前诉的诉讼标的相同；

（三）后诉与前诉的诉讼请求相同，或者后诉的诉讼请求实质上否定前诉裁判结果。

当事人重复起诉的，裁定不予受理；已经受理的，裁定驳回起诉，但法律、司法解释另有规定的除外。

第二百四十八条　裁判发生法律效力后，发生新的事实，当事人再次提起诉讼的，人民法院应当依法受理。

第二百四十九条　在诉讼中，争议的民事权利义务转移的，不影响当事人的诉讼主体资格和诉讼地位。人民法院作出的发生法律效力的判决、裁定对受让人具有拘束力。

受让人申请以无独立请求权的第三人身份参加诉讼的，人民法院可予准许。受让人申请替代当事人承担诉讼的，人民法院可以根据案件的具体情况决定是否准许；不予准许的，可以追加其为无独立请求权的第三人。

第二百五十条　依照本解释第二百四十九条规定，人民法院准许受让人替代当事人承担诉讼的，裁定变更当事人。

变更当事人后，诉讼程序以受让人为当事人继续进行，原当事人应当退出诉讼。原当事人已经完成的诉讼行为对受让人具有拘束力。

第二百五十一条　二审裁定撤销一审判决发回重审的案件，当事人申请变更、增加诉讼请求或者提出反诉，第三人提出与本案有关的诉讼请求的，依照民事诉讼法第一百四十三条规定处理。

第二百五十二条　再审裁定撤销原判决、裁定发回重审的案件，当事人申请变更、增加诉讼请求或者提出反诉，符合下列情形之一的，人民法院应当准许：

（一）原审未合法传唤缺席判决，影响当事人行使诉讼权利的；

（二）追加新的诉讼当事人的；

（三）诉讼标的物灭失或者发生变化致使原诉讼请求无法实现的；

（四）当事人申请变更、增加的诉讼请求或者提出的反诉，无法通过另诉解决的。

第二百五十三条　当庭宣判的案件，除当事人当庭要求邮寄发送裁判文书的外，人民法院应当告知当事人或者诉讼代理人领取裁判文书的时间和地点以及逾期不领取的法律后果。上述情况，应当记入笔录。

第二百五十四条　公民、法人或者其他组织申请查阅发生法律效力的判决书、裁定书的，应当向作出该生效裁判的人民法院提出。申请应当以书面形式提出，并提供具体的案号或者当事人姓名、名称。

第二百五十五条　对于查阅判决书、裁定书的申请，人民法院根据下列情形分别处理：

（一）判决书、裁定书已经通过信息网络向社会公开的，应当引导申请人自行查阅；

（二）判决书、裁定书未通过信息网络向社会公开，且申请符合要求的，应当及时提供便捷的查阅服务；

（三）判决书、裁定书尚未发生法律效力，或者已失去法律效力的，不提供查阅并告知申请人；

（四）发生法律效力的判决书、裁定书不是本院作出的，应当告知申请人向作出生效裁判的人民法院申请查阅；

（五）申请查阅的内容涉及国家秘密、商业秘密、个人隐私的，不予准许并告知申请人。

十一、简易程序

第二百五十六条　民事诉讼法第一百六十条规定的简单民事案件中的事实清楚，是指当事人对争议的事实陈述基本一致，并能提供相应的证据，无须人民法院调查收集证据即可查明事实；权利义务关系明确是指能明确区分谁是责任的承担者，谁是权利的享有者；争议不大是指当事人对案件的是非、责任承担以及诉讼标的争执无原则分歧。

第二百五十七条　下列案件，不适用简易程序：

（一）起诉时被告下落不明的；

（二）发回重审的；

（三）当事人一方人数众多的；

（四）适用审判监督程序的；

（五）涉及国家利益、社会公共利益的；

（六）第三人起诉请求改变或者撤销生效判决、裁定、调解书的；

（七）其他不宜适用简易程序的案件。

第二百五十八条　适用简易程序审理的案件，审理期限到期后，有特殊情况需要延长的，经本院院长批准，可以延长审理期限。延长后的审理期限累计不得超过四个月。

人民法院发现案件不宜适用简易程序，需要转为普通程序审理的，应当在审理期限届满前作出裁定并将审判人员及相关事项书面通知双方当事人。

案件转为普通程序审理的，审理期限自人民法院立案之日计算。

第二百五十九条　当事人双方可就开庭方式向人民法院提出申请，由人民法院决定是否准许。经当事人双方同意，可以采用视听传输技术等方式开庭。

第二百六十条　已经按照普通程序审理的案件，在开庭后不得转为简易程序审理。

第二百六十一条　适用简易程序审理案件，人民法院可以依照民事诉讼法第九十条、第一百六十二条的规定采取捎口信、电话、短信、传真、电子邮件等简便方式传唤双方当事人、通知证人和送达诉讼文书。

以简便方式送达的开庭通知，未经当事人确认或者没有其他证据证明当事人已经收到的，人民法院不得缺席判决。

适用简易程序审理案件，由审判员独任审判，书记员担任记录。

第二百六十二条　人民法庭制作的判决书、裁定书、调解书，必须加盖基层人民法院印章，不得用人民法庭的印章代替基层人民法院的印章。

第二百六十三条 适用简易程序审理案件，卷宗中应当具备以下材料：

（一）起诉状或者口头起诉笔录；

（二）答辩状或者口头答辩笔录；

（三）当事人身份证明材料；

（四）委托他人代理诉讼的授权委托书或者口头委托笔录；

（五）证据；

（六）询问当事人笔录；

（七）审理（包括调解）笔录；

（八）判决书、裁定书、调解书或者调解协议；

（九）送达和宣判笔录；

（十）执行情况；

（十一）诉讼费收据；

（十二）适用民事诉讼法第一百六十五条规定审理的，有关程序适用的书面告知。

第二百六十四条 当事人双方根据民事诉讼法第一百六十条第二款规定约定适用简易程序的，应当在开庭前提出。口头提出的，记入笔录，由双方当事人签名或者捺印确认。

本解释第二百五十七条规定的案件，当事人约定适用简易程序的，人民法院不予准许。

第二百六十五条 原告口头起诉的，人民法院应当将当事人的姓名、性别、工作单位、住所、联系方式等基本信息，诉讼请求，事实及理由等准确记入笔录，由原告核对无误后签名或者捺印。对当事人提交的证据材料，应当出具收据。

第二百六十六条 适用简易程序案件的举证期限由人民法院确定，也可以由当事人协商一致并经人民法院准许，但不得超过十五日。被告要求书面答辩的，人民法院可在征得其同意的基础上，合理确定答辩期间。

人民法院应当将举证期限和开庭日期告知双方当事人，并向当事人说明逾期举证以及拒不到庭的法律后果，由双方当事人在笔录和开庭传票的送达回证上签名或者捺印。

当事人双方均表示不需要举证期限、答辩期间的，人民法院可以立即开庭审理或者确定开庭日期。

第二百六十七条　适用简易程序审理案件，可以简便方式进行审理前的准备。

第二百六十八条　对没有委托律师、基层法律服务工作者代理诉讼的当事人，人民法院在庭审过程中可以对回避、自认、举证证明责任等相关内容向其作必要的解释或者说明，并在庭审过程中适当提示当事人正确行使诉讼权利、履行诉讼义务。

第二百六十九条　当事人就案件适用简易程序提出异议，人民法院经审查，异议成立的，裁定转为普通程序；异议不成立的，裁定驳回。裁定以口头方式作出的，应当记入笔录。

转为普通程序的，人民法院应当将审判人员及相关事项以书面形式通知双方当事人。

转为普通程序前，双方当事人已确认的事实，可以不再进行举证、质证。

第二百七十条　适用简易程序审理的案件，有下列情形之一的，人民法院在制作判决书、裁定书、调解书时，对认定事实或者裁判理由部分可以适当简化：

（一）当事人达成调解协议并需要制作民事调解书的；

（二）一方当事人明确表示承认对方全部或者部分诉讼请求的；

（三）涉及商业秘密、个人隐私的案件，当事人一方要求简化裁判文书中的相关内容，人民法院认为理由正当的；

（四）当事人双方同意简化的。

十二、简易程序中的小额诉讼

第二百七十一条　人民法院审理小额诉讼案件，适用民事诉讼法第一百六十五条的规定，实行一审终审。

第二百七十二条　民事诉讼法第一百六十五条规定的各省、自治区、直辖市上年度就业人员年平均工资，是指已经公布的各省、自治区、直辖市上一年度就业人员年平均工资。在上一年度就业人员年平均工资公布前，以已经公布的最近年度就业人员年平均工资为准。

第二百七十三条　海事法院可以适用小额诉讼的程序审理海事、海商案件。案件标的额应当以实际受理案件的海事法院或者其派出法庭所在的省、自治区、直辖市上年度就业人员年平均工资为基数计算。

第二百七十四条　人民法院受理小额诉讼案件，应当向当事人告知该类案件的审判组织、一审终审、审理期限、诉讼费用交纳标准等相关事项。

第二百七十五条　小额诉讼案件的举证期限由人民法院确定，也可以由当事人协商一致并经人民法院准许，但一般不超过七日。

被告要求书面答辩的，人民法院可以在征得其同意的基础上合理确定答辩期间，但最长不得超过十五日。

当事人到庭后表示不需要举证期限和答辩期间的，人民法院可立即开庭审理。

第二百七十六条　当事人对小额诉讼案件提出管辖异议的，人民法院应当作出裁定。裁定一经作出即生效。

第二百七十七条　人民法院受理小额诉讼案件后，发现起诉不符合民事诉讼法第一百二十二条规定的起诉条件的，裁定驳回起诉。裁定一经作出即生效。

第二百七十八条　因当事人申请增加或者变更诉讼请求、提出反诉、追加当事人等，致使案件不符合小额诉讼案件条件的，应当适用简易程序的其他规定审理。

前款规定案件，应当适用普通程序审理的，裁定转为普通程序。

适用简易程序的其他规定或者普通程序审理前，双方当事人已确认的事实，可以不再进行举证、质证。

第二百七十九条　当事人对按照小额诉讼案件审理有异议的，应当在开庭前提出。人民法院经审查，异议成立的，适用简易程序的其他规定审理或者裁定转为普通程序；异议不成立的，裁定驳回。裁定以口头方式作出的，应当记入笔录。

第二百八十条　小额诉讼案件的裁判文书可以简化，主要记载当事人基本信息、诉讼请求、裁判主文等内容。

第二百八十一条　人民法院审理小额诉讼案件，本解释没有规定的，适用简易程序的其他规定。

十三、公益诉讼

第二百八十二条　环境保护法、消费者权益保护法等法律规定的机关和有关组织对污染环境、侵害众多消费者合法权益等损害社会公共利益的行为，根据民事诉讼法第五十八条规定提起公益诉讼，符合下列条件的，人民法院应当受理：

（一）有明确的被告；

（二）有具体的诉讼请求；

（三）有社会公共利益受到损害的初步证据；

（四）属于人民法院受理民事诉讼的范围和受诉人民法院管辖。

第二百八十三条　公益诉讼案件由侵权行为地或者被告住所地中级人民法院管辖，但法律、司法解释另有规定的除外。

因污染海洋环境提起的公益诉讼，由污染发生地、损害结果地或者采取预防污染措施地海事法院管辖。

对同一侵权行为分别向两个以上人民法院提起公益诉讼的，由最先立案的人民法院管辖，必要时由它们的共同上级人民法院指定管辖。

第二百八十四条　人民法院受理公益诉讼案件后，应当在十日内书面告知相关行政主管部门。

第二百八十五条　人民法院受理公益诉讼案件后，依法可以提起诉讼的其他机关和有关组织，可以在开庭前向人民法院申请参加诉讼。人民法院准许参加诉讼的，列为共同原告。

第二百八十六条　人民法院受理公益诉讼案件，不影响同一侵权行为的受害人根据民事诉讼法第一百二十二条规定提起诉讼。

第二百八十七条　对公益诉讼案件，当事人可以和解，人民法院可以调解。

当事人达成和解或者调解协议后，人民法院应当将和解或者调解协议进行公告。公告期间不得少于三十日。

公告期满后，人民法院经审查，和解或者调解协议不违反社会公共利益的，应当出具调解书；和解或者调解协议违反社会公共利益的，不予出具调解书，继续对案件进行审理并依法作出裁判。

第二百八十八条　公益诉讼案件的原告在法庭辩论终结后申请撤诉的，人民法院不予准许。

第二百八十九条　公益诉讼案件的裁判发生法律效力后，其他依法具有原告资格的机关和有关组织就同一侵权行为另行提起公益诉讼的，人民法院裁定不予受理，但法律、司法解释另有规定的除外。

十四、第三人撤销之诉

第二百九十条　第三人对已经发生法律效力的判决、裁定、调解书提起撤销之诉的，应当自知道或者应当知道其民事权益受到损害之日起六个月内，向作出生效判决、裁定、调解书的人民法院提出，并应当提供存在下列情形的证据材料：

（一）因不能归责于本人的事由未参加诉讼；

（二）发生法律效力的判决、裁定、调解书的全部或者部分内容错误；

（三）发生法律效力的判决、裁定、调解书内容错误损害其民事权益。

第二百九十一条　人民法院应当在收到起诉状和证据材料之日起五日内送交对方当事人，对方当事人可以自收到起诉状之日起十日内提出书面意见。

人民法院应当对第三人提交的起诉状、证据材料以及对方当事人的书面意见进行审查。必要时，可以询问双方当事人。

经审查，符合起诉条件的，人民法院应当在收到起诉状之日起三十日内立案。不符合起诉条件的，应当在收到起诉状之日起三十日内裁定不予受理。

第二百九十二条　人民法院对第三人撤销之诉案件，应当组成合议庭开庭审理。

第二百九十三条　民事诉讼法第五十九条第三款规定的因不能归责于本人的事由未参加诉讼，是指没有被列为生效判决、裁定、调解书当事人，且无过错或者无明显过错的情形。包括：

（一）不知道诉讼而未参加的；

（二）申请参加未获准许的；

（三）知道诉讼，但因客观原因无法参加的；

（四）因其他不能归责于本人的事由未参加诉讼的。

第二百九十四条　民事诉讼法第五十九条第三款规定的判决、裁定、调解书的部分或者全部内容，是指判决、裁定的主文，调解书中处理当事人民事权利义务的结果。

第二百九十五条　对下列情形提起第三人撤销之诉的，人民法院不予受理：

（一）适用特别程序、督促程序、公示催告程序、破产程序等非讼程序处理的案件；

（二）婚姻无效、撤销或者解除婚姻关系等判决、裁定、调解书中涉及身份关系的内容；

（三）民事诉讼法第五十七条规定的未参加登记的权利人对代表人诉讼案件的生效裁判；

（四）民事诉讼法第五十八条规定的损害社会公共利益行为的受害人对公益诉讼案件的生效裁判。

第二百九十六条　第三人提起撤销之诉，人民法院应当将该第三人列为原告，生效判决、裁定、调解书的当事人列为被告，但生效判决、裁定、调解书中没有承担责任的无独立请求权的第三人列为第三人。

第二百九十七条　受理第三人撤销之诉案件后，原告提供相应担保，请求中止执行的，人民法院可以准许。

第二百九十八条　对第三人撤销或者部分撤销发生法律效力的判决、裁定、调解书内容的请求，人民法院经审理，按下列情形分别处理：

（一）请求成立且确认其民事权利的主张全部或部分成立的，改变原判决、裁定、调解书内容的错误部分；

（二）请求成立，但确认其全部或部分民事权利的主张不成立，或者未提出确认其民事权利请求的，撤销原判决、裁定、调解书内容的错误部分；

（三）请求不成立的，驳回诉讼请求。

对前款规定裁判不服的，当事人可以上诉。

原判决、裁定、调解书的内容未改变或者未撤销的部分继续有效。

第二百九十九条　第三人撤销之诉案件审理期间，人民法院对生效判决、裁定、调解书裁定再审的，受理第三人撤销之诉的人民法院应当裁定将第三人的诉讼请求并入再审程序。但有证据证明原审当事人之间恶意串通损害第三人合法权益的，人民法院应当先行审理第三人撤销之诉案件，裁定中止再审诉讼。

第三百条　第三人诉讼请求并入再审程序审理的，按照下列情形分别处理：

（一）按照第一审程序审理的，人民法院应当对第三人的诉讼请求一并审理，所作的判决可以上诉；

（二）按照第二审程序审理的，人民法院可以调解，调解达不成协议的，应当裁定撤销原判决、裁定、调解书，发回一审法院重审，重审时应当列明第三人。

第三百零一条　第三人提起撤销之诉后，未中止生效判决、裁定、调解书执行的，执行法院对第三人依照民事诉讼法第二百三十四条规定提出的执行异议，应予审查。第三人不服驳回执行异议裁定，申请对原判决、裁定、调解书再审的，人民法院不予受理。

案外人对人民法院驳回其执行异议裁定不服，认为原判决、裁定、调解书内容错误损害其合法权益的，应当根据民事诉讼法第二百三十四条规定申请再审，提起第三人撤销之诉的，人民法院不予受理。

十五、执行异议之诉

第三百零二条　根据民事诉讼法第二百三十四条规定，案外人、当事人对执行异议裁定不服，自裁定送达之日起十五日内向人民法院提起执行异议之诉的，由执行法院管辖。

第三百零三条　案外人提起执行异议之诉，除符合民事诉讼法第一百二十二条规定外，还应当具备下列条件：

（一）案外人的执行异议申请已经被人民法院裁定驳回；

（二）有明确的排除对执行标的执行的诉讼请求，且诉讼请求与原判决、裁定无关；

（三）自执行异议裁定送达之日起十五日内提起。

人民法院应当在收到起诉状之日起十五日内决定是否立案。

第三百零四条　申请执行人提起执行异议之诉，除符合民事诉讼法第一百二十二条规定外，还应当具备下列条件：

（一）依案外人执行异议申请，人民法院裁定中止执行；

（二）有明确的对执行标的继续执行的诉讼请求，且诉讼请求与原判决、裁定无关；

（三）自执行异议裁定送达之日起十五日内提起。

人民法院应当在收到起诉状之日起十五日内决定是否立案。

第三百零五条　案外人提起执行异议之诉的，以申请执行人为被告。被执行人反对案外人异议的，被执行人为共同被告；被执行人不反对案外人异议的，可以列被执行人为第三人。

第三百零六条　申请执行人提起执行异议之诉的，以案外人为被告。被执行人反对申请执行人主张的，以案外人和被执行人为共同被告；被执行人不反对申请执行人主张的，可以列被执行人为第三人。

第三百零七条　申请执行人对中止执行裁定未提起执行异议之诉，被执行人提起执行异议之诉的，人民法院告知其另行起诉。

第三百零八条　人民法院审理执行异议之诉案件，适用普通程序。

第三百零九条　案外人或者申请执行人提起执行异议之诉的，案外人应当就其对执行标的享有足以排除强制执行的民事权益承担举证证明责任。

第三百一十条　对案外人提起的执行异议之诉，人民法院经审理，按照下列情形分别处理：

（一）案外人就执行标的享有足以排除强制执行的民事权益的，判决不得执行该执行标的；

（二）案外人就执行标的不享有足以排除强制执行的民事权益的，判决驳回诉讼请求。

案外人同时提出确认其权利的诉讼请求的，人民法院可以在判决中一并作出裁判。

第三百一十一条　对申请执行人提起的执行异议之诉，人民法院经审理，按照下列情形分别处理：

（一）案外人就执行标的不享有足以排除强制执行的民事权益的，判决准许执行该执行标的；

（二）案外人就执行标的享有足以排除强制执行的民事权益的，判决驳回诉讼请求。

第三百一十二条　对案外人执行异议之诉，人民法院判决不得对执行标的执行的，执行异议裁定失效。

对申请执行人执行异议之诉，人民法院判决准许对该执行标的执行的，执行异议裁定失效，执行法院可以根据申请执行人的申请或者依职权恢复执行。

第三百一十三条　案外人执行异议之诉审理期间，人民法院不得对执行标的进行处分。申请执行人请求人民法院继续执行并提供相应担保的，人民法院可以准许。

被执行人与案外人恶意串通，通过执行异议、执行异议之诉妨害执行的，人民法院应当依照民事诉讼法第一百一十六条规定处理。申请执行人因此受到损害的，可以提起诉讼要求被执行人、案外人赔偿。

第三百一十四条　人民法院对执行标的裁定中止执行后，申请执行人在法律规定的期间内未提起执行异议之诉的，人民法院应当自起诉期限届满之日起七日内解除对该执行标的采取的执行措施。

十六、第二审程序

第三百一十五条　双方当事人和第三人都提起上诉的，均列为上诉人。人民法院可以依职权确定第二审程序中当事人的诉讼地位。

第三百一十六条　民事诉讼法第一百七十三条、第一百七十四条规定的对方当事人包括被上诉人和原审其他当事人。

第三百一十七条　必要共同诉讼人的一人或者部分人提起上诉的，按下列情形分别处理：

（一）上诉仅对与对方当事人之间权利义务分担有意见，不涉及其他共同诉讼人利益的，对方当事人为被上诉人，未上诉的同一方当事人依原审诉讼地位列明；

（二）上诉仅对共同诉讼人之间权利义务分担有意见，不涉及对方当事人利益的，未上诉的同一方当事人为被上诉人，对方当事人依原审诉讼地位列明；

（三）上诉对双方当事人之间以及共同诉讼人之间权利义务承担有意见的，未提起上诉的其他当事人均为被上诉人。

第三百一十八条　一审宣判时或者判决书、裁定书送达时，当事人口头表示上诉的，人民法院应告知其必须在法定上诉期间内递交上诉状。未在法定上诉期间内递交上诉状的，视为未提起上诉。虽递交上诉状，但未在指定的期限内交纳上诉费的，按自动撤回上诉处理。

第三百一十九条 无民事行为能力人、限制民事行为能力人的法定代理人，可以代理当事人提起上诉。

第三百二十条 上诉案件的当事人死亡或者终止的，人民法院依法通知其权利义务承继者参加诉讼。

需要终结诉讼的，适用民事诉讼法第一百五十四条规定。

第三百二十一条 第二审人民法院应当围绕当事人的上诉请求进行审理。

当事人没有提出请求的，不予审理，但一审判决违反法律禁止性规定，或者损害国家利益、社会公共利益、他人合法权益的除外。

第三百二十二条 开庭审理的上诉案件，第二审人民法院可以依照民事诉讼法第一百三十六条第四项规定进行审理前的准备。

第三百二十三条 下列情形，可以认定为民事诉讼法第一百七十七条第一款第四项规定的严重违反法定程序：

（一）审判组织的组成不合法的；

（二）应当回避的审判人员未回避的；

（三）无诉讼行为能力人未经法定代理人代为诉讼的；

（四）违法剥夺当事人辩论权利的。

第三百二十四条 对当事人在第一审程序中已经提出的诉讼请求，原审人民法院未作审理、判决的，第二审人民法院可以根据当事人自愿的原则进行调解；调解不成的，发回重审。

第三百二十五条 必须参加诉讼的当事人或者有独立请求权的第三人，在第一审程序中未参加诉讼，第二审人民法院可以根据当事人自愿的原则予以调解；调解不成的，发回重审。

第三百二十六条 在第二审程序中，原审原告增加独立的诉讼请求或者原审被告提出反诉的，第二审人民法院可以根据当事人自愿的原则就新增加的诉讼请求或者反诉进行调解；调解不成的，告知当事人另行起诉。

双方当事人同意由第二审人民法院一并审理的，第二审人民法院可以一并裁判。

第三百二十七条　一审判决不准离婚的案件，上诉后，第二审人民法院认为应当判决离婚的，可以根据当事人自愿的原则，与子女抚养、财产问题一并调解；调解不成的，发回重审。

双方当事人同意由第二审人民法院一并审理的，第二审人民法院可以一并裁判。

第三百二十八条　人民法院依照第二审程序审理案件，认为依法不应由人民法院受理的，可以由第二审人民法院直接裁定撤销原裁判，驳回起诉。

第三百二十九条　人民法院依照第二审程序审理案件，认为第一审人民法院受理案件违反专属管辖规定的，应当裁定撤销原裁判并移送有管辖权的人民法院。

第三百三十条　第二审人民法院查明第一审人民法院作出的不予受理裁定有错误的，应当在撤销原裁定的同时，指令第一审人民法院立案受理；查明第一审人民法院作出的驳回起诉裁定有错误的，应当在撤销原裁定的同时，指令第一审人民法院审理。

第三百三十一条　第二审人民法院对下列上诉案件，依照民事诉讼法第一百七十六条规定可以不开庭审理：

（一）不服不予受理、管辖权异议和驳回起诉裁定的；

（二）当事人提出的上诉请求明显不能成立的；

（三）原判决、裁定认定事实清楚，但适用法律错误的；

（四）原判决严重违反法定程序，需要发回重审的。

第三百三十二条　原判决、裁定认定事实或者适用法律虽有瑕疵，但裁判结果正确的，第二审人民法院可以在判决、裁定中纠正瑕疵后，依照民事诉讼法第一百七十七条第一款第一项规定予以维持。

第三百三十三条　民事诉讼法第一百七十七条第一款第三项规定的基本事实，是指用以确定当事人主体资格、案件性质、民事权利义务等对原判决、裁定的结果有实质性影响的事实。

第三百三十四条　在第二审程序中，作为当事人的法人或者其他组织分立的，人民法院可以直接将分立后的法人或者其他组织列为共同诉讼人；合并的，将合并后的法人或者其他组织列为当事人。

第三百三十五条　在第二审程序中，当事人申请撤回上诉，人民法院经审查认为一审判决确有错误，或者当事人之间恶意串通损害国家利益、社会公共利益、他人合法权益的，不应准许。

第三百三十六条　在第二审程序中，原审原告申请撤回起诉，经其他当事人同意，且不损害国家利益、社会公共利益、他人合法权益的，人民法院可以准许。准许撤诉的，应当一并裁定撤销一审裁判。

原审原告在第二审程序中撤回起诉后重复起诉的，人民法院不予受理。

第三百三十七条　当事人在第二审程序中达成和解协议的，人民法院可以根据当事人的请求，对双方达成的和解协议进行审查并制作调解书送达当事人；因和解而申请撤诉，经审查符合撤诉条件的，人民法院应予准许。

第三百三十八条　第二审人民法院宣告判决可以自行宣判，也可以委托原审人民法院或者当事人所在地人民法院代行宣判。

第三百三十九条　人民法院审理对裁定的上诉案件，应当在第二审立案之日起三十日内作出终审裁定。有特殊情况需要延长审限的，由本院院长批准。

第三百四十条　当事人在第一审程序中实施的诉讼行为，在第二审程序中对该当事人仍具有拘束力。

当事人推翻其在第一审程序中实施的诉讼行为时，人民法院应当责令其说明理由。理由不成立的，不予支持。

十七、特别程序

第三百四十一条　宣告失踪或者宣告死亡案件，人民法院可以根据申请人的请求，清理下落不明人的财产，并指定案件审理期间的财产管理人。公告期满后，人民法院判决宣告失踪的，应当同时依照民法典第四十二条的规定指定失踪人的财产代管人。

第三百四十二条　失踪人的财产代管人经人民法院指定后，代管人申请变更代管的，比照民事诉讼法特别程序的有关规定进行审理。申请理由成立的，裁定撤销申请人的代管人身份，同时另行指定财产代管人；申请理由不成立的，裁定驳回申请。

失踪人的其他利害关系人申请变更代管的，人民法院应当告知其以原指定的代管人为被告起诉，并按普通程序进行审理。

第三百四十三条　人民法院判决宣告公民失踪后，利害关系人向人民法院申请宣告失踪人死亡，自失踪之日起满四年的，人民法院应当受理，宣告失踪的判决即是该公民失踪的证明，审理中仍应依照民事诉讼法第一百九十二条规定进行公告。

第三百四十四条　符合法律规定的多个利害关系人提出宣告失踪、宣告死亡申请的，列为共同申请人。

第三百四十五条　寻找下落不明人的公告应当记载下列内容：

（一）被申请人应当在规定期间内向受理法院申报其具体地址及其联系方式。否则，被申请人将被宣告失踪、宣告死亡；

（二）凡知悉被申请人生存现状的人，应当在公告期间内将其所知道情况向受理法院报告。

第三百四十六条　人民法院受理宣告失踪、宣告死亡案件后，作出判决前，申请人撤回申请的，人民法院应当裁定终结案件，但其他符合法律规定的利害关系人加入程序要求继续审理的除外。

第三百四十七条　在诉讼中，当事人的利害关系人或者有关组织提出该当事人不能辨认或者不能完全辨认自己的行为，要求宣告该当事人无民事行为能力或者限制民事行为能力的，应由利害关系人或者有关组织向人民法院提出申请，由受诉人民法院按照特别程序立案审理，原诉讼中止。

第三百四十八条　认定财产无主案件，公告期间有人对财产提出请求的，人民法院应当裁定终结特别程序，告知申请人另行起诉，适用普通程序审理。

第三百四十九条　被指定的监护人不服居民委员会、村民委员会或者民政部门指定，应当自接到通知之日起三十日内向人民法院提出异议。经审理，认为指定并无不当的，裁定驳回异议；指定不当的，判决撤销指定，同时另行指定监护人。判决书应当送达异议人、原指定单位及判决指定的监护人。

有关当事人依照民法典第三十一条第一款规定直接向人民法院申请指定监护人的，适用特别程序审理，判决指定监护人。判决书应当送达申请人、判决指定的监护人。

第三百五十条　申请认定公民无民事行为能力或者限制民事行为能力的案

件，被申请人没有近亲属的，人民法院可以指定经被申请人住所地的居民委员会、村民委员会或者民政部门同意，且愿意担任代理人的个人或者组织为代理人。

没有前款规定的代理人的，由被申请人住所地的居民委员会、村民委员会或者民政部门担任代理人。

代理人可以是一人，也可以是同一顺序中的两人。

第三百五十一条　申请司法确认调解协议的，双方当事人应当本人或者由符合民事诉讼法第六十一条规定的代理人依照民事诉讼法第二百零一条的规定提出申请。

第三百五十二条　调解组织自行开展的调解，有两个以上调解组织参与的，符合民事诉讼法第二百零一条规定的各调解组织所在地人民法院均有管辖权。

双方当事人可以共同向符合民事诉讼法第二百零一条规定的其中一个有管辖权的人民法院提出申请；双方当事人共同向两个以上有管辖权的人民法院提出申请的，由最先立案的人民法院管辖。

第三百五十三条　当事人申请司法确认调解协议，可以采用书面形式或者口头形式。当事人口头申请的，人民法院应当记入笔录，并由当事人签名、捺印或者盖章。

第三百五十四条　当事人申请司法确认调解协议，应当向人民法院提交调解协议、调解组织主持调解的证明，以及与调解协议相关的财产权利证明等材料，并提供双方当事人的身份、住所、联系方式等基本信息。

当事人未提交上述材料的，人民法院应当要求当事人限期补交。

第三百五十五条　当事人申请司法确认调解协议，有下列情形之一的，人民法院裁定不予受理：

（一）不属于人民法院受理范围的；

（二）不属于收到申请的人民法院管辖的；

（三）申请确认婚姻关系、亲子关系、收养关系等身份关系无效、有效或者解除的；

（四）涉及适用其他特别程序、公示催告程序、破产程序审理的；

（五）调解协议内容涉及物权、知识产权确权的。

人民法院受理申请后，发现有上述不予受理情形的，应当裁定驳回当事人的申请。

第三百五十六条　人民法院审查相关情况时，应当通知双方当事人共同到场对案件进行核实。

人民法院经审查，认为当事人的陈述或者提供的证明材料不充分、不完备或者有疑义的，可以要求当事人限期补充陈述或者补充证明材料。必要时，人民法院可以向调解组织核实有关情况。

第三百五十七条　确认调解协议的裁定作出前，当事人撤回申请的，人民法院可以裁定准许。

当事人无正当理由未在限期内补充陈述、补充证明材料或者拒不接受询问的，人民法院可以按撤回申请处理。

第三百五十八条　经审查，调解协议有下列情形之一的，人民法院应当裁定驳回申请：

（一）违反法律强制性规定的；

（二）损害国家利益、社会公共利益、他人合法权益的；

（三）违背公序良俗的；

（四）违反自愿原则的；

（五）内容不明确的；

（六）其他不能进行司法确认的情形。

第三百五十九条　民事诉讼法第二百零三条规定的担保物权人，包括抵押权人、质权人、留置权人；其他有权请求实现担保物权的人，包括抵押人、出质人、财产被留置的债务人或者所有权人等。

第三百六十条　实现票据、仓单、提单等有权利凭证的权利质权案件，可以由权利凭证持有人住所地人民法院管辖；无权利凭证的权利质权，由出质登记地人民法院管辖。

第三百六十一条　实现担保物权案件属于海事法院等专门人民法院管辖的，由专门人民法院管辖。

第三百六十二条　同一债权的担保物有多个且所在地不同，申请人分别向有管辖权的人民法院申请实现担保物权的，人民法院应当依法受理。

第三百六十三条　依照民法典第三百九十二条的规定，被担保的债权既有物的担保又有人的担保，当事人对实现担保物权的顺序有约定，实现担保物权的申请违反该约定的，人民法院裁定不予受理；没有约定或者约定不明的，人民法院应当受理。

第三百六十四条　同一财产上设立多个担保物权，登记在先的担保物权尚未实现的，不影响后顺位的担保物权人向人民法院申请实现担保物权。

第三百六十五条　申请实现担保物权，应当提交下列材料：

（一）申请书。申请书应当记明申请人、被申请人的姓名或者名称、联系方式等基本信息，具体的请求和事实、理由；

（二）证明担保物权存在的材料，包括主合同、担保合同、抵押登记证明或者他项权利证书，权利质权的权利凭证或者质权出质登记证明等；

（三）证明实现担保物权条件成就的材料；

（四）担保财产现状的说明；

（五）人民法院认为需要提交的其他材料。

第三百六十六条　人民法院受理申请后，应当在五日内向被申请人送达申请书副本、异议权利告知书等文书。

被申请人有异议的，应当在收到人民法院通知后的五日内向人民法院提出，同时说明理由并提供相应的证据材料。

第三百六十七条　实现担保物权案件可以由审判员一人独任审查。担保财产标的额超过基层人民法院管辖范围的，应当组成合议庭进行审查。

第三百六十八条　人民法院审查实现担保物权案件，可以询问申请人、被申请人、利害关系人，必要时可以依职权调查相关事实。

第三百六十九条　人民法院应当就主合同的效力、期限、履行情况，担保物权是否有效设立、担保财产的范围、被担保的债权范围、被担保的债权是否已届清偿期等担保物权实现的条件，以及是否损害他人合法权益等内容进行审查。

被申请人或者利害关系人提出异议的，人民法院应当一并审查。

第三百七十条　人民法院审查后，按下列情形分别处理：

（一）当事人对实现担保物权无实质性争议且实现担保物权条件成就的，裁定准许拍卖、变卖担保财产；

（二）当事人对实现担保物权有部分实质性争议的，可以就无争议部分裁定准许拍卖、变卖担保财产；

（三）当事人对实现担保物权有实质性争议的，裁定驳回申请，并告知申请人向人民法院提起诉讼。

第三百七十一条　人民法院受理申请后，申请人对担保财产提出保全申请的，可以按照民事诉讼法关于诉讼保全的规定办理。

第三百七十二条　适用特别程序作出的判决、裁定，当事人、利害关系人认为有错误的，可以向作出该判决、裁定的人民法院提出异议。人民法院经审查，异议成立或者部分成立的，作出新的判决、裁定撤销或者改变原判决、裁定；异议不成立的，裁定驳回。

对人民法院作出的确认调解协议、准许实现担保物权的裁定，当事人有异议的，应当自收到裁定之日起十五日内提出；利害关系人有异议的，自知道或者应当知道其民事权益受到侵害之日起六个月内提出。

十八、审判监督程序

第三百七十三条　当事人死亡或者终止的，其权利义务承继者可以根据民事诉讼法第二百零六条、第二百零八条的规定申请再审。

判决、调解书生效后，当事人将判决、调解书确认的债权转让，债权受让人对该判决、调解书不服申请再审的，人民法院不予受理。

第三百七十四条　民事诉讼法第二百零六条规定的人数众多的一方当事人，包括公民、法人和其他组织。

民事诉讼法第二百零六条规定的当事人双方为公民的案件，是指原告和被告均为公民的案件。

第三百七十五条　当事人申请再审，应当提交下列材料：

（一）再审申请书，并按照被申请人和原审其他当事人的人数提交副本；

（二）再审申请人是自然人的，应当提交身份证明；再审申请人是法人或者其他组织的，应当提交营业执照、组织机构代码证书、法定代表人或者主要负责人身份证明书。委托他人代为申请的，应当提交授权委托书和代理人身份证明；

（三）原审判决书、裁定书、调解书；

（四）反映案件基本事实的主要证据及其他材料。

前款第二项、第三项、第四项规定的材料可以是与原件核对无异的复印件。

第三百七十六条　再审申请书应当记明下列事项：

（一）再审申请人与被申请人及原审其他当事人的基本信息；

（二）原审人民法院的名称，原审裁判文书案号；

（三）具体的再审请求；

（四）申请再审的法定情形及具体事实、理由。

再审申请书应当明确申请再审的人民法院，并由再审申请人签名、捺印或者盖章。

第三百七十七条　当事人一方人数众多或者当事人双方为公民的案件，当事人分别向原审人民法院和上一级人民法院申请再审且不能协商一致的，由原审人民法院受理。

第三百七十八条　适用特别程序、督促程序、公示催告程序、破产程序等非讼程序审理的案件，当事人不得申请再审。

第三百七十九条　当事人认为发生法律效力的不予受理、驳回起诉的裁定错误的，可以申请再审。

第三百八十条　当事人就离婚案件中的财产分割问题申请再审，如涉及判决中已分割的财产，人民法院应当依照民事诉讼法第二百零七条的规定进行审查，符合再审条件的，应当裁定再审；如涉及判决中未作处理的夫妻共同财产，应当告知当事人另行起诉。

第三百八十一条　当事人申请再审，有下列情形之一的，人民法院不予受理：

（一）再审申请被驳回后再次提出申请的；

（二）对再审判决、裁定提出申请的；

（三）在人民检察院对当事人的申请作出不予提出再审检察建议或者抗诉决定后又提出申请的。

前款第一项、第二项规定情形，人民法院应当告知当事人可以向人民检察院申请再审检察建议或者抗诉，但因人民检察院提出再审检察建议或者抗诉而再审作出的判决、裁定除外。

第三百八十二条　当事人对已经发生法律效力的调解书申请再审，应当在调解书发生法律效力后六个月内提出。

第三百八十三条　人民法院应当自收到符合条件的再审申请书等材料之日起五日内向再审申请人发送受理通知书，并向被申请人及原审其他当事人发送应诉通知书、再审申请书副本等材料。

第三百八十四条　人民法院受理申请再审案件后，应当依照民事诉讼法第二百零七条、第二百零八条、第二百一十一条等规定，对当事人主张的再审事由进行审查。

第三百八十五条　再审申请人提供的新的证据，能够证明原判决、裁定认定基本事实或者裁判结果错误的，应当认定为民事诉讼法第二百零七条第一项规定的情形。

对于符合前款规定的证据，人民法院应当责令再审申请人说明其逾期提供该证据的理由；拒不说明理由或者理由不成立的，依照民事诉讼法第六十八条第二款和本解释第一百零二条的规定处理。

第三百八十六条　再审申请人证明其提交的新的证据符合下列情形之一的，可以认定逾期提供证据的理由成立：

（一）在原审庭审结束前已经存在，因客观原因于庭审结束后才发现的；

（二）在原审庭审结束前已经发现，但因客观原因无法取得或者在规定的期限内不能提供的；

（三）在原审庭审结束后形成，无法据此另行提起诉讼的。

再审申请人提交的证据在原审中已经提供，原审人民法院未组织质证且未作为裁判根据的，视为逾期提供证据的理由成立，但原审人民法院依照民事诉讼法第六十八条规定不予采纳的除外。

第三百八十七条　当事人对原判决、裁定认定事实的主要证据在原审中拒绝发表质证意见或者质证中未对证据发表质证意见的，不属于民事诉讼法第二百零七条第四项规定的未经质证的情形。

第三百八十八条　有下列情形之一，导致判决、裁定结果错误的，应当认定为民事诉讼法第二百零七条第六项规定的原判决、裁定适用法律确有错误：

（一）适用的法律与案件性质明显不符的；

（二）确定民事责任明显违背当事人约定或者法律规定的；

（三）适用已经失效或者尚未施行的法律的；

（四）违反法律溯及力规定的；

（五）违反法律适用规则的；

（六）明显违背立法原意的。

第三百八十九条　原审开庭过程中有下列情形之一的，应当认定为民事诉讼法第二百零七条第九项规定的剥夺当事人辩论权利：

（一）不允许当事人发表辩论意见的；

（二）应当开庭审理而未开庭审理的；

（三）违反法律规定送达起诉状副本或者上诉状副本，致使当事人无法行使辩论权利的；

（四）违法剥夺当事人辩论权利的其他情形。

第三百九十条　民事诉讼法第二百零七条第十一项规定的诉讼请求，包括一审诉讼请求、二审上诉请求，但当事人未对一审判决、裁定遗漏或者超出诉讼请求提起上诉的除外。

第三百九十一条　民事诉讼法第二百零七条第十二项规定的法律文书包括：

（一）发生法律效力的判决书、裁定书、调解书；

（二）发生法律效力的仲裁裁决书；

（三）具有强制执行效力的公证债权文书。

第三百九十二条　民事诉讼法第二百零七条第十三项规定的审判人员审理该案件时有贪污受贿、徇私舞弊、枉法裁判行为，是指已经由生效刑事法律文书或者纪律处分决定所确认的行为。

第三百九十三条　当事人主张的再审事由成立，且符合民事诉讼法和本解释规定的申请再审条件的，人民法院应当裁定再审。

当事人主张的再审事由不成立，或者当事人申请再审超过法定申请再审期限、超出法定再审事由范围等不符合民事诉讼法和本解释规定的申请再审条件的，人民法院应当裁定驳回再审申请。

第三百九十四条　人民法院对已经发生法律效力的判决、裁定、调解书依法决定再审，依照民事诉讼法第二百一十三条规定，需要中止执行的，应当在再审裁定中同时写明中止原判决、裁定、调解书的执行；情况紧急的，可以将中止执行裁定口头通知负责执行的人民法院，并在通知后十日内发出裁定书。

第三百九十五条 人民法院根据审查案件的需要决定是否询问当事人。新的证据可能推翻原判决、裁定的，人民法院应当询问当事人。

第三百九十六条 审查再审申请期间，被申请人及原审其他当事人依法提出再审申请的，人民法院应当将其列为再审申请人，对其再审事由一并审查，审查期限重新计算。经审查，其中一方再审申请人主张的再审事由成立的，应当裁定再审。各方再审申请人主张的再审事由均不成立的，一并裁定驳回再审申请。

第三百九十七条 审查再审申请期间，再审申请人申请人民法院委托鉴定、勘验的，人民法院不予准许。

第三百九十八条 审查再审申请期间，再审申请人撤回再审申请的，是否准许，由人民法院裁定。

再审申请人经传票传唤，无正当理由拒不接受询问的，可以按撤回再审申请处理。

第三百九十九条 人民法院准许撤回再审申请或者按撤回再审申请处理后，再审申请人再次申请再审的，不予受理，但有民事诉讼法第二百零七条第一项、第三项、第十二项、第十三项规定情形，自知道或者应当知道之日起六个月内提出的除外。

第四百条 再审申请审查期间，有下列情形之一的，裁定终结审查：

（一）再审申请人死亡或者终止，无权利义务承继者或者权利义务承继者声明放弃再审申请的；

（二）在给付之诉中，负有给付义务的被申请人死亡或者终止，无可供执行的财产，也没有应当承担义务的人的；

（三）当事人达成和解协议且已履行完毕的，但当事人在和解协议中声明不放弃申请再审权利的除外；

（四）他人未经授权以当事人名义申请再审的；

（五）原审或者上一级人民法院已经裁定再审的；

（六）有本解释第三百八十一条第一款规定情形的。

第四百零一条 人民法院审理再审案件应当组成合议庭开庭审理，但按照第二审程序审理，有特殊情况或者双方当事人已经通过其他方式充分表达意见，且书面同意不开庭审理的除外。

符合缺席判决条件的，可以缺席判决。

第四百零二条　人民法院开庭审理再审案件，应当按照下列情形分别进行：

（一）因当事人申请再审的，先由再审申请人陈述再审请求及理由，后由被申请人答辩、其他原审当事人发表意见；

（二）因抗诉再审的，先由抗诉机关宣读抗诉书，再由申请抗诉的当事人陈述，后由被申请人答辩、其他原审当事人发表意见；

（三）人民法院依职权再审，有申诉人的，先由申诉人陈述再审请求及理由，后由被申诉人答辩、其他原审当事人发表意见；

（四）人民法院依职权再审，没有申诉人的，先由原审原告或者原审上诉人陈述，后由原审其他当事人发表意见。

对前款第一项至第三项规定的情形，人民法院应当要求当事人明确其再审请求。

第四百零三条　人民法院审理再审案件应当围绕再审请求进行。当事人的再审请求超出原审诉讼请求的，不予审理；符合另案诉讼条件的，告知当事人可以另行起诉。

被申请人及原审其他当事人在庭审辩论结束前提出的再审请求，符合民事诉讼法第二百一十二条规定的，人民法院应当一并审理。

人民法院经再审，发现已经发生法律效力的判决、裁定损害国家利益、社会公共利益、他人合法权益的，应当一并审理。

第四百零四条　再审审理期间，有下列情形之一的，可以裁定终结再审程序：

（一）再审申请人在再审期间撤回再审请求，人民法院准许的；

（二）再审申请人经传票传唤，无正当理由拒不到庭的，或者未经法庭许可中途退庭，按撤回再审请求处理的；

（三）人民检察院撤回抗诉的；

（四）有本解释第四百条第一项至第四项规定情形的。

因人民检察院提出抗诉裁定再审的案件，申请抗诉的当事人有前款规定的情形，且不损害国家利益、社会公共利益或者他人合法权益的，人民法院应当裁定终结再审程序。

再审程序终结后，人民法院裁定中止执行的原生效判决自动恢复执行。

第四百零五条　人民法院经再审审理认为，原判决、裁定认定事实清楚、适用法律正确的，应予维持；原判决、裁定认定事实、适用法律虽有瑕疵，但裁判结果正确的，应当在再审判决、裁定中纠正瑕疵后予以维持。

原判决、裁定认定事实、适用法律错误，导致裁判结果错误的，应当依法改判、撤销或者变更。

第四百零六条　按照第二审程序再审的案件，人民法院经审理认为不符合民事诉讼法规定的起诉条件或者符合民事诉讼法第一百二十七条规定不予受理情形的，应当裁定撤销一、二审判决，驳回起诉。

第四百零七条　人民法院对调解书裁定再审后，按照下列情形分别处理：

（一）当事人提出的调解违反自愿原则的事由不成立，且调解书的内容不违反法律强制性规定的，裁定驳回再审申请；

（二）人民检察院抗诉或者再审检察建议所主张的损害国家利益、社会公共利益的理由不成立的，裁定终结再审程序。

前款规定情形，人民法院裁定中止执行的调解书需要继续执行的，自动恢复执行。

第四百零八条　一审原告在再审审理程序中申请撤回起诉，经其他当事人同意，且不损害国家利益、社会公共利益、他人合法权益的，人民法院可以准许。裁定准许撤诉的，应当一并撤销原判决。

一审原告在再审审理程序中撤回起诉后重复起诉的，人民法院不予受理。

第四百零九条　当事人提交新的证据致使再审改判，因再审申请人或者申请检察监督当事人的过错未能在原审程序中及时举证，被申请人等当事人请求补偿其增加的交通、住宿、就餐、误工等必要费用的，人民法院应予支持。

第四百一十条　部分当事人到庭并达成调解协议，其他当事人未作出书面表示的，人民法院应当在判决中对该事实作出表述；调解协议内容不违反法律规定，且不损害其他当事人合法权益的，可以在判决主文中予以确认。

第四百一十一条　人民检察院依法对损害国家利益、社会公共利益的发生法律效力的判决、裁定、调解书提出抗诉，或者经人民检察院检察委员会讨论决定提出再审检察建议的，人民法院应予受理。

第四百一十二条 人民检察院对已经发生法律效力的判决以及不予受理、驳回起诉的裁定依法提出抗诉的，人民法院应予受理，但适用特别程序、督促程序、公示催告程序、破产程序以及解除婚姻关系的判决、裁定等不适用审判监督程序的判决、裁定除外。

第四百一十三条 人民检察院依照民事诉讼法第二百一十六条第一款第三项规定对有明显错误的再审判决、裁定提出抗诉或者再审检察建议的，人民法院应予受理。

第四百一十四条 地方各级人民检察院依当事人的申请对生效判决、裁定向同级人民法院提出再审检察建议，符合下列条件的，应予受理：

（一）再审检察建议书和原审当事人申请书及相关证据材料已经提交；

（二）建议再审的对象为依照民事诉讼法和本解释规定可以进行再审的判决、裁定；

（三）再审检察建议书列明该判决、裁定有民事诉讼法第二百一十五条第二款规定情形；

（四）符合民事诉讼法第二百一十六条第一款第一项、第二项规定情形；

（五）再审检察建议经该人民检察院检察委员会讨论决定。

不符合前款规定的，人民法院可以建议人民检察院予以补正或者撤回；不予补正或者撤回的，应当函告人民检察院不予受理。

第四百一十五条 人民检察院依当事人的申请对生效判决、裁定提出抗诉，符合下列条件的，人民法院应当在三十日内裁定再审：

（一）抗诉书和原审当事人申请书及相关证据材料已经提交；

（二）抗诉对象为依照民事诉讼法和本解释规定可以进行再审的判决、裁定；

（三）抗诉书列明该判决、裁定有民事诉讼法第二百一十五条第一款规定情形；

（四）符合民事诉讼法第二百一十六条第一款第一项、第二项规定情形。

不符合前款规定的，人民法院可以建议人民检察院予以补正或者撤回；不予补正或者撤回的，人民法院可以裁定不予受理。

第四百一十六条 当事人的再审申请被上级人民法院裁定驳回后，人民检察院对原判决、裁定、调解书提出抗诉，抗诉事由符合民事诉讼法第二百零七条第一项至第五项规定情形之一的，受理抗诉的人民法院可以交由下一级人民法院再审。

第四百一十七条 人民法院收到再审检察建议后，应当组成合议庭，在三个月内进行审查，发现原判决、裁定、调解书确有错误，需要再审的，依照民事诉讼法第二百零五条规定裁定再审，并通知当事人；经审查，决定不予再审的，应当书面回复人民检察院。

第四百一十八条 人民法院审理因人民检察院抗诉或者检察建议裁定再审的案件，不受此前已经作出的驳回当事人再审申请裁定的影响。

第四百一十九条 人民法院开庭审理抗诉案件，应当在开庭三日前通知人民检察院、当事人和其他诉讼参与人。同级人民检察院或者提出抗诉的人民检察院应当派员出庭。

人民检察院因履行法律监督职责向当事人或者案外人调查核实的情况，应当向法庭提交并予以说明，由双方当事人进行质证。

第四百二十条 必须共同进行诉讼的当事人因不能归责于本人或者其诉讼代理人的事由未参加诉讼的，可以根据民事诉讼法第二百零七条第八项规定，自知道或者应当知道之日起六个月内申请再审，但符合本解释第四百二十一条规定情形的除外。

人民法院因前款规定的当事人申请而裁定再审，按照第一审程序再审的，应当追加其为当事人，作出新的判决、裁定；按照第二审程序再审，经调解不能达成协议的，应当撤销原判决、裁定，发回重审，重审时应追加其为当事人。

第四百二十一条 根据民事诉讼法第二百三十四条规定，案外人对驳回其执行异议的裁定不服，认为原判决、裁定、调解书内容错误损害其民事权益的，可以自执行异议裁定送达之日起六个月内，向作出原判决、裁定、调解书的人民法院申请再审。

第四百二十二条 根据民事诉讼法第二百三十四条规定，人民法院裁定再审后，案外人属于必要的共同诉讼当事人的，依照本解释第四百二十条第二款规定处理。

案外人不是必要的共同诉讼当事人的，人民法院仅审理原判决、裁定、调解书对其民事权益造成损害的内容。经审理，再审请求成立的，撤销或者改变原判决、裁定、调解书；再审请求不成立的，维持原判决、裁定、调解书。

第四百二十三条　本解释第三百三十八条规定适用于审判监督程序。

第四百二十四条　对小额诉讼案件的判决、裁定，当事人以民事诉讼法第二百零七条规定的事由向原审人民法院申请再审的，人民法院应当受理。申请再审事由成立的，应当裁定再审，组成合议庭进行审理。作出的再审判决、裁定，当事人不得上诉。

当事人以不应按小额诉讼案件审理为由向原审人民法院申请再审的，人民法院应当受理。理由成立的，应当裁定再审，组成合议庭审理。作出的再审判决、裁定，当事人可以上诉。

十九、督 促 程 序

第四百二十五条　两个以上人民法院都有管辖权的，债权人可以向其中一个基层人民法院申请支付令。

债权人向两个以上有管辖权的基层人民法院申请支付令的，由最先立案的人民法院管辖。

第四百二十六条　人民法院收到债权人的支付令申请书后，认为申请书不符合要求的，可以通知债权人限期补正。人民法院应当自收到补正材料之日起五日内通知债权人是否受理。

第四百二十七条　债权人申请支付令，符合下列条件的，基层人民法院应当受理，并在收到支付令申请书后五日内通知债权人：

（一）请求给付金钱或者汇票、本票、支票、股票、债券、国库券、可转让的存款单等有价证券；

（二）请求给付的金钱或者有价证券已到期且数额确定，并写明了请求所根据的事实、证据；

（三）债权人没有对待给付义务；

（四）债务人在我国境内且未下落不明；

（五）支付令能够送达债务人；

（六）收到申请书的人民法院有管辖权；

（七）债权人未向人民法院申请诉前保全。

不符合前款规定的，人民法院应当在收到支付令申请书后五日内通知债权人不予受理。

基层人民法院受理申请支付令案件，不受债权金额的限制。

第四百二十八条　人民法院受理申请后，由审判员一人进行审查。经审查，有下列情形之一的，裁定驳回申请：

（一）申请人不具备当事人资格的；

（二）给付金钱或者有价证券的证明文件没有约定逾期给付利息或者违约金、赔偿金，债权人坚持要求给付利息或者违约金、赔偿金的；

（三）要求给付的金钱或者有价证券属于违法所得的；

（四）要求给付的金钱或者有价证券尚未到期或者数额不确定的。

人民法院受理支付令申请后，发现不符合本解释规定的受理条件的，应当在受理之日起十五日内裁定驳回申请。

第四百二十九条　向债务人本人送达支付令，债务人拒绝接收的，人民法院可以留置送达。

第四百三十条　有下列情形之一的，人民法院应当裁定终结督促程序，已发出支付令的，支付令自行失效：

（一）人民法院受理支付令申请后，债权人就同一债权债务关系又提起诉讼的；

（二）人民法院发出支付令之日起三十日内无法送达债务人的；

（三）债务人收到支付令前，债权人撤回申请的。

第四百三十一条　债务人在收到支付令后，未在法定期间提出书面异议，而向其他人民法院起诉的，不影响支付令的效力。

债务人超过法定期间提出异议的，视为未提出异议。

第四百三十二条　债权人基于同一债权债务关系，在同一支付令申请中向债务人提出多项支付请求，债务人仅就其中一项或者几项请求提出异议的，不影响其他各项请求的效力。

第四百三十三条　债权人基于同一债权债务关系，就可分之债向多个债务人提出支付请求，多个债务人中的一人或者几人提出异议的，不影响其他请求的效力。

第四百三十四条　对设有担保的债务的主债务人发出的支付令，对担保人没有拘束力。

债权人就担保关系单独提起诉讼的，支付令自人民法院受理案件之日起失效。

第四百三十五条　经形式审查，债务人提出的书面异议有下列情形之一的，应当认定异议成立，裁定终结督促程序，支付令自行失效：

（一）本解释规定的不予受理申请情形的；

（二）本解释规定的裁定驳回申请情形的；

（三）本解释规定的应当裁定终结督促程序情形的；

（四）人民法院对是否符合发出支付令条件产生合理怀疑的。

第四百三十六条　债务人对债务本身没有异议，只是提出缺乏清偿能力、延缓债务清偿期限、变更债务清偿方式等异议的，不影响支付令的效力。

人民法院经审查认为异议不成立的，裁定驳回。

债务人的口头异议无效。

第四百三十七条　人民法院作出终结督促程序或者驳回异议裁定前，债务人请求撤回异议的，应当裁定准许。

债务人对撤回异议反悔的，人民法院不予支持。

第四百三十八条　支付令失效后，申请支付令的一方当事人不同意提起诉讼的，应当自收到终结督促程序裁定之日起七日内向受理申请的人民法院提出。

申请支付令的一方当事人不同意提起诉讼的，不影响其向其他有管辖权的人民法院提起诉讼。

第四百三十九条　支付令失效后，申请支付令的一方当事人自收到终结督促程序裁定之日起七日内未向受理申请的人民法院表明不同意提起诉讼的，视为向受理申请的人民法院起诉。

债权人提出支付令申请的时间，即为向人民法院起诉的时间。

第四百四十条　债权人向人民法院申请执行支付令的期间，适用民事诉讼法第二百四十六条的规定。

第四百四十一条　人民法院院长发现本院已经发生法律效力的支付令确有错误，认为需要撤销的，应当提交本院审判委员会讨论决定后，裁定撤销支付令，驳回债权人的申请。

二十、公示催告程序

第四百四十二条　民事诉讼法第二百二十五条规定的票据持有人，是指票据被盗、遗失或者灭失前的最后持有人。

第四百四十三条　人民法院收到公示催告的申请后，应当立即审查，并决定是否受理。经审查认为符合受理条件的，通知予以受理，并同时通知支付人停止支付；认为不符合受理条件的，七日内裁定驳回申请。

第四百四十四条　因票据丧失，申请公示催告的，人民法院应结合票据存根、丧失票据的复印件、出票人关于签发票据的证明、申请人合法取得票据的证明、银行挂失止付通知书、报案证明等证据，决定是否受理。

第四百四十五条　人民法院依照民事诉讼法第二百二十六条规定发出的受理申请的公告，应当写明下列内容：

（一）公示催告申请人的姓名或者名称；

（二）票据的种类、号码、票面金额、出票人、背书人、持票人、付款期限等事项以及其他可以申请公示催告的权利凭证的种类、号码、权利范围、权利人、义务人、行权日期等事项；

（三）申报权利的期间；

（四）在公示催告期间转让票据等权利凭证，利害关系人不申报的法律后果。

第四百四十六条　公告应当在有关报纸或者其他媒体上刊登，并于同日公布于人民法院公告栏内。人民法院所在地有证券交易所的，还应当同日在该交易所公布。

第四百四十七条　公告期间不得少于六十日，且公示催告期间届满日不得早于票据付款日后十五日。

第四百四十八条　在申报期届满后、判决作出之前，利害关系人申报权利的，应当适用民事诉讼法第二百二十八条第二款、第三款规定处理。

第四百四十九条　利害关系人申报权利，人民法院应当通知其向法院出示票据，并通知公示催告申请人在指定的期间查看该票据。公示催告申请人申请公示催告的票据与利害关系人出示的票据不一致的，应当裁定驳回利害关系人的申报。

第四百五十条　在申报权利的期间无人申报权利，或者申报被驳回的，申请人应当自公示催告期间届满之日起一个月内申请作出判决。逾期不申请判决的，终结公示催告程序。

裁定终结公示催告程序的，应当通知申请人和支付人。

第四百五十一条　判决公告之日起，公示催告申请人有权依据判决向付款人请求付款。

付款人拒绝付款，申请人向人民法院起诉，符合民事诉讼法第一百二十二条规定的起诉条件的，人民法院应予受理。

第四百五十二条　适用公示催告程序审理案件，可由审判员一人独任审理；判决宣告票据无效的，应当组成合议庭审理。

第四百五十三条　公示催告申请人撤回申请，应在公示催告前提出；公示催告期间申请撤回的，人民法院可以径行裁定终结公示催告程序。

第四百五十四条　人民法院依照民事诉讼法第二百二十七条规定通知支付人停止支付，应当符合有关财产保全的规定。支付人收到停止支付通知后拒不止付的，除可依照民事诉讼法第一百一十四条、第一百一十七条规定采取强制措施外，在判决后，支付人仍应承担付款义务。

第四百五十五条　人民法院依照民事诉讼法第二百二十八条规定终结公示催告程序后，公示催告申请人或者申报人向人民法院提起诉讼，因票据权利纠纷提起的，由票据支付地或者被告住所地人民法院管辖；因非票据权利纠纷提起的，由被告住所地人民法院管辖。

第四百五十六条　依照民事诉讼法第二百二十八条规定制作的终结公示催告程序的裁定书，由审判员、书记员署名，加盖人民法院印章。

第四百五十七条　依照民事诉讼法第二百三十条的规定，利害关系人向人民法院起诉的，人民法院可按票据纠纷适用普通程序审理。

第四百五十八条　民事诉讼法第二百三十条规定的正当理由，包括：

（一）因发生意外事件或者不可抗力致使利害关系人无法知道公告事实的；

（二）利害关系人因被限制人身自由而无法知道公告事实，或者虽然知道公告事实，但无法自己或者委托他人代为申报权利的；

（三）不属于法定申请公示催告情形的；

（四）未予公告或者未按法定方式公告的；

（五）其他导致利害关系人在判决作出前未能向人民法院申报权利的客观事由。

第四百五十九条　根据民事诉讼法第二百三十条的规定，利害关系人请求人民法院撤销除权判决的，应当将申请人列为被告。

利害关系人仅诉请确认其为合法持票人的，人民法院应当在裁判文书中写明，确认利害关系人为票据权利人的判决作出后，除权判决即被撤销。

二十一、执　行　程　序

第四百六十条　发生法律效力的实现担保物权裁定、确认调解协议裁定、支付令，由作出裁定、支付令的人民法院或者与其同级的被执行财产所在地的人民法院执行。

认定财产无主的判决，由作出判决的人民法院将无主财产收归国家或者集体所有。

第四百六十一条　当事人申请人民法院执行的生效法律文书应当具备下列条件：

（一）权利义务主体明确；

（二）给付内容明确。

法律文书确定继续履行合同的，应当明确继续履行的具体内容。

第四百六十二条　根据民事诉讼法第二百三十四条规定，案外人对执行标的提出异议的，应当在该执行标的执行程序终结前提出。

第四百六十三条　案外人对执行标的提出的异议，经审查，按照下列情形分别处理：

（一）案外人对执行标的不享有足以排除强制执行的权益的，裁定驳回其异议；

（二）案外人对执行标的享有足以排除强制执行的权益的，裁定中止执行。

驳回案外人执行异议裁定送达案外人之日起十五日内，人民法院不得对执行标的进行处分。

第四百六十四条　申请执行人与被执行人达成和解协议后请求中止执行或者撤回执行申请的，人民法院可以裁定中止执行或者终结执行。

第四百六十五条　一方当事人不履行或者不完全履行在执行中双方自愿达成的和解协议，对方当事人申请执行原生效法律文书的，人民法院应当恢复执行，但和解协议已履行的部分应当扣除。和解协议已经履行完毕的，人民法院不予恢复执行。

第四百六十六条　申请恢复执行原生效法律文书，适用民事诉讼法第二百四十六条申请执行期间的规定。申请执行期间因达成执行中的和解协议而中断，其期间自和解协议约定履行期限的最后一日起重新计算。

第四百六十七条　人民法院依照民事诉讼法第二百三十八条规定决定暂缓执行的，如果担保是有期限的，暂缓执行的期限应当与担保期限一致，但最长不得超过一年。被执行人或者担保人对担保的财产在暂缓执行期间有转移、隐藏、变卖、毁损等行为的，人民法院可以恢复强制执行。

第四百六十八条　根据民事诉讼法第二百三十八条规定向人民法院提供执行担保的，可以由被执行人或者他人提供财产担保，也可以由他人提供保证。担保人应当具有代为履行或者代为承担赔偿责任的能力。

他人提供执行保证的，应当向执行法院出具保证书，并将保证书副本送交申请执行人。被执行人或者他人提供财产担保的，应当参照民法典的有关规定办理相应手续。

第四百六十九条　被执行人在人民法院决定暂缓执行的期限届满后仍不履行义务的，人民法院可以直接执行担保财产，或者裁定执行担保人的财产，但执行担保人的财产以担保人应当履行义务部分的财产为限。

第四百七十条　依照民事诉讼法第二百三十九条规定，执行中作为被执行人的法人或者其他组织分立、合并的，人民法院可以裁定变更后的法人或者其他组织为被执行人；被注销的，如果依照有关实体法的规定有权利义务承受人的，可以裁定该权利义务承受人为被执行人。

第四百七十一条　其他组织在执行中不能履行法律文书确定的义务的，人民法院可以裁定执行对该其他组织依法承担义务的法人或者公民个人的财产。

第四百七十二条　在执行中，作为被执行人的法人或者其他组织名称变更的，人民法院可以裁定变更后的法人或者其他组织为被执行人。

第四百七十三条　作为被执行人的公民死亡，其遗产继承人没有放弃继承的，人民法院可以裁定变更被执行人，由该继承人在遗产的范围内偿还债务。继承人放弃继承的，人民法院可以直接执行被执行人的遗产。

第四百七十四条　法律规定由人民法院执行的其他法律文书执行完毕后，该法律文书被有关机关或者组织依法撤销的，经当事人申请，适用民事诉讼法第二百四十条规定。

第四百七十五条　仲裁机构裁决的事项，部分有民事诉讼法第二百四十四条第二款、第三款规定情形的，人民法院应当裁定对该部分不予执行。

应当不予执行部分与其他部分不可分的，人民法院应当裁定不予执行仲裁裁决。

第四百七十六条　依照民事诉讼法第二百四十四条第二款、第三款规定，人民法院裁定不予执行仲裁裁决后，当事人对该裁定提出执行异议或者复议的，人民法院不予受理。当事人可以就该民事纠纷重新达成书面仲裁协议申请仲裁，也可以向人民法院起诉。

第四百七十七条　在执行中，被执行人通过仲裁程序将人民法院查封、扣押、冻结的财产确权或者分割给案外人的，不影响人民法院执行程序的进行。

案外人不服的，可以根据民事诉讼法第二百三十四条规定提出异议。

第四百七十八条　有下列情形之一的，可以认定为民事诉讼法第二百四十五条第二款规定的公证债权文书确有错误：

（一）公证债权文书属于不得赋予强制执行效力的债权文书的；

（二）被执行人一方未亲自或者未委托代理人到场公证等严重违反法律规定的公证程序的；

（三）公证债权文书的内容与事实不符或者违反法律强制性规定的；

（四）公证债权文书未载明被执行人不履行义务或者不完全履行义务时同意接受强制执行的。

人民法院认定执行该公证债权文书违背社会公共利益的，裁定不予执行。

公证债权文书被裁定不予执行后，当事人、公证事项的利害关系人可以就债权争议提起诉讼。

第四百七十九条　当事人请求不予执行仲裁裁决或者公证债权文书的，应当在执行终结前向执行法院提出。

第四百八十条　人民法院应当在收到申请执行书或者移交执行书后十日内发出执行通知。

执行通知中除应责令被执行人履行法律文书确定的义务外，还应通知其承担民事诉讼法第二百六十条规定的迟延履行利息或者迟延履行金。

第四百八十一条　申请执行人超过申请执行时效期间向人民法院申请强制执行的，人民法院应予受理。被执行人对申请执行时效期间提出异议，人民法院经审查异议成立的，裁定不予执行。

被执行人履行全部或者部分义务后，又以不知道申请执行时效期间届满为由请求执行回转的，人民法院不予支持。

第四百八十二条　对必须接受调查询问的被执行人、被执行人的法定代表人、负责人或者实际控制人，经依法传唤无正当理由拒不到场的，人民法院可以拘传其到场。

人民法院应当及时对被拘传人进行调查询问，调查询问的时间不得超过八小时；情况复杂，依法可能采取拘留措施的，调查询问的时间不得超过二十四小时。

人民法院在本辖区以外采取拘传措施时，可以将被拘传人拘传到当地人民法院，当地人民法院应予协助。

第四百八十三条　人民法院有权查询被执行人的身份信息与财产信息，掌握相关信息的单位和个人必须按照协助执行通知书办理。

第四百八十四条　对被执行的财产，人民法院非经查封、扣押、冻结不得处分。对银行存款等各类可以直接扣划的财产，人民法院的扣划裁定同时具有冻结的法律效力。

第四百八十五条　人民法院冻结被执行人的银行存款的期限不得超过一年，查封、扣押动产的期限不得超过两年，查封不动产、冻结其他财产权的期限不得超过三年。

申请执行人申请延长期限的，人民法院应当在查封、扣押、冻结期限届满前办理续行查封、扣押、冻结手续，续行期限不得超过前款规定的期限。

人民法院也可以依职权办理续行查封、扣押、冻结手续。

第四百八十六条　依照民事诉讼法第二百五十四条规定，人民法院在执行中需要拍卖被执行人财产的，可以由人民法院自行组织拍卖，也可以交由具备相应资质的拍卖机构拍卖。

交拍卖机构拍卖的，人民法院应当对拍卖活动进行监督。

第四百八十七条　拍卖评估需要对现场进行检查、勘验的，人民法院应当责令被执行人、协助义务人予以配合。被执行人、协助义务人不予配合的，人民法院可以强制进行。

第四百八十八条　人民法院在执行中需要变卖被执行人财产的，可以交有关单位变卖，也可以由人民法院直接变卖。

对变卖的财产，人民法院或者其工作人员不得买受。

第四百八十九条　经申请执行人和被执行人同意，且不损害其他债权人合法权益和社会公共利益的，人民法院可以不经拍卖、变卖，直接将被执行人的财产作价交申请执行人抵偿债务。对剩余债务，被执行人应当继续清偿。

第四百九十条　被执行人的财产无法拍卖或者变卖的，经申请执行人同意，且不损害其他债权人合法权益和社会公共利益的，人民法院可以将该项财产作价后交付申请执行人抵偿债务，或者交付申请执行人管理；申请执行人拒绝接收或者管理的，退回被执行人。

第四百九十一条　拍卖成交或者依法定程序裁定以物抵债的，标的物所有权自拍卖成交裁定或者抵债裁定送达买受人或者接受抵债物的债权人时转移。

第四百九十二条　执行标的物为特定物的，应当执行原物。原物确已毁损或者灭失的，经双方当事人同意，可以折价赔偿。

双方当事人对折价赔偿不能协商一致的，人民法院应当终结执行程序。申请执行人可以另行起诉。

第四百九十三条　他人持有法律文书指定交付的财物或者票证，人民法院依照民事诉讼法第二百五十六条第二款、第三款规定发出协助执行通知后，拒不转交的，可以强制执行，并可依照民事诉讼法第一百一十七条、第一百一十八条规定处理。

他人持有期间财物或者票证毁损、灭失的，参照本解释第四百九十二条规定处理。

他人主张合法持有财物或者票证的，可以根据民事诉讼法第二百三十四条规定提出执行异议。

第四百九十四条　在执行中，被执行人隐匿财产、会计账簿等资料的，人民法院除可依照民事诉讼法第一百一十四条第一款第六项规定对其处理外，还应责令被执行人交出隐匿的财产、会计账簿等资料。被执行人拒不交出的，人民法院可以采取搜查措施。

第四百九十五条　搜查人员应当按规定着装并出示搜查令和工作证件。

第四百九十六条　人民法院搜查时禁止无关人员进入搜查现场；搜查对象是公民的，应当通知被执行人或者他的成年家属以及基层组织派员到场；搜查对象是法人或者其他组织的，应当通知法定代表人或者主要负责人到场。拒不到场的，不影响搜查。

搜查妇女身体，应当由女执行人员进行。

第四百九十七条　搜查中发现应当依法采取查封、扣押措施的财产，依照民事诉讼法第二百五十二条第二款和第二百五十四条规定办理。

第四百九十八条　搜查应当制作搜查笔录，由搜查人员、被搜查人及其他在场人签名、捺印或者盖章。拒绝签名、捺印或者盖章的，应当记入搜查笔录。

第四百九十九条　人民法院执行被执行人对他人的到期债权，可以作出冻结债权的裁定，并通知该他人向申请执行人履行。

该他人对到期债权有异议，申请执行人请求对异议部分强制执行的，人民法院不予支持。利害关系人对到期债权有异议的，人民法院应当按照民事诉讼法第二百三十四条规定处理。

对生效法律文书确定的到期债权，该他人予以否认的，人民法院不予支持。

第五百条　人民法院在执行中需要办理房产证、土地证、林权证、专利证书、商标证书、车船执照等有关财产权证照转移手续的，可以依照民事诉讼法第二百五十八条规定办理。

第五百零一条　被执行人不履行生效法律文书确定的行为义务，该义务可由他人完成的，人民法院可以选定代履行人；法律、行政法规对履行该行为义务有资格限制的，应当从有资格的人中选定。必要时，可以通过招标的方式确定代履行人。

申请执行人可以在符合条件的人中推荐代履行人，也可以申请自己代为履行，是否准许，由人民法院决定。

第五百零二条　代履行费用的数额由人民法院根据案件具体情况确定，并由被执行人在指定期限内预先支付。被执行人未预付的，人民法院可以对该费用强制执行。

代履行结束后，被执行人可以查阅、复制费用清单以及主要凭证。

第五百零三条　被执行人不履行法律文书指定的行为，且该项行为只能由被执行人完成的，人民法院可以依照民事诉讼法第一百一十四条第一款第六项规定处理。

被执行人在人民法院确定的履行期间内仍不履行的，人民法院可以依照民事诉讼法第一百一十四条第一款第六项规定再次处理。

第五百零四条　被执行人迟延履行的，迟延履行期间的利息或者迟延履行金自判决、裁定和其他法律文书指定的履行期间届满之日起计算。

第五百零五条　被执行人未按判决、裁定和其他法律文书指定的期间履行非金钱给付义务的，无论是否已给申请执行人造成损失，都应当支付迟延履行金。已经造成损失的，双倍补偿申请执行人已经受到的损失；没有造成损失的，迟延履行金可以由人民法院根据具体案件情况决定。

第五百零六条　被执行人为公民或者其他组织，在执行程序开始后，被执行人的其他已经取得执行依据的债权人发现被执行人的财产不能清偿所有债权的，可以向人民法院申请参与分配。

对人民法院查封、扣押、冻结的财产有优先权、担保物权的债权人，可以直接申请参与分配，主张优先受偿权。

第五百零七条　申请参与分配，申请人应当提交申请书。申请书应当写明参与分配和被执行人不能清偿所有债权的事实、理由，并附有执行依据。

参与分配申请应当在执行程序开始后，被执行人的财产执行终结前提出。

第五百零八条　参与分配执行中，执行所得价款扣除执行费用，并清偿应当优先受偿的债权后，对于普通债权，原则上按照其占全部申请参与分配债权数额的比例受偿。清偿后的剩余债务，被执行人应当继续清偿。债权人发现被执行人有其他财产的，可以随时请求人民法院执行。

第五百零九条　多个债权人对执行财产申请参与分配的，执行法院应当制作财产分配方案，并送达各债权人和被执行人。债权人或者被执行人对分配方案有异议的，应当自收到分配方案之日起十五日内向执行法院提出书面异议。

第五百一十条　债权人或者被执行人对分配方案提出书面异议的，执行法院应当通知未提出异议的债权人、被执行人。

未提出异议的债权人、被执行人自收到通知之日起十五日内未提出反对意见的，执行法院依异议人的意见对分配方案审查修正后进行分配；提出反对意见的，应当通知异议人。异议人可以自收到通知之日起十五日内，以提出反对意见的债权人、被执行人为被告，向执行法院提起诉讼；异议人逾期未提起诉讼的，执行法院按照原分配方案进行分配。

诉讼期间进行分配的，执行法院应当提存与争议债权数额相应的款项。

第五百一十一条　在执行中，作为被执行人的企业法人符合企业破产法第二条第一款规定情形的，执行法院经申请执行人之一或者被执行人同意，应当裁定中止对该被执行人的执行，将执行案件相关材料移送被执行人住所地人民法院。

第五百一十二条　被执行人住所地人民法院应当自收到执行案件相关材料之日起三十日内，将是否受理破产案件的裁定告知执行法院。不予受理的，应当将相关案件材料退回执行法院。

第五百一十三条　被执行人住所地人民法院裁定受理破产案件的，执行法院应当解除对被执行人财产的保全措施。被执行人住所地人民法院裁定宣告被执行人破产的，执行法院应当裁定终结对该被执行人的执行。

被执行人住所地人民法院不受理破产案件的，执行法院应当恢复执行。

第五百一十四条　当事人不同意移送破产或者被执行人住所地人民法院不受理破产案件的，执行法院就执行变价所得财产，在扣除执行费用及清偿优先受偿的债权后，对于普通债权，按照财产保全和执行中查封、扣押、冻结财产的先后顺序清偿。

第五百一十五条　债权人根据民事诉讼法第二百六十一条规定请求人民法院

继续执行的，不受民事诉讼法第二百四十六条规定申请执行时效期间的限制。

第五百一十六条　被执行人不履行法律文书确定的义务的，人民法院除对被执行人予以处罚外，还可以根据情节将其纳入失信被执行人名单，将被执行人不履行或者不完全履行义务的信息向其所在单位、征信机构以及其他相关机构通报。

第五百一十七条　经过财产调查未发现可供执行的财产，在申请执行人签字确认或者执行法院组成合议庭审查核实并经院长批准后，可以裁定终结本次执行程序。

依照前款规定终结执行后，申请执行人发现被执行人有可供执行财产的，可以再次申请执行。再次申请不受申请执行时效期间的限制。

第五百一十八条　因撤销申请而终结执行后，当事人在民事诉讼法第二百四十六条规定的申请执行时效期间内再次申请执行的，人民法院应当受理。

第五百一十九条　在执行终结六个月内，被执行人或者其他人对已执行的标的有妨害行为的，人民法院可以依申请排除妨害，并可以依照民事诉讼法第一百一十四条规定进行处罚。因妨害行为给执行债权人或者其他人造成损失的，受害人可以另行起诉。

二十二、涉外民事诉讼程序的特别规定

第五百二十条　有下列情形之一，人民法院可以认定为涉外民事案件：

（一）当事人一方或者双方是外国人、无国籍人、外国企业或者组织的；

（二）当事人一方或者双方的经常居所地在中华人民共和国领域外的；

（三）标的物在中华人民共和国领域外的；

（四）产生、变更或者消灭民事关系的法律事实发生在中华人民共和国领域外的；

（五）可以认定为涉外民事案件的其他情形。

第五百二十一条　外国人参加诉讼，应当向人民法院提交护照等用以证明自己身份的证件。

外国企业或者组织参加诉讼，向人民法院提交的身份证明文件，应当经所在国公证机关公证，并经中华人民共和国驻该国使领馆认证，或者履行中华人民共

和国与该所在国订立的有关条约中规定的证明手续。

代表外国企业或者组织参加诉讼的人，应当向人民法院提交其有权作为代表人参加诉讼的证明，该证明应当经所在国公证机关公证，并经中华人民共和国驻该国使领馆认证，或者履行中华人民共和国与该所在国订立的有关条约中规定的证明手续。

本条所称的"所在国"，是指外国企业或者组织的设立登记地国，也可以是办理了营业登记手续的第三国。

第五百二十二条　依照民事诉讼法第二百七十一条以及本解释第五百二十一条规定，需要办理公证、认证手续，而外国当事人所在国与中华人民共和国没有建立外交关系的，可以经该国公证机关公证，经与中华人民共和国有外交关系的第三国驻该国使领馆认证，再转由中华人民共和国驻该第三国使领馆认证。

第五百二十三条　外国人、外国企业或者组织的代表人在人民法院法官的见证下签署授权委托书，委托代理人进行民事诉讼的，人民法院应予认可。

第五百二十四条　外国人、外国企业或者组织的代表人在中华人民共和国境内签署授权委托书，委托代理人进行民事诉讼，经中华人民共和国公证机构公证的，人民法院应予认可。

第五百二十五条　当事人向人民法院提交的书面材料是外文的，应当同时向人民法院提交中文翻译件。

当事人对中文翻译件有异议的，应当共同委托翻译机构提供翻译文本；当事人对翻译机构的选择不能达成一致的，由人民法院确定。

第五百二十六条　涉外民事诉讼中的外籍当事人，可以委托本国人为诉讼代理人，也可以委托本国律师以非律师身份担任诉讼代理人；外国驻华使领馆官员，受本国公民的委托，可以以个人名义担任诉讼代理人，但在诉讼中不享有外交或者领事特权和豁免。

第五百二十七条　涉外民事诉讼中，外国驻华使领馆授权其本馆官员，在作为当事人的本国国民不在中华人民共和国领域内的情况下，可以以外交代表身份为其本国国民在中华人民共和国聘请中华人民共和国律师或者中华人民共和国公民代理民事诉讼。

第五百二十八条　涉外民事诉讼中，经调解双方达成协议，应当制发调解书。当事人要求发给判决书的，可以依协议的内容制作判决书送达当事人。

第五百二十九条　涉外合同或者其他财产权益纠纷的当事人，可以书面协议选择被告住所地、合同履行地、合同签订地、原告住所地、标的物所在地、侵权行为地等与争议有实际联系地点的外国法院管辖。

根据民事诉讼法第三十四条和第二百七十三条规定，属于中华人民共和国法院专属管辖的案件，当事人不得协议选择外国法院管辖，但协议选择仲裁的除外。

第五百三十条　涉外民事案件同时符合下列情形的，人民法院可以裁定驳回原告的起诉，告知其向更方便的外国法院提起诉讼：

（一）被告提出案件应由更方便外国法院管辖的请求，或者提出管辖异议；

（二）当事人之间不存在选择中华人民共和国法院管辖的协议；

（三）案件不属于中华人民共和国法院专属管辖；

（四）案件不涉及中华人民共和国国家、公民、法人或者其他组织的利益；

（五）案件争议的主要事实不是发生在中华人民共和国境内，且案件不适用中华人民共和国法律，人民法院审理案件在认定事实和适用法律方面存在重大困难；

（六）外国法院对案件享有管辖权，且审理该案件更加方便。

第五百三十一条　中华人民共和国法院和外国法院都有管辖权的案件，一方当事人向外国法院起诉，而另一方当事人向中华人民共和国法院起诉的，人民法院可予受理。判决后，外国法院申请或者当事人请求人民法院承认和执行外国法院对本案作出的判决、裁定的，不予准许；但双方共同缔结或者参加的国际条约另有规定的除外。

外国法院判决、裁定已经被人民法院承认，当事人就同一争议向人民法院起诉的，人民法院不予受理。

第五百三十二条　对在中华人民共和国领域内没有住所的当事人，经用公告方式送达诉讼文书，公告期满不应诉，人民法院缺席判决后，仍应当将裁判文书依照民事诉讼法第二百七十四条第八项规定公告送达。自公告送达裁判文书满三个月之日起，经过三十日的上诉期当事人没有上诉的，一审判决即发生法律效力。

第五百三十三条　外国人或者外国企业、组织的代表人、主要负责人在中华人民共和国领域内的，人民法院可以向该自然人或者外国企业、组织的代表人、主要负责人送达。

外国企业、组织的主要负责人包括该企业、组织的董事、监事、高级管理人员等。

第五百三十四条　受送达人所在国允许邮寄送达的，人民法院可以邮寄送达。

邮寄送达时应当附有送达回证。受送达人未在送达回证上签收但在邮件回执上签收的，视为送达，签收日期为送达日期。

自邮寄之日起满三个月，如果未收到送达的证明文件，且根据各种情况不足以认定已经送达的，视为不能用邮寄方式送达。

第五百三十五条　人民法院一审时采取公告方式向当事人送达诉讼文书的，二审时可径行采取公告方式向其送达诉讼文书，但人民法院能够采取公告方式之外的其他方式送达的除外。

第五百三十六条　不服第一审人民法院判决、裁定的上诉期，对在中华人民共和国领域内有住所的当事人，适用民事诉讼法第一百七十一条规定的期限；对在中华人民共和国领域内没有住所的当事人，适用民事诉讼法第二百七十六条规定的期限。当事人的上诉期均已届满没有上诉的，第一审人民法院的判决、裁定即发生法律效力。

第五百三十七条　人民法院对涉外民事案件的当事人申请再审进行审查的期间，不受民事诉讼法第二百一十一条规定的限制。

第五百三十八条　申请人向人民法院申请执行中华人民共和国涉外仲裁机构的裁决，应当提出书面申请，并附裁决书正本。如申请人为外国当事人，其申请书应当用中文文本提出。

第五百三十九条　人民法院强制执行涉外仲裁机构的仲裁裁决时，被执行人以有民事诉讼法第二百八十一条第一款规定的情形为由提出抗辩的，人民法院应当对被执行人的抗辩进行审查，并根据审查结果裁定执行或者不予执行。

第五百四十条　依照民事诉讼法第二百七十九条规定，中华人民共和国涉外仲裁机构将当事人的保全申请提交人民法院裁定的，人民法院可以进行审查，裁定是否进行保全。裁定保全的，应当责令申请人提供担保，申请人不提供担保的，裁定驳回申请。

当事人申请证据保全，人民法院经审查认为无需提供担保的，申请人可以不提供担保。

第五百四十一条　申请人向人民法院申请承认和执行外国法院作出的发生法律效力的判决、裁定，应当提交申请书，并附外国法院作出的发生法律效力的判决、裁定正本或者经证明无误的副本以及中文译本。外国法院判决、裁定为缺席判决、裁定的，申请人应当同时提交该外国法院已经合法传唤的证明文件，但判决、裁定已经对此予以明确说明的除外。

中华人民共和国缔结或者参加的国际条约对提交文件有规定的，按照规定办理。

第五百四十二条　当事人向中华人民共和国有管辖权的中级人民法院申请承认和执行外国法院作出的发生法律效力的判决、裁定的，如果该法院所在国与中华人民共和国没有缔结或者共同参加国际条约，也没有互惠关系的，裁定驳回申请，但当事人向人民法院申请承认外国法院作出的发生法律效力的离婚判决的除外。

承认和执行申请被裁定驳回的，当事人可以向人民法院起诉。

第五百四十三条　对临时仲裁庭在中华人民共和国领域外作出的仲裁裁决，一方当事人向人民法院申请承认和执行的，人民法院应当依照民事诉讼法第二百九十条规定处理。

第五百四十四条　对外国法院作出的发生法律效力的判决、裁定或者外国仲裁裁决，需要中华人民共和国法院执行的，当事人应当先向人民法院申请承认。人民法院经审查，裁定承认后，再根据民事诉讼法第三编的规定予以执行。

当事人仅申请承认而未同时申请执行的，人民法院仅对应否承认进行审查并作出裁定。

第五百四十五条　当事人申请承认和执行外国法院作出的发生法律效力的判决、裁定或者外国仲裁裁决的期间，适用民事诉讼法第二百四十六条的规定。

当事人仅申请承认而未同时申请执行的，申请执行的期间自人民法院对承认申请作出的裁定生效之日起重新计算。

第五百四十六条　承认和执行外国法院作出的发生法律效力的判决、裁定或者外国仲裁裁决的案件，人民法院应当组成合议庭进行审查。

人民法院应当将申请书送达被申请人。被申请人可以陈述意见。

人民法院经审查作出的裁定，一经送达即发生法律效力。

第五百四十七条　与中华人民共和国没有司法协助条约又无互惠关系的国家的法院，未通过外交途径，直接请求人民法院提供司法协助的，人民法院应予退回，并说明理由。

第五百四十八条　当事人在中华人民共和国领域外使用中华人民共和国法院的判决书、裁定书，要求中华人民共和国法院证明其法律效力的，或者外国法院要求中华人民共和国法院证明判决书、裁定书的法律效力的，作出判决、裁定的中华人民共和国法院，可以本法院的名义出具证明。

第五百四十九条　人民法院审理涉及香港、澳门特别行政区和台湾地区的民事诉讼案件，可以参照适用涉外民事诉讼程序的特别规定。

二十三、附　　则

第五百五十条　本解释公布施行后，最高人民法院于 1992 年 7 月 14 日发布的《关于适用〈中华人民共和国民事诉讼法〉若干问题的意见》同时废止；最高人民法院以前发布的司法解释与本解释不一致的，不再适用。